CB134917

VEJA COMO SE FAZ

VEJA COMO

DEREK FAGERSTROM, LAUREN SMITH & THE SHOW ME TEAM

SE FAZ

500 COISAS QUE VOCÊ DEVE SABER

INSTRUÇÕES PARA A VIDA, DO COTIDIANO AO EXÓTICO

SEXTANTE

Veja como...

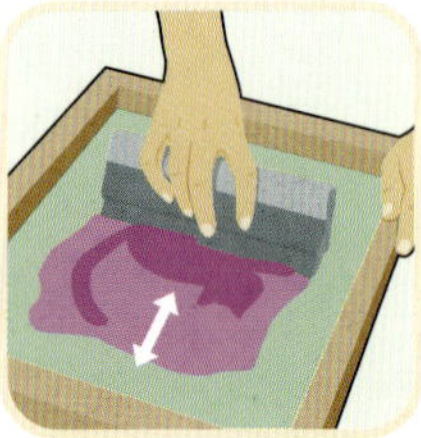

arte

trabalhos manuais

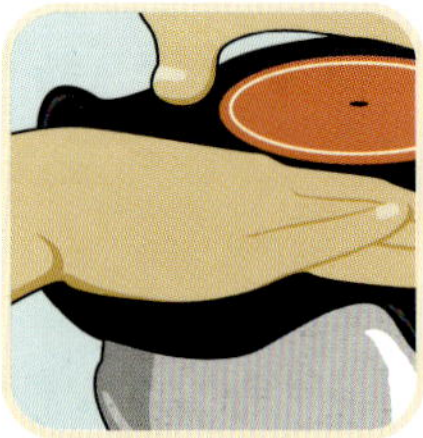

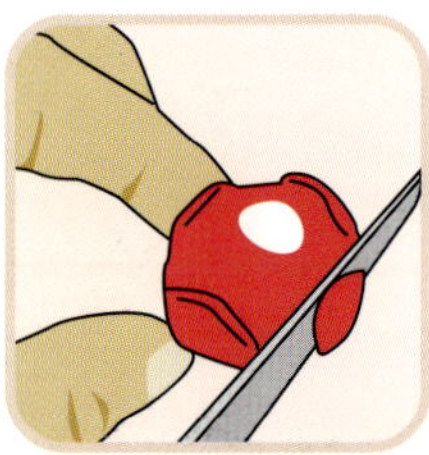

dicas

fazer

comer

beber

cozinha

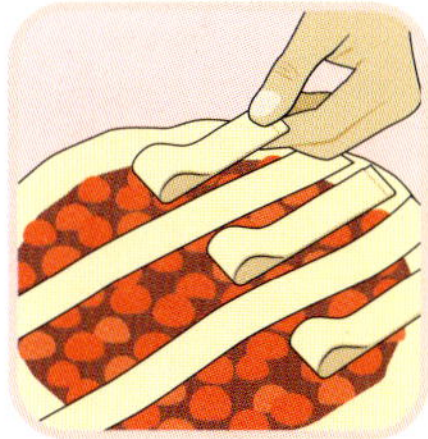

tortas

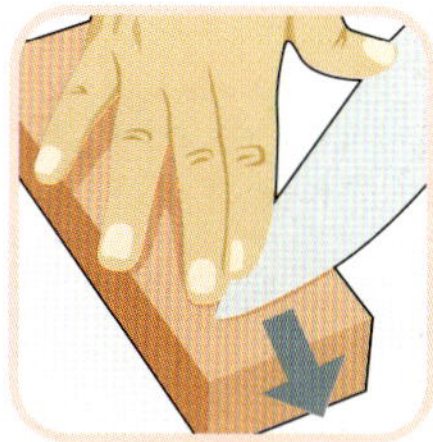

coquetéis

café e chá

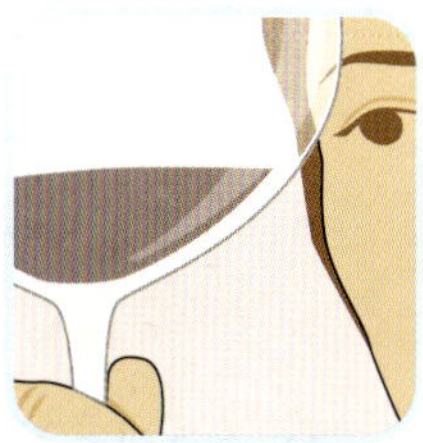

vinho

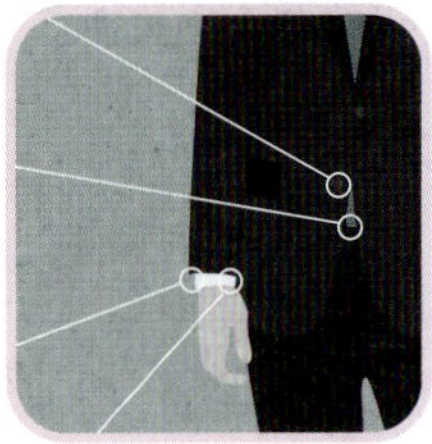

roupas

cabelos

maquiagem

paquera

romance

estilo

amor

lar

cuidar

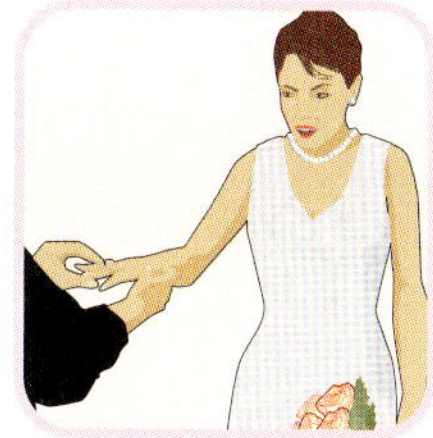

casamento

decoração

encana-
mento

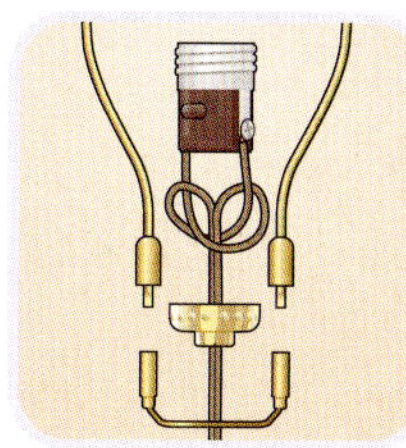

eletricidade

plantas

bichos

filhos

esporte

bem-estar

corpo

viajar

primeiros socorros

viagem

cultura

lazer

aventura

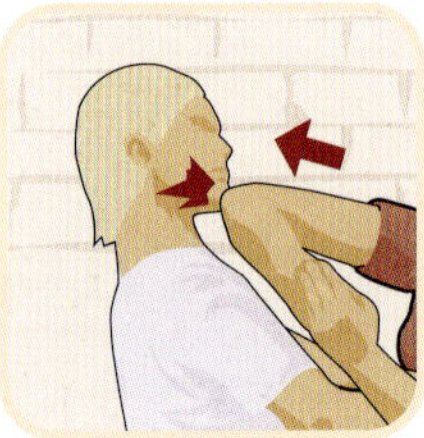

defesa pessoal

vida selvagem

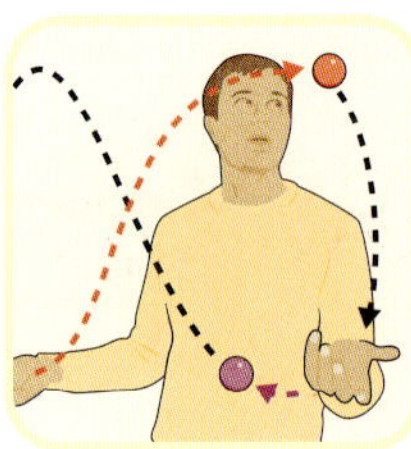

truques

sobreviver

uau!

481 criar formas com sombras
482 fazer efeitos sonoros
483 fazer o truque da moeda
484 iludir com o truque da levitação
485 escapar de uma camisa de força
486 puxar a toalha sem derrubar nada
487 criar uma impressão digital falsa
488 abrir uma fechadura
489 desmascarar um mentiroso
490 reverter a direção de um carro
491 empinar uma moto
492 dar um cavalo de pau
493 cuspir fogo
494 não pedalar num monociclo
495 fazer malabarismo
496 ser uma bala de canhão humana
497 fazer um *ollie* profissional
498 descer uma escada com um *grind*
499 fazer um clássico *kickflip* de 180º
500 arrasar com um *fingerflip*

diversão

desafio

ferramentas

organização

um aviso do derek e da lauren

8 esculpir monstros de argila

238 fazer um tapete de saco plástico

Desde que nos lembramos, nós sempre amamos colecionar e trocar conhecimentos ecléticos, obscuros e eventualmente (nunca se sabe!) úteis. Nossa paixão por aprender foi inspirada por uma tradição mensal que partilhávamos com um grupo de amigos de ensinar uns aos outros atividades interessantes e, algumas vezes, até um pouco ridículas. Podia ser qualquer coisa, desde fazer nossa própria geléia (delícia!) até animais de balão (encantando as crianças e os marmanjos também!). Nessa época, tínhamos uma pequena loja que encorajava os clientes a tentar fazer um rol de coisas incomuns, como carteiras de fita adesiva, criaturas de crochê e instrumentos musicais. Foi por isso que ficamos tão animados quando o grupo, batizado de Show Me Team (Equipe Veja como se faz), nos pediu para organizar este livro e nos ajudou a trazê-lo ao mundo – um mundo que precisa de instruções claras, explicadas passo a passo, para esculpir monstros de argila (8), fazer tapete de saco plástico (238) e evitar o ataque de uma onça (434).

Na verdade, somos capazes de apostar que, antes de ler este aviso, você folheou o livro e aprendeu alguns dos truques. Se você é como o Derek e quer garantir as bases do seu conhecimento, leia de uma vez só, de capa a capa. Se você preferir se desenvolver melhor em áreas específicas de sua vida, de uma maneira mais organizada, como a Lauren, deixe seu interesse guiá-lo pelos tópicos. Ou, melhor ainda, convide os amigos para explorar o livro com você. **Veja como se faz** foi elaborado para educar, divertir e eventualmente impressionar. Se cada vez que usá-lo você melhorar suas habilidades – ou, simplesmente, se sentir inspirado a aprender alguma coisa nova, estranha ou maravilhosa –, já teremos feito o nosso trabalho.

434 evitar o ataque de uma onça

DEREK ama cuidar de suas abelhas (278, 333), irrita as pessoas tirando um som com um serrote (469), tem obsessão por café (126 -130) e adora acampar (404). Anda animado por achar que seu trabalho com o livro **Veja como se faz** aumentou sua capacidade de dar nó em gravata (395) e está esperando ansiosamente a oportunidade de testar seus conhecimentos recém-adquiridos para segurar um porco-espinho corretamente (287).

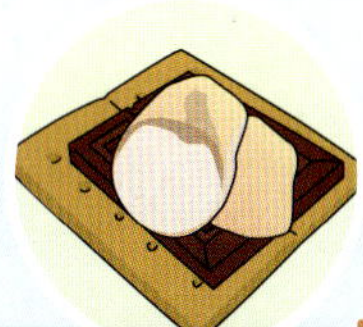
fazer um sanduíche doce 404

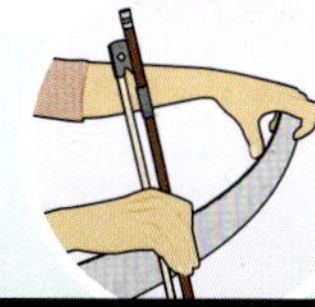
tirar um som com um serrote 469

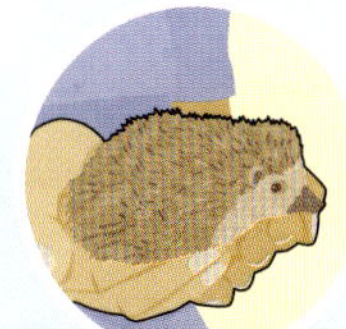
segurar um porco-espinho 287

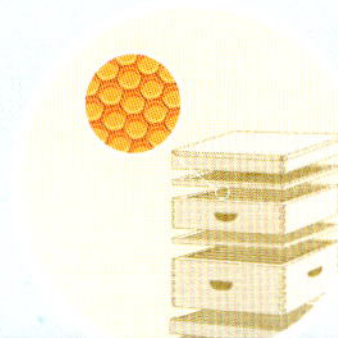
montar um apiário 278

decorar com uma folha de leite 130

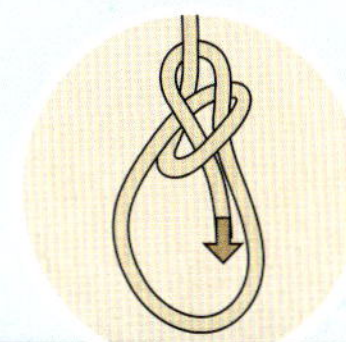
dar nós básicos de marinheiro 395

LAUREN é uma artesã nata e pode passar horas tricotando (48), bordando (50) ou fazendo trabalhos com papel (18). Ela está sempre procurando uma desculpa para abrir sua caixa de ferramentas e está determinada a instalar interruptores (239) em todos os cômodos de sua casa. Mesmo não tendo medo de enfrentar um papel de parede (221), ela nunca, nunca, nunca irá lutar com um tubarão (452) – mesmo assim, sente-se feliz por já saber o que fazer caso um imprevisto como esse aconteça.

aprender bordados básicos 50

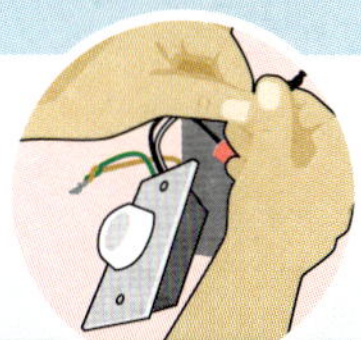
instalar um dimmer 239

defender-se de um tubarão 452

instalar papel de parede 221

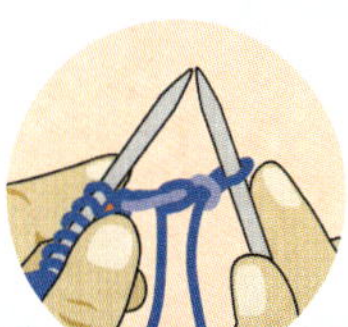
fazer o ponto meia do tricô 48

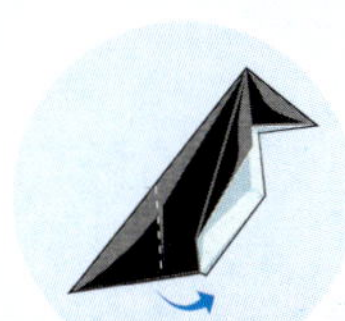
fazer um pingüim de papel 18

Veja como se faz é um tipo de livro novo e diferente, em que a informação essencial é apresentada graficamente. Na maioria dos casos, as ilustrações realmente já dizem tudo, mas também é importante que você leia as instruções.

REFÊRENCIAS CRUZADAS Às vezes, alguns itens levam a outros. Siga os links para outras informações úteis e interessantes relacionadas ao tema.

quicar uma pedra na água 461

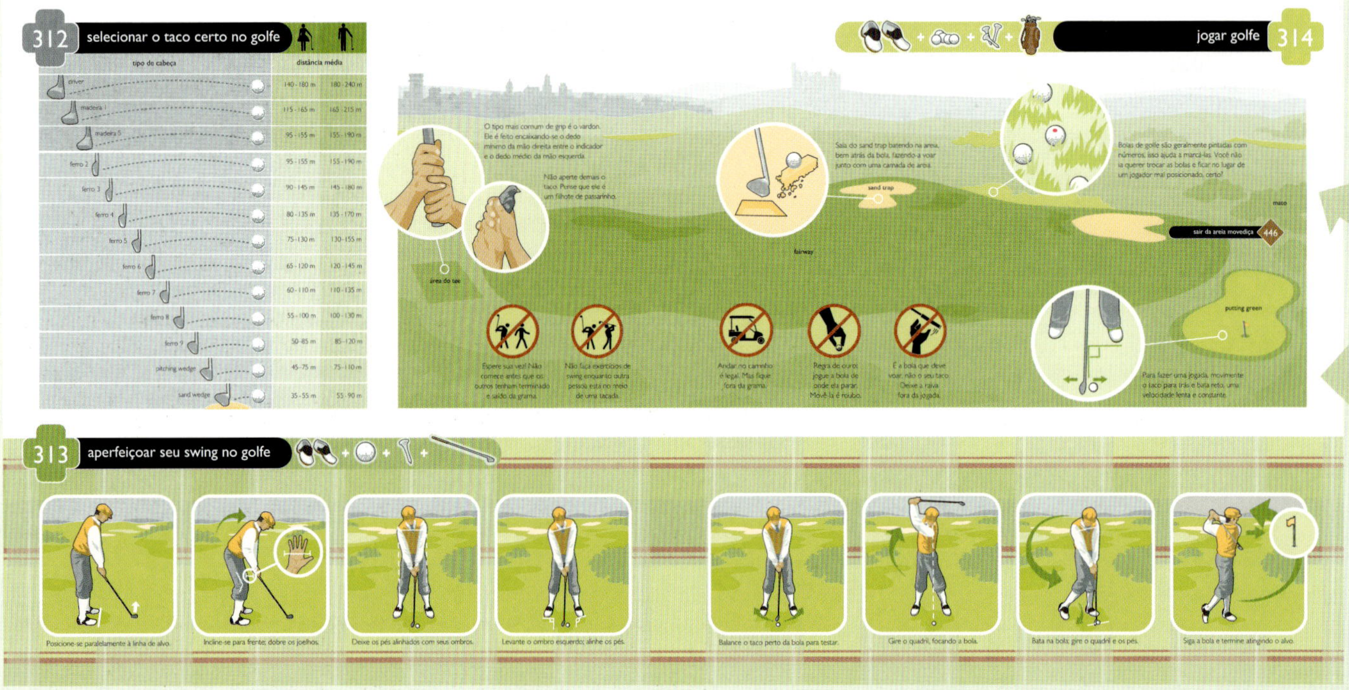

FERRAMENTAS A barra de ferramentas mostra tudo de que você vai precisar para realizar a atividade. Está tendo dificuldade para decifrar um desenho? Vá ao glossário no fim do livro.

MAIS INFORMAÇÃO Se há algo crucial ou um fato interessante que você precise saber para fazer a atividade, leia o texto assinalado com um *.

ZOOM Destacados em um círculo, os zooms assinalam informações importantes, mostram detalhes das ações e alertam para os perigos.

MATEMÁTICA Os ângulos são úteis para ajudá-lo a fazer certo... ou, pelo menos, na direção certa. Quando for uma questão de proporção, procure por ícones como 3:1, que mostram como encontrar as quantidades certas de cada item. Quando medidas exatas forem necessárias, elas estarão no desenho.

3:1 240 - 475 ml

GUIA DE ÍCONES Ao longo do livro, você vai encontrar ícones que representam dicas importantes sobre tempo, temperatura, segurança e muito mais. Conheças-os:

Perigo! Evite se você não for experiente (ou se não quiser ter problemas).

Verifique o relógio para saber quanto tempo uma tarefa rápida leva.

Fumaça! Abra a janela antes de começar esta atividade.

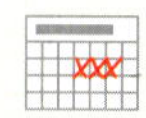

O calendário mostra quantos dias, semanas ou meses uma atividade mais longa vai demorar.

Chame a emergência se estiver nesta situção.

Olhe no termômetro qual a temperatura apropriada para realizar a tarefa.

Repita a ação desenhada o número de vezes indicado.

Cozinhe em fogo baixo, médio ou alto, respectivamente.

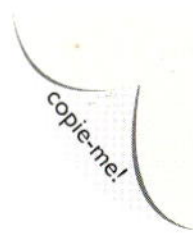

A página serve de modelo. Tire uma cópia, aumentando se necessário, e siga as instruções.

O termômetro de cozimento avisa quando algo está no ponto.

NOTA AOS LEITORES As descrições de **Veja como se faz** têm objetivo apenas de entreter. Por favor, tenha isso em mente quando realizar algumas dessas atividades.

- **ATIVIDADES DE RISCO** Algumas atividades deste livro não são apenas arriscadas, mas totalmente malucas. Antes de experimentar qualquer tarefa nova, verifique suas próprias limitações e tenha informações sobre os riscos reais. (E, por favor, não faça o item 433. Sério!)
- **ACONSELHAMENTO PROFISSIONAL** Mesmo que cada item tenha sido cuidadosamente pesquisado, **Veja como se faz** não tem a intenção de substituir uma opinião profissional ou um treinamento de natureza médica, culinária, veterinária, atlética, mecânica ou romântica.
- **SAÚDE E ATIVIDADES FÍSICAS** Consulte um médico antes de tentar qualquer atividade relacionada a saúde ou alimentação, ou qualquer atividade que envolva esforço físico, principalmente se você tiver qualquer problema de saúde que impossibilite a realização da tarefa.
- **SUPERVISÃO DE UM ADULTO** As atividades deste livro foram criadas apenas para adultos e não devem ser experimentadas por crianças sem a supervisão de um responsável. Algumas delas não deviam ser tentadas nem mesmo por adultos, se eles pudessem resistir. (Veja 433.)
- **BURLANDO A LEI** As informações fornecidas neste livro não devem ser utilizadas para burlar qualquer lei ou regra.

Todas as informações deste livro foram cuidadosamente pesquisadas e checadas. No entanto, a editora não tem garantia de que elas sejam apropriadas para todas as situações, propósitos e leitores, e, por isso, não assume a responsabilidade por erros e omissões. O leitor assume o risco e a inteira responsabilidade por suas ações e os editores não se responsabilizam por qualquer perda ou dano que possa resultar das informações apresentadas. Porém, aqui entre nós, você provavelmente vai estar seguro preparando um guacamole (65).

fazer

2 pendurar um balanço de pneu

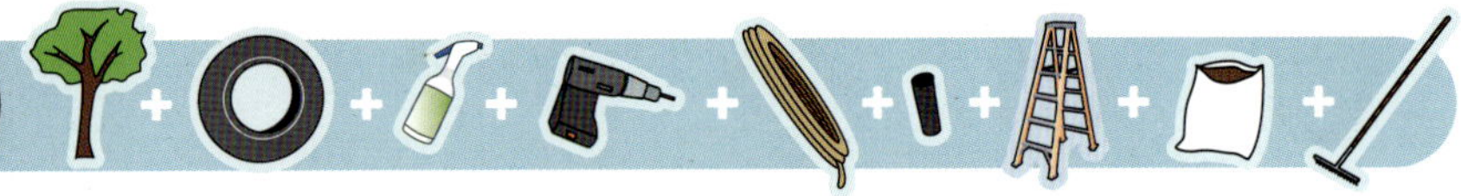

Escolha um galho firme e alto.

Faça três furos para não acumular água.

Use tubos para proteger a corda.

Prenda com um nó duplo.

Pendure com os furos para baixo.

Use serragem para amortecer as quedas.

3 eternizar lindas flores

Coloque num jornal e dobre-o.

Esqueça.

Arrume num papel sem ácido.

decorar ovos 4

5 confeccionar miçangas de biscuit

219 aprender a teoria das cores

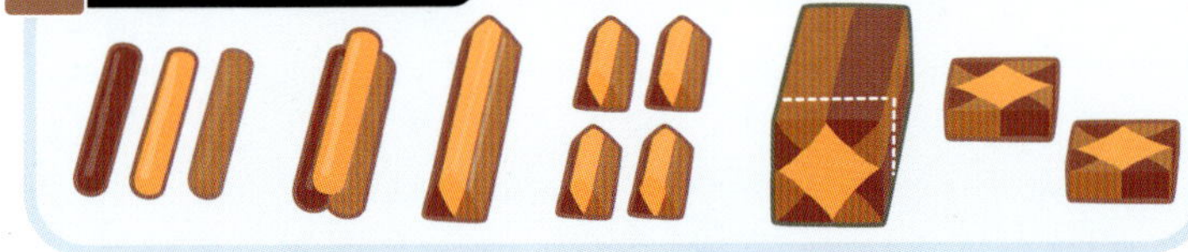

7 modelar animais de massinha

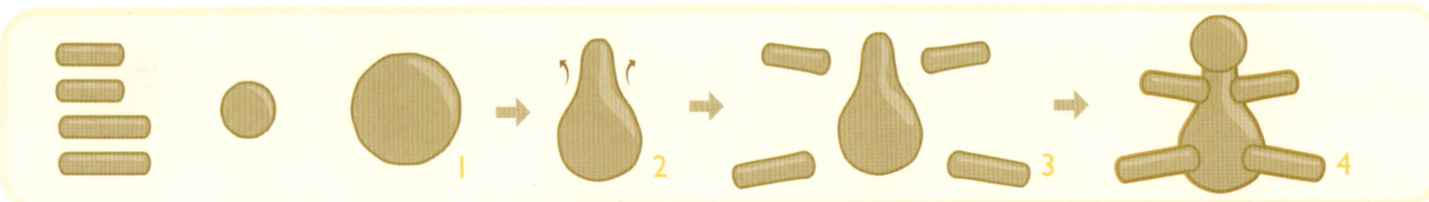

cachorro

gato

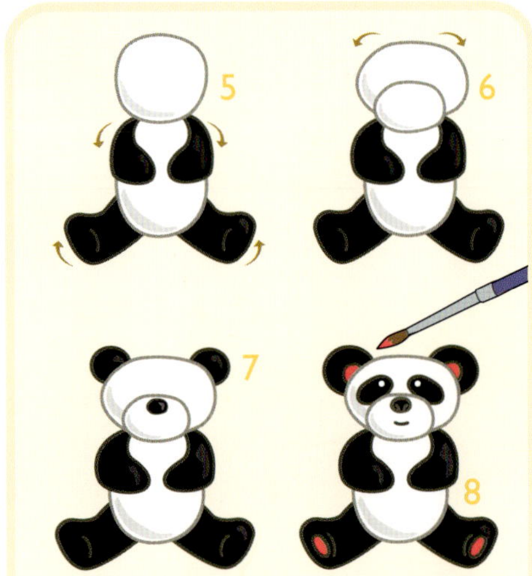

urso panda

fazer um colar de miçangas 6

Quando a miçanga ainda estiver macia, fure com uma agulha.

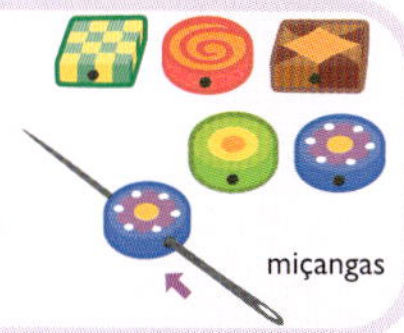

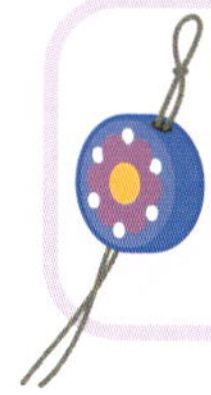

1 Dobre o fio, dê um nó e passe o cordão pelo furo.

2 Dê outro nó; faça uma franja e corte o excesso.

Corte cordão suficiente para o contorno do seu pescoço. Para prender, amarre as pontas ou prenda com um fecho próprio para bijuterias.

* Incremente suas criações com detalhes em contas para fazer olhos, pés, antenas, etc. Que tal colocar olhos de raio X em seu alienígena, janelas na nave espacial ou olho de cíclope no monstro?

esculpir monstros de argila 8

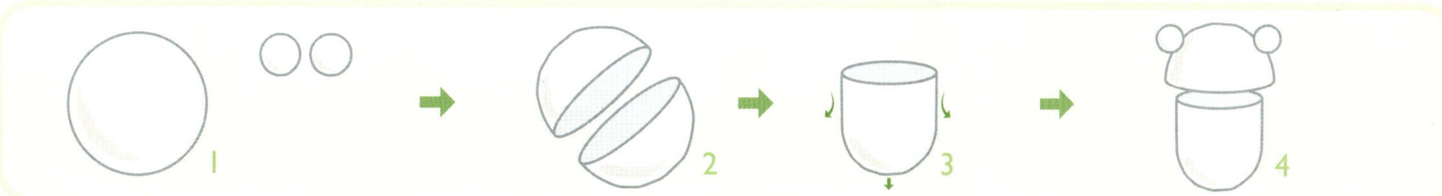

fazer círculos numa plantação 477

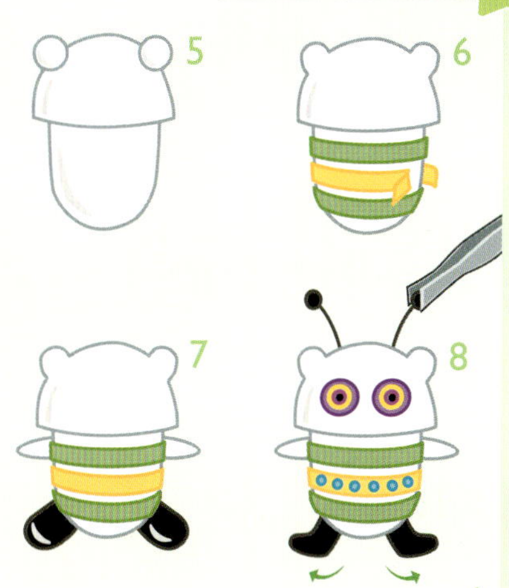

alienígena

nave espacial

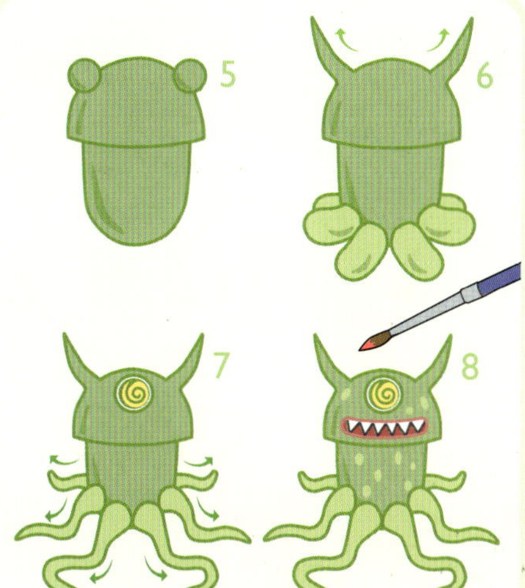

monstro

9 fazer um boneco vodu

Escolha uma pessoa.

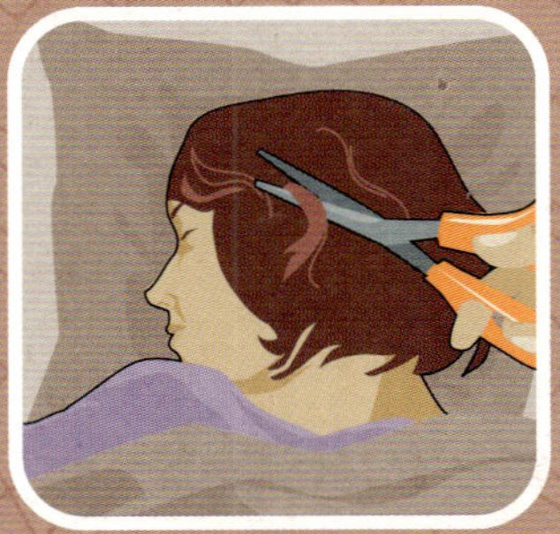
Recolha itens pessoais dela.

Copie e recorte o molde do boneco.

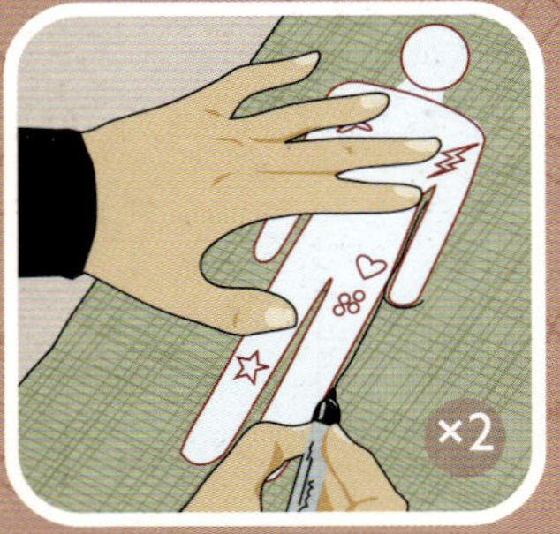

Passe o molde para um tecido.

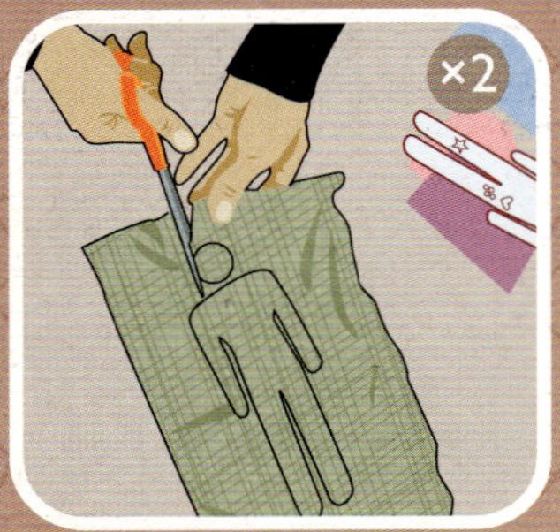

Corte frente e costas.

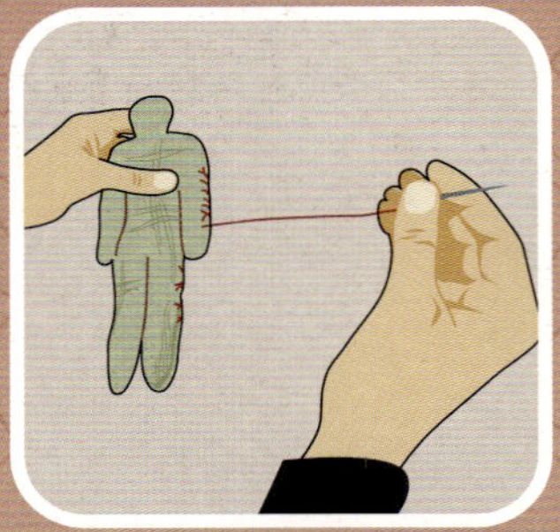
Costure as partes, sem fechar em cima.

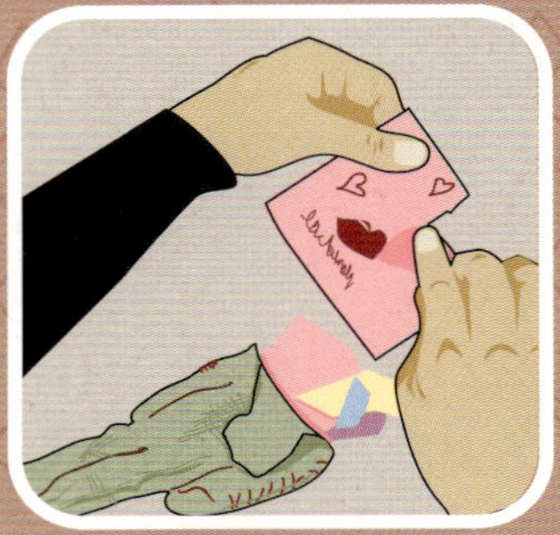
Encha com os itens pessoais.

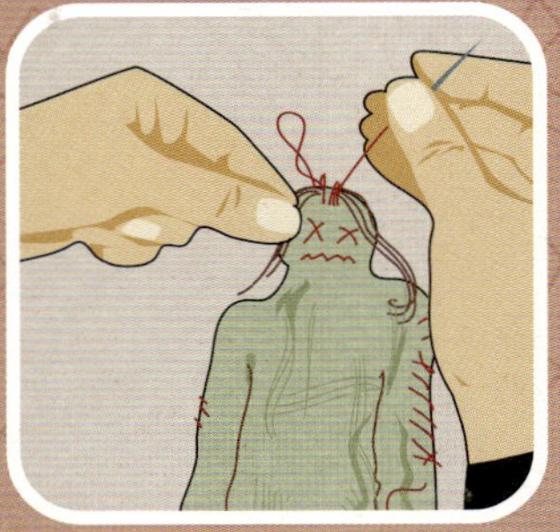
Enfeite com o cabelo da pessoa.

10 usar o boneco vodu

Para infligir dor (ou prazer) à vítima escolhida (ou ao objeto de seu afeto), decore o boneco com símbolos que correspondem aos seus desejos. Depois, escolha um alfinete e espete o boneco no símbolo adequado. Ajuda se você entoar um feitiço – mas lembre-se de usar seus poderes com sabedoria.

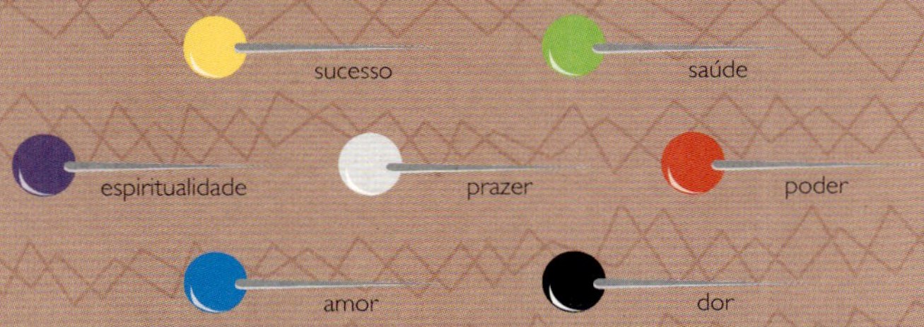

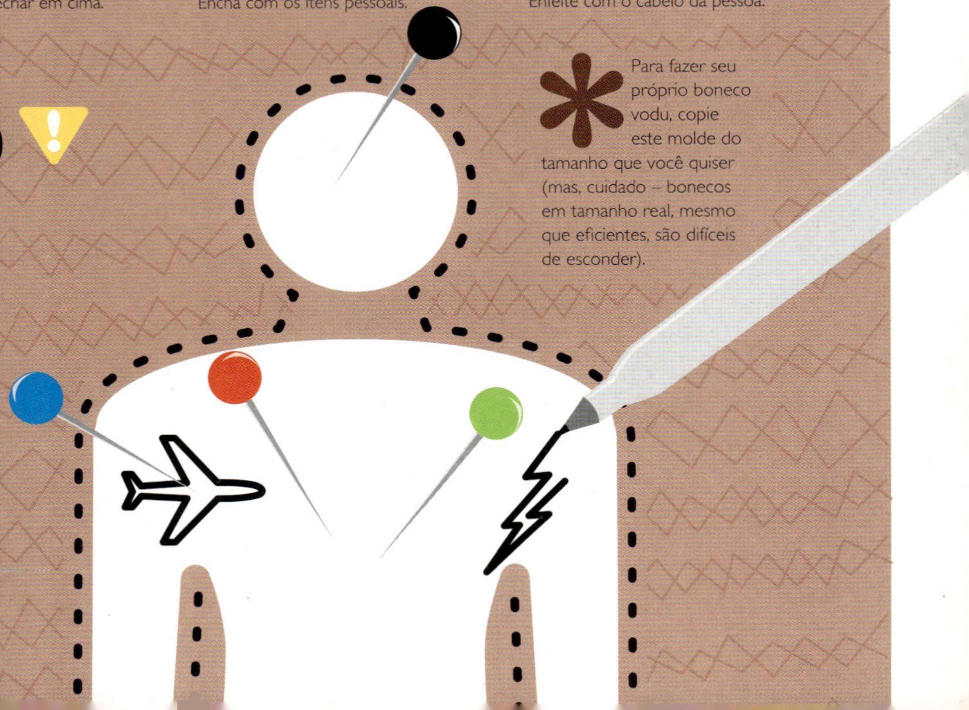

* Para fazer seu próprio boneco vodu, copie este molde do tamanho que você quiser (mas, cuidado – bonecos em tamanho real, mesmo que eficientes, são difíceis de esconder).

Alguém fez um boneco vodu para você? Faça um amuleto, colocando no máximo 13 objetos – como pedras, ervas ou terra de cemitério – num sachê e use-o para afastar as forças malignas. Se você é mulher, use-o do lado esquerdo, se for homem, prenda-o do lado direito.

11 afastar o mal com um amuleto vodu

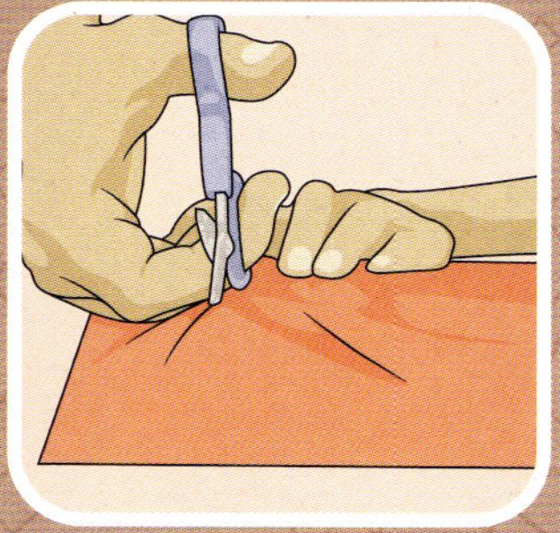

Corte um retângulo de feltro vermelho.

Coloque um número ímpar de objetos.

Feche e amarre.

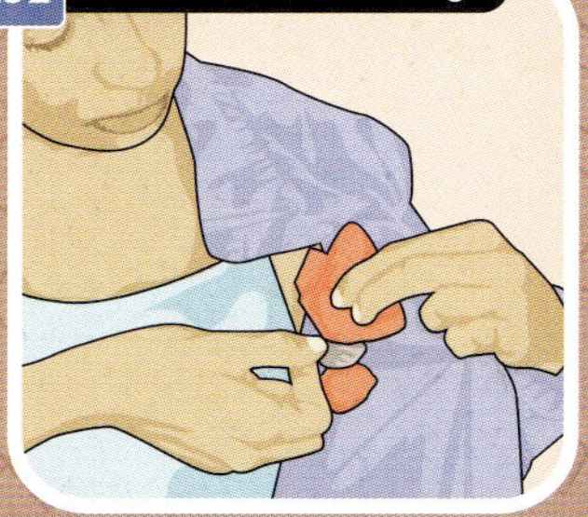

Prenda na sua roupa.

252 fazer uma cruz de santa brígida

copie-me!

12 pichar sorrateiramente

Desenhe e recorte o desenho.

Remova o fundo da sacola.

Esgueire-se até o local desejado.

Saia sem chamar a atenção.

13 escrever com tinta invisível

Escreva com suco de limão.

Dê para um amigo confiável.

fazer um livro oco 14

Passe cola nas bordas das páginas.

Coloque um cartão para separar; deixe secar.

Corte e remova o interior das páginas.

Cubra o interior com cola.

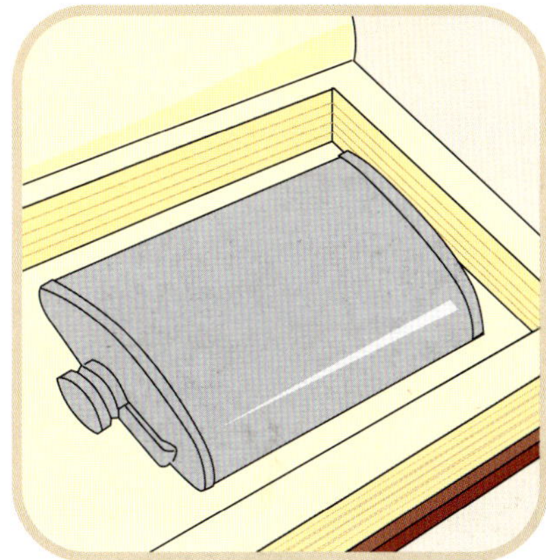

Esconda objetos secretos.

montar um estilingue 15

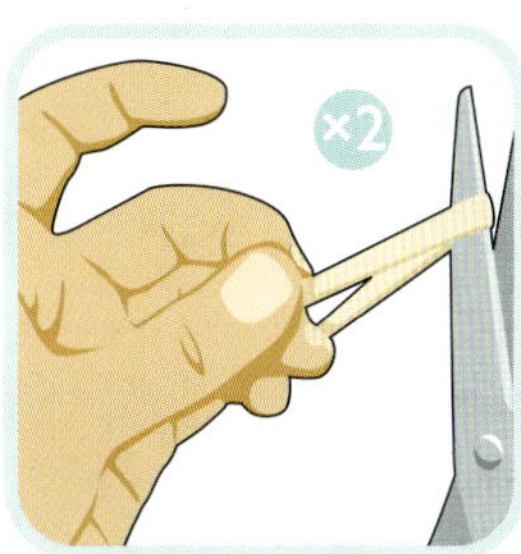

Corte os elásticos.

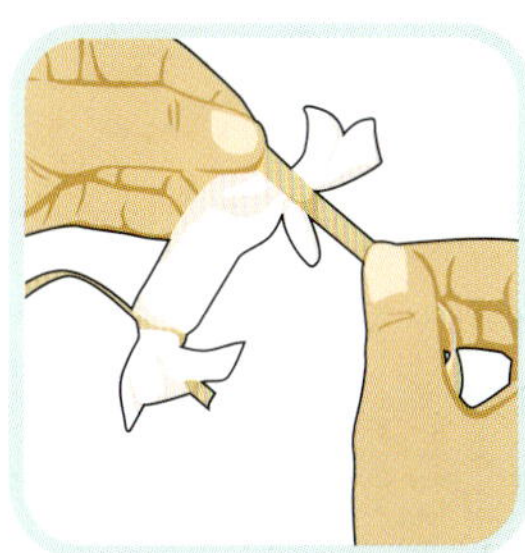

Amarre-os nas pontas do pano.

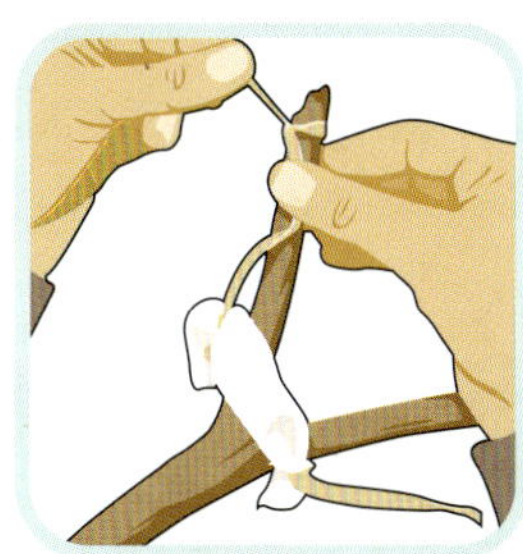

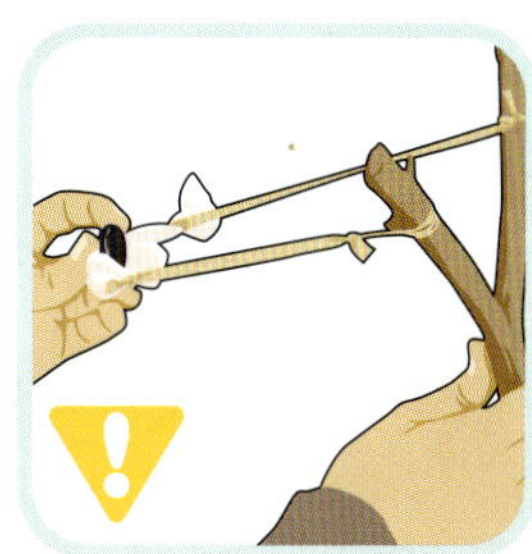

Ache uma pedra – e um alvo!

16 dobrar uma estrela de 16 pontas

É fácil incrementar esse enfeite de Natal: é só colocar mais pontas para aumentar seu tamanho ou usar outras cores para um visual mais festivo.

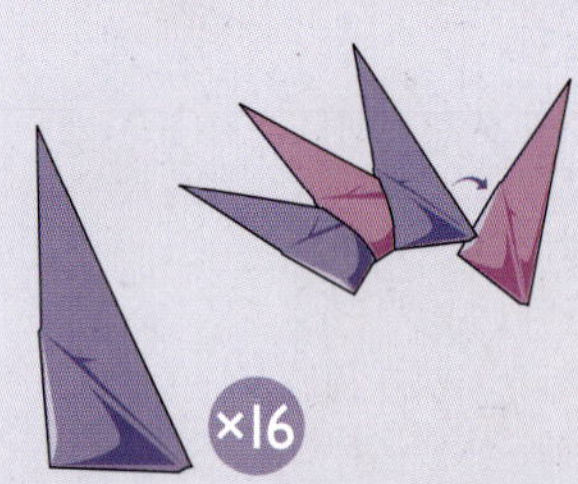

216 improvisar uma aliança de papel

17 montar uma caixa com origami

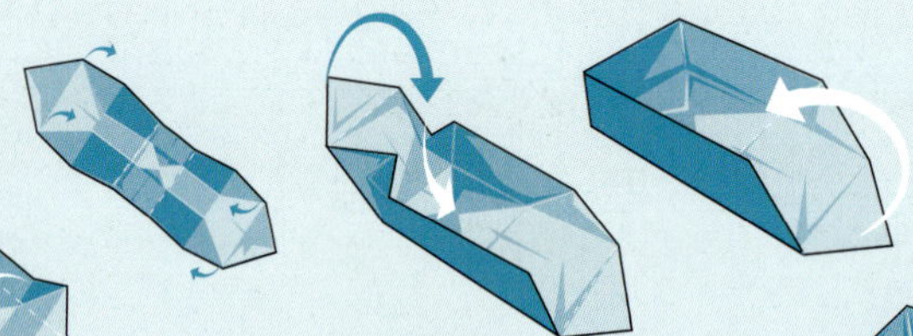

Para fazer a tampa da caixa, siga as mesmas instruções. Quando estiver fazendo a base, dê um leve aperto para que a tampa encaixe nela.

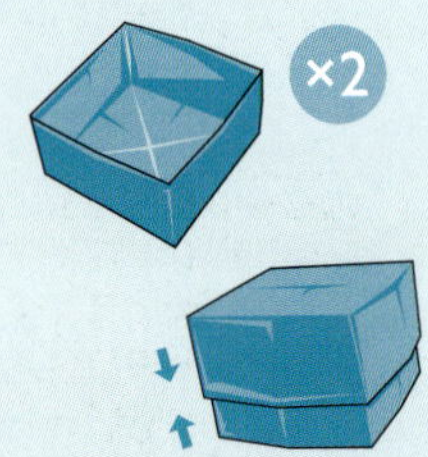

18 fazer um pingüim de papel

Dobre esse pequeno amigo como indicado e ele ficará em pé sozinho! Vá afastando os pés devagar para que ele equilibre o peso.

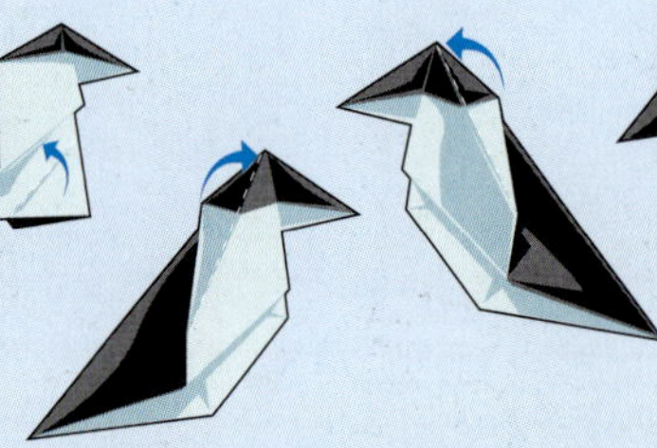

imprimir um desenho incrível 19

Copie o desenho na transparência.

Passe a emulsão na tela.

Repita no verso e deixe secar.

Fixe a transparência.

Coloque um vidro.

Deixe sob lâmpada de 250 watts.

Enxágüe abundantemente.

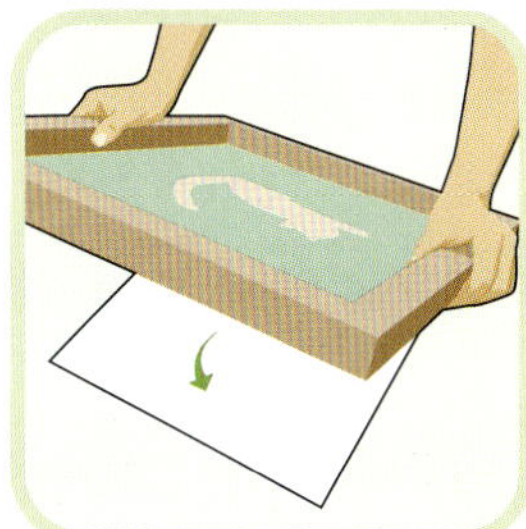

Posicione a tela sobre o papel.

Passe a tinta.

ficar amigo de um gato medroso 296

Levante a tela.

*Para resultados ainda melhores, escolha um desenho simples – sem muitos detalhes ou letras que possam borrar no processo de silk-screen.

Use imagens com tons de preto e formas contrastantes.

Use pontos de meio-tom para mostrar mudanças de tonalidade.

Evite linhas finas, pois podem manchar facilmente.

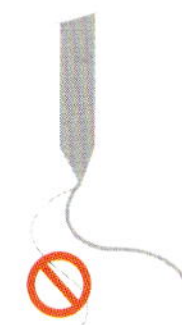

Evite áreas muito grandes de cor; a tinta pode se acumular.

Imprima uma cor de cada vez e sobreponha-as para um efeito diferente.

fazer um livro sanfonado 20

Meça a capa pelas páginas.

Dobre ao meio o papel das páginas.

Dobre uma sobre a outra e cole.

Cole na capa.

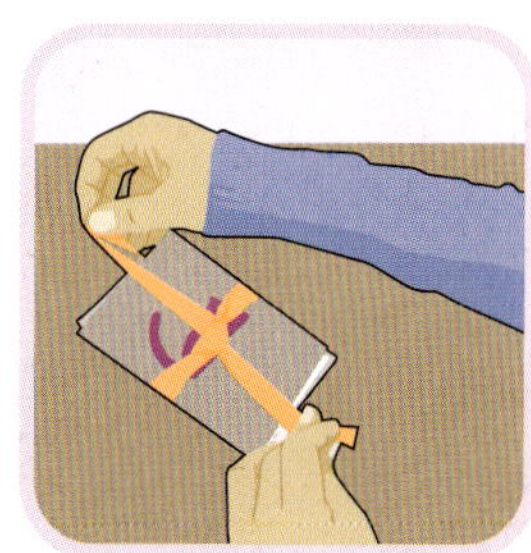

21 fazer um globo com CD

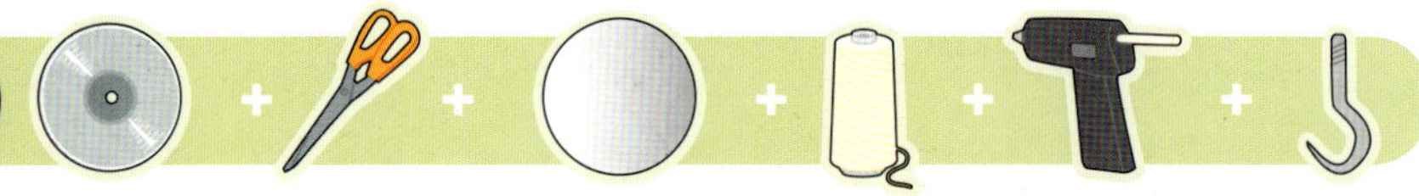

Enrole duas vezes e dê um nó.

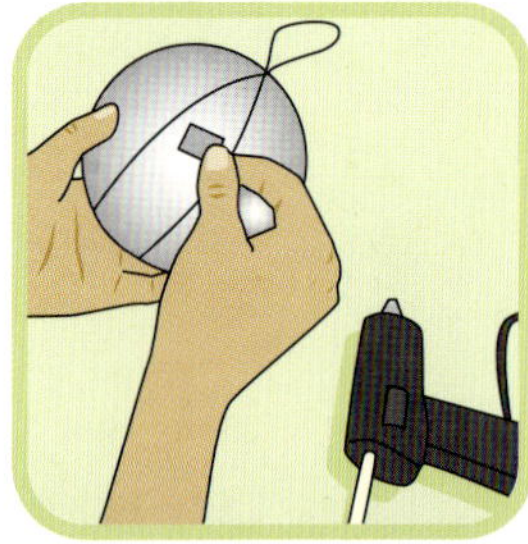

Cole os pedacinhos do CD na bola.

Continue por toda a superfície.

464 fazer o passo *moonwalk*

Pendure e divirta-se.

22 modelar um pote retrô de vinil

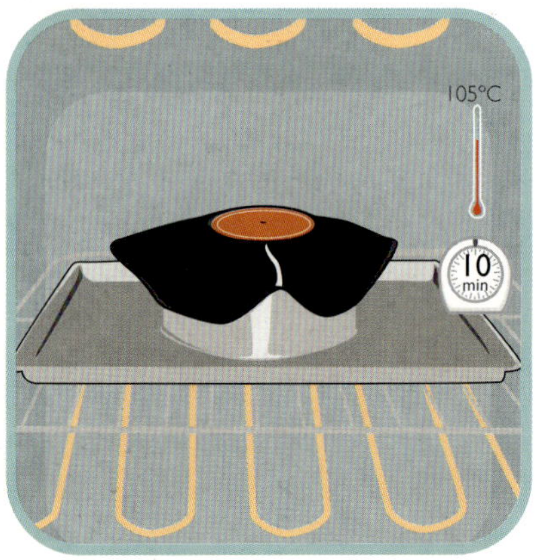

331 tratar uma queimadura leve

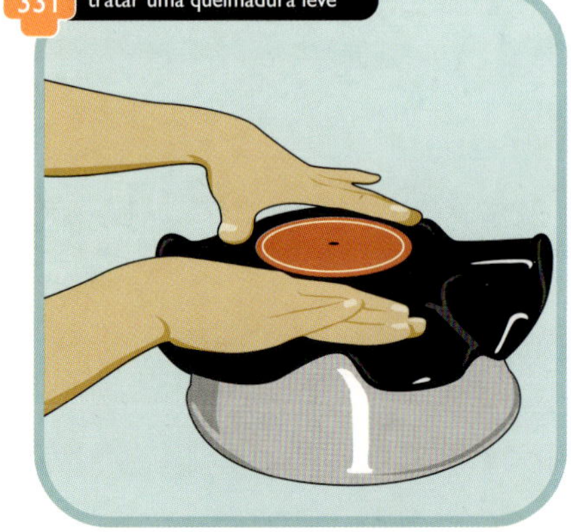

Modele o vinil derretido por cima do pote.

Pressione com um pote maior.

Espere.

Retire da forma e use para decorar.

construir um didgeridoo de PVC 23

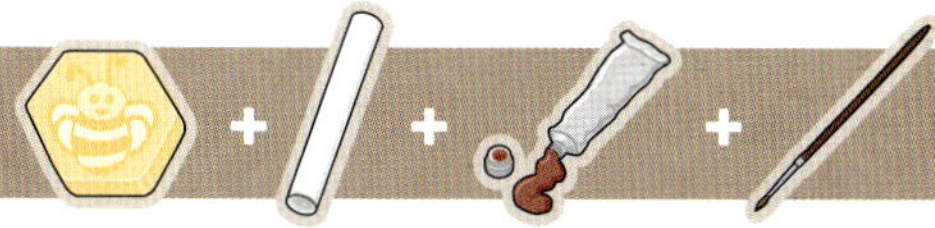

Esquente a cera até derreter.

Modele uma cobra.

Coloque em volta da abertura do cano.

Coloque a boca e sopre.

O som inconfundível da gaita didgeridoo, tradicional dos aborígenes australianos, é feito graças a um truque chamado respiração circular. Quando os pulmões do músico estão quase vazios, ele guarda seu último fôlego nas bochechas e assopra lentamente enquanto inala mais ar pelo nariz. Dessa forma, ele mantém o ar circulando e cria um ritmo peculiar e interessante.

fazer uma carteira de cartas 24

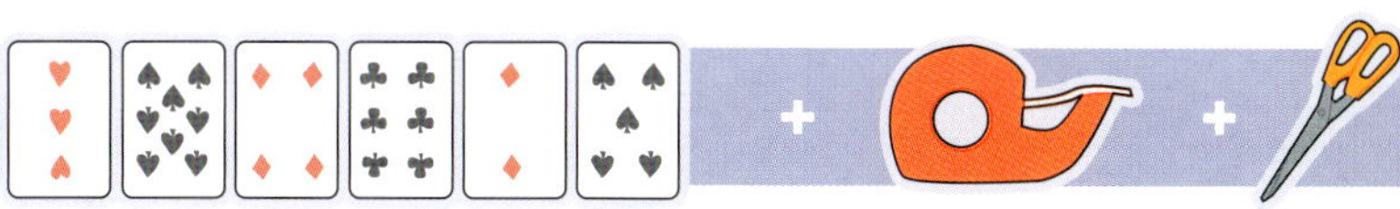

Use fita adesiva para colar as cartas.

Plastifique a parte de trás.

Dobre as quatro cartas e cole os lados.

Prenda as outras duas cartas no meio.

Cole o fundo.

25 criar um top de correntes

Abra os elos.

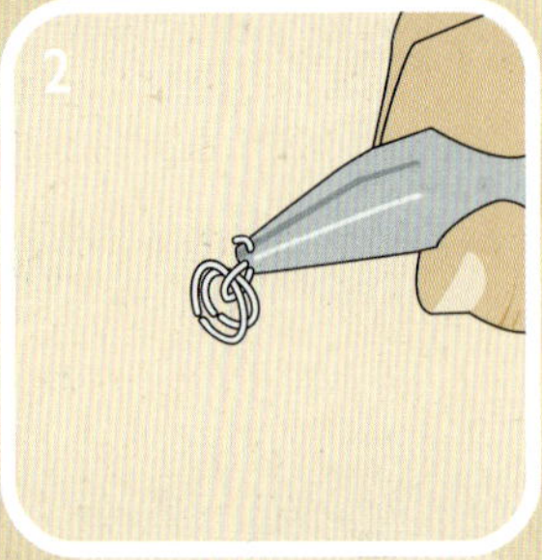

Prenda dois elos; feche-os bem.

Repita para fazer a corrente.

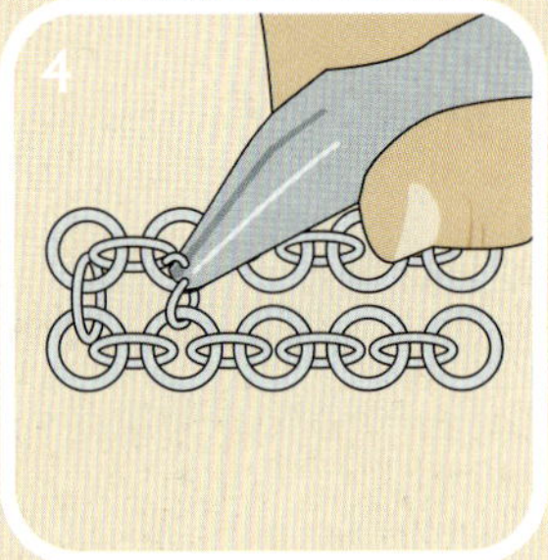

Una duas correntes.

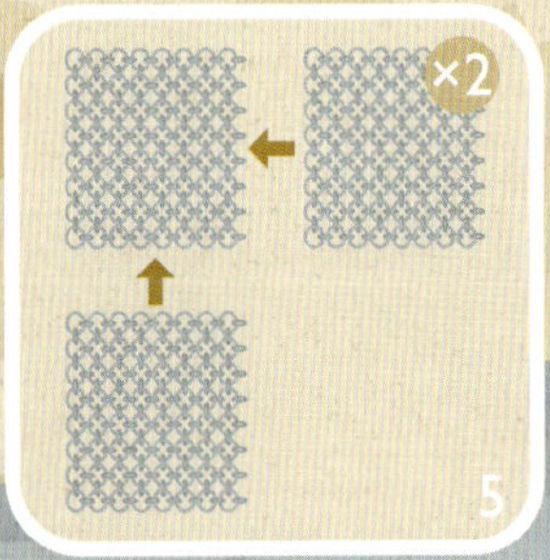

Molde e una três superfícies.

Junte-as pelo lado de dentro.

Conecte para arrematar.

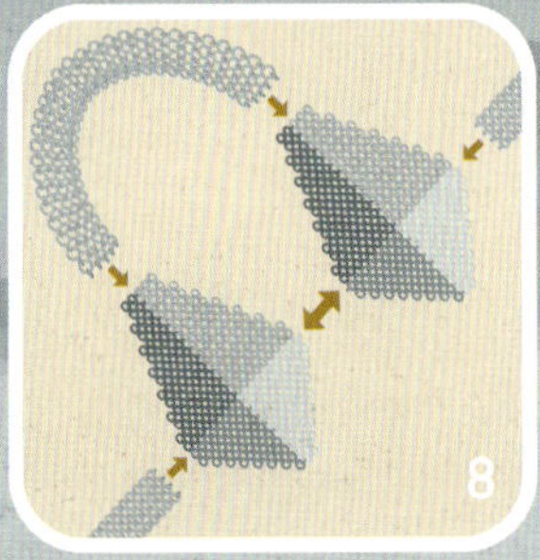

Junte as outras partes.

fazer uma espada de espuma 26

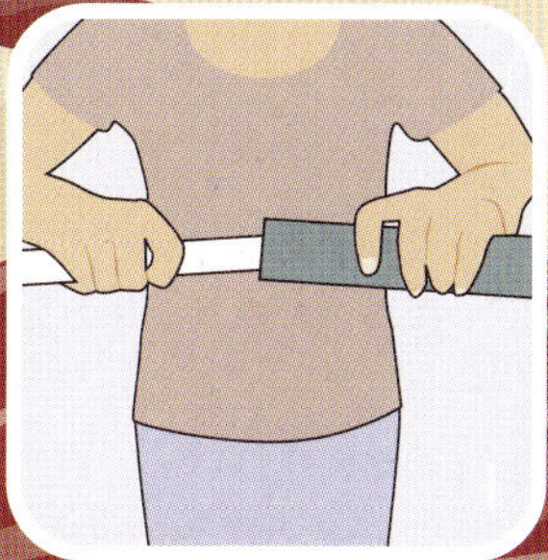

Envolva o cano com a espuma.

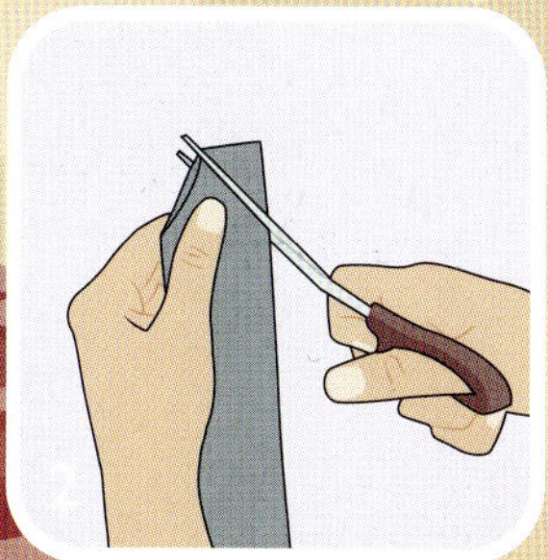

Corte a espuma, fazendo uma ponta.

Cubra com fita adesiva prateada.

Furinhos deixam a espada mais macia.

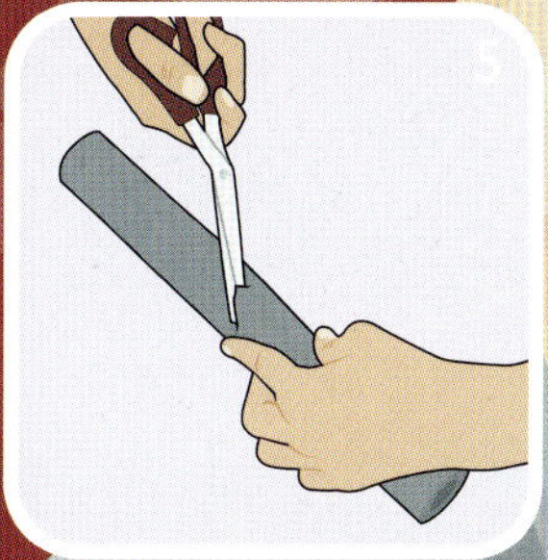

Faça um furo na espuma menor.

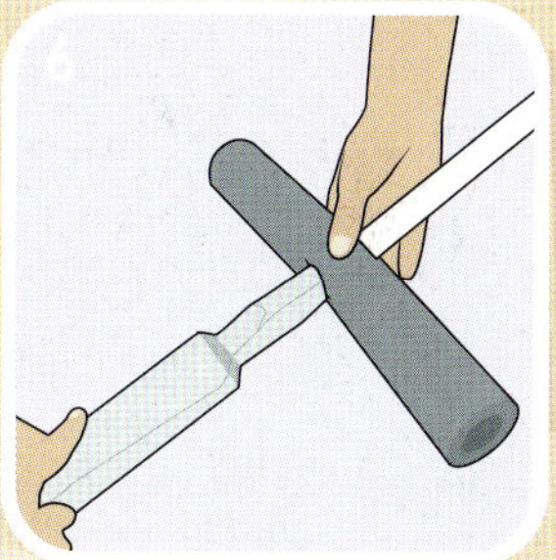

Deslize-a pela espada.

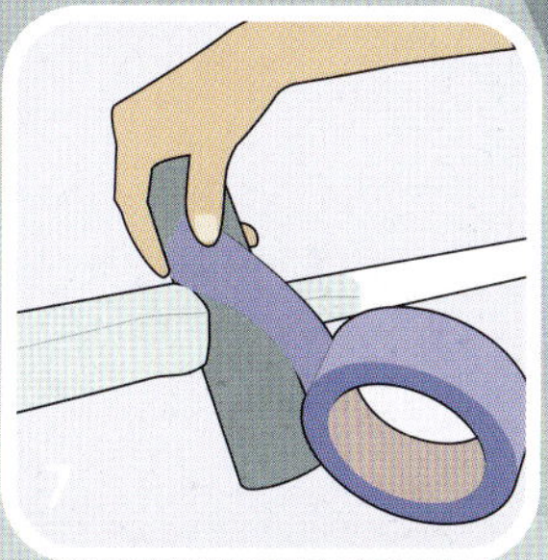

Cubra com fita de outra cor.

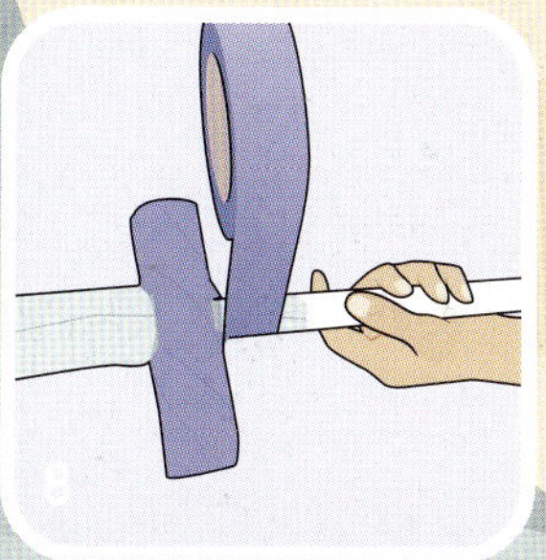

Envolva a empunhadura.

27 fazer um relógio de batatas

Enfie pregos galvanizados.

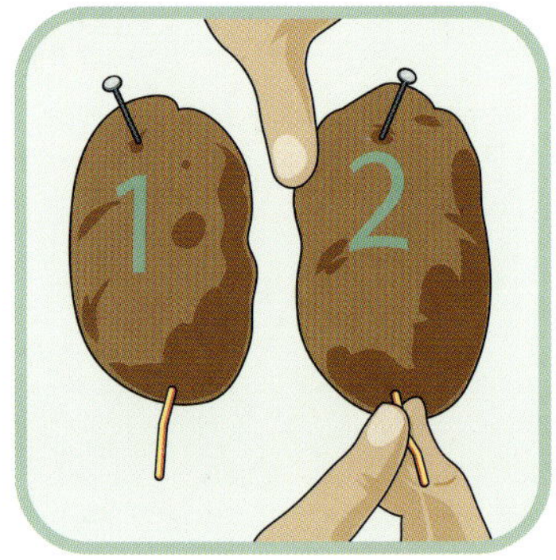

Encaixe arames de cobre.

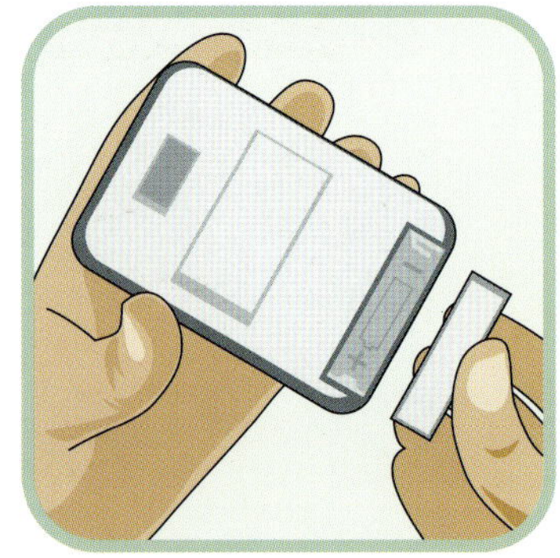
Remova a tampa da bateria.

* Batatas podem ser baterias surpreendentes, mas não são as únicas fontes de energia incomuns capazes de fazer um relógio digital funcionar. Praticamente qualquer coisa pode conduzir energia suficiente para isso. Tente laranjas, bananas, abacates e até refrigerante. Mantenha os pregos galvanizados e os fios bem afastados uns dos outros. É a distância entre eles que produz energia.

28 criar uma máquina de girar

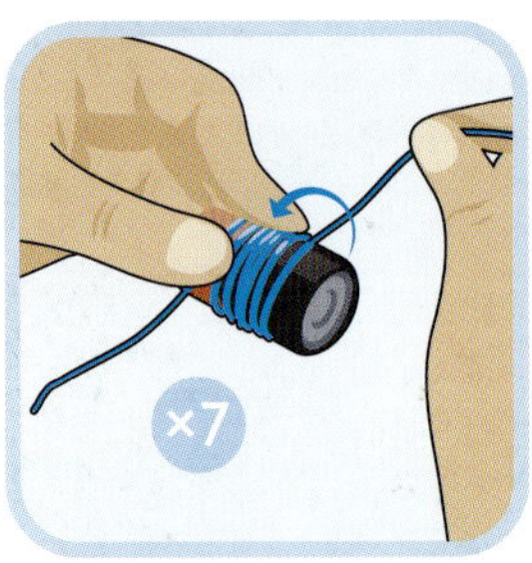

Enrole o fio elétrico na pilha.

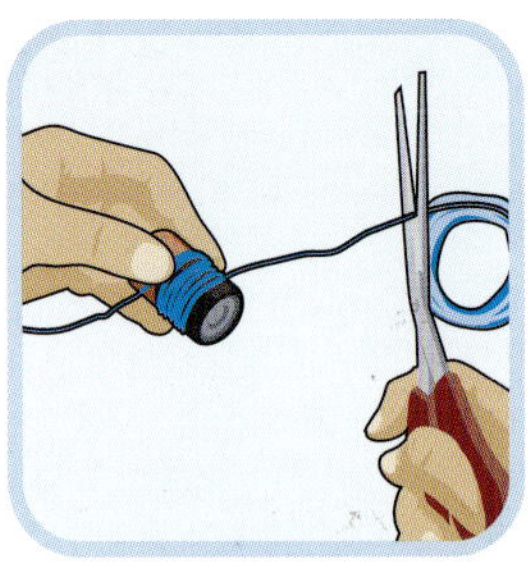
Corte. Tire a pilha.

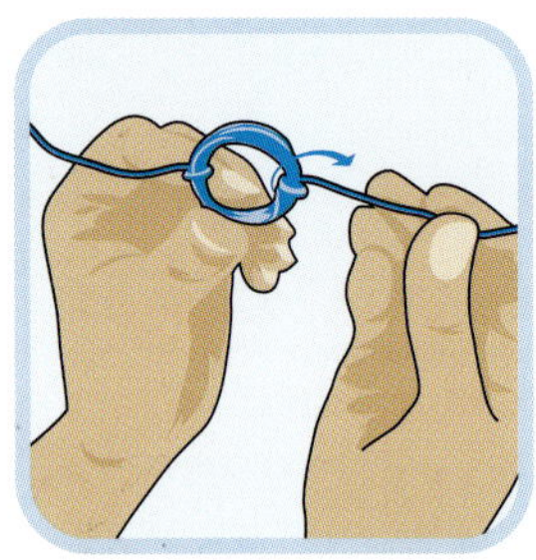
Dê uma volta prendendo o círculo.

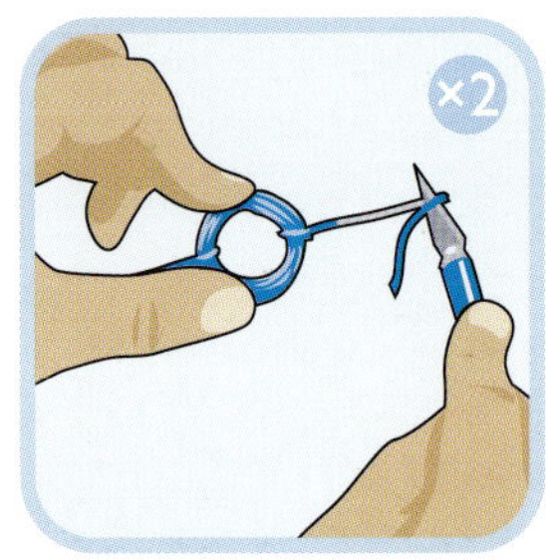

Desencape as pontas.

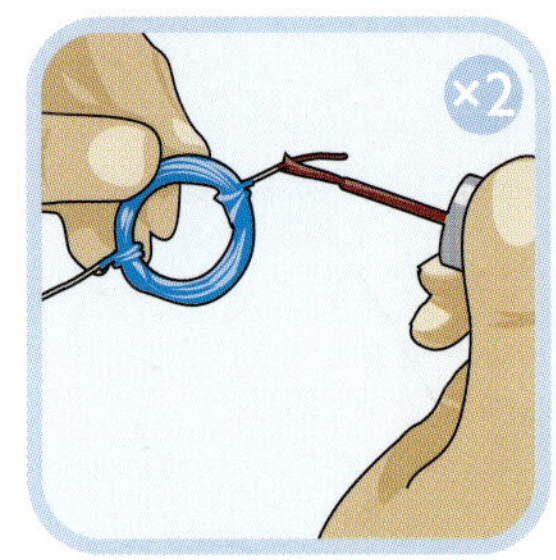

Cubra as pontas com esmalte.

Prenda a pilha.

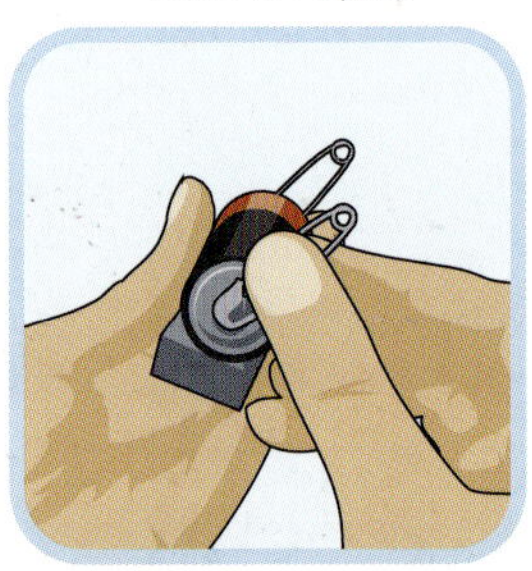
Coloque alfinetes.

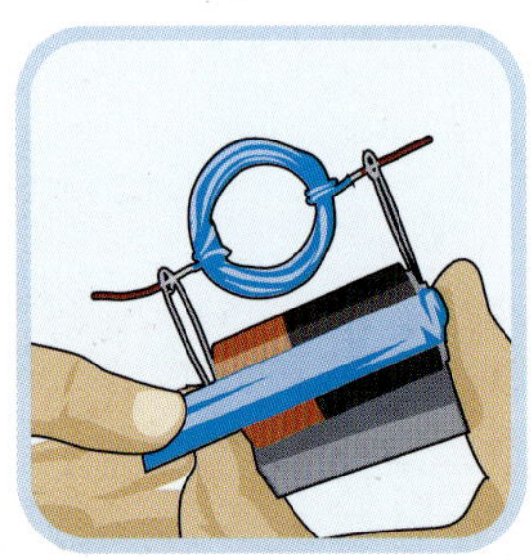
Cole com a fita; coloque o círculo.

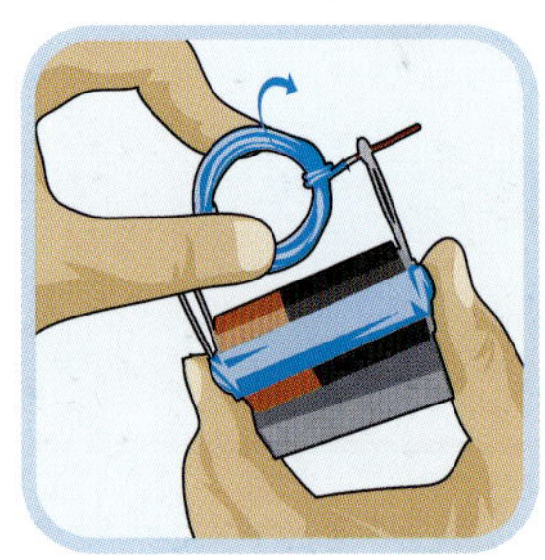
Gire o círculo.

Veja rodar!

fazer uma chupeta na bateria 399

Conecte o fio de cobre ao relógio.

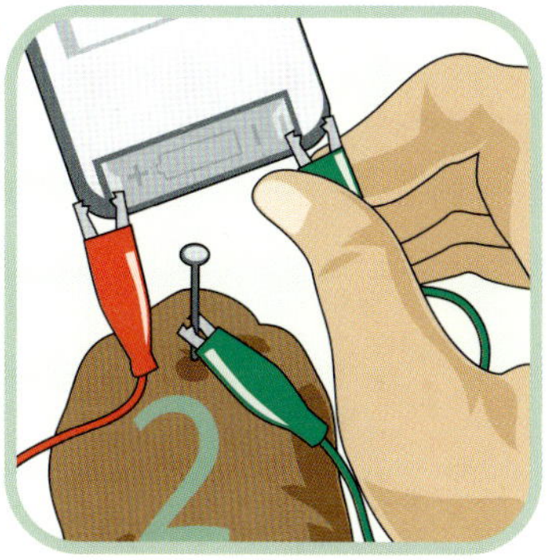

Conecte o prego ao relógio.

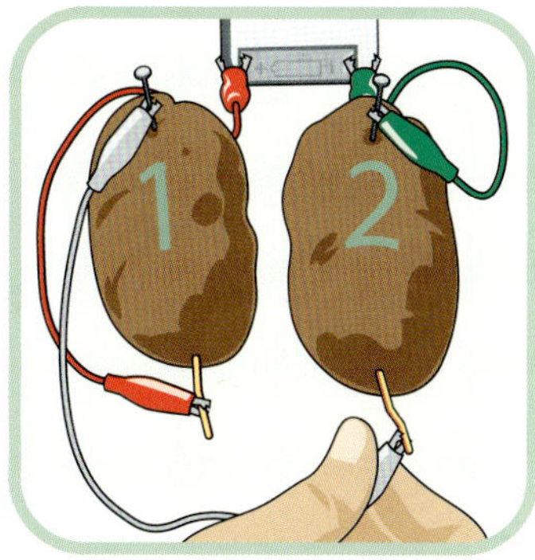

Conecte o prego ao fio de cobre.

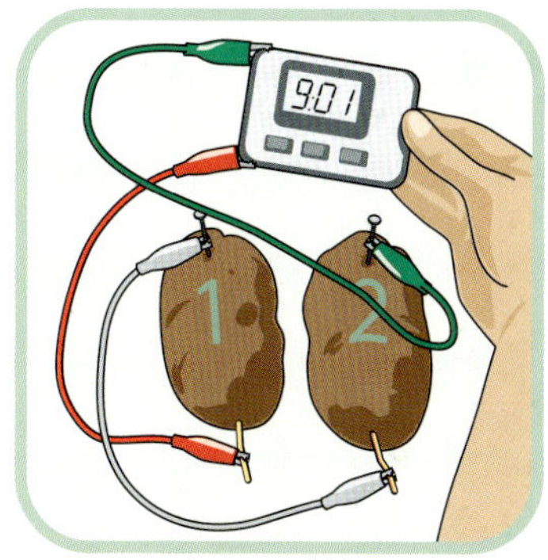

Acerte o relógio.

ligar um rádio foxhole 29

Esse rádio foi inventado por soldados tentando comunicação com o mundo exterior durante a Segunda Guerra Mundial.

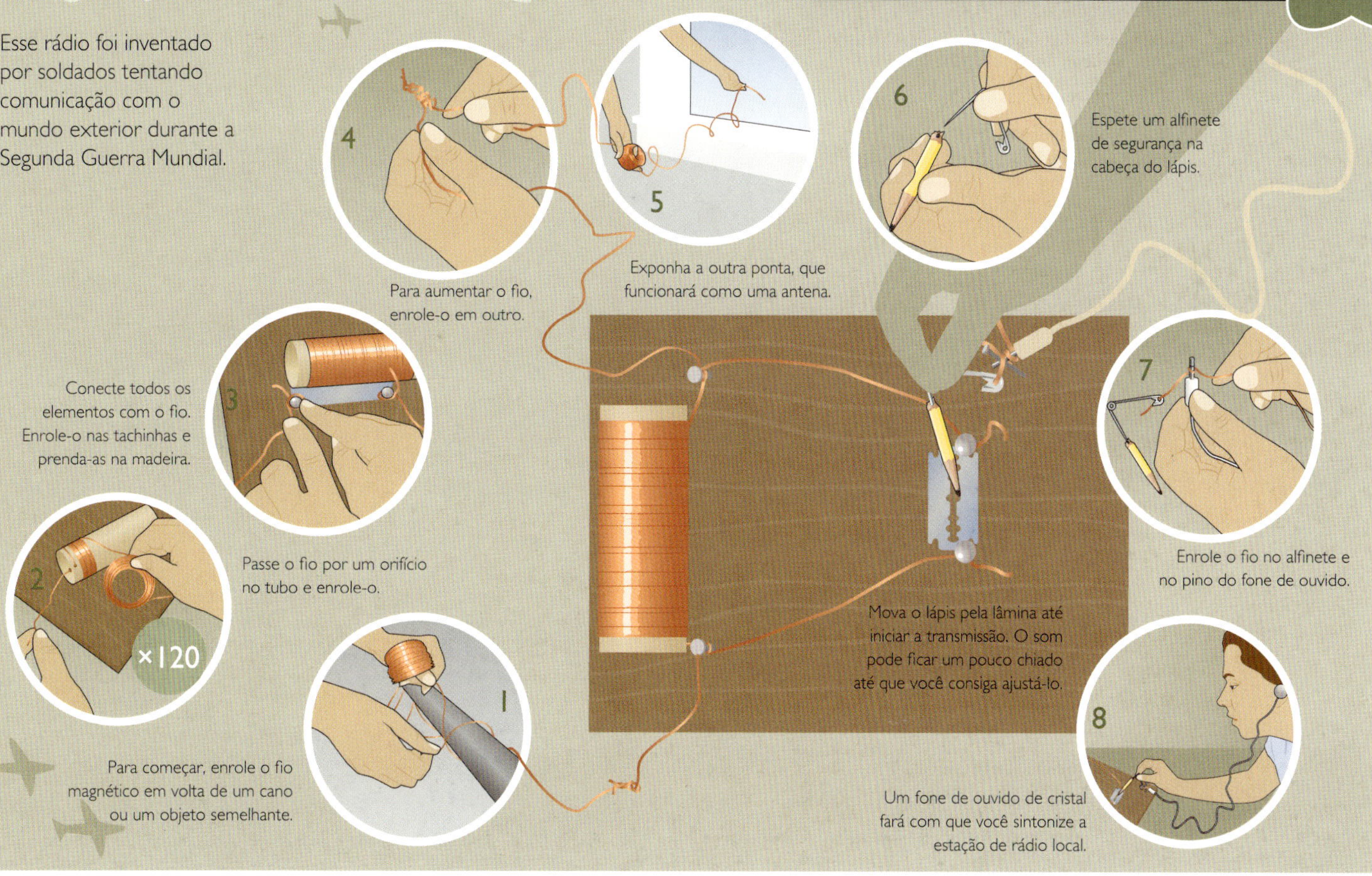

1. Para começar, enrole o fio magnético em volta de um cano ou um objeto semelhante.
2. Passe o fio por um orifício no tubo e enrole-o.
3. Conecte todos os elementos com o fio. Enrole-o nas tachinhas e prenda-as na madeira.
4. Para aumentar o fio, enrole-o em outro.
5. Exponha a outra ponta, que funcionará como uma antena.
6. Espete um alfinete de segurança na cabeça do lápis.
7. Enrole o fio no alfinete e no pino do fone de ouvido.

Mova o lápis pela lâmina até iniciar a transmissão. O som pode ficar um pouco chiado até que você consiga ajustá-lo.

8. Um fone de ouvido de cristal fará com que você sintonize a estação de rádio local.

30 montar um visualizador de eclipses

Prenda o papel em um lado da caixa.

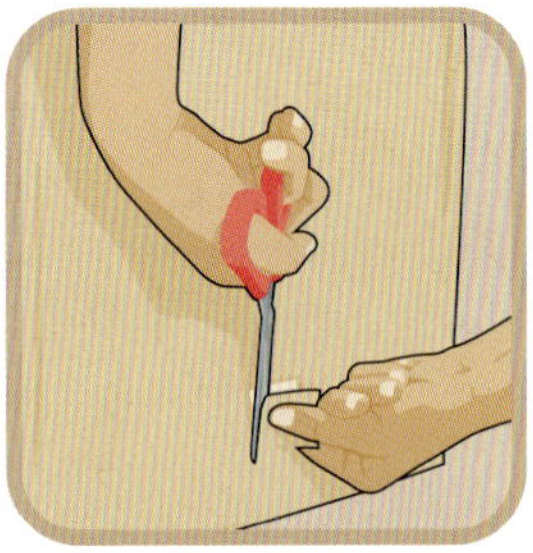

Corte um buraco no lado oposto.

Cubra com papel-alumínio. Fure-o.

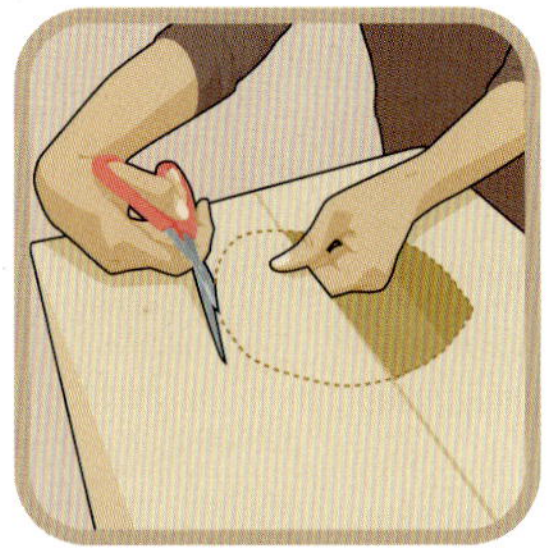

Corte um espaço para sua cabeça.

Enfie a cabeça para ver o eclipse.

Um eclipse solar é algo realmente incrível de se observar, mas pode ser a última coisa que seus olhos irão ver se você olhar diretamente para ele. O pequeno buraco na caixa projeta a imagem no papel branco, poupando seus olhos da luz direta. Quanto mais comprida for a caixa, maior será a imagem.

31 esculpir um vulcão em erupção

Enrole jornal em torno da lata.

Misture a farinha com água e faça uma pasta.

Cole tiras de papel no cone.

Depois que o vulcão secar, pinte-o.

Encha metade da lata com bicarbonato.

Adicione vinagre e anilina.

Um terrário é algo mágico, um mundo em miniatura feito para ser admirado. A versão tropical recria um meio ambiente com plantas úmidas, enquanto os terrários de deserto costumam conter cactos e pedras. (É sempre bom deixar o terrário de deserto descoberto para que o excesso de água possa evaporar.)

transplantar mudas 269

33 trançar uma pulseira da amizade

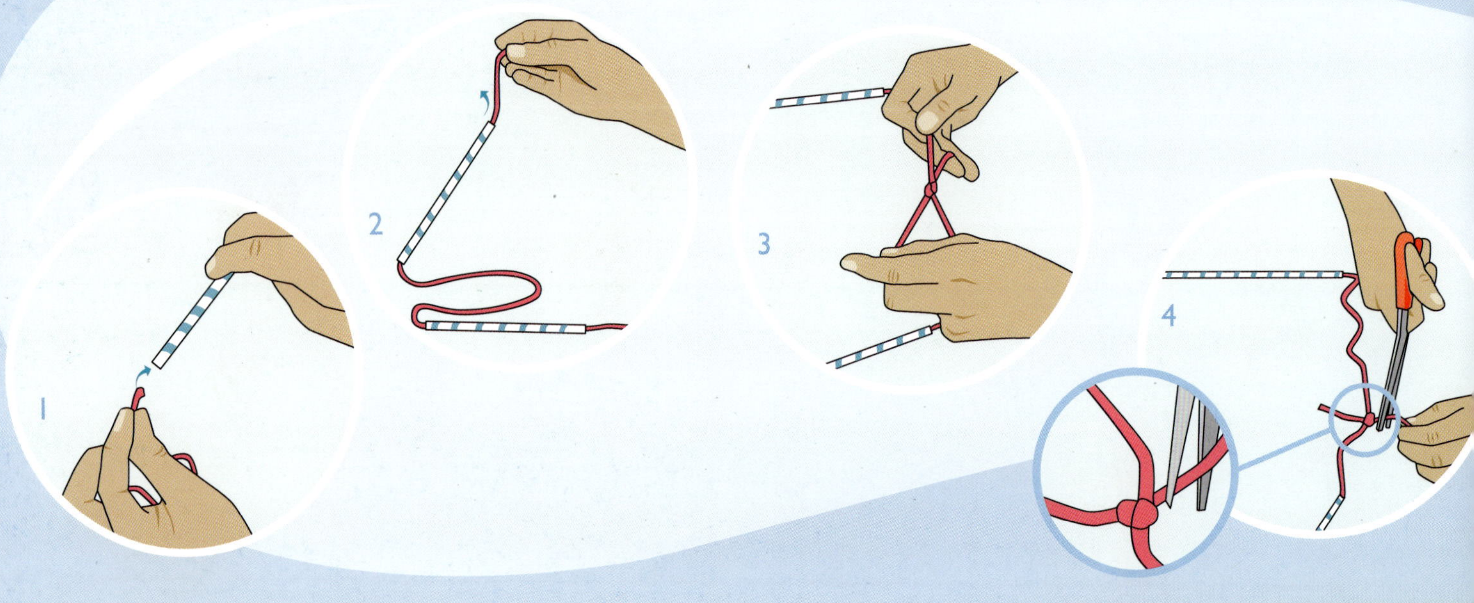

34 fazer uma bolha gigante

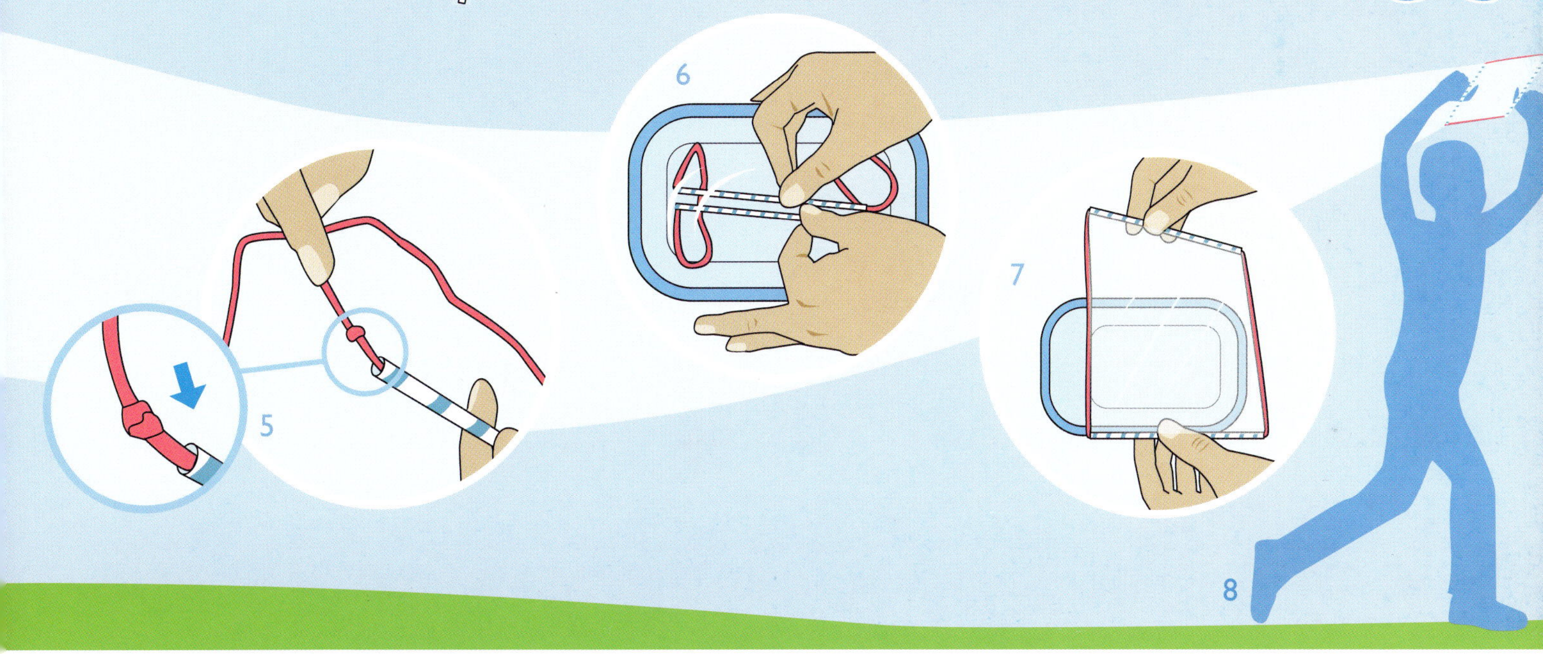

35 fazer um cão de balão

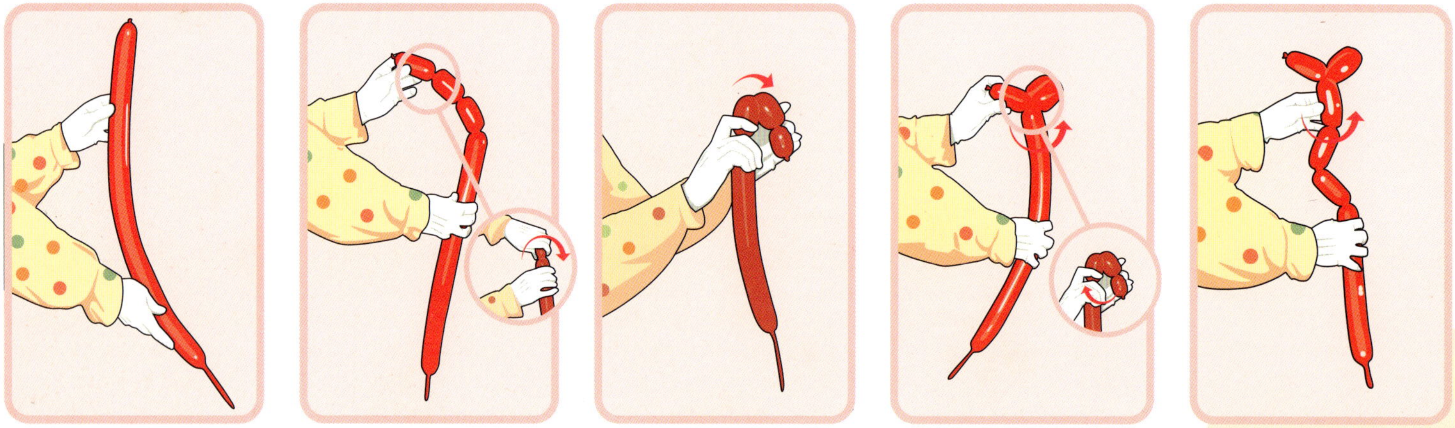

Não encha a parte final do balão. | Gire três partes. | Dobre duas partes para trás. | Una a primeira à terceira.

291 cumprimentar um cão estranho

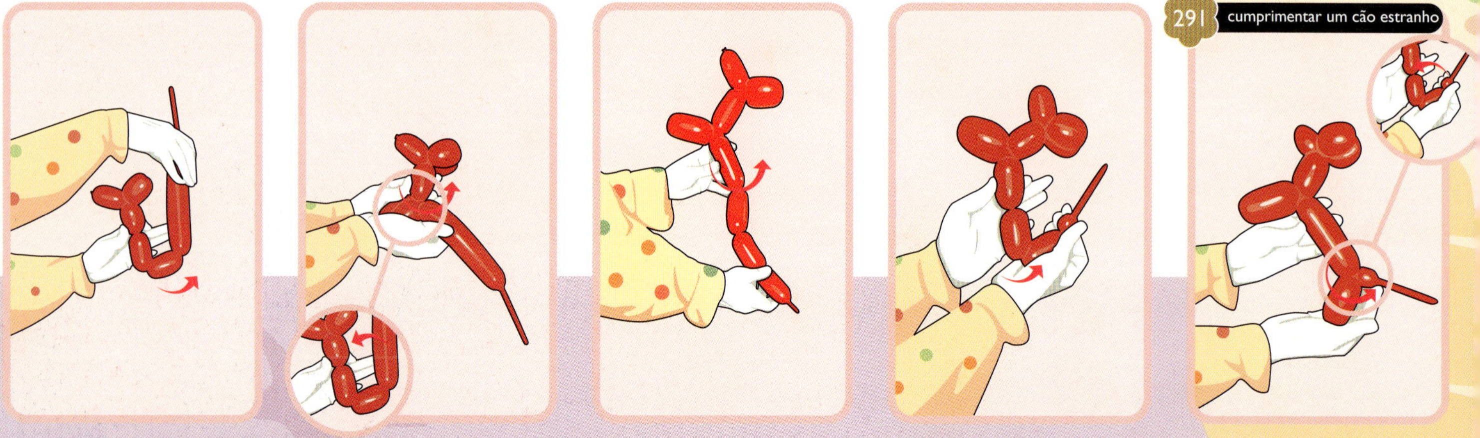

36 fazer um pirulito de açúcar

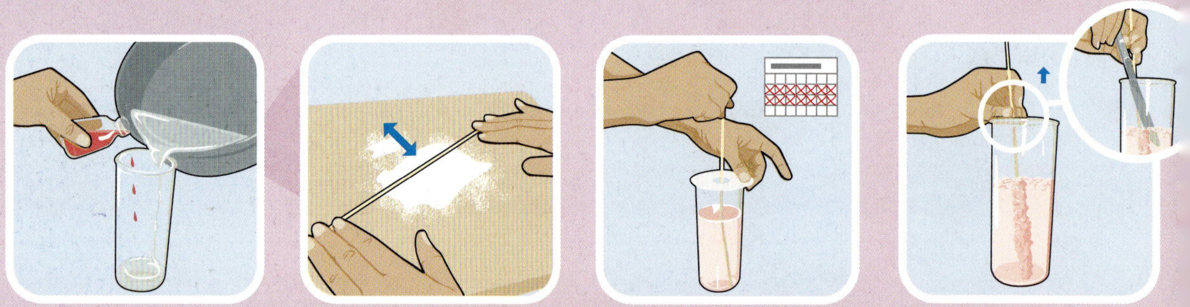

Dissolva o açúcar na água. | Misture com o corante. | Molhe o palito e passe no açúcar. | Cubra o copo e mergulhe o palito. | Corte o palito se for preciso.

fazer uma *piñata* 37

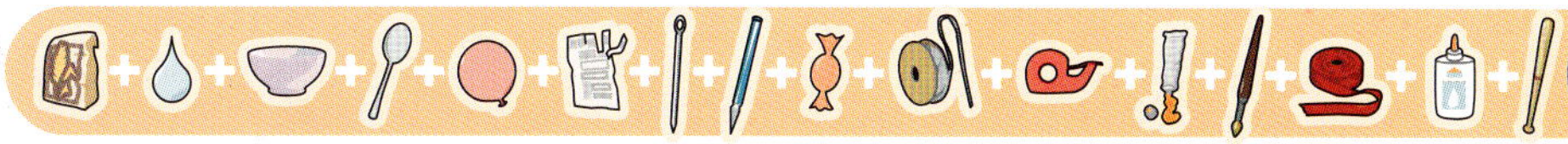

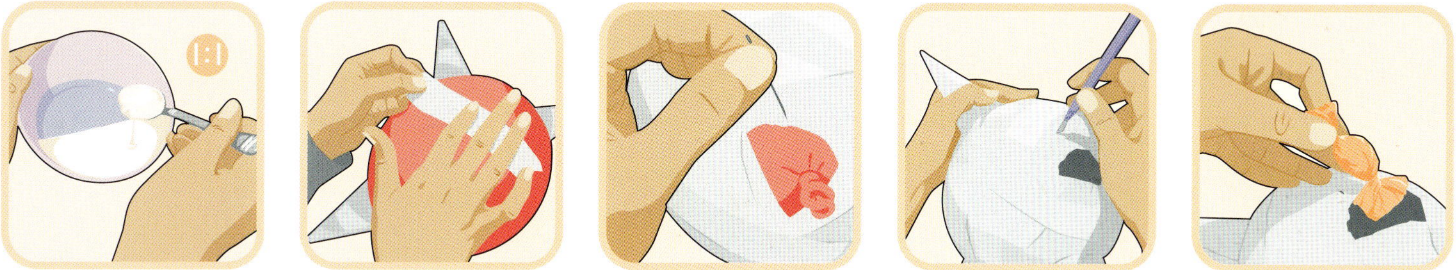

Misture farinha e água para a cola.

Cole cones e tiras de papel.

Deixe secar. Fure o balão.

Faça dois buracos.

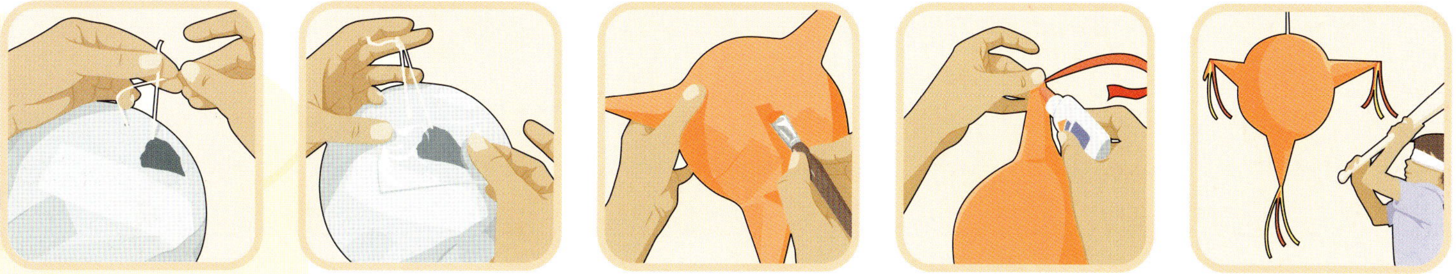

Passe uma corda pelos buracos.

Pendure e tente acertá-la.

criar um carimbo de batata 38

fazer um relógio de batatas 27

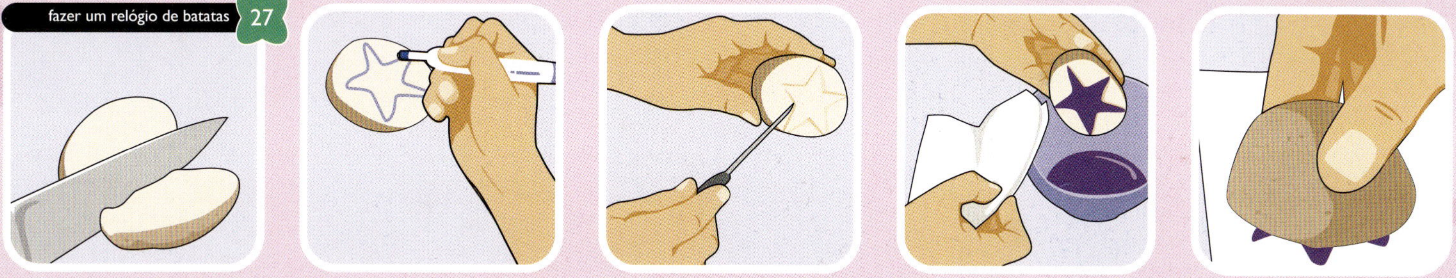

Faça um desenho em relevo.

39 construir um globo de neve

preparar uma guirlanda de Natal 40

Molde o cabide em forma de círculo. | Arrume folhagens sobre ele. | Prenda as folhagens com um arame.

fazer um aromatizador 41

fazer um enxerto numa árvore 266

Role a laranja nas especiarias. | Deixe secar.

fabricar uma luminária de lata 42

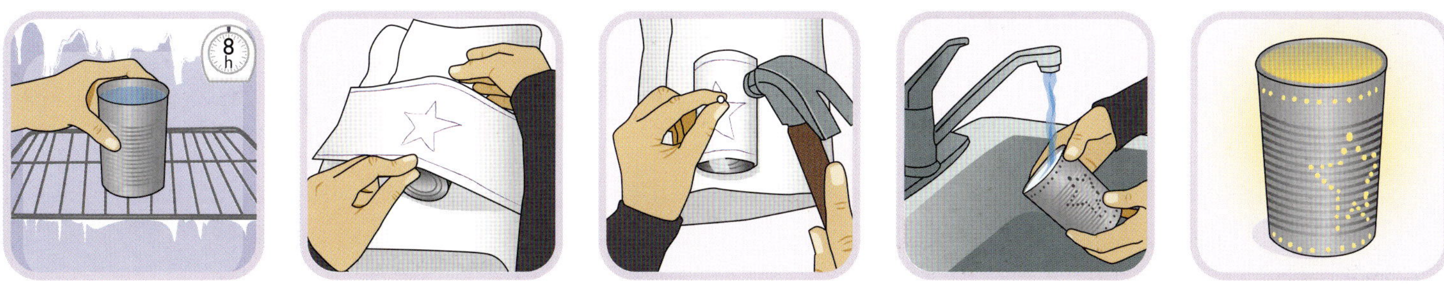

Congele a lata para que fique firme. | Faça furos com um prego. | Derreta o gelo com água quente. | Coloque dentro uma pequena vela.

43 estampar uma toalha com batique

Enxágüe o tecido.

Tinja na cor desejada.

Desenhe.

Derreta a cera; cubra o desenho com ela.

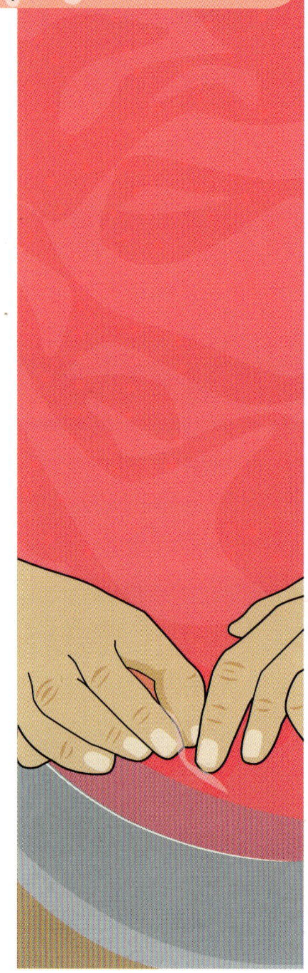
Tinja com outra cor.

45 fazer listras de tie-dye

Enrugue a partir do centro.

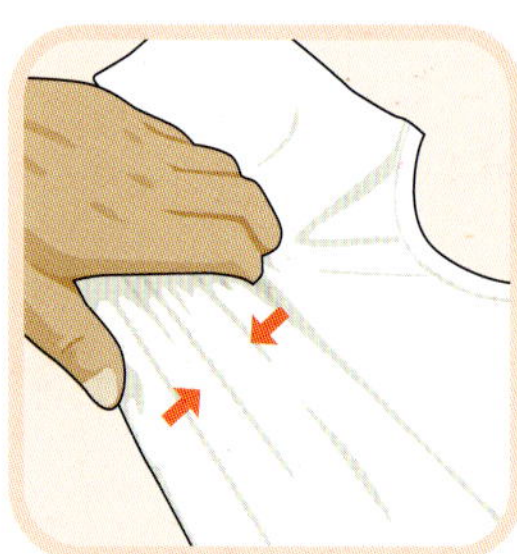

Enxagüe e use.

Pendure para secar.

Passe a ferro para remover a cera.

remover manchas 184

Lave antes de usar.

ler padronagens de batique 44

Chamado *sido dadi*, esse desenho indonésio é um bom presságio. A tradução é "você pode ser quem deseja".

Somente os mais dignos vestem o *satrio wibowo*, que é caracterizado por formas de diamante.

Usado pela realeza, o simétrico *kawung* equilibra energia, poder e outras forças.

O *putrang rusak* foi o favorito da família do sultão. Suas linhas em ondas trazem sorte.

tingir uma espiral psicodélica 46

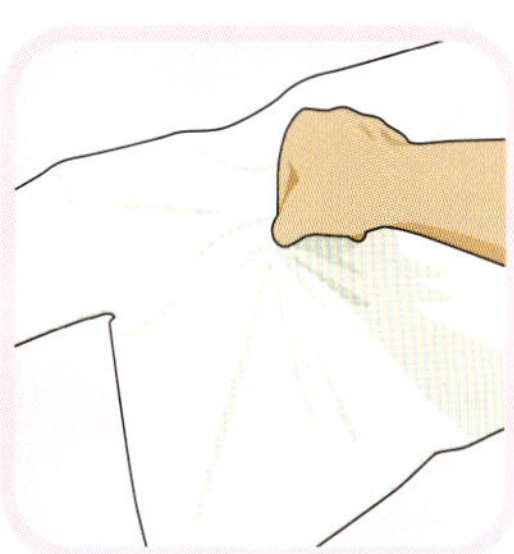

Puxe, torcendo pelo centro.

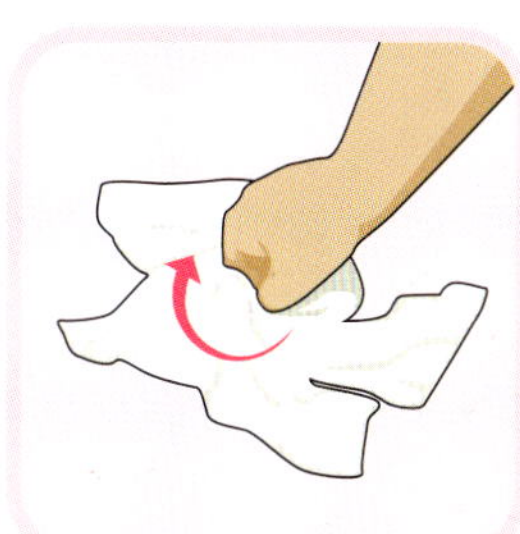

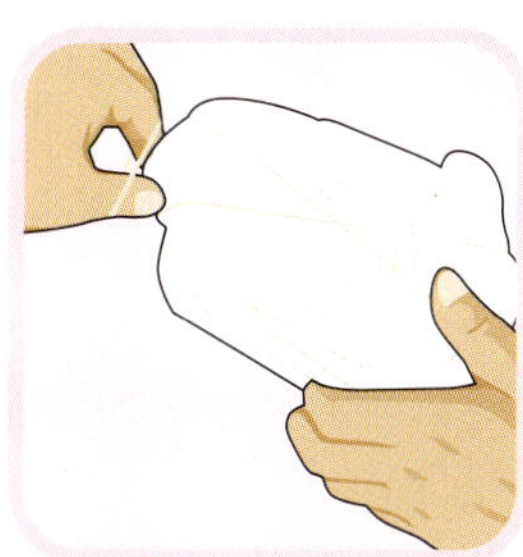

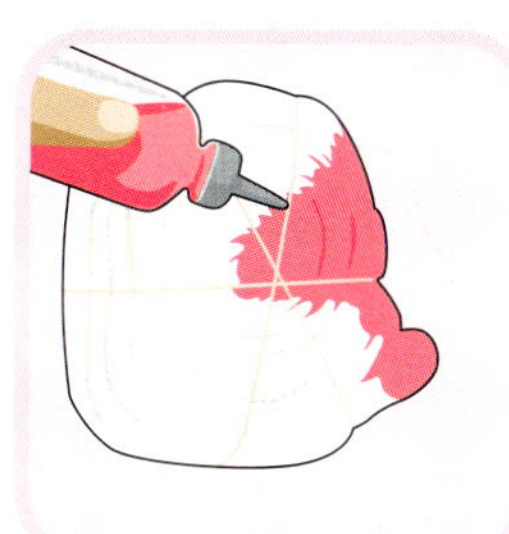

Enxágüe e use.

47 dar o primeiro ponto do tricô

146 fazer tranças com linha

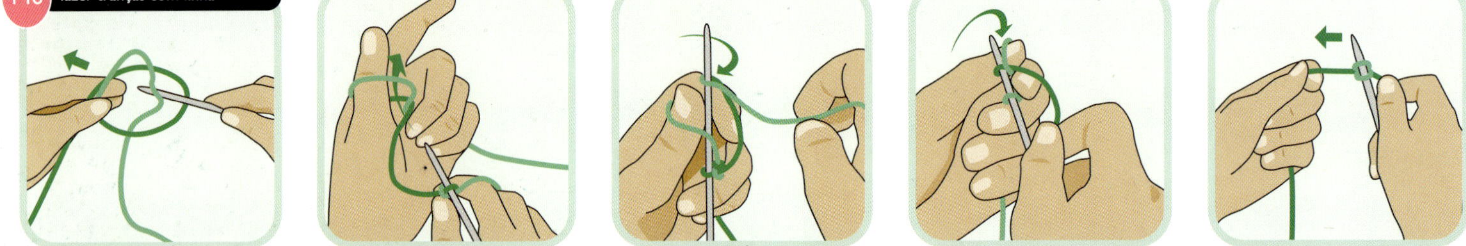

Passe a agulha pelo nó. Puxe dando uma volta. Dê outra volta com a agulha. Puxe o fio por cima da agulha. Puxe para firmar.

48 fazer o ponto meia do tricô

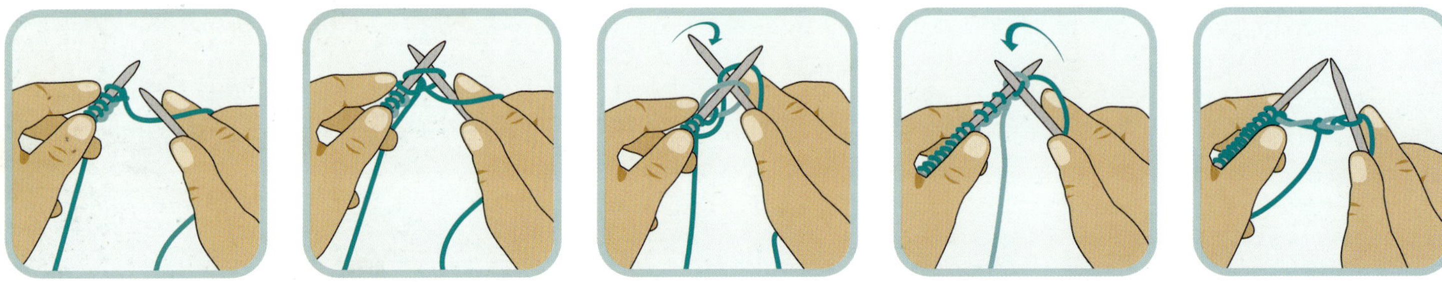

Ponha a agulha da direita atrás. Dê uma volta em torno da outra. Puxe a agulha de trás para a frente. Deslize a agulha da esquerda.

49 tricotar com perfeição

185 lavar um suéter à mão

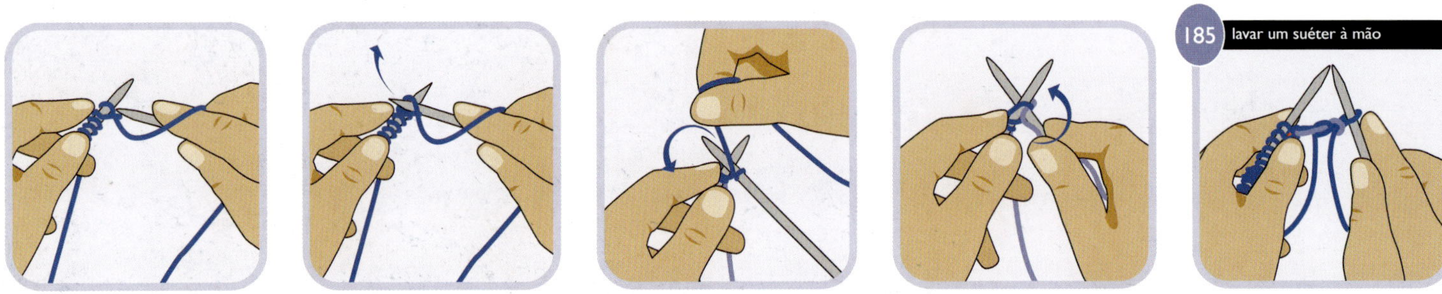

Coloque a agulha direita na frente. Dê uma volta em torno da outra. Ponha a agulha da frente para trás. Deslize a agulha da esquerda.

ponto de cruz

ponto estrela

ponto russo

ponto russo amarrado

ponto de feixes

ponto de cadeia

ponto de aresta

pedra · pena · estrela da manhã

51 bordar desenhos indígenas

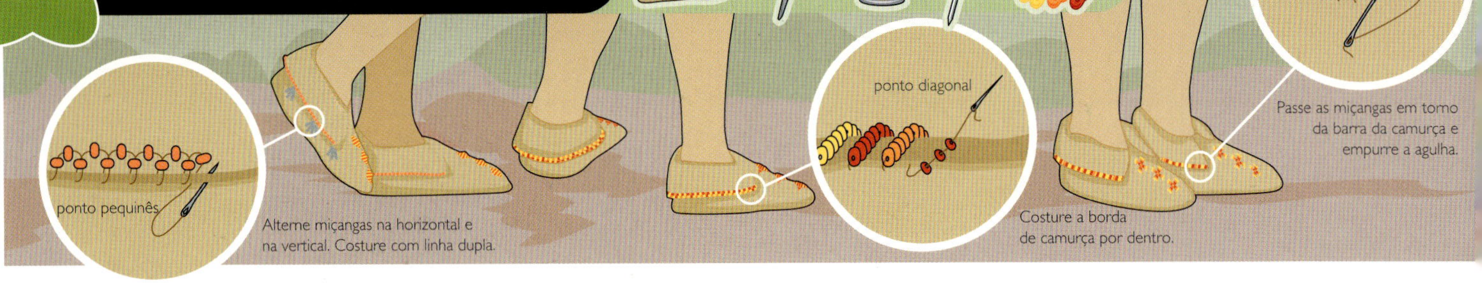

52 medir os pés para os mocassins

Quer fazer mocassins sem utensílios modernos, como os índios americanos? Desenhe seus pés na camurça e corte tecido suficiente para cobri-los.

tartaruga

raio

pontas de flecha

sol

rio com uma ilha

casco de alce

pássaro patas de cavalo cabeça caminho

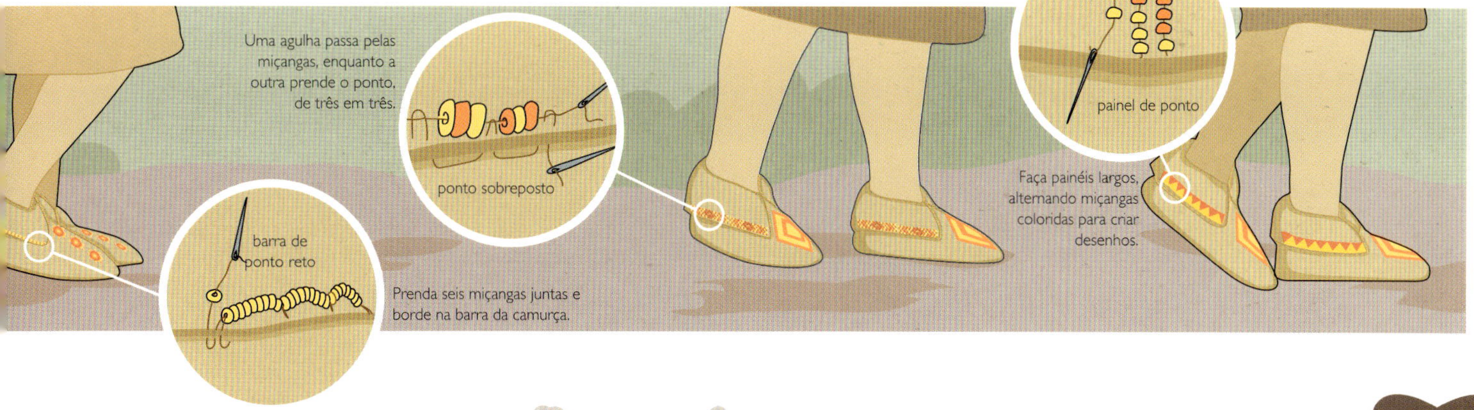

53 costurar mocassins de camurça

Dobre ao meio.

Costure as laterais.

aranha

Vire do avesso.

Decore com miçangas.

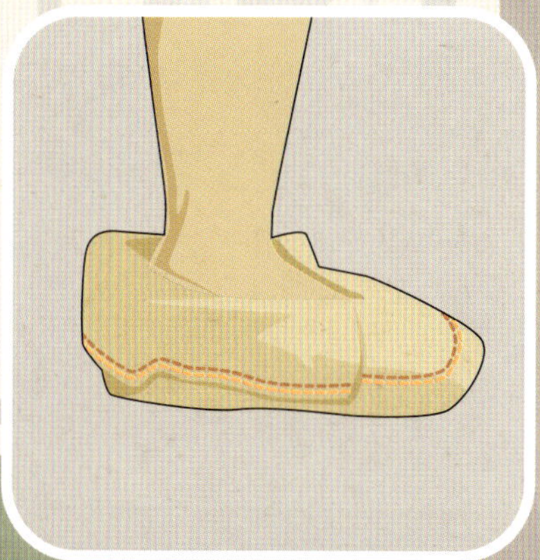

Dobre as barras para fora e calce.

libélula

tenda caranguejo tempestade estrela

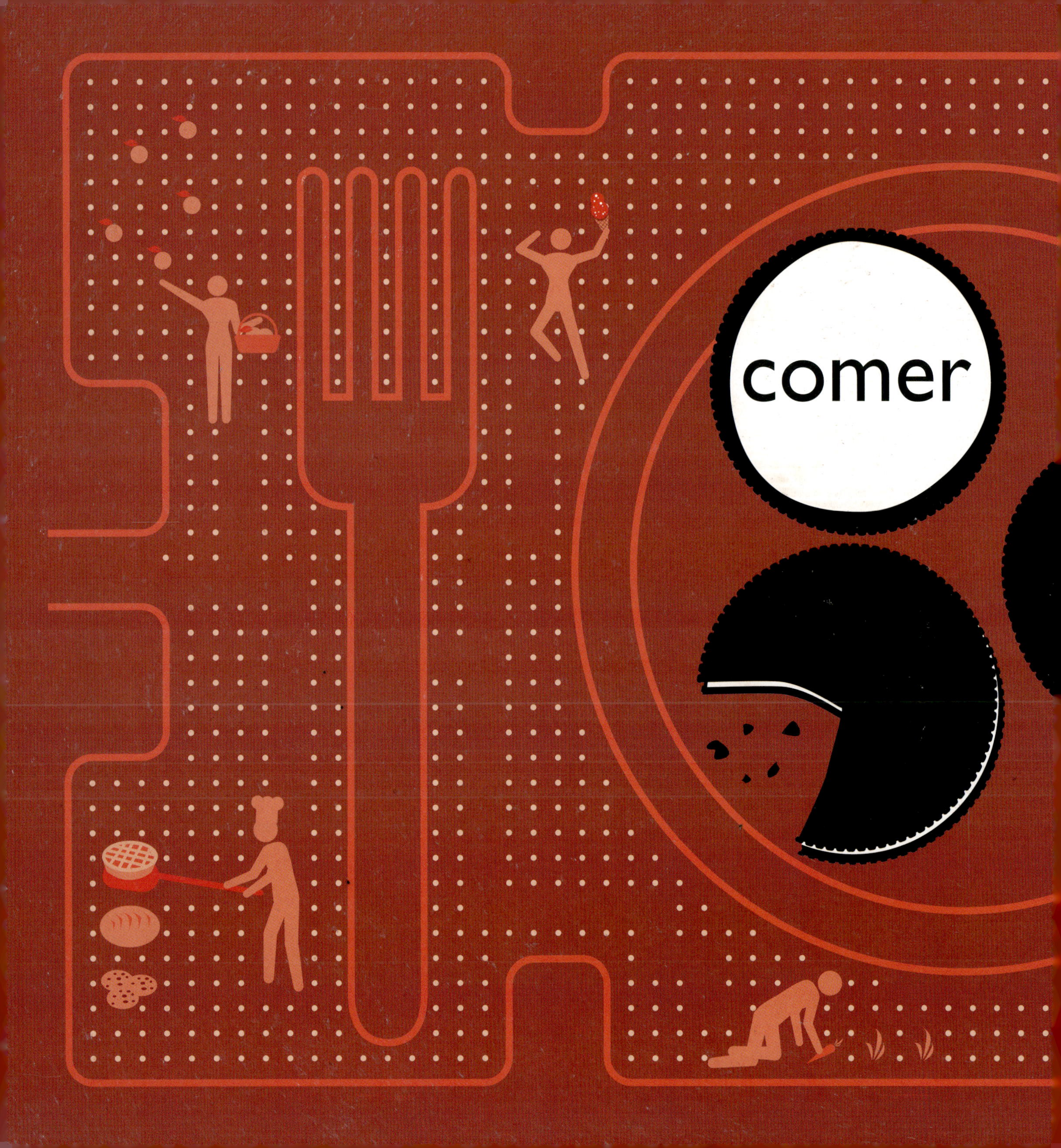
comer

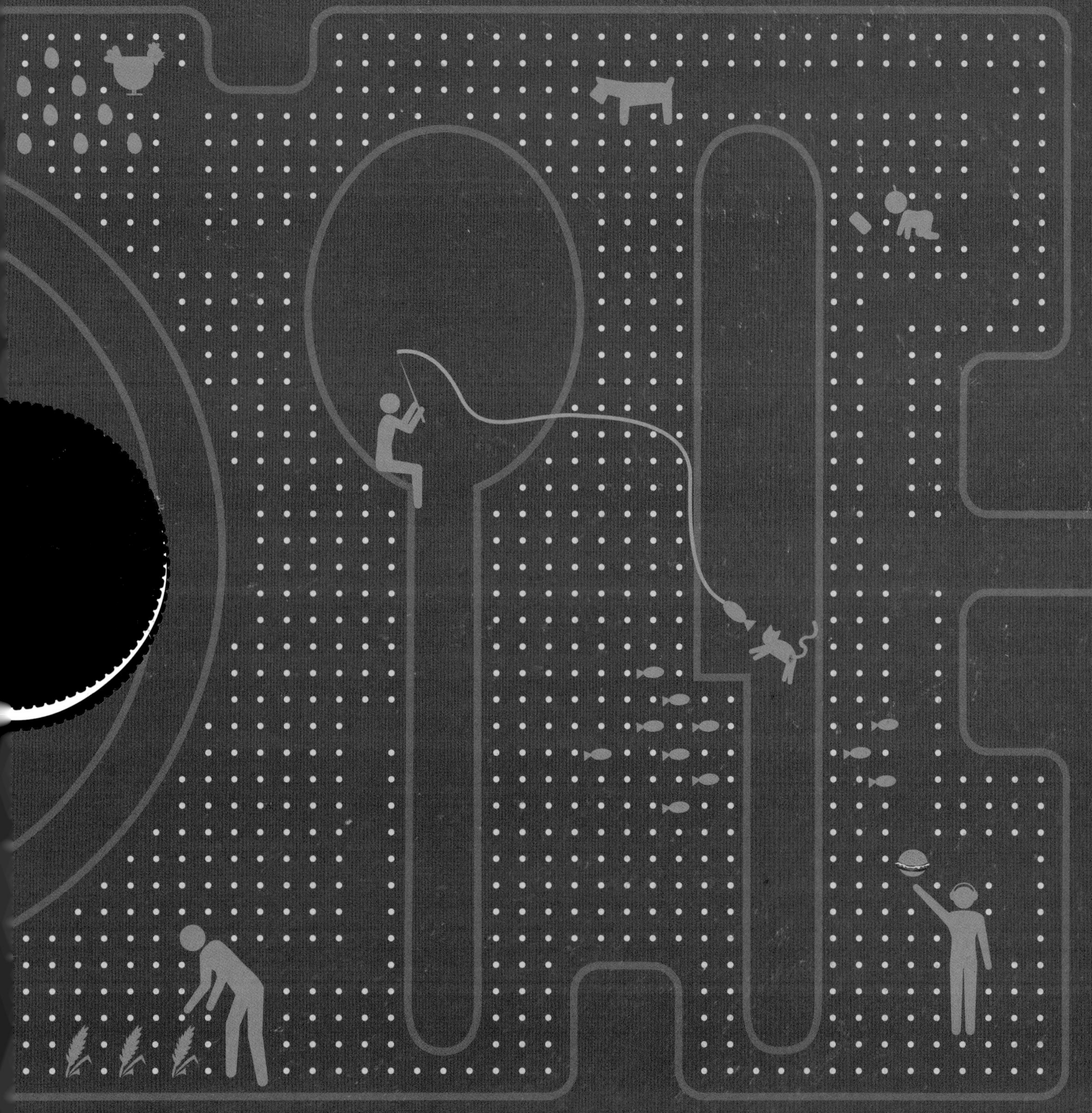

54 abrir uma romã

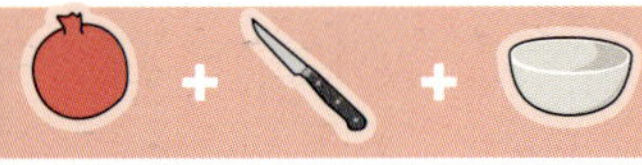

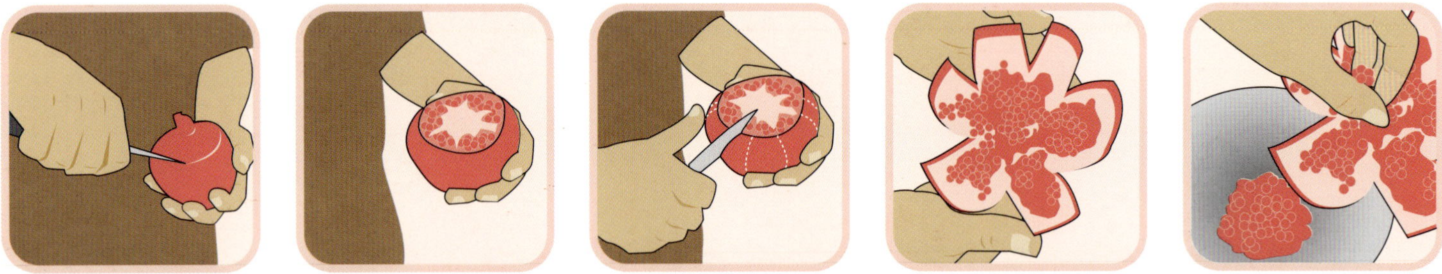

Corte o topo transversalmente.

Abra e remova o conteúdo.

55 cortar uma manga em cubos

Corte os dois lados da manga.

Descarte o caroço.

Vire as metades para fora.

Retire os cubos da casca.

56 tirar o caroço do abacate

262 plantar um abacateiro

Golpeie o caroço e retire-o.

Tire a polpa.

57 quebrar um coco

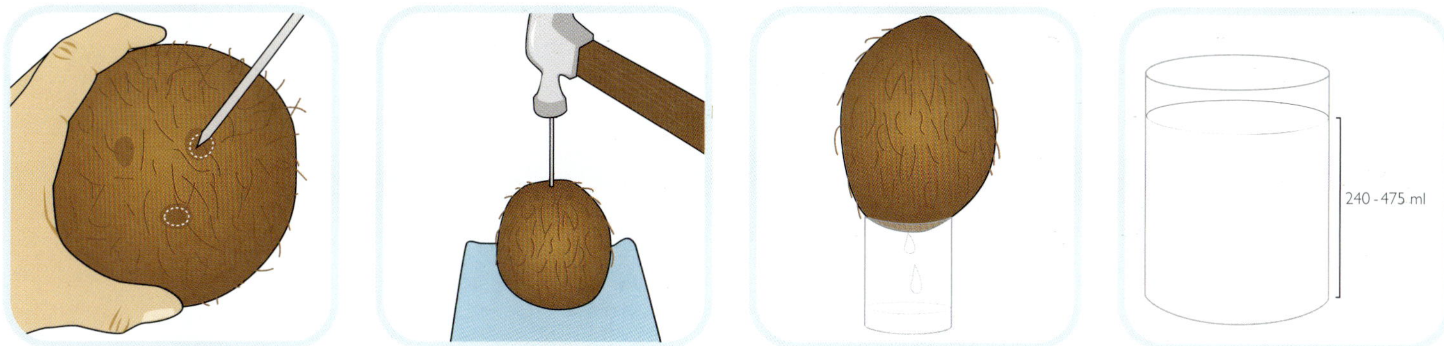

Fure os pontos macios da casca.

Aprofunde os furos. Remova os pregos.

Retire a água.

Separe a polpa da casca.

58 descascar um abacaxi

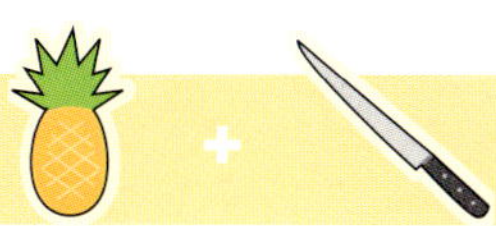

Corte a base e a coroa.

59 cozinhar um ovo

Água fervente com sal evita que o ovo rache.

4 decorar ovos

61 fritar ovos

Derreta a manteiga.

62 fazer ovo poché

Vinagre faz a clara se solidificar mais rápido.

60 descascar rapidamente um ovo

Quebre. Retire. Quebre. Retire.

* Para tirar um ovo cozido da casca é preciso soprar forte. Iniciantes devem começar rolando o ovo numa superfície dura, quebrando a casca para que ela saia mais facilmente.

Coloque um ovo de cada vez e devagar, para não quebrar a gema.

Gosta deles com a gema para cima? Tire do fogo e sirva.

Não quer sentir o gosto do vinagre? Enxágüe os ovos antes de servir.

63 enrolar um burrito

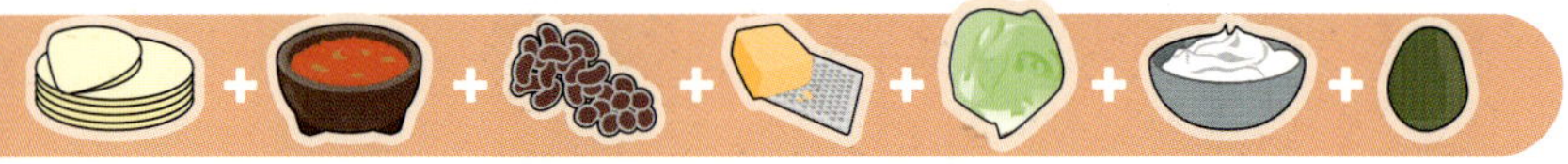

Comece com a tortilha morna.

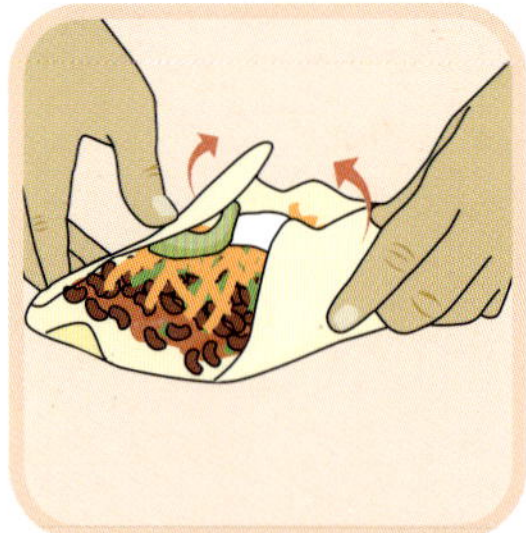

Feche os dois lados da tortilha.

Dobre a parte de cima e a de baixo.

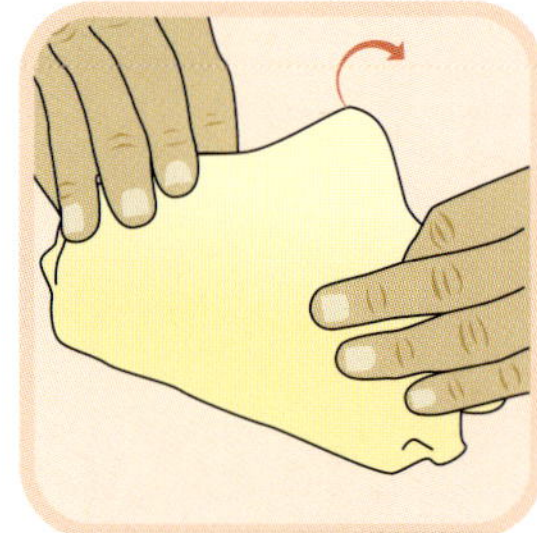

Enrole.

Feche com as pontas para dentro.

64 preparar *nachos*

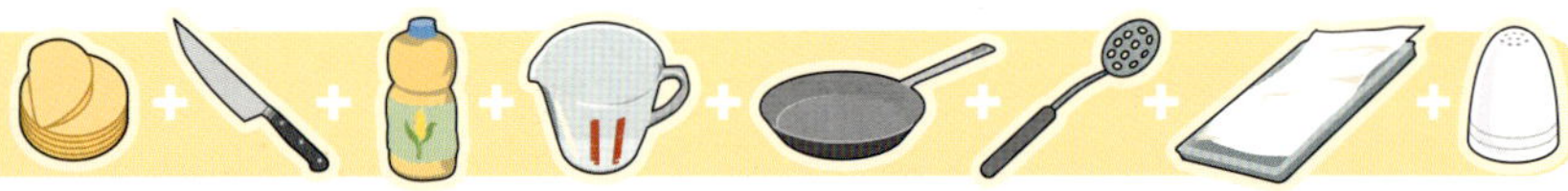

Corte as tortilhas em seis partes.

Coloque bastante óleo de milho.

Frite virando de vez em quando.

Deixe esfriar sobre papel absorvente.

Coloque sal a gosto.

65 fazer um guacamole

56 tirar o caroço do abacate

Esprema o limão.

Pique o coentro.

Pique a cebola.

Misture tudo e amasse.

picar pimenta mexicana 66

Corte em quatro partes.

Remova o cabo e as sementes.

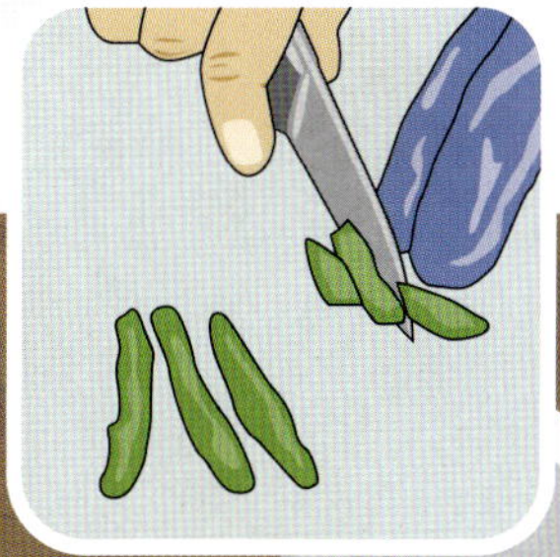

fazer um molho mexicano 67

Esse tempero simples dá um toque festivo a qualquer prato. Pique os ingredientes, misture-os e coloque-os na geladeira por uma hora. Sirva como aperitivo numa festa ou como acompanhamento de seus pratos mexicanos favoritos.

arrasar numa salsa 200

68 fazer uma flor de tomate

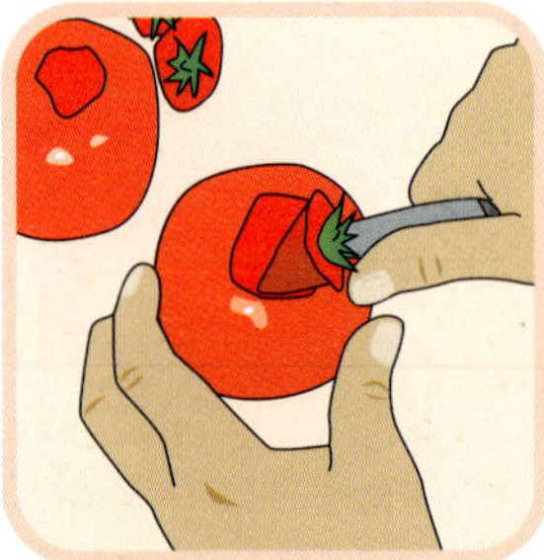

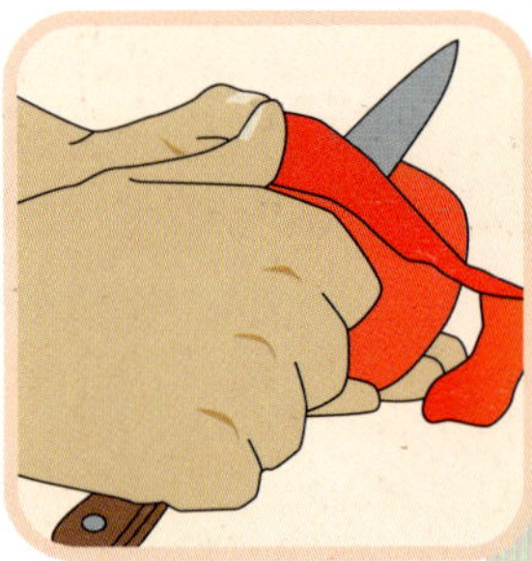

Remova a pele numa longa tira.

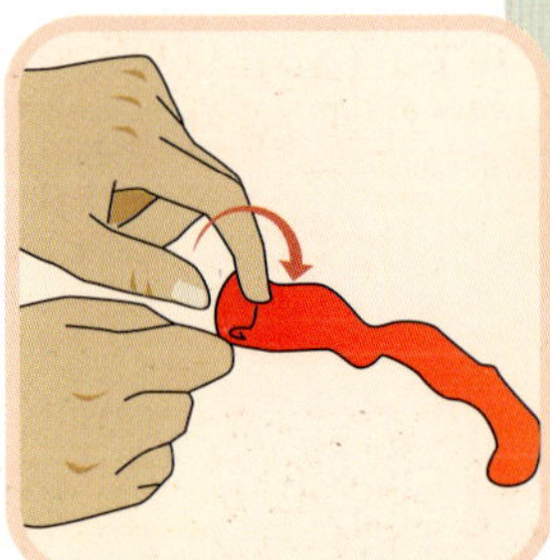

Comece enrolando a pele.

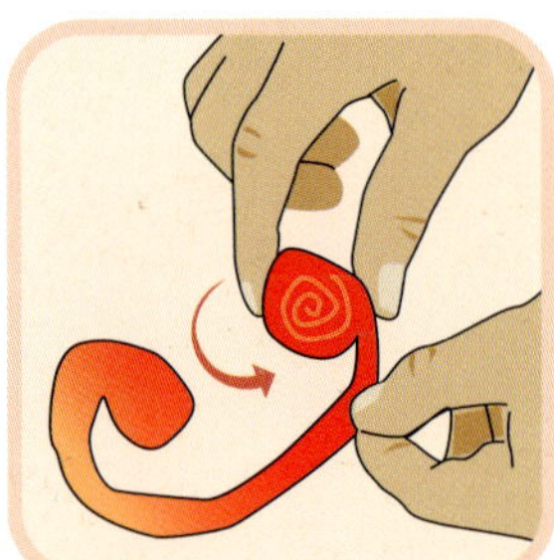

Enrole com a forma de uma flor.

69 criar flores de rabanete

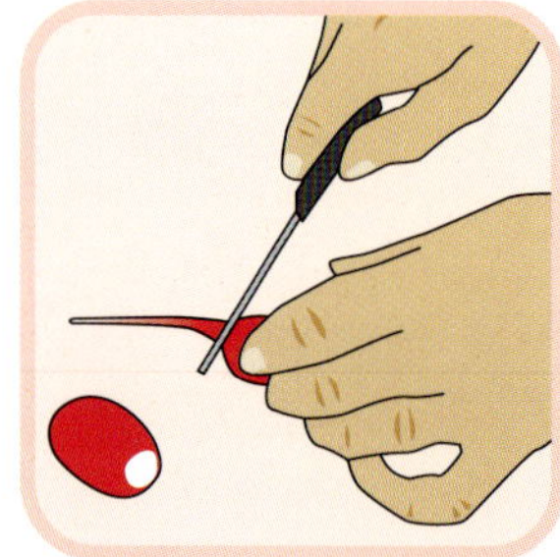

Faça cortes em cada um dos lados.

Corte atrás dos primeiros cortes.

Resfrie para abrir as pétalas.

267 podar uma roseira

70 picar gengibre

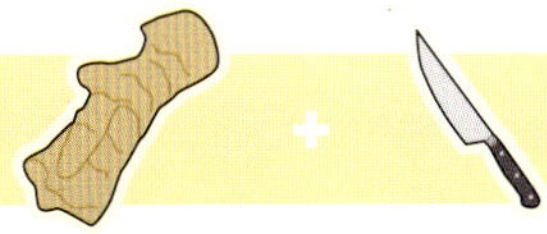

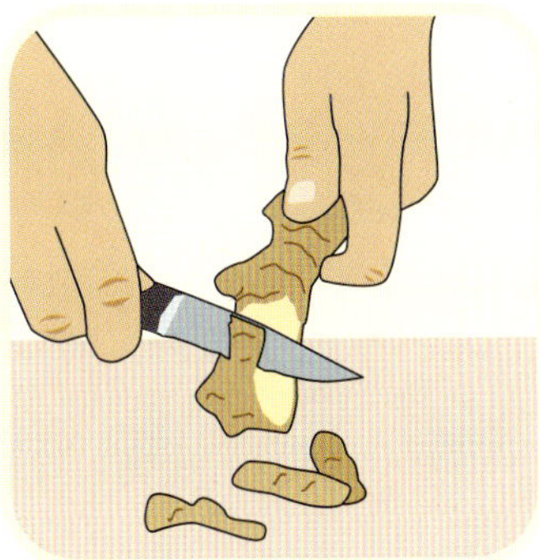

Corte longe de suas mãos.

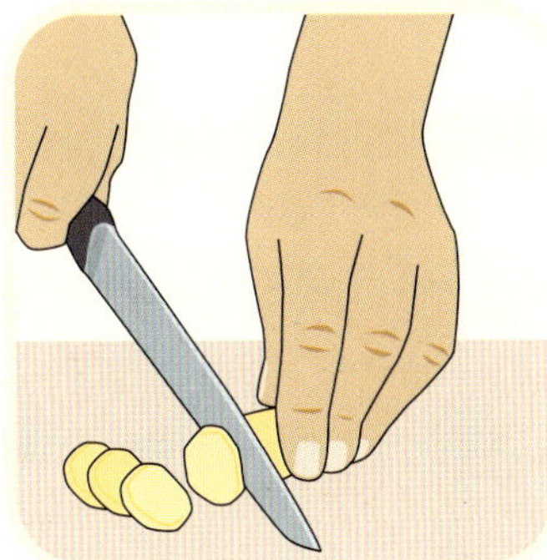

Junte as rodelas e pique.

Mova a faca como uma gangorra.

71 tirar a pele de um pimentão

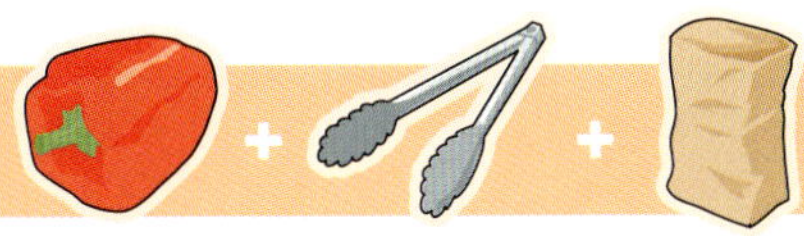

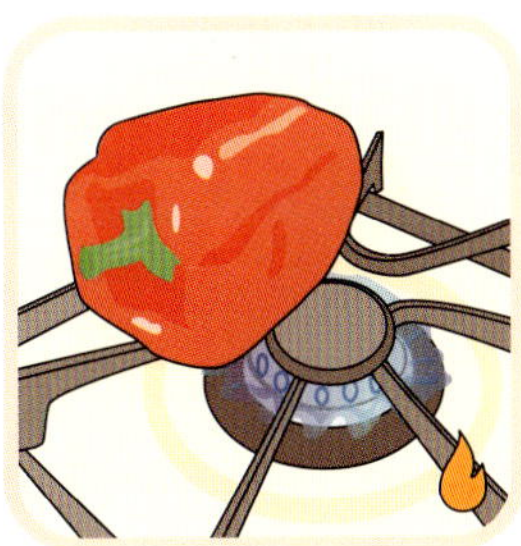

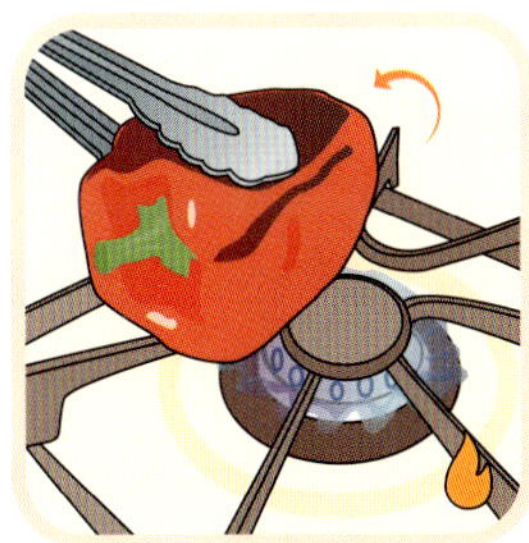

Gire para queimar por igual.

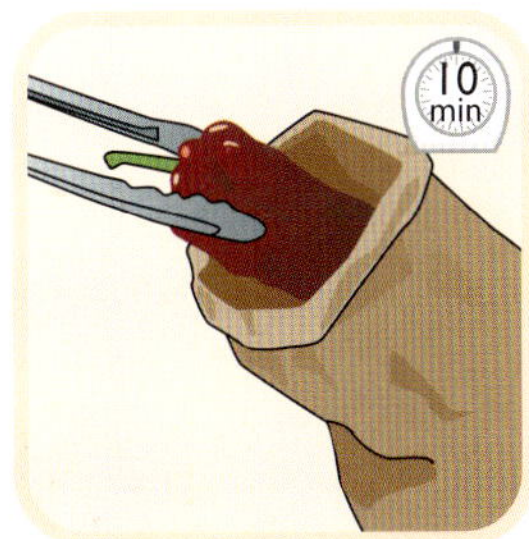

O vapor solta a pele.

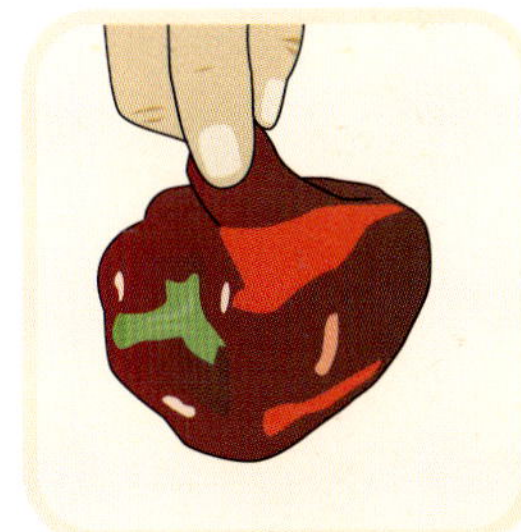

Puxe a pele.

Retire o cabo.

72 desfolhar uma alcachofra

Tire as folha de fora.

Corte a parte de cima.

Despele o cabo; passe limão.

Corte em quarto partes.

Descarte a parte fibrosa.

73 desenferrujar uma panela

Esfregue vigorosamente com uma esponja de aço.

Cubra o fundo da panela com óleo.

Adicione o sal para criar uma pasta.

Esfregue com papel toalha e enxágüe.

74 fazer um rolo não grudar

Estique uma meia de náilon.

Coloque-a no rolo.

Passe-o numa superfície com farinha.

75 afiar e polir uma faca

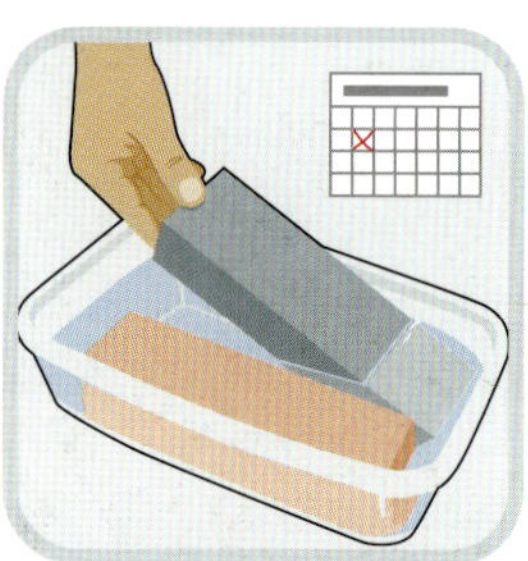

Deixe as pedras de molho.

Passe a faca na pedra.

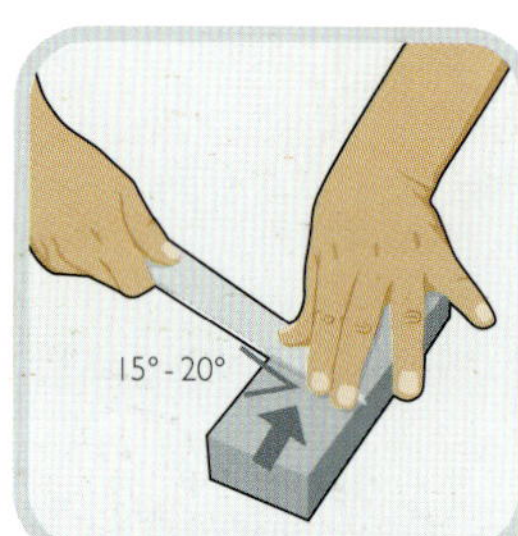

Vire a faca e repita.

Troque a pedra e repita.

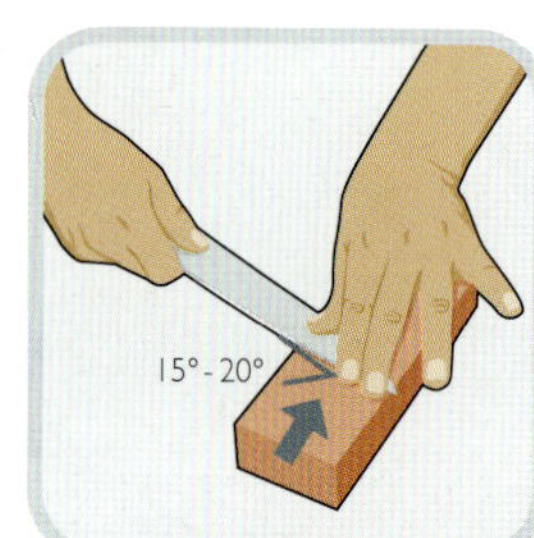

pegar um peixe com a mão 426

* Para manter as ervas sempre frescas, mergulhe os talos num copo d'água e deixe na geladeira. O manjericão é a única exceção – ele fica marrom na geladeira.

visualizar porções de comida 328

77 comer com pauzinhos

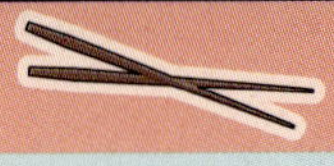

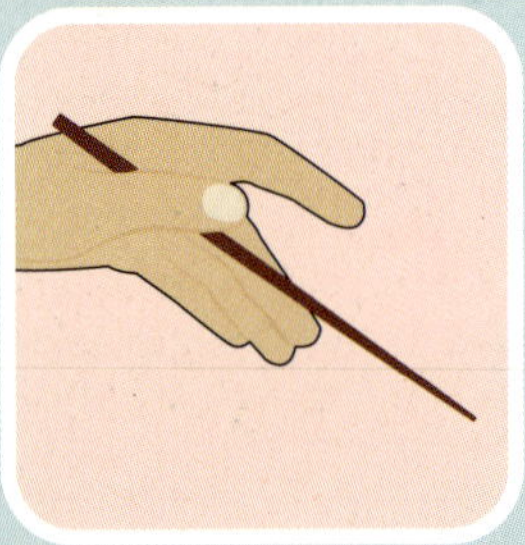

Coloque na base do polegar.

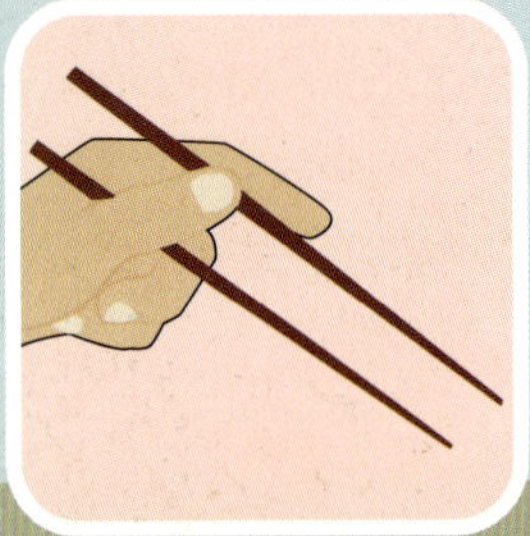

Pressione contra o indicador.

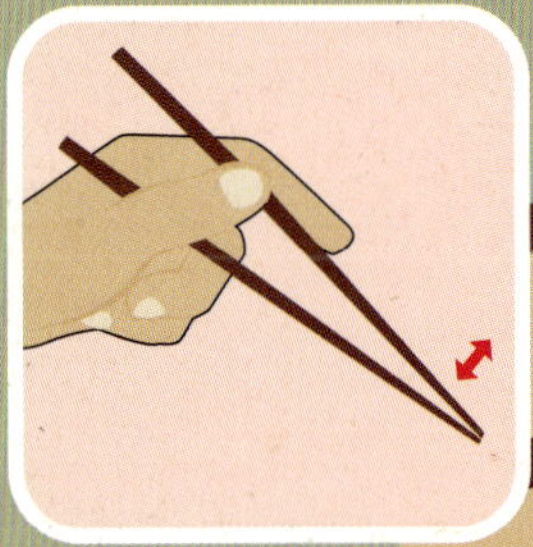

Mantenha o hashi inferior imóvel.

* Pauzinhos (hashis) podem ser intimidantes. Lembre-se apenas de nunca passar comida com eles – essa é a maneira com que as famílias japonesas recebem as cinzas de seus entes queridos durante o enterro.

78 montar um temaki

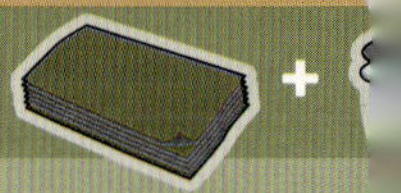

Coloque o arroz na alga.

Deixe um espaço na parte de cima.
Faça uma linha com raiz-forte.
Adicione os ingredientes.
Pressione na alga.
Aperte o rolo.
ikura (ovas de salmão) nigiri
sake (salmão) nigiri
maguro (atum) nigiri
ebi (camarão) nigiri
maguro (atum) temaki
shoyu (molho de soja)
Prenda a ponta.
raiz-forte
genbibre

80 limpar lagosta

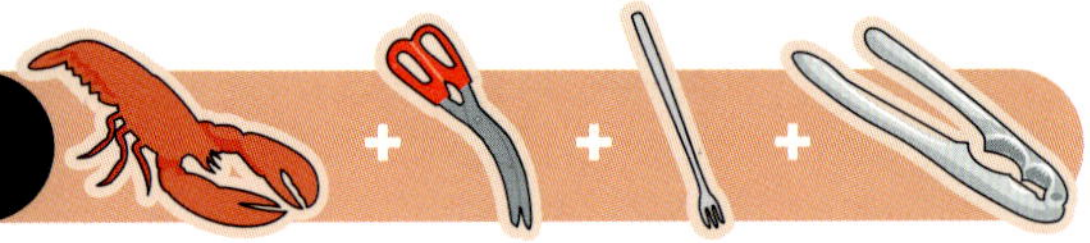

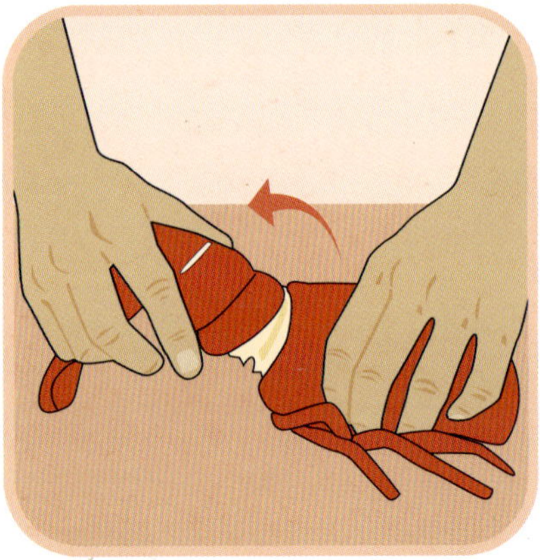

Quebre o rabo e separe-o do corpo.

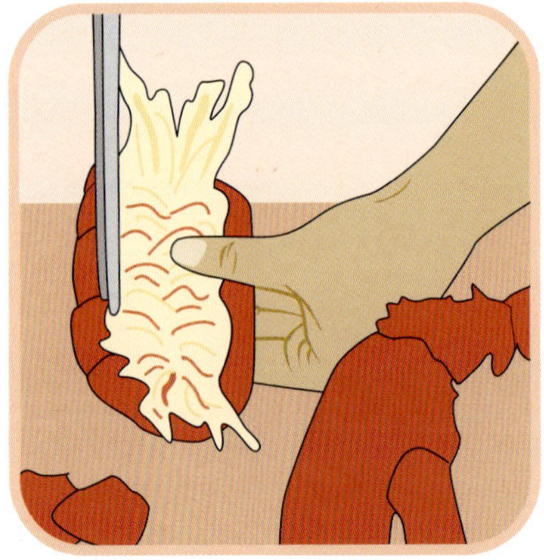

Corte a cartilagem; remova a carne.

Tire o intestino.

Puxe o abdômen.

Quebre a casca em duas e tire a carne.

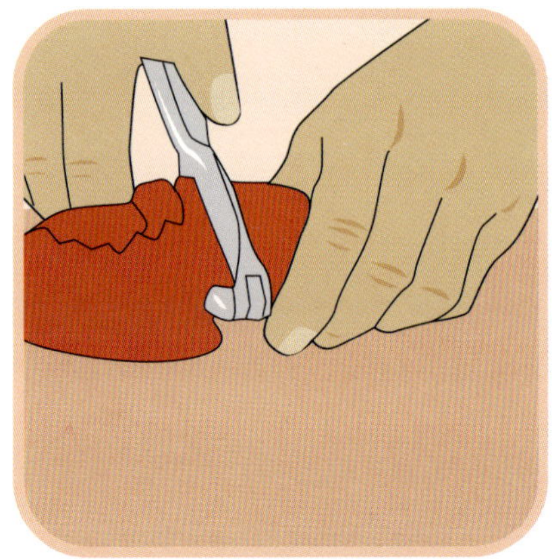

Quebre as patas; tire a carne.

81 limpar camarão

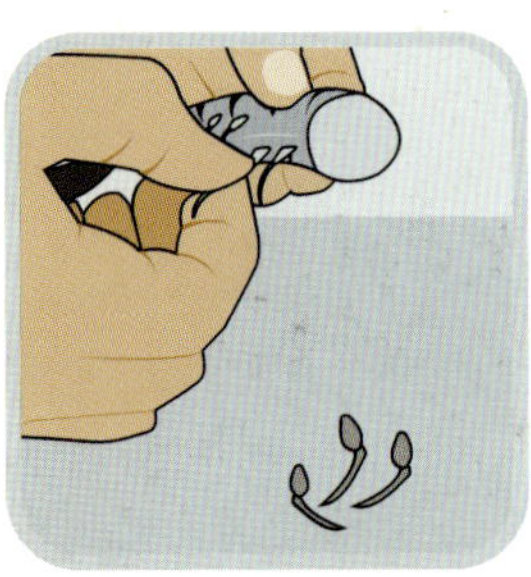

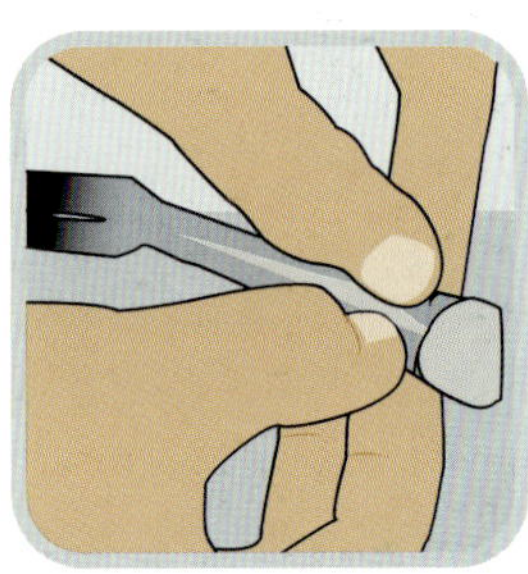

Puxe a casca solta.

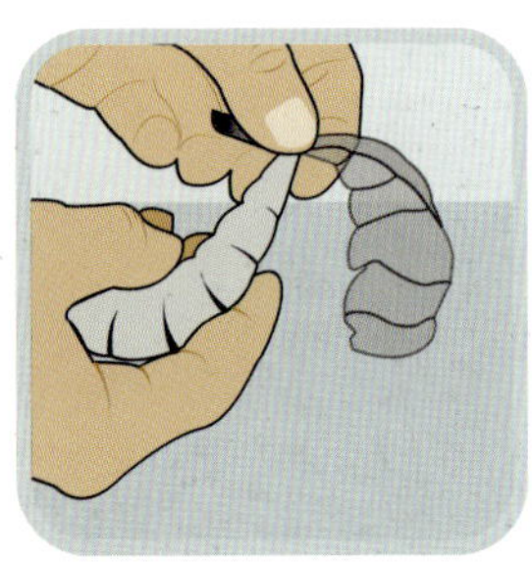

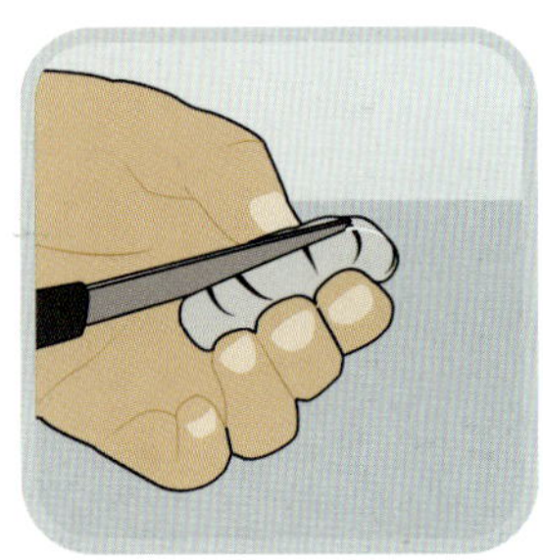

Faça um corte transversal.

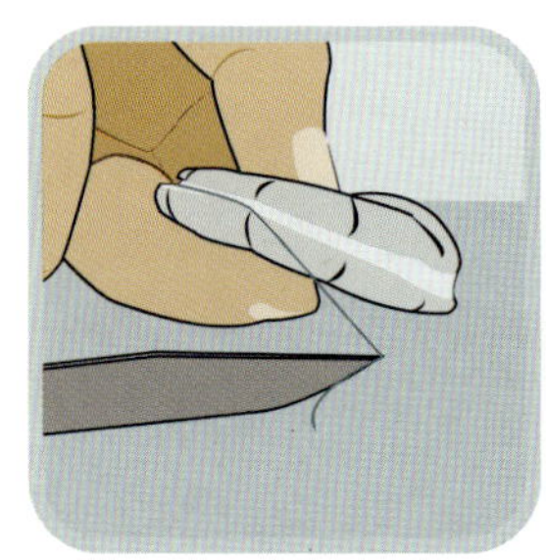

Puxe o intestino.

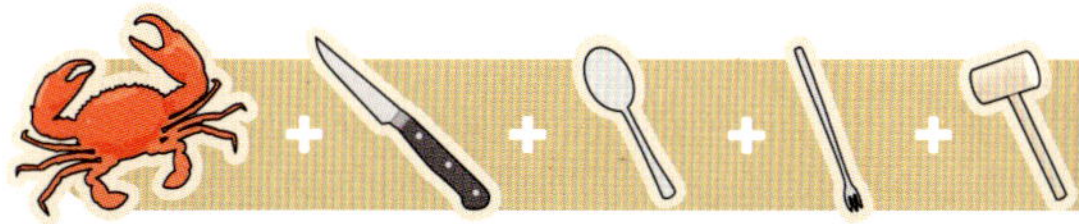

quebrar um caranguejo

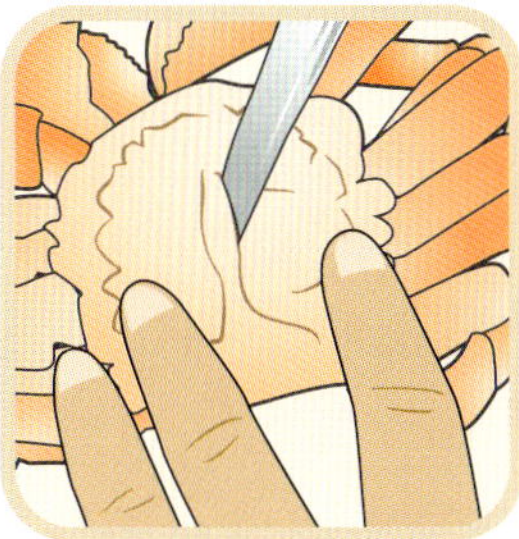

Corte o abdômen.

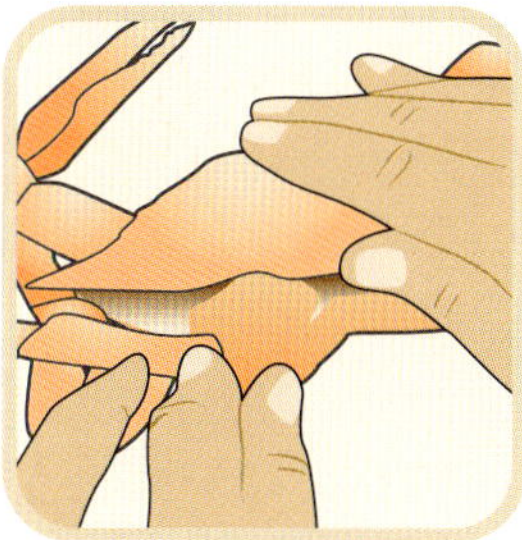

Levante a parte de cima.

Reserve a gordura.

Remova as pinças.

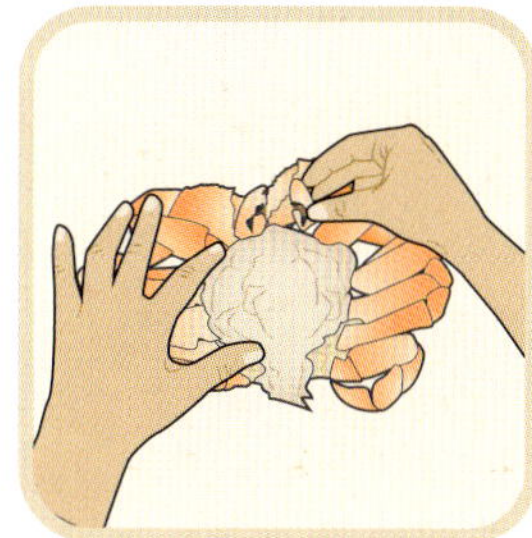

Puxe as mandíbulas.

Tire o intestino.

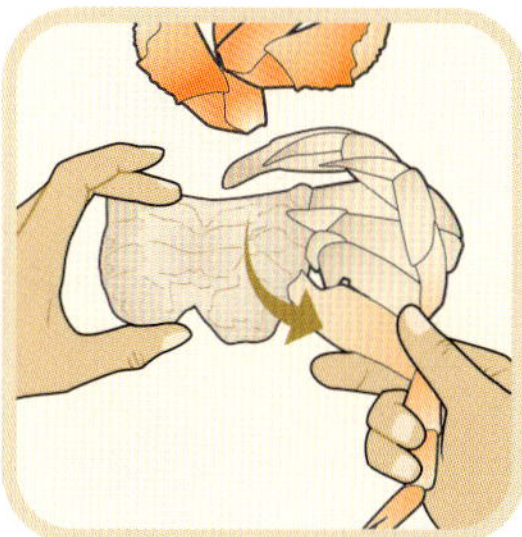

Gire para tirar as patas.

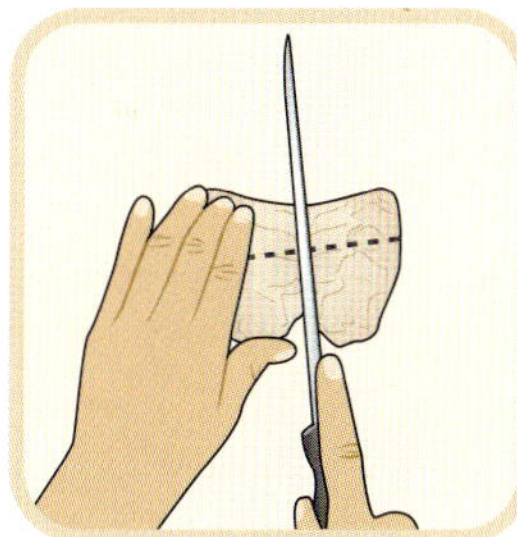

Corte o corpo em quatro.

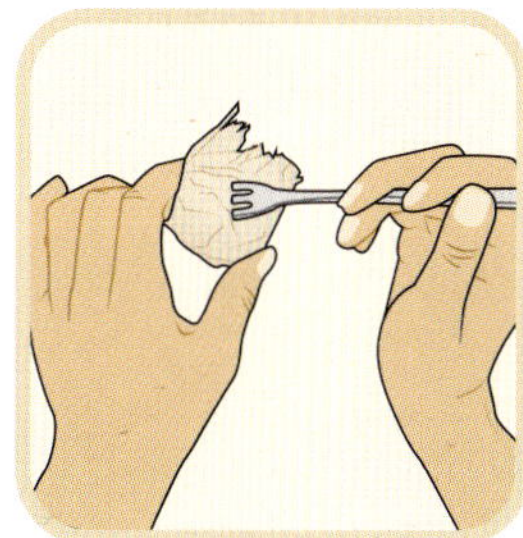

Tire a carne.

Quebre as pinças.

* Espere! Não jogue fora a gordura. A chamada "manteiga de caranguejo", uma tenra substância amarela, é saborosa e tem um gosto levemente salgado. Pode ser adicionada a molhos.

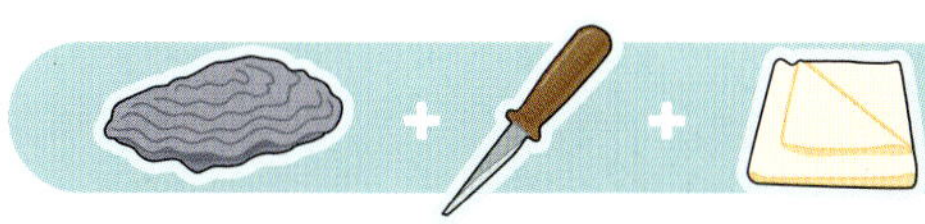

abrir uma ostra

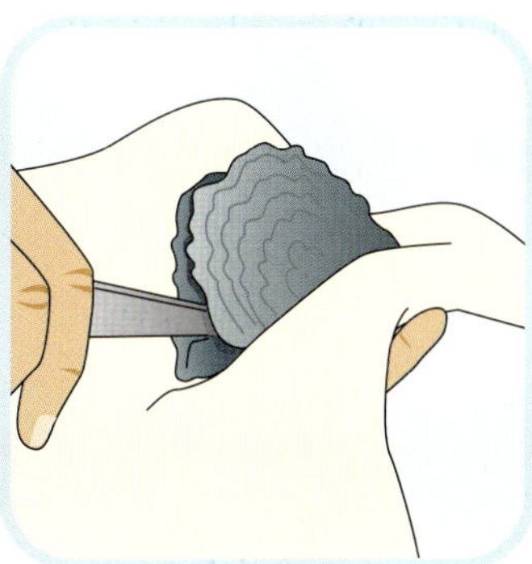

Rompa a concha pela abertura.

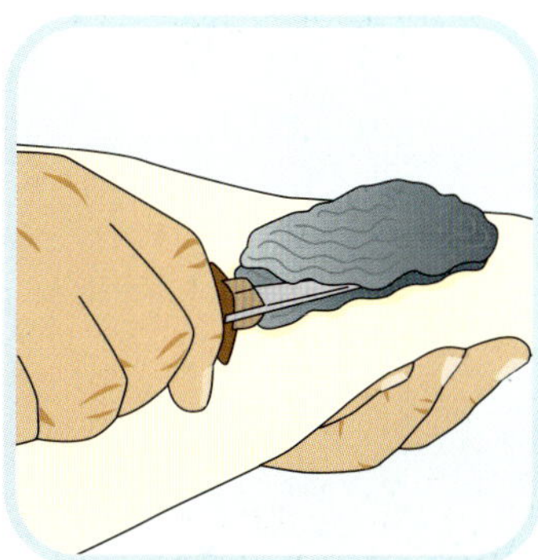

Retire a pele que prende a concha de cima.

Descarte a concha de cima.

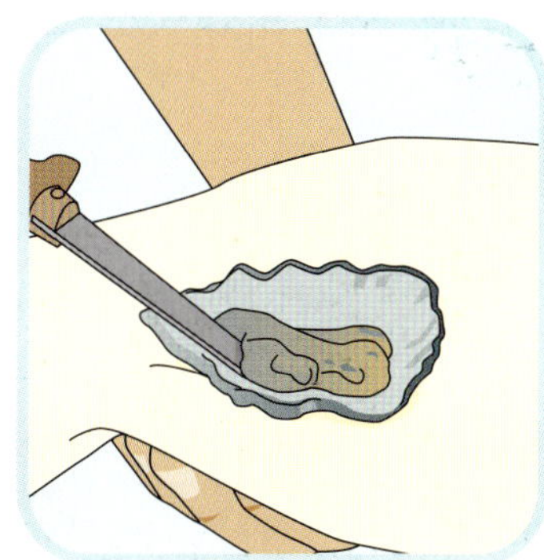

Solte a ostra.

84 identificar cortes de boi

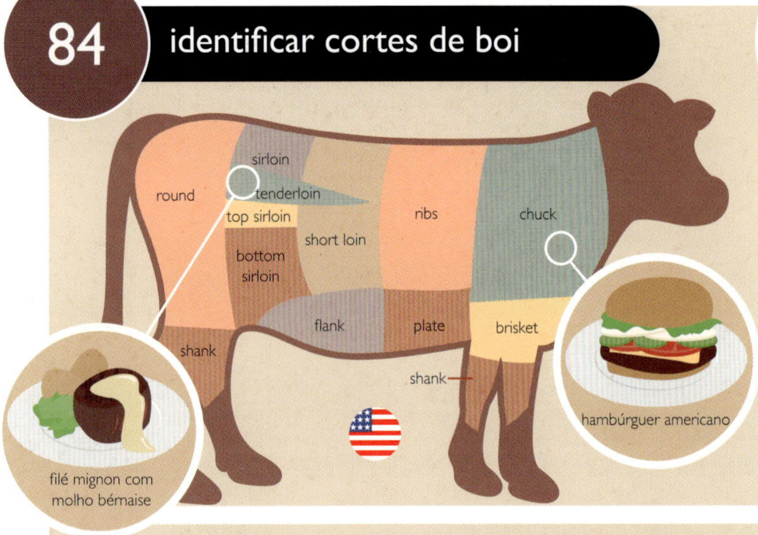

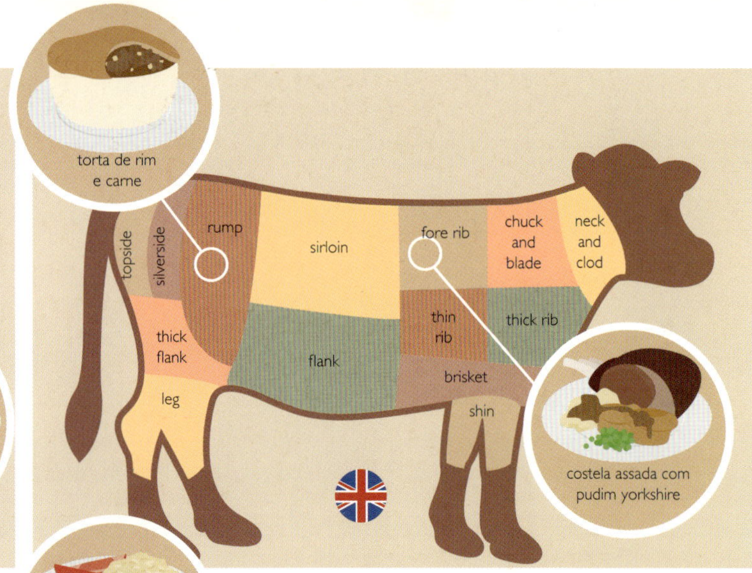

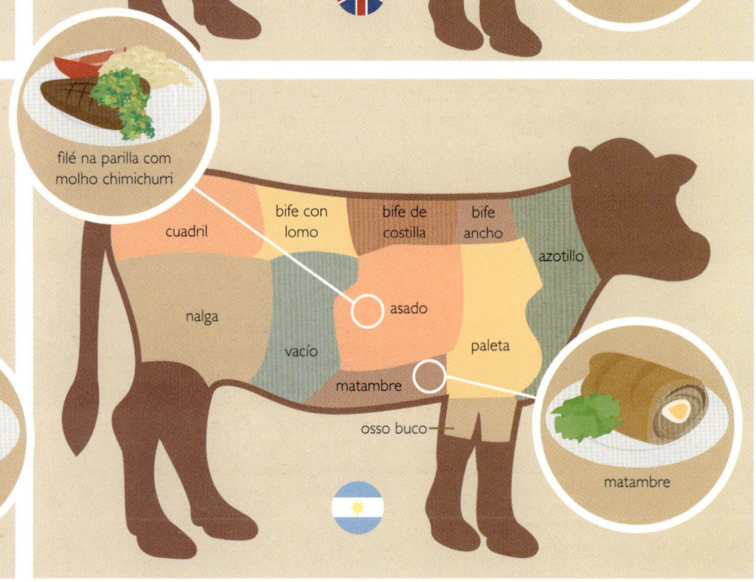

86 encher saborosas lingüiças

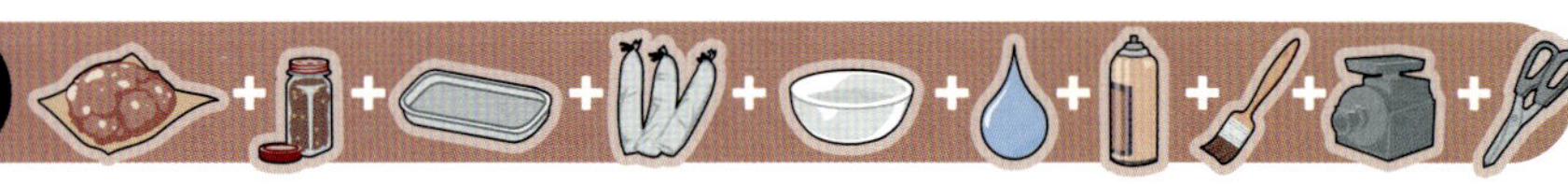

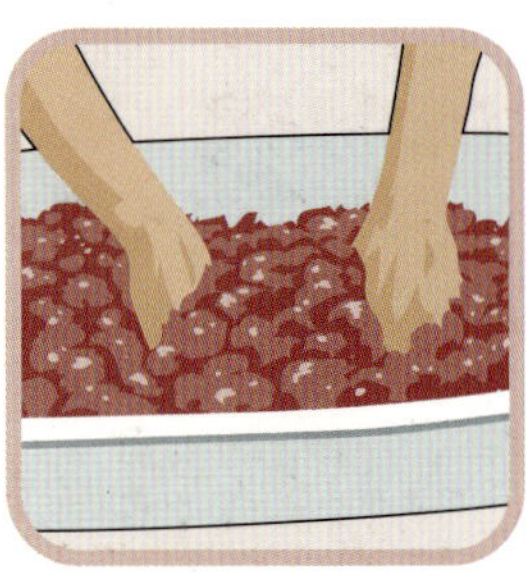

Misture a carne e os temperos.

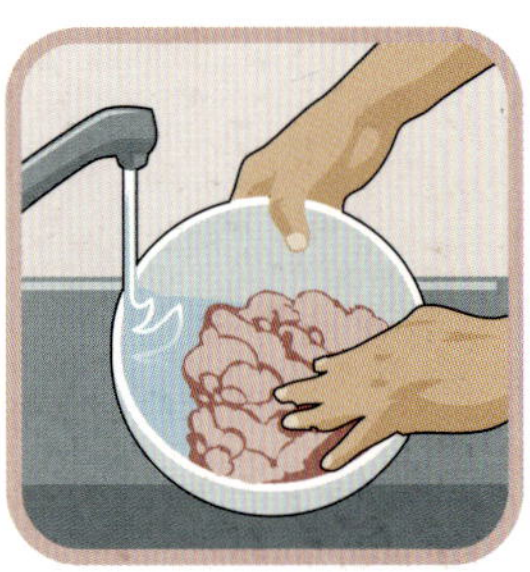

Lave bem a tripa.

Lubrifique a tripa.

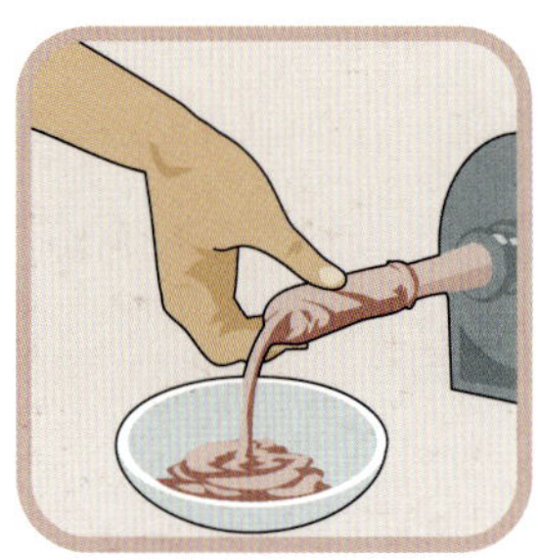

Posicione com calma.

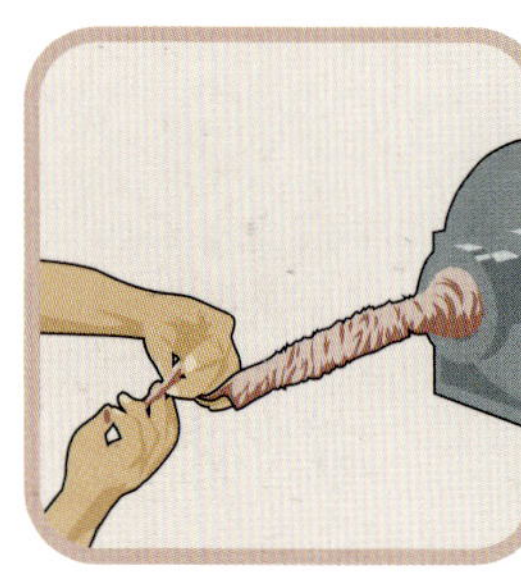

Amarre a ponta.

identificar cortes de porco 85

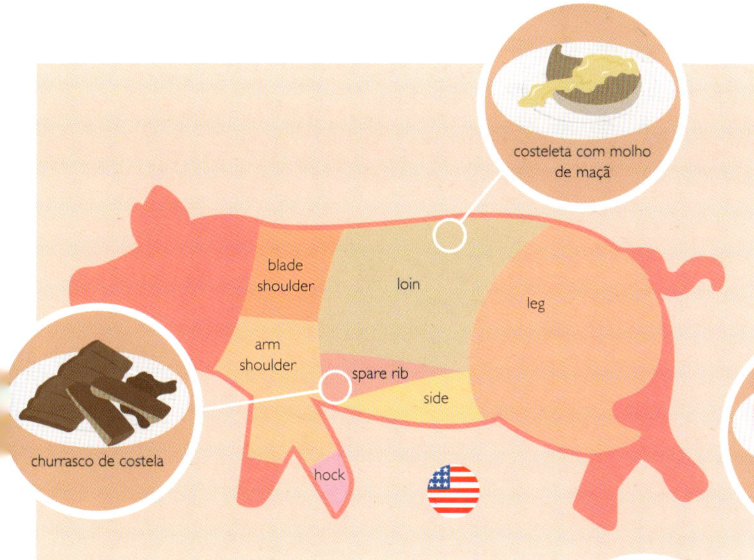

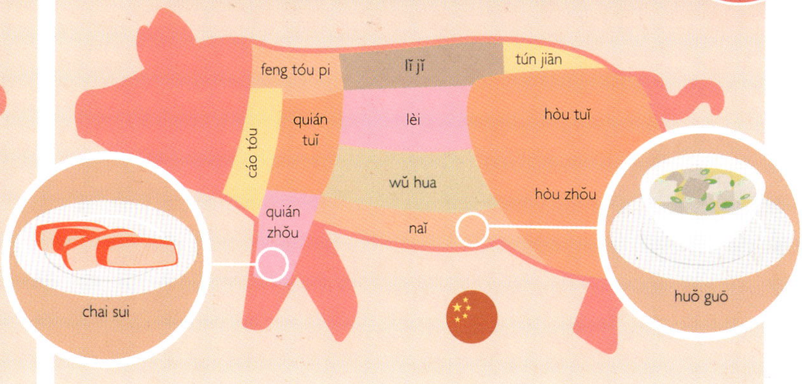

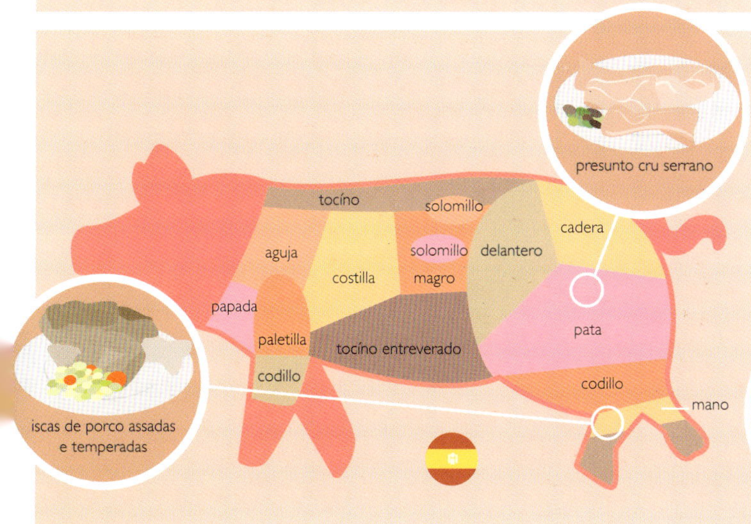

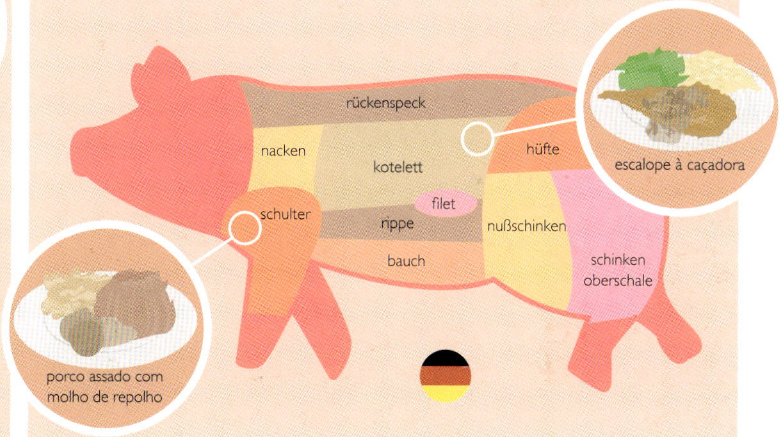

Recheie com o processador.

Aperte para delimitar o tamanho.

fazer um cão de balão 35

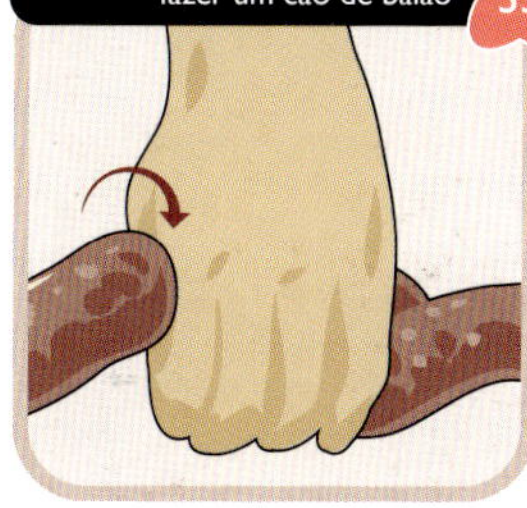
Gire no sentido horário.

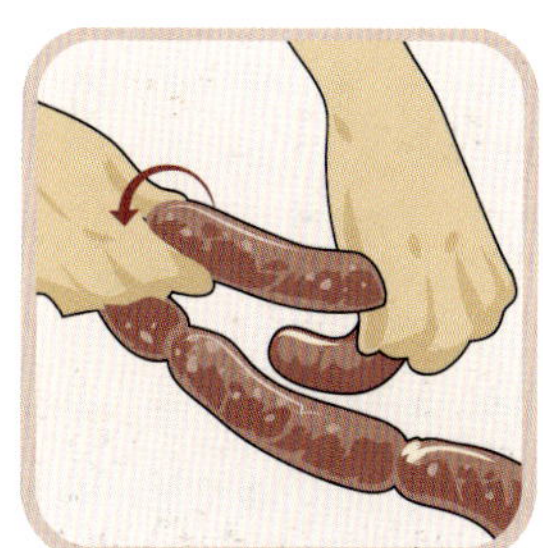
Amarre cada divisão.

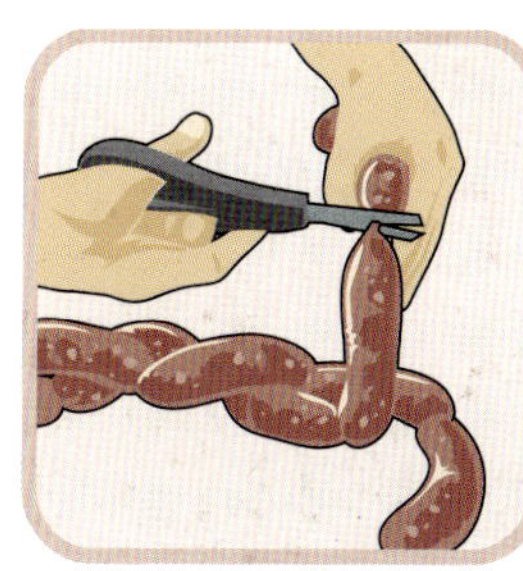
Separe antes de cozinhar.

87 preparar hambúrgueres

hambúrguer clássico

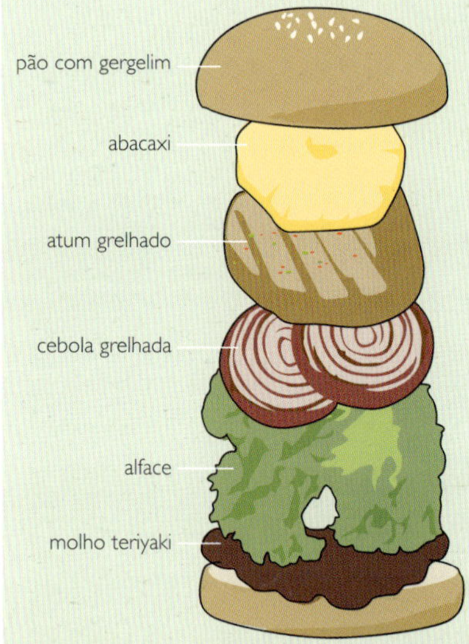

hambúrguer aloha

hambúrguer de cogumelo

hambúrguer grego

hambúrguer cordon bleu

grelhar um bife suculento 88

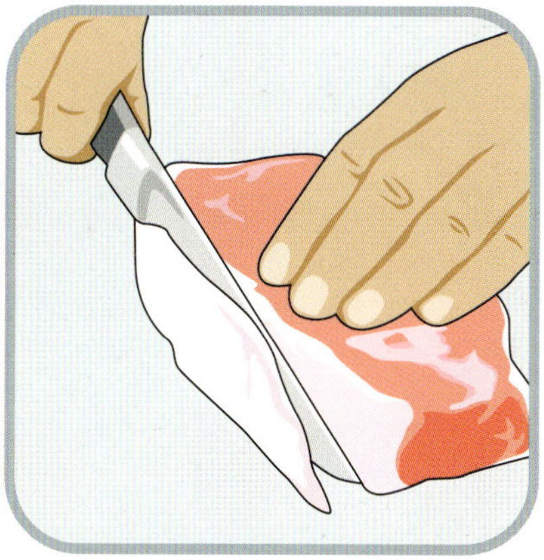

Corte o excesso de gordura.

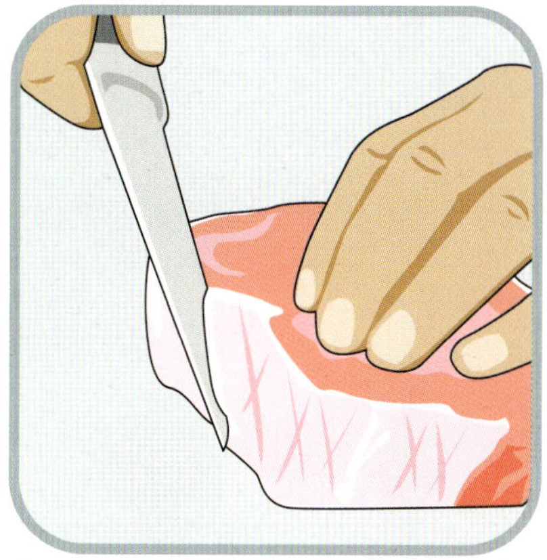

Para que a carne não fique retorcida, corte nos lados.

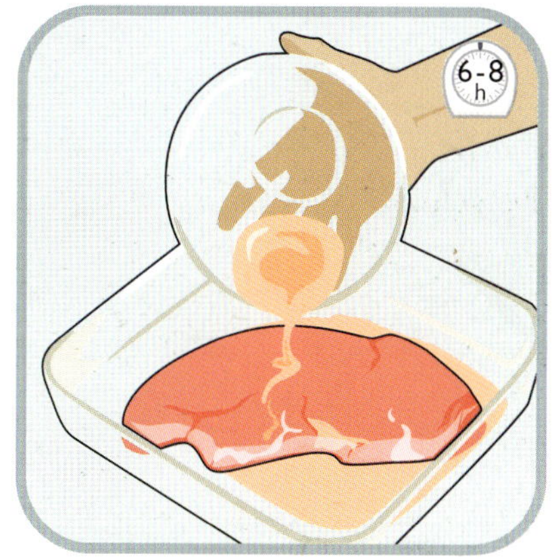

Ponha para marinar e leve à geladeira.

Coloque numa grelha pré-aquecida.

Vire e gire para fazer o desenho de linhas cruzadas.

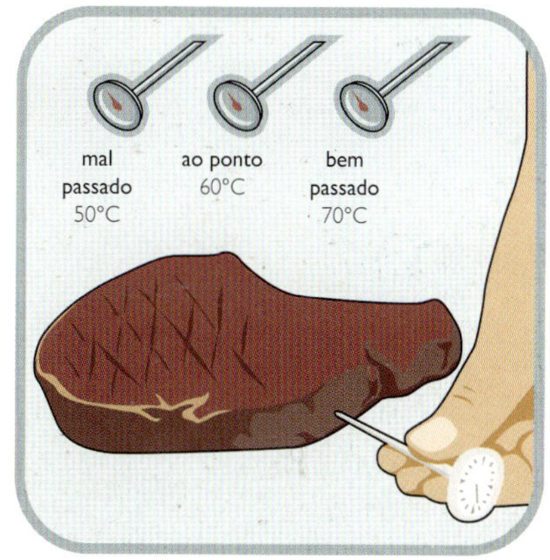

Teste o ponto.

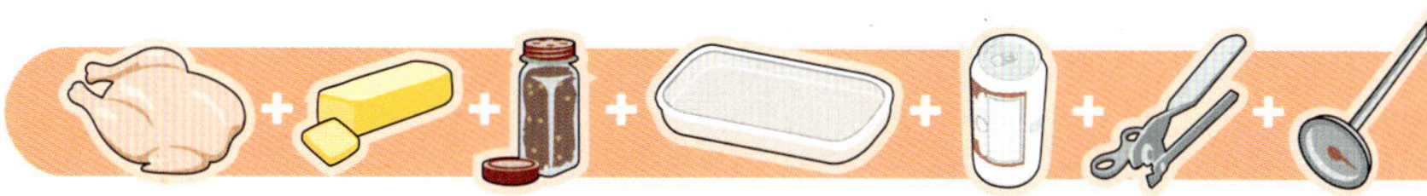

assar um frango na cerveja 89

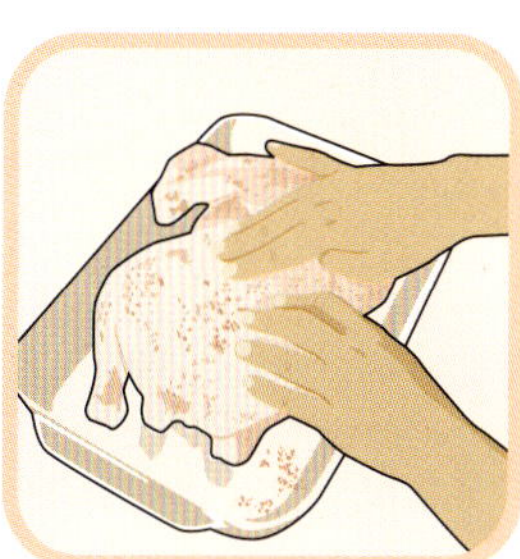

Unte com manteiga e temperos.

471 beber cerveja num capacete

Adicione seus temperos favoritos.

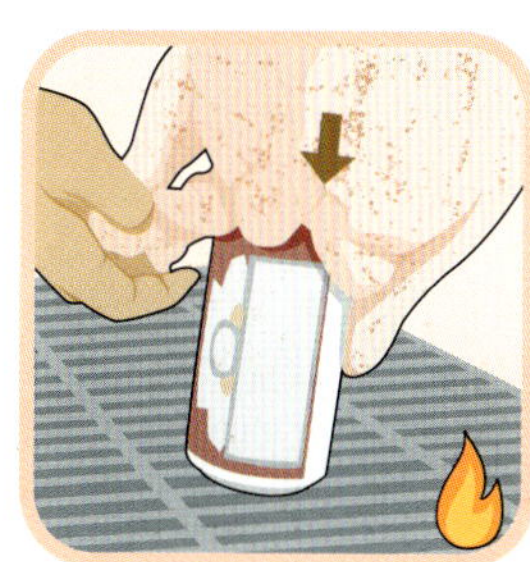

Coloque a lata dentro do frango.

90 assar um peru

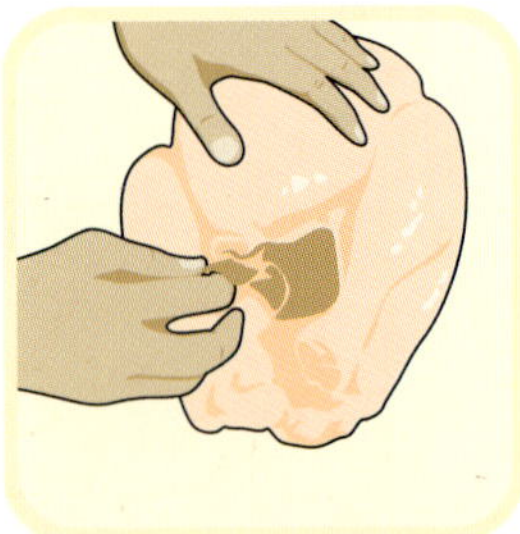

Remova as vísceras.

Espalhe manteiga por todo o peru.

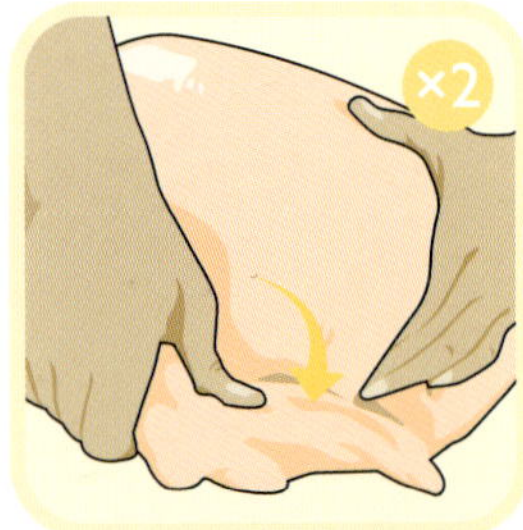

Abra as asas.

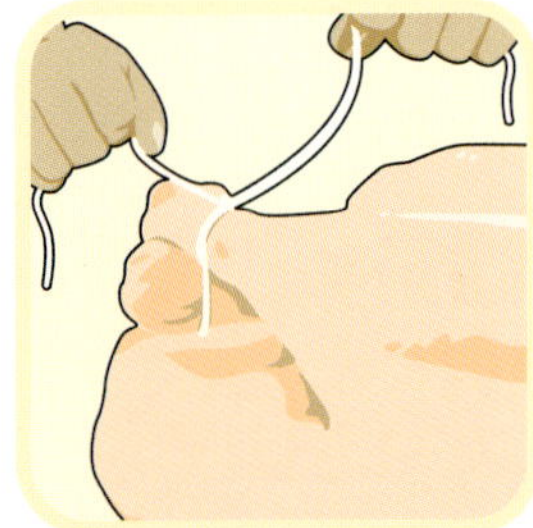

Amarre as coxas.

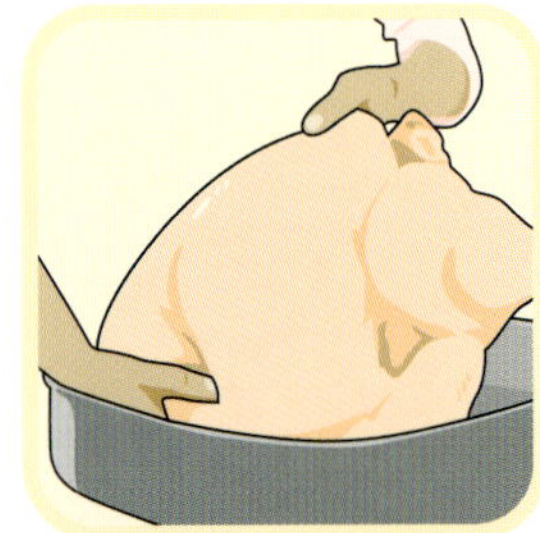

Posicione com o peito para cima.

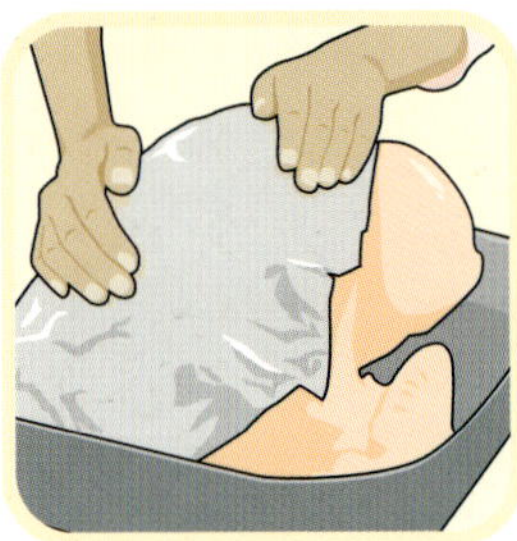

Cubra com papel-alumínio.

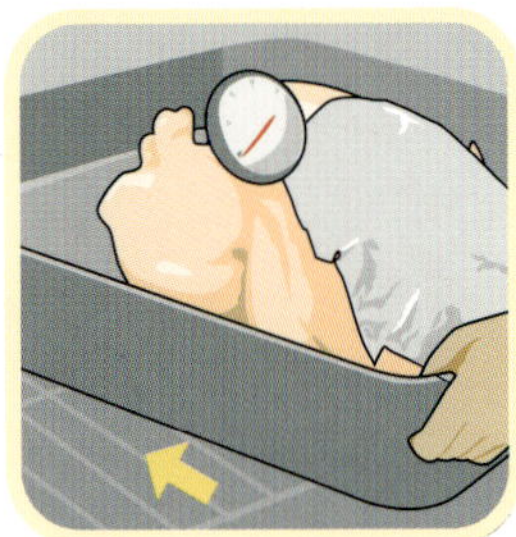

Regue a cada 45 minutos.

Descubra 1h antes de tirar do forno.

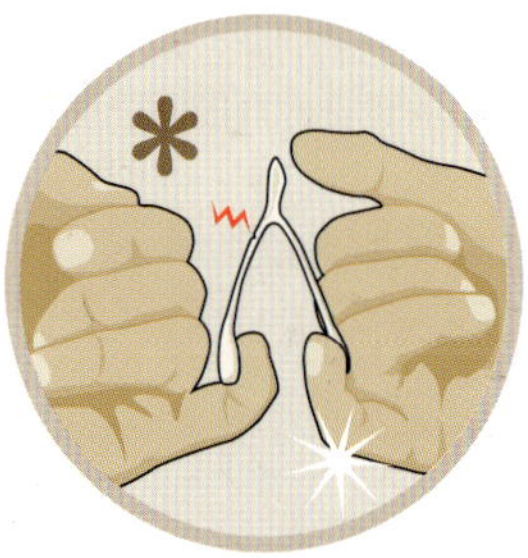

Os antigos romanos foram os primeiros a seguir essa divertida tradição. Maior ou menor? Duas pessoas seguram o osso da sorte (que é a clavícula) com o dedo mindinho e tentam quebrar o maior pedaço para atrair boa sorte.

91 destrinchar um peru

Corte as asas.

Remova as pernas.

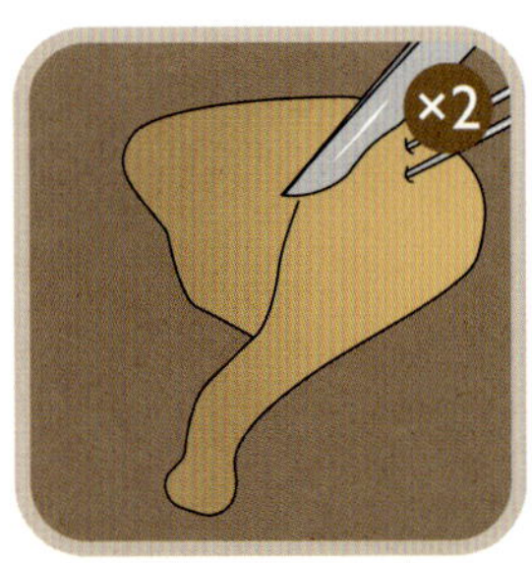

Separe as coxas das sobrecoxas.

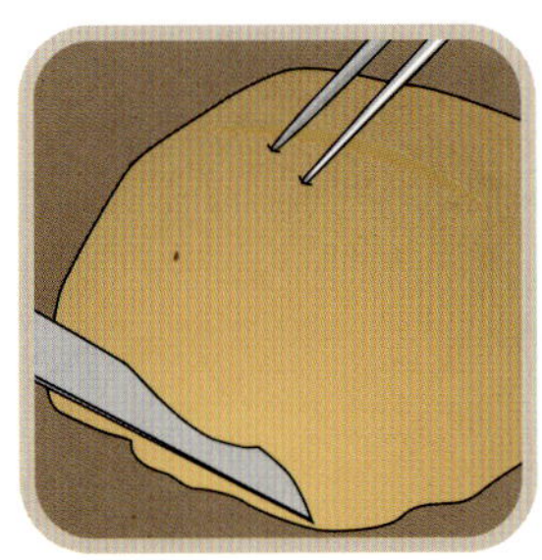

Corte o peito paralelamente ao osso.

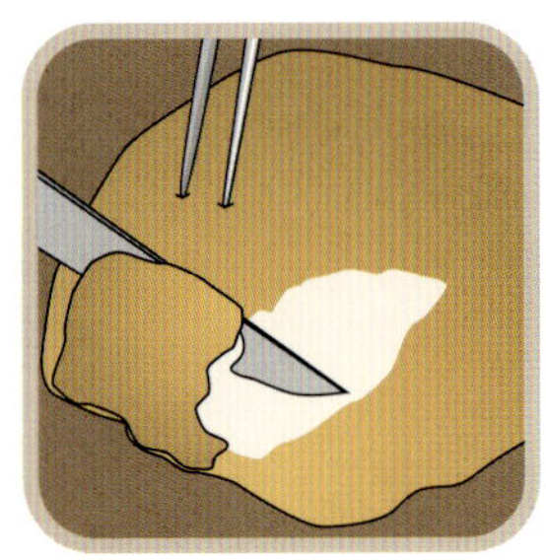

Fatie o peito.

preparar uma galinha frita clássica 92

Bata o creme de leite e o sal.

Mergulhe os pedaços de galinha; coloque na geladeira.

Passe cada pedaço em farinha e temperos.

Esquente bastante óleo.

Frite cada lado até dourar.

Cozinhe no forno, checando o ponto.

fazer um molho de panela 93

Reserve o molho do assado.

Separe a gordura.

Adicione farinha e manteiga.

Adicione o molho e mexa; bata.

Dê a consistência desejada.

94 combinar a massa com o molho

Massas grandes ficam ótimas quando servidas em travessas e mergulhadas em molhos vermelhos.

Molho branco cremoso combina perfeitamente com massas finas ou recheadas.

Os formatos diferenciados aprisionam pedacinhos de carne e tomate contidos nos molhos vermelhos.

Massas pequenas dão textura a sopas e saladas.

preparar a massa 95

Faça um buraco na farinha.

Adicione os ovos e o azeite.

Envolva com a farinha.

Faça uma bola.

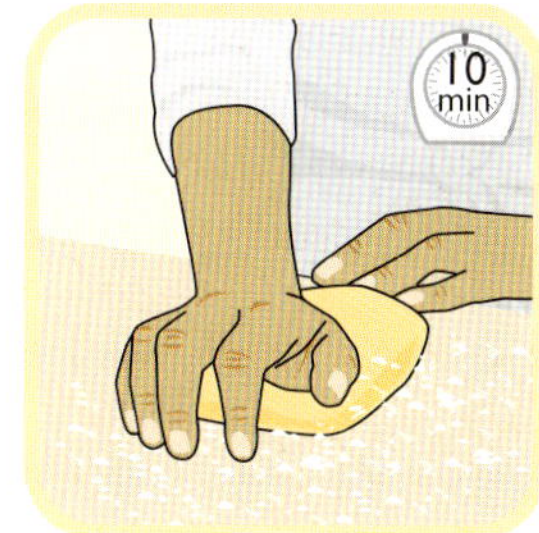

Amasse numa superfície com farinha.

Divida em quatro partes.

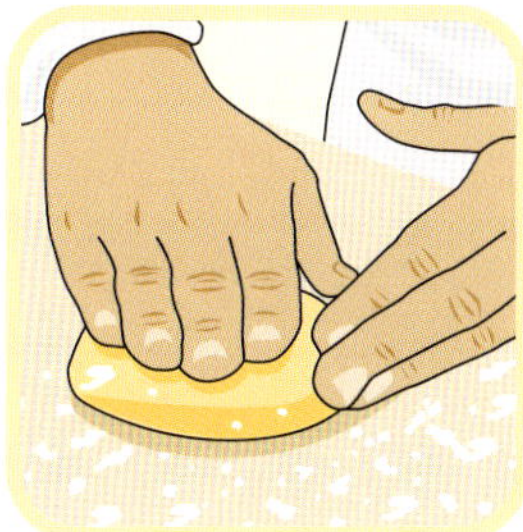

Abra-as em forma de disco.

74 fazer um rolo não grudar

Dobre e abra novamente.

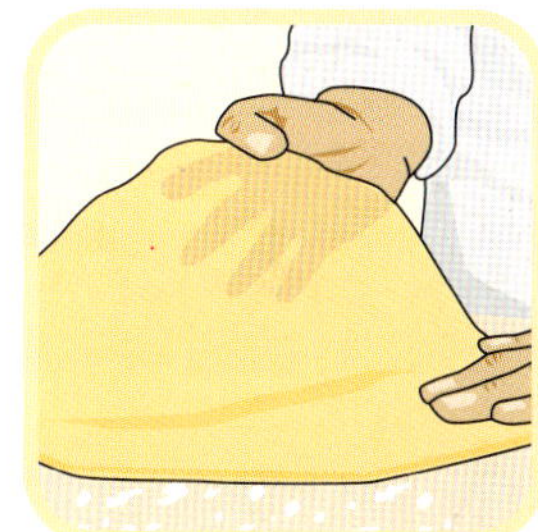

Verifique a transparência.

cortar fettuccine 96

Espalhe e deixe secar.

dobrar tortellini 97

Adicione o recheio; molhe as bordas.

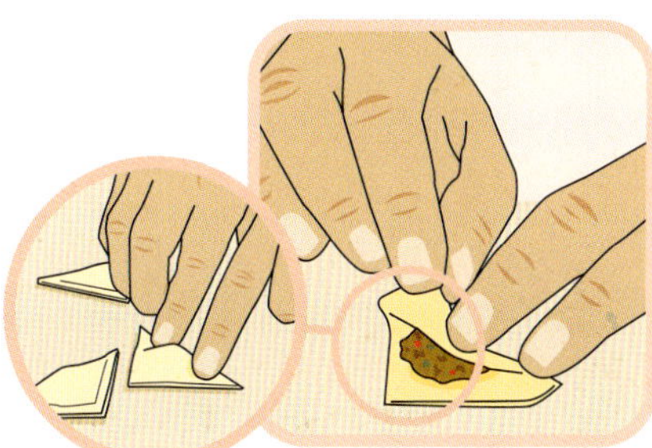

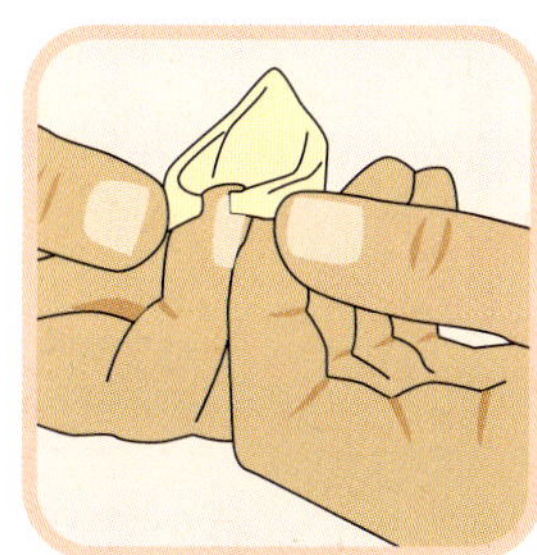

98 montar uma *galette*

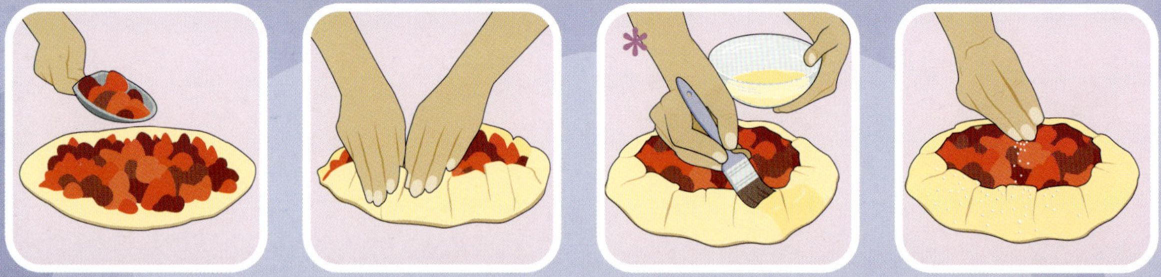

Dobre as bordas para cima. Pincele com a mistura de ovo. Polvilhe açúcar.

* A mistura de ovo é feita com gema e água. Ela é pincelada sobre doces e pães dando um leve brilho e deixa um sabor delicioso.

99 modelar uma baguete

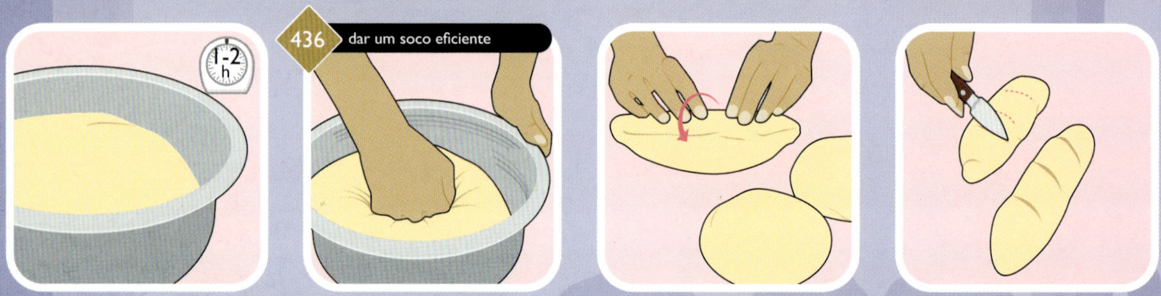

Deixe a massa descansar. Soque para liberar o ar.

100 trançar um pão chalá

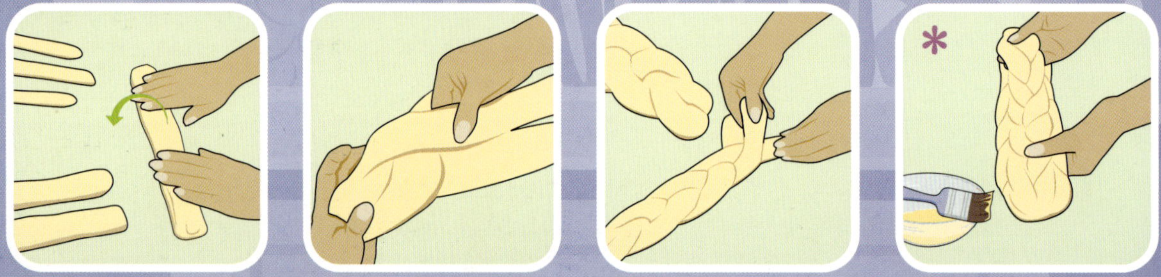

Trance os três pedaços grossos. Faça uma trança mais fina. Sobreponha; passe a mistura de ovo.

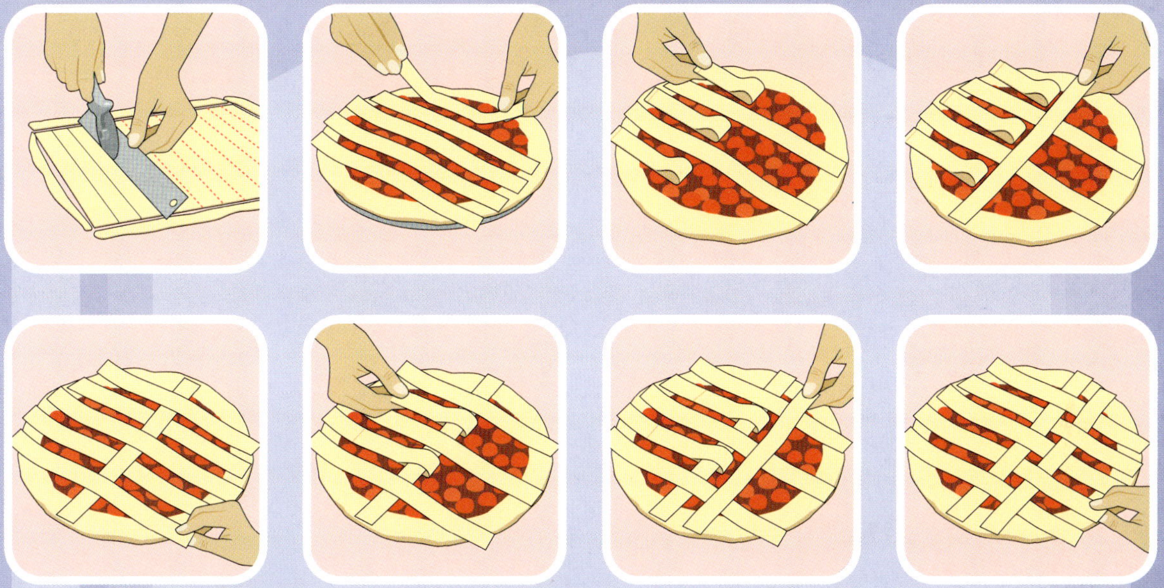

Continue até cobrir tudo.

ler a linguagem corporal dos cães 290

beber

102 servir e combinar champanhe

O champanhe tem sabores de limão, avelã, maçã verde e pão torrado, assim como matizes florais.

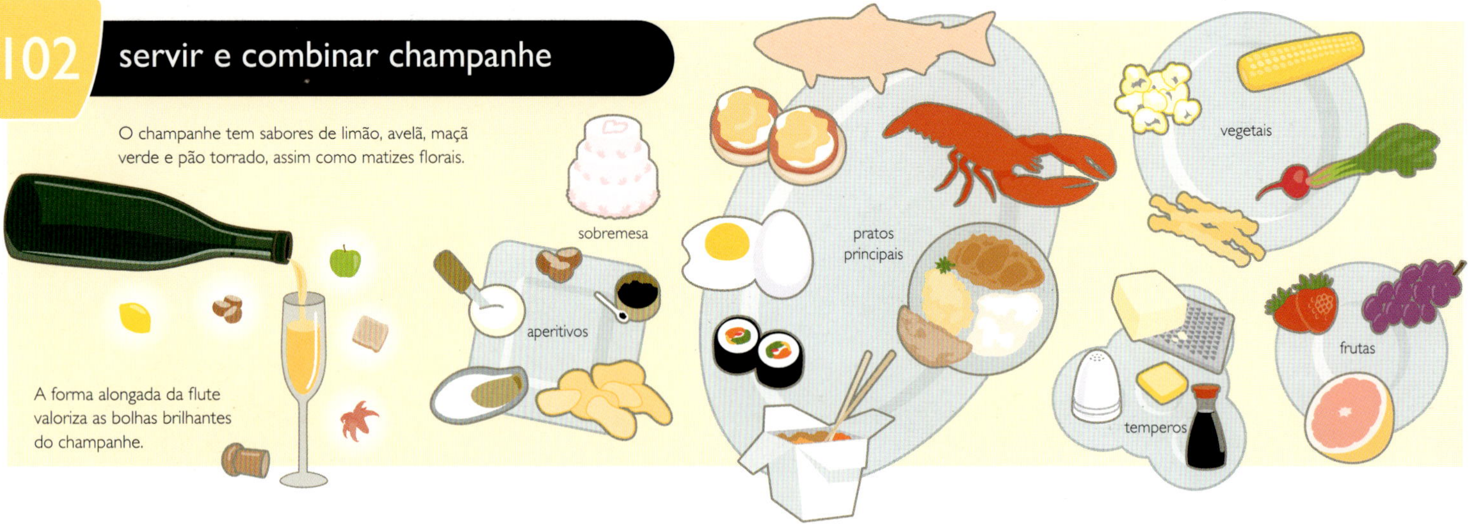

A forma alongada da flute valoriza as bolhas brilhantes do champanhe.

103 servir e combinar *pinot grigio*

Pinot grigios são conhecidos por apresentarem fortes toques de minerais, pepino, maçã, limão e ervas.

Beba em taças de vidro pequenas e saboreie a textura áspera desse vinho.

104 servir e combinar *chardonnay*

Muitas pessoas detectam ricos sabores de manteiga, pêra, avelã, laranja e baunilha no *chardonnay*.

Uma taça de vidro pequena concentra o sabor do *chardonnay* na borda.

servir e combinar *pinot noir* 105

Ervas, banana, cereja, lavanda e morangos geralmente contribuem para o sabor frutado desse vinho.

Uma taça de Borgonha concentra o aroma robusto do *pinot noir*.

servir e combinar *merlot* 106

Pimentão, frutas silvestres, anis, canela e ameixa são algumas notas presentes no *merlot*.

Uma taça grande valoriza o buquê intenso do *merlot*.

servir e combinar *cabernet sauvignon* 107

Cabernets são enriquecidos por notas de amoras, pimentões, charutos, pimenta-preta e cravos.

A forma mais estreita na borda da taça de Bordeaux intensifica o aroma desse vinho.

108 abrir uma garrafa de vinho

405 abrir um vinho sem saca-rolha

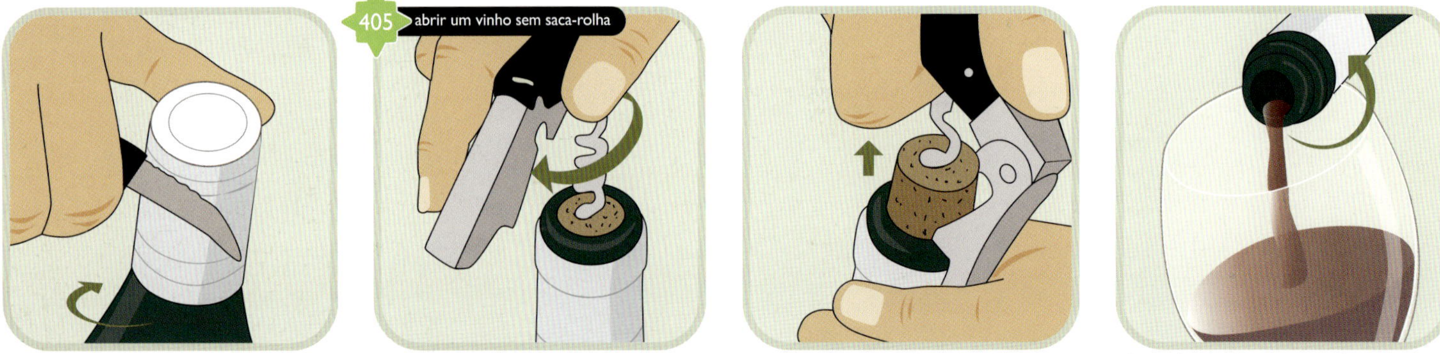

Corte o invólucro, apertando a lâmina no gargalo.

Gire o saca-rolha até o meio da rolha.

Posicione o saca-rolha na borda; puxe.

Sirva, girando devagar para evitar respingos.

109 remover pedaços de rolha do vinho

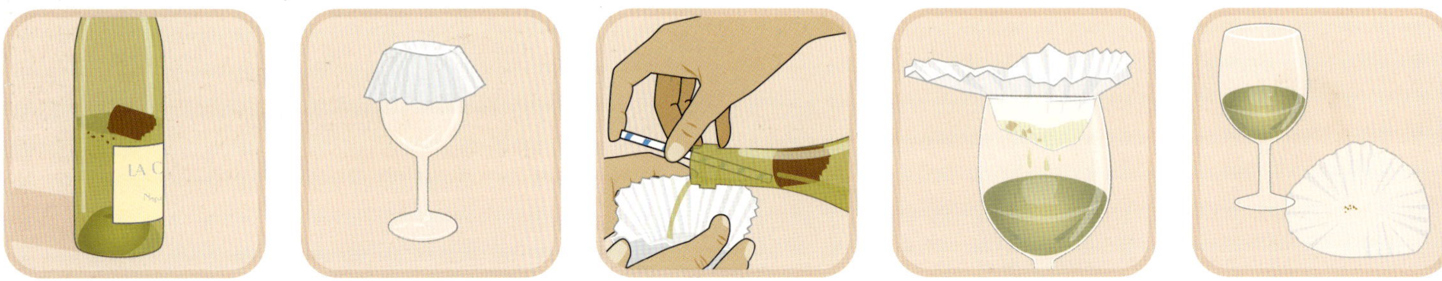

Procure os pedaços soltos de rolha.

Coloque o filtro sobre a taça.

Empurre a rolha e despeje na taça.

110 avaliar um vinho

Repare na cor e no brilho.

Gire e observe as "lágrimas" do vinho.

Inale o perfume.

Encha um terço de sua boca.

Espalhe o vinho por toda a boca.

abrir o champanhe com um sabre 111

Tire o excesso de umidade.

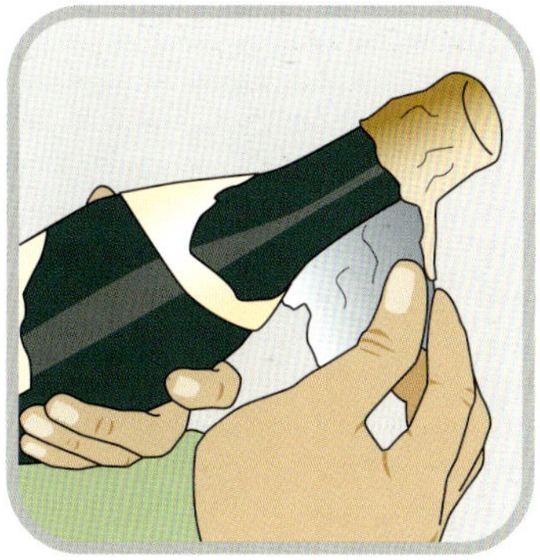

Desenrole o arame; remova.

Localize a união do gargalo com o bocal.

Golpeie para cima num movimento rápido.

O jato limpará os resíduo de vidro.

* Esse truque foi inventado pelos soldados de Napoleão. O segredo? Os pontos de interseção da solda da garrafa criam um ponto fraco, que se rompe facilmente sob pressão.

abrir uma garrafa de champanhe 112

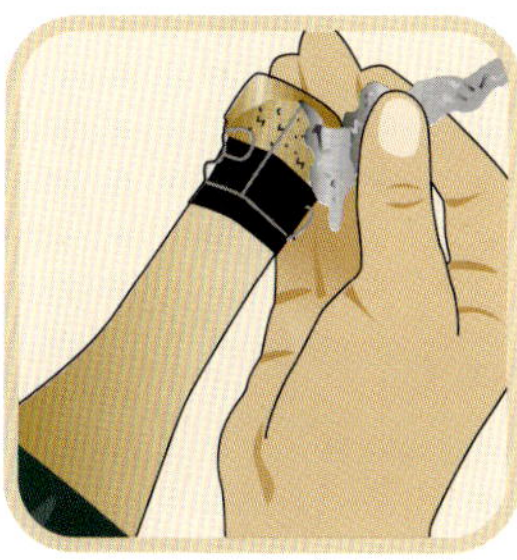

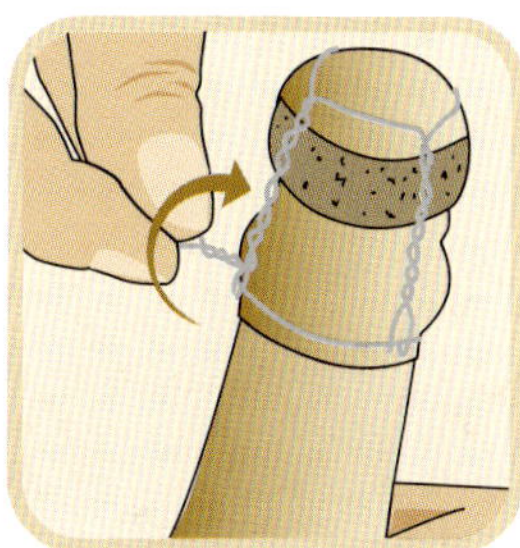

Para abrir, gire a garrafa.

Encha aos poucos.

113 servir absinto ritualisticamente

Ponha o açúcar na colher de absinto.

Dilua antes de beber.

140 identificar bigodes e barbas

Nessa variação tcheca, o cubo de açúcar é mergulhado no absinto e flambado (mas não deixe queimar demais – o alto teor alcoólico torna o absinto bem inflamável). Depois que o açúcar derreter, dilua a bebida e sirva imediatamente para o boêmio mais perto de você. Na zdraví!

114 preparar um pousse café

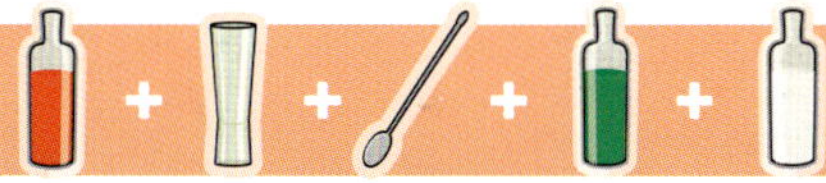

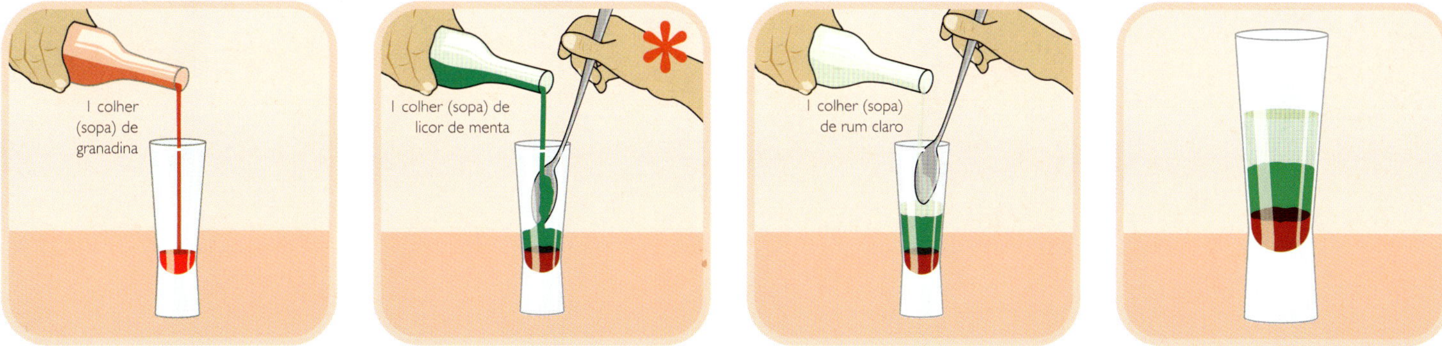

Sirva assim, sem misturar.

* O pousse café é famoso por suas diferentes camadas. Para manter os licores em seus lugares, é preciso colocá-los na ordem do mais denso para o menos denso. Escorra-os pelas costas de uma colher para evitar que se misturem quando estiverem sendo derramados.

115 misturar uma sangria refrescante

Pique as frutas de sua escolha.

Coloque na geladeira ou sirva imediatamente.

116 decorar a borda de uma taça

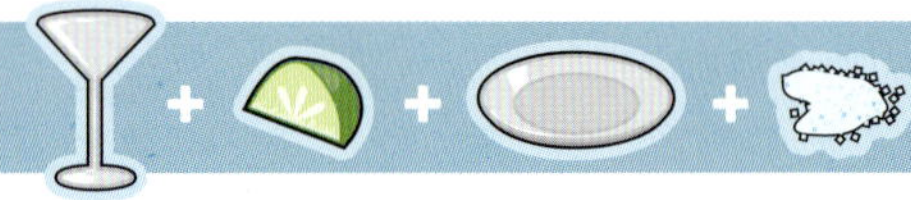

Gire no açúcar ou no sal.

margarita de morango
60 ml de tequila
30 ml de suco de limão
8 morangos, sem a folha
1 morango
sal para a borda

sidecar
45 ml de brandy
1 col. de triple sec
1 col. de licor marrasquino
1 col. de suco de limão siciliano
açúcar para a borda

bloody mary
60 ml de vodca
120 ml de suco de tomate
1 col. de suco de limão
¼ col. de pimenta-preta moída
¼ col. de cominho em pó
1 pitada de sal
2 gts. de molho inglês
2 gts. de molho tabasco
1 talo de aipo
1 pedaço de limão

mai tai
3 cols. de rum escuro
2 cols. de rum claro
2 cols. de triple sec
1 col. de licor de damasco
2 cols. de suco de limão
2 cols. de xarope de açúcar
1 gota de orgeat

negroni
30 ml de gim
30 ml de vermute doce
30 ml de Campari
1 fatia de laranja
1 cereja marrasquino

manhattan
75 ml de uísque
1 ½ col. de vermute doce
2 gts. de angostura
1 cereja marrasquino

sacudir — girar — misturar

Alguns drinques devem ser sacudidos, outros, girados lentamente de um lado para o outro, e outros, misturados na coqueteleira. Deixe este guia transformá-lo num *bartender*.

117 misturar drinques

Ponha licor e gelo. — Pressione para vedar. — Inverta e sacuda vigorosamente. — Pressione para desencaixar. — Segure o filtro da coqueteleira; sirva.

118 preparar coquetéis deliciosos

cape cod
75 ml de vodca
120 ml de suco de framboesa
1 fatia de limão

chá gelado long island
1 col. de gim
1 col. de rum claro
1 col. de tequila
1 col. de vodca
1 col. de triple sec
30 ml de suco de limão
1 col. de xarope de açúcar
150 ml de Coca-Cola
1 fatia de limão

tequila sunrise
75 ml de tequila
120 ml de suco de laranja
1 ½ col. de granadina
1 triângulo de abacaxi

singapore sling
260 ml de gim
1 col. de bénédictine
1 col. de brandy de cereja
30 ml de suco de limão
1 col. de xarope de açúcar
60 ml de soda
1 fatia de limão

descascar um abacaxi 58

cuba-libre
75 ml de rum claro
30 ml de suco de limão
180 ml de Coca-Cola
1 fatia de limão

tom collins
60 ml de gim
1 col. de suco de limão
1 col. de xarope de açúcar
150 ml de soda
1 fatia de limão
1 cereja marrasquino

dar um nó num cabo de cereja 193

mojito
6 folhas de hortelã, amassadas
1 ½ col. de xarope de açúcar
1 col. de suco de limão
60 ml de rum claro
60 ml de soda
2 rodelas de limão

white russian
60 ml de vodca
30 ml de licor de café
30 ml de creme de leite

piña colada
60 ml de rum claro
180 ml de suco de abacaxi
60 ml de licor de coco
1 triângulo de abacaxi
1 cereja marrasquino

119 usar um socador

caipirinha
1 limão, cortado e socado
4 cols. de açucar
60 ml de cachaça
gelo a gosto

Pressione até amaciar.

120 preparar um martíni clássico

176 amarrar uma gravata-borboleta

* Misturar ou agitar o martíni é uma questão de gosto pessoal. Embora a regra geral seja sempre sacudir os drinques feitos com suco de fruta, muitos especialistas preferem misturar para manter a textura sedosa de seus martínis. Por outro lado, ao agitar obtemos um pouco de água e pedacinhos de gelo, que dão um delicioso frescor à bebida.

misturar variações de martíni 121

cosmo
60 ml de vodca citrus
1 col. de triple sec
1 col. de suco de framboesa
1 col. de suco de limão
1 fatia de limão

cooperstown
3 cols. de gim
1 col. de vermute doce
1 col. de vermute seco
1 raminho de hortelã

cajun
75 ml de vodca de pimenta
1 col. de vermute seco
1 pimenta jalapeño

bermuda rose
60 ml de gim
1 col. de licor de pêssego
gotas de granadina
1 fatia de pêssego

vesper
35 ml de gim
35 ml de vodca
1 col. de Lillet branco
1 fatia de limão

chocolate
60 ml de vodca
30 ml de licor de cacau
1 pastilha de chocolate

gibson
90 ml de gim
1 col. de vermute seco
1 cebolinha em conserva

banana rum
60 ml de rum escuro
1 col. de licor de banana
1 rodela de banana

flor de laranja
75 ml de gim
30 ml de suco de laranja
1 ½ col. de xarope de açúcar
1 rodela de laranja

levanta-defunto
45 ml de triple sec
30 ml de vermute seco
1 col. de suco de limão
2 gts. de absinto
1 rodela de limão

servir absinto ritualisticamente 113

ópera
60 ml de gim
1 col. de Dubonnet vermelho
1 col. de licor marrasquino
1 cereja em conserva

naked
90 ml de gim
1 azeitona verde

bacontini
90 ml de vodca
1 gota de vermute
1 tira de bacon

identificar cortes de porco 85

saketini
75 ml de gim
1 ½ col. de saquê
1 azeitona verde

tequilatini
75 ml de tequila
1 ½ col. de vermute doce
1 cereja marrasquino

bloodhound
60 ml de gim
1 col. de vermute seco
1 col. de vermute doce
2 cols. de purê de morango
1 morango

122 servir chá para uma rainha

Ferva a água.

Use-a para aquecer o bule.

Ferva água para o chá.

478 ler o futuro nas folhas de chá

Adicione chá preto.

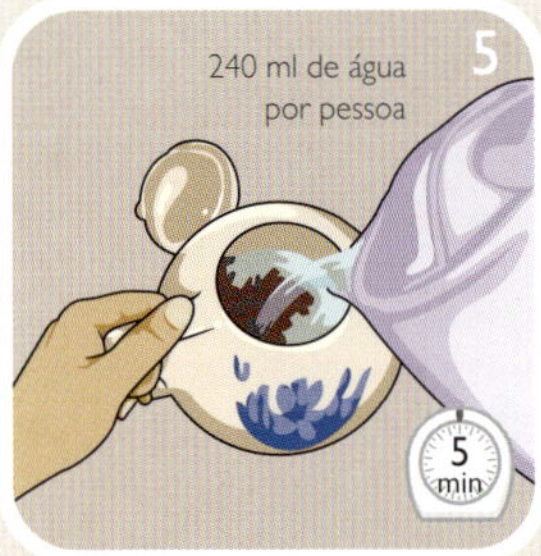

Deixe descansar.

Coe.

Adicione leite e açúcar a gosto.

Sirva com *scones*.

123 preparar chá russo num samovar

Mergulhe a pinha na água fervente.

Adicione chá preto.

Adicione a água fervente.

Coloque sobre o samovar.

Sirva em *podstakannik*.

Dilua a gosto.

preparar um chá tibetano 124

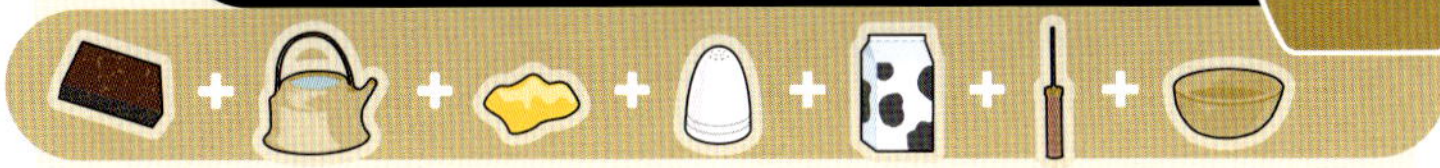

Coloque o chá na água fervente.

Coloque 1/3 da água no pilão.

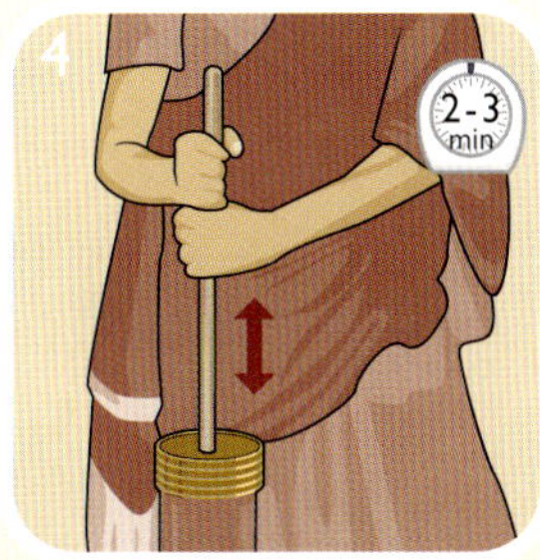

Macere bem as folhas.

Transfira metade para a chaleira.

Repita até misturar bem.

servir chá gelado tailandês 125

Adicione as folhas de chá.

Deixe ferver até ficar laranja.

Passe pelo coador.

Resfrie.

126 entender o café *espresso*

Espuma de leite, vaporizado ou meio a meio? Para entender as diferenças entre os vários tipos de café *espresso*, veja as receitas abaixo.

127 escolher uma bebida cafeinada

Você precisa ficar acordado a noite toda ou dormir cedo e ter uma boa noite de sono? Use essa tabela comparativa para escolher a bebida que contém a quantidade de cafeína adequada a cada situação.

128 fazer café numa prensa francesa

Adicione água fervente. | Deixe descansar. | Aperte o êmbolo. | Segure a tampa e sirva.

129 preparar um *espresso* perfeito

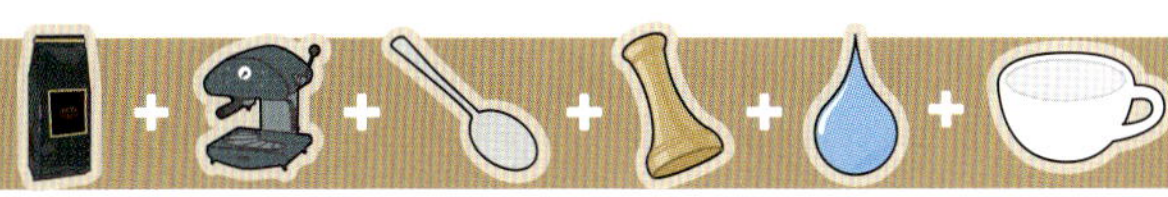

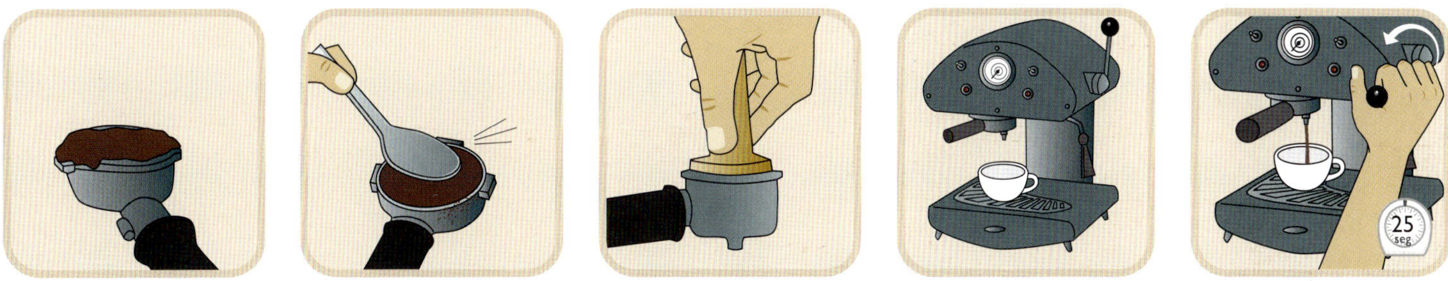

Encha de grãos frescos. | Alise, retirando o excesso. | Pressione até ficar firme. | Coloque a xícara no lugar. | Puxe a manivela.

130 decorar com uma folha de leite

Faça o leite vaporizado. | Gire para aparecerem bolhas. | Coloque, balançando a mão. | Volte fazendo um traço.

131 abrir uma cerveja com outra

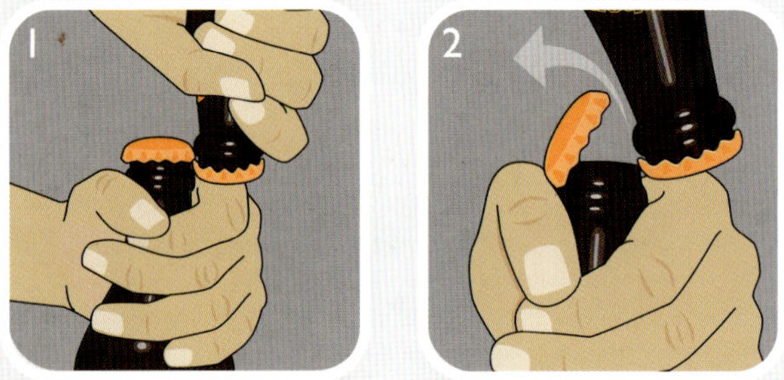

Enganche as tampas.

Empurre para baixo.

132 abrir uma cerveja com um isqueiro

Use como alavanca.

133 servir cerveja no copo correto

Para a cerveja belga ou o barley wine, use uma tulipa (não confunda com a tulipa brasileira, que se chama pilsener). O corpo abaulado e o bocal aberto aproveitam ao máximo os aromas essenciais.

O copo weizenbier foi inventado exclusivamente para a cerveja de trigo. Sua forma expõe a cremosidade da espuma e as tonalidades douradas. Evite usar limão, que prejudica a espuma.

Sacuda à vontade uma cerveja forte no copo de conhaque. Grande e redondo, ele captura aromas e os concentra na borda.

Cervejas leves são perfeitas para a taça pilsener, chamada no Brasil de tulipa, que permite bolhas e espuma.

servir uma pint 134

1 Deite devagar.

2 Incline o copo conforme ele enche.

beber num copo bota 135

1

2 Quando as bolhas se formarem...

parar uma crise de soluços 474

3 ... rode para não derramar.

4

estilo

136 entender padronagens

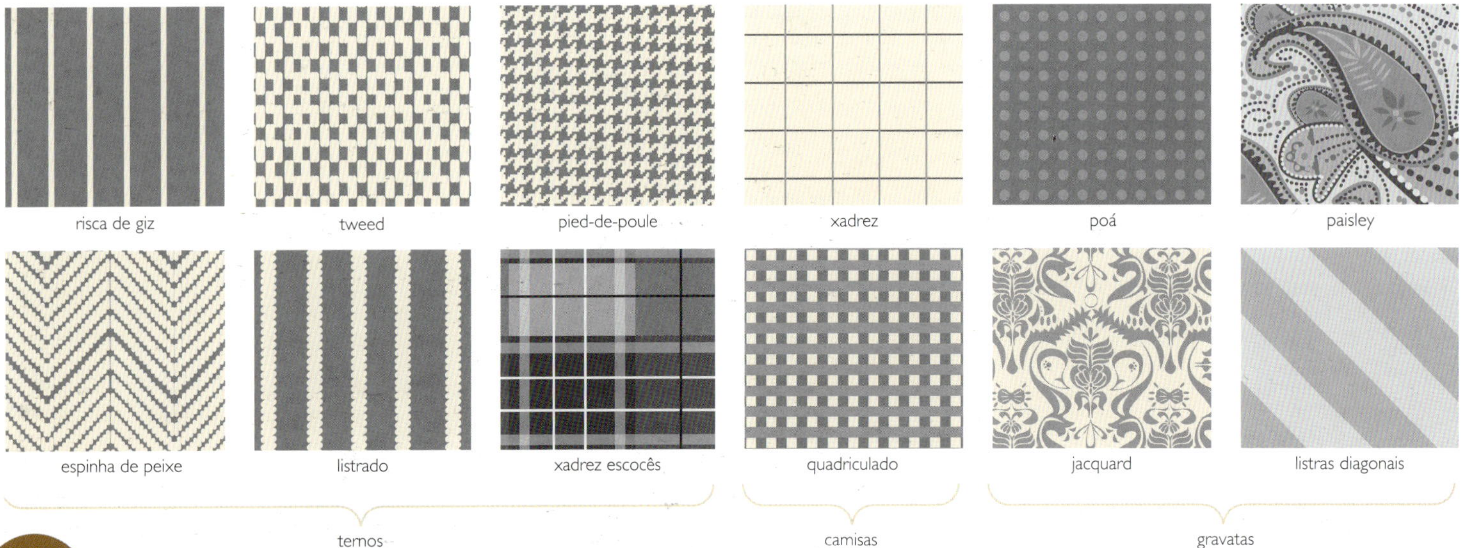

137 escolher o terno certo

Fique mais leve num bem cortado terno azul-marinho, de espessura média. Listras sutis demostram sua atenção aos detalhes.

Pareça descolado com o cinza, de espessura fina, feito de lã tropical.

O outono pede a versatilidade do marinho de espessura média. A risca de giz dará um toque despojado.

Contra o frio, um terno de lã estilo espinha de peixe.

ficar impecável num terno 138

dar brilho aos sapatos 139

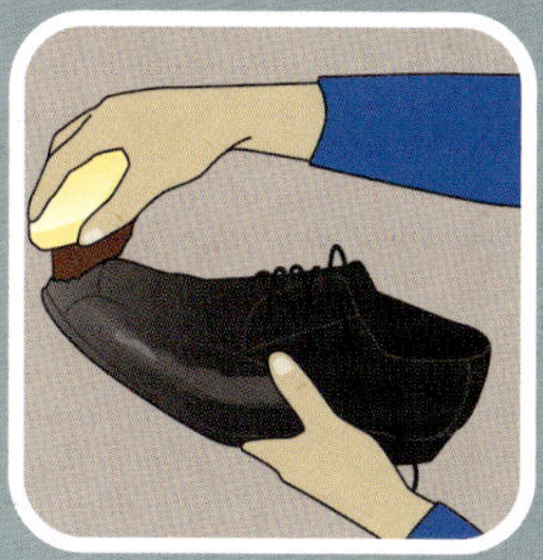

Remova a sujeira com uma escova.

Aplique a cera; deixe secar.

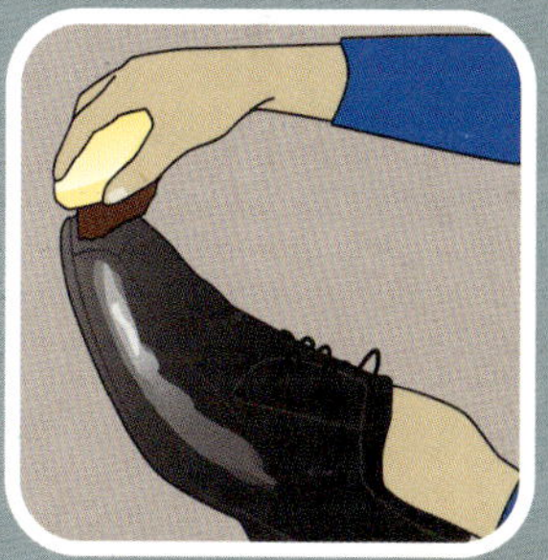

Escove novamente.

Sem utensílio de polimento? O interior da casca da banana também serve.

Esfregue a flanela para dar brilho.

140 identificar bigodes e barbas

Qual bigode fica melhor em você – o estilo ferradura ou o fu manchu? Faça uma cópia ampliada do guia abaixo, corte os bigodes e experimente-os em frente ao espelho.

141 fazer uma barba limpa

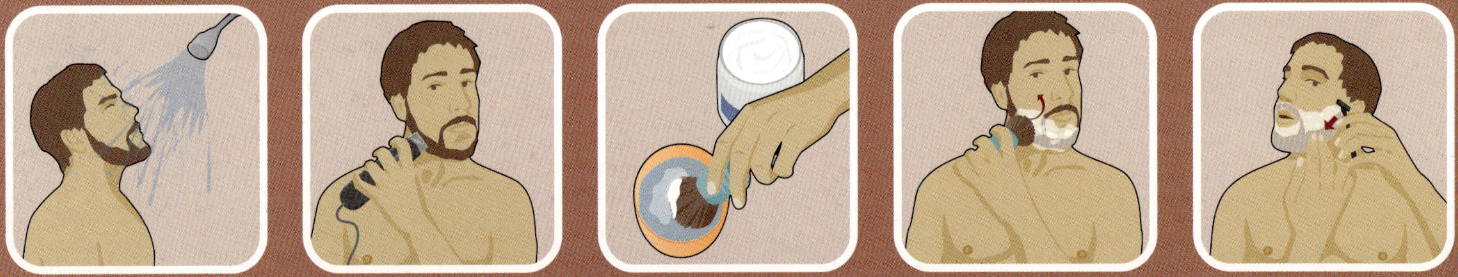

Comece com uma ducha morna.

Corte a barba, se precisar.

Molhe no creme, depois na água.

Espalhe em movimentos circulares.

Barbeie com uma lâmina.

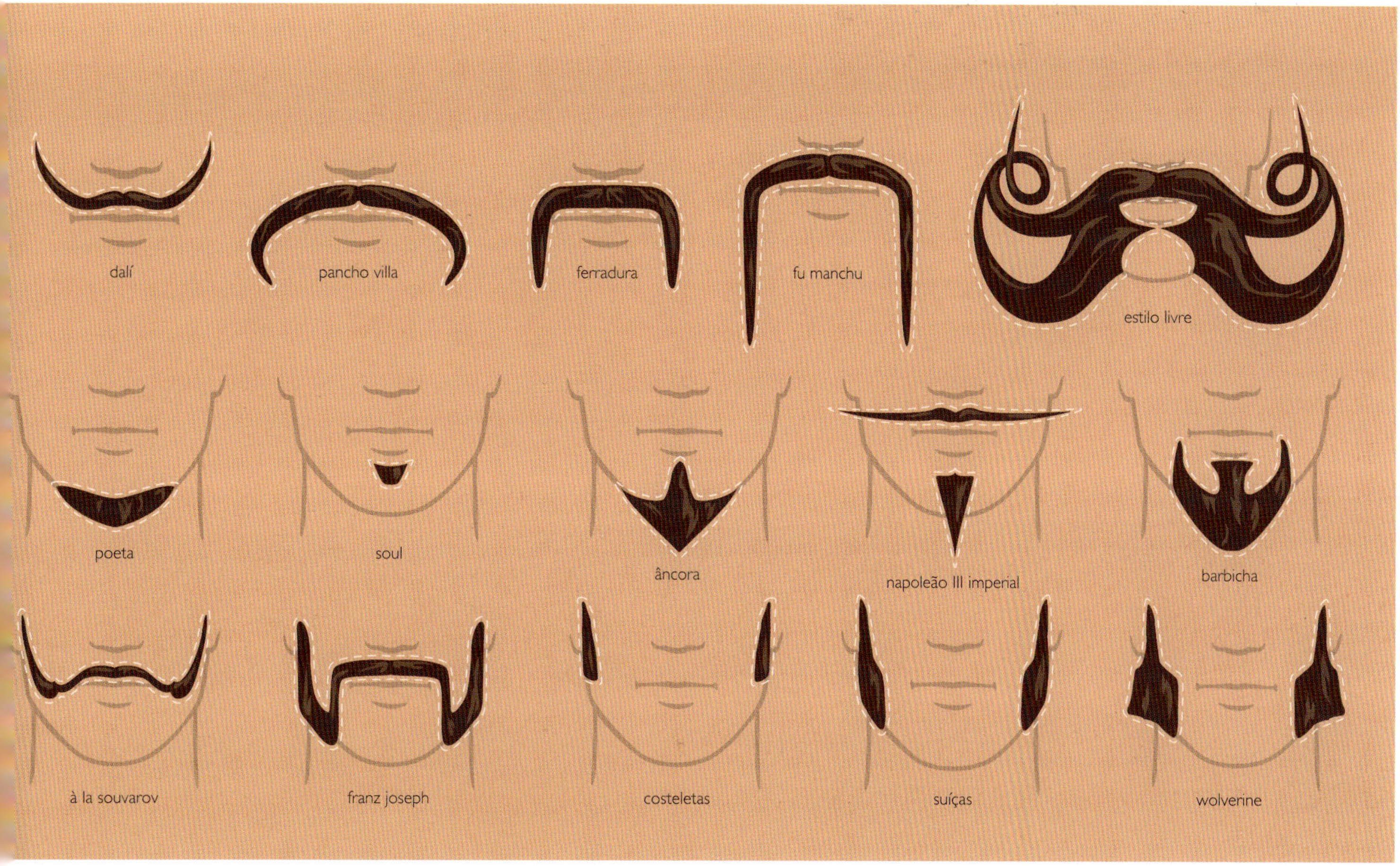
dalí
pancho villa
ferradura
fu manchu
estilo livre
poeta
soul
âncora
napoleão III imperial
barbicha
à la souvarov
franz joseph
costeletas
suíças
wolverine

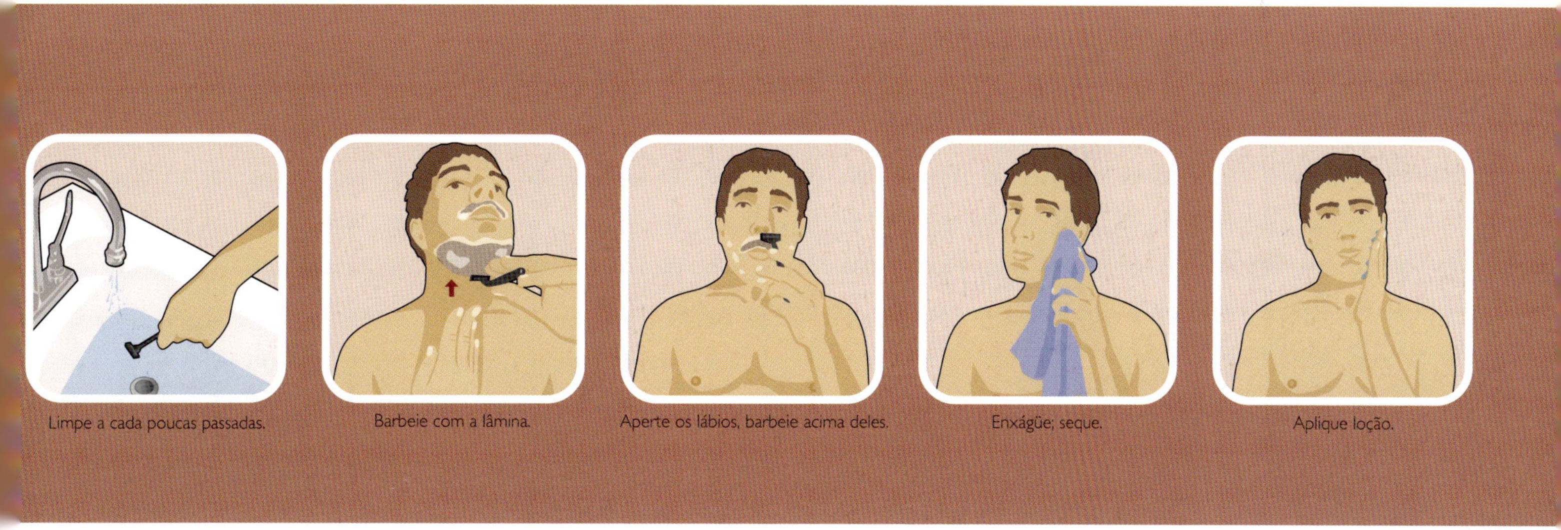
Limpe a cada poucas passadas.
Barbeie com a lâmina.
Aperte os lábios, barbeie acima deles.
Enxágüe; seque.
Aplique loção.

142 fazer uma trança embutida

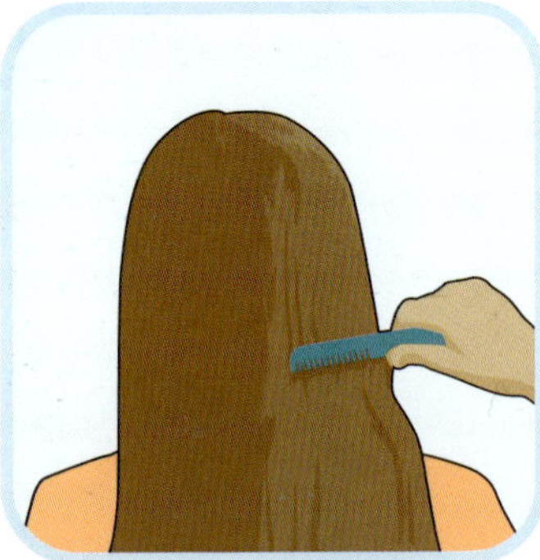

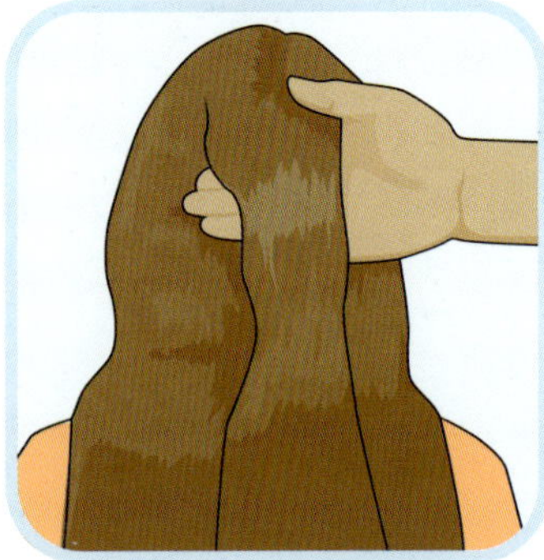

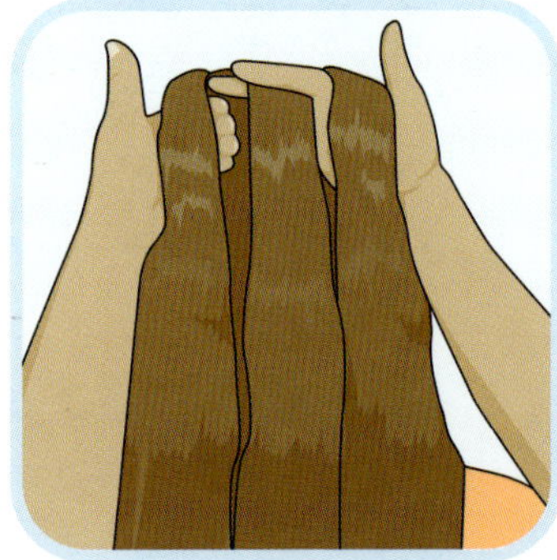

Separe três partes.

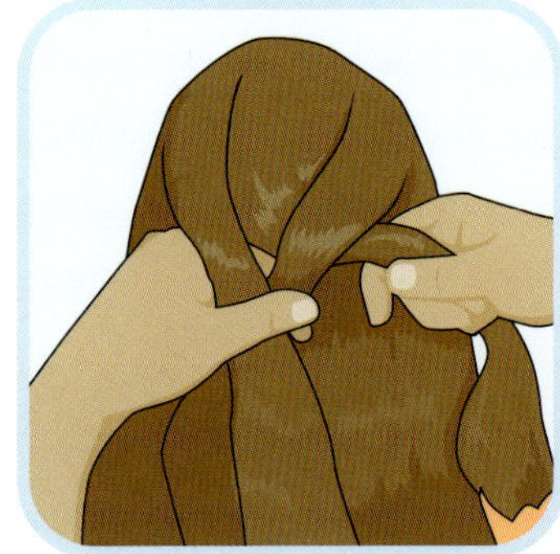

Comece a trançar.

100 trançar um pão chalá

Adicione mais cabelo a cada parte.

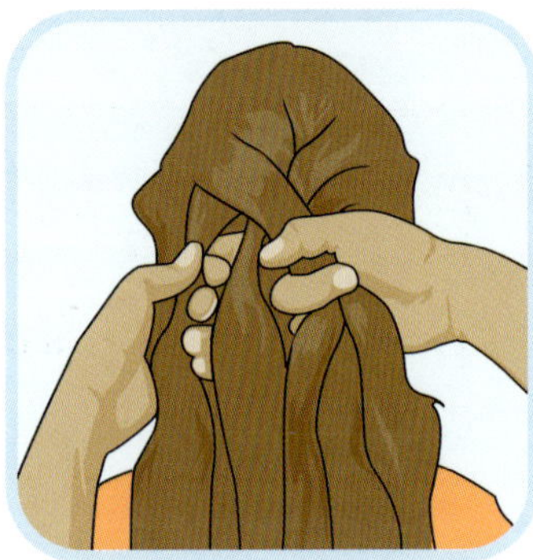

Continue conforme vai avançando.

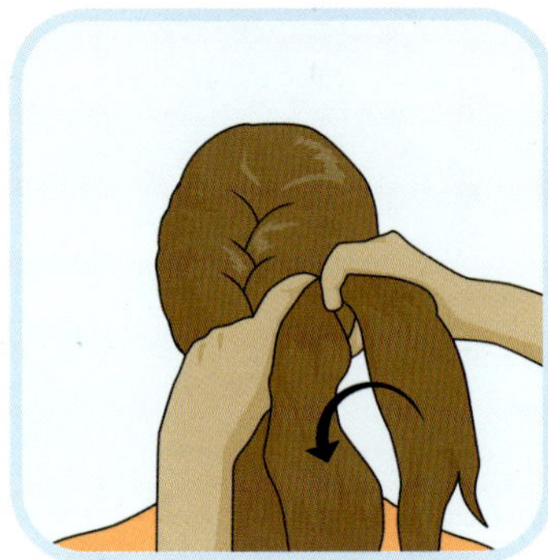

143 prender um coque sofisticado

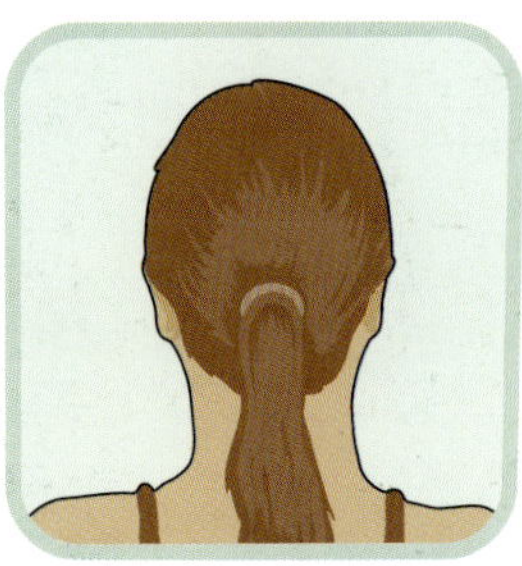

Faça um rabo-de-cavalo baixo.

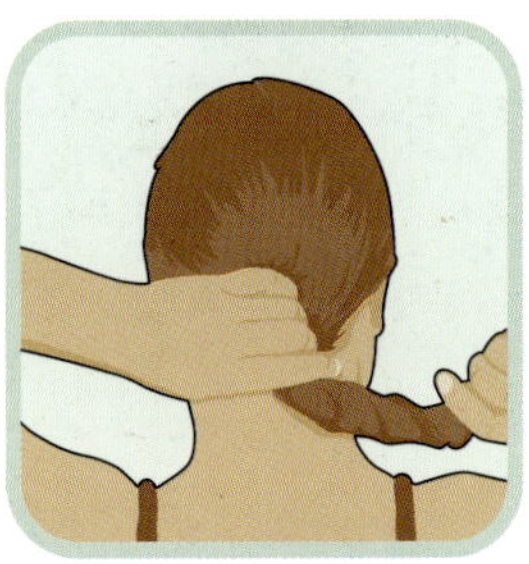

Torça e faça uma volta.

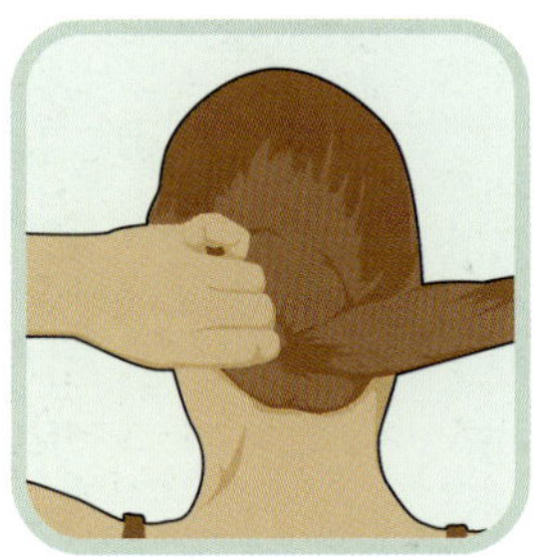

Passe todo o excesso para dentro.

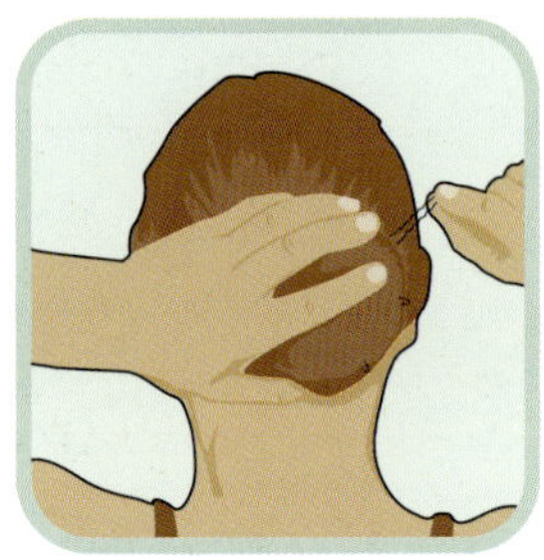

Prenda com grampos.

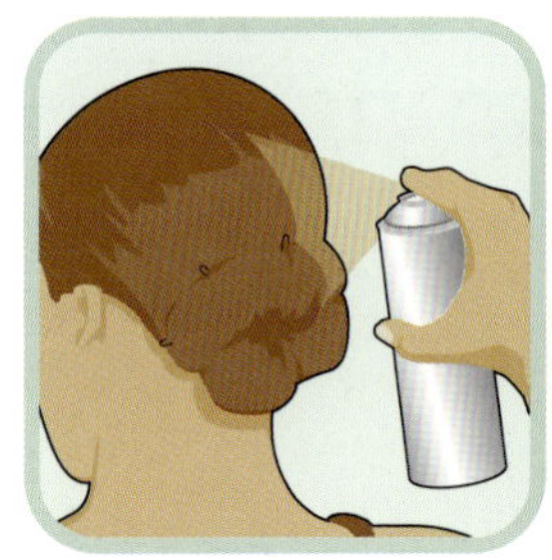

Passe um pouco de laquê.

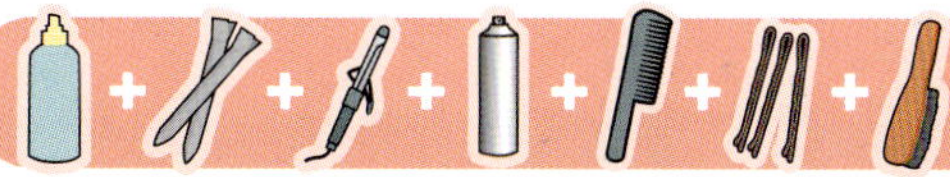

desfiar um coque colmeia 144

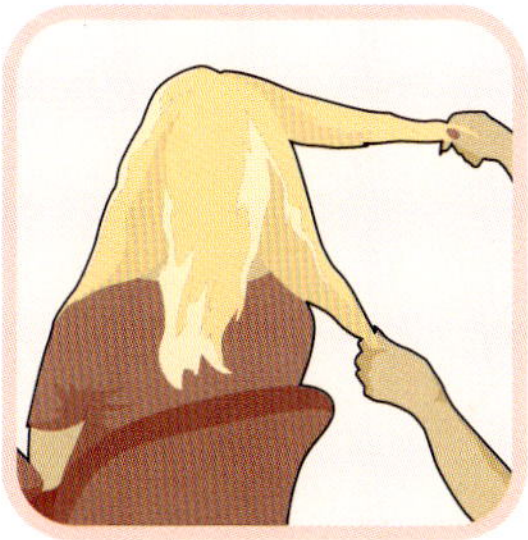

Separe quatro partes.

Passe laquê por todo o comprimento.

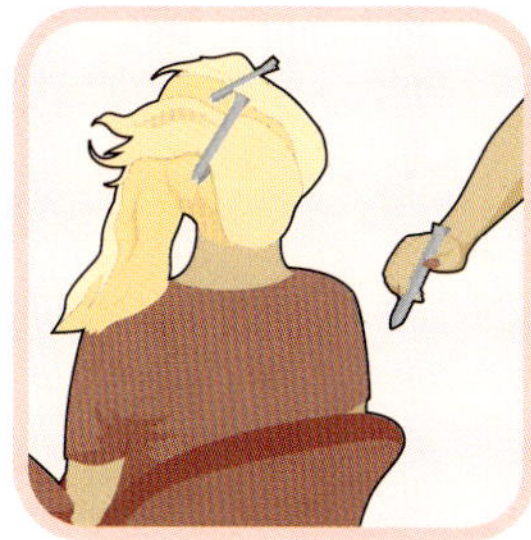

Prenda o que não estiver usando.

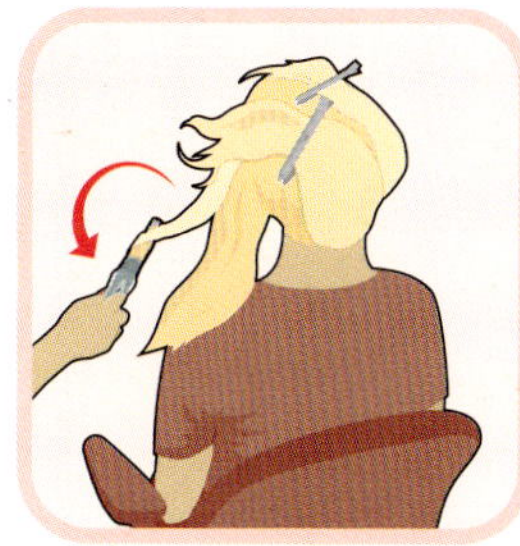

Enrole cada parte.

Passe bastante laquê.

Desfie de cima para baixo.

Prenda as partes e continue.

Alise com uma escova macia.

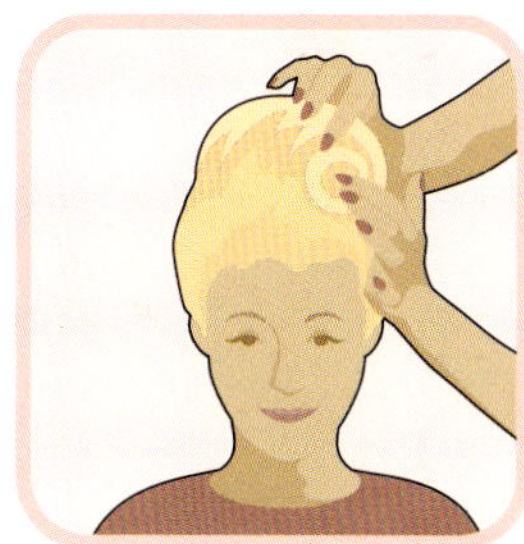

Esculpa uma espiral na frente.

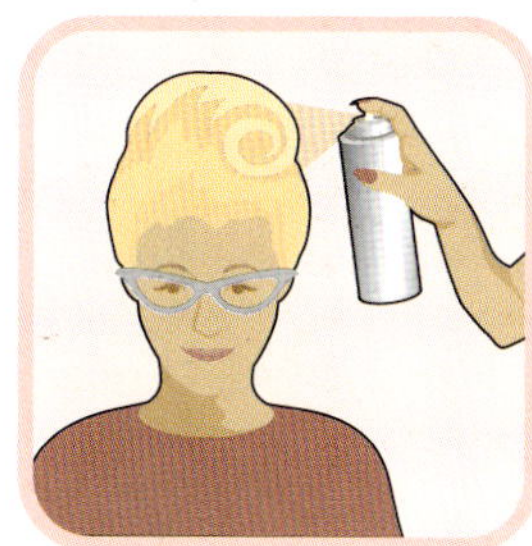

Finalize com mais laquê.

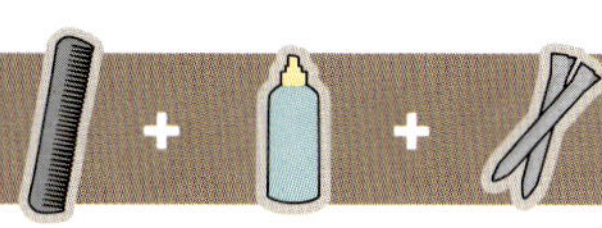

modelar ondas com os dedos 145

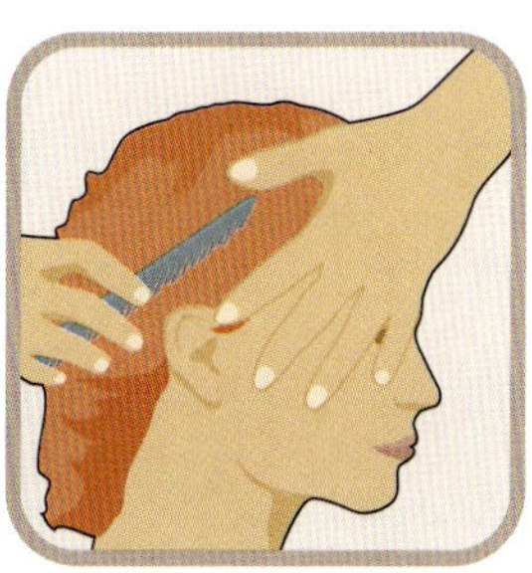

Coloque fixador no cabelo molhado.

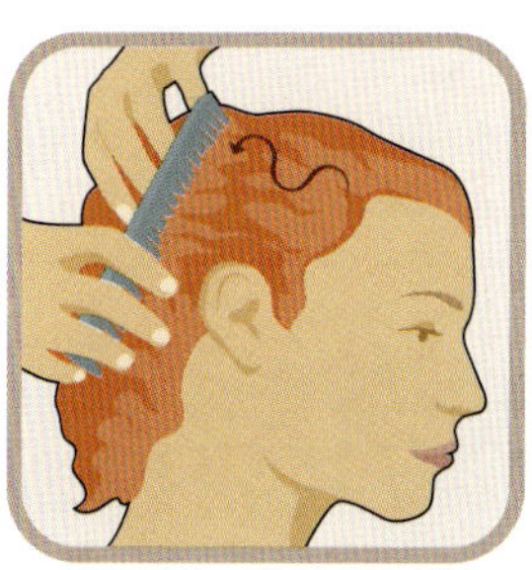

Mexa as mãos, fazendo ondas.

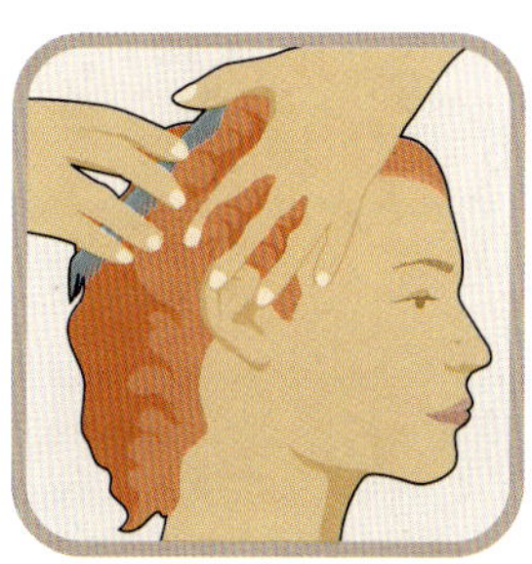

Para fixar, levante as ondas.

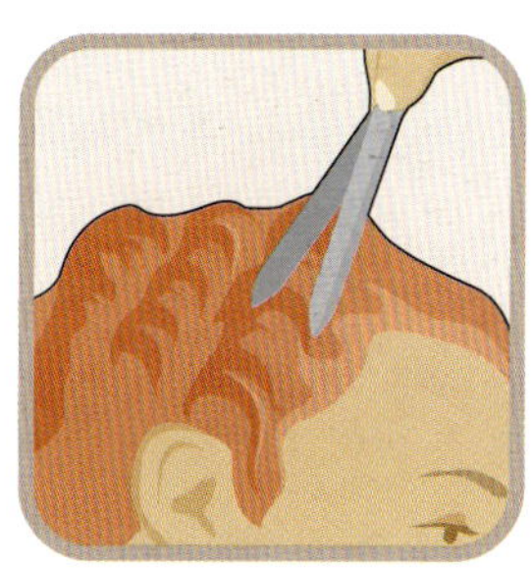

Vá prendendo com grampos.

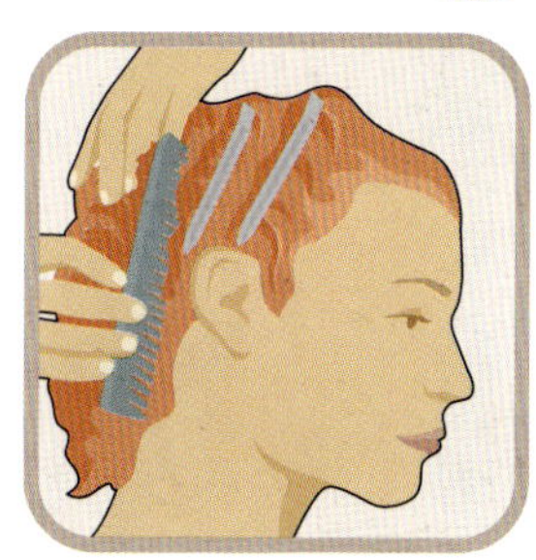

Continue até terminar.

146 fazer tranças com linha

Corte dois comprimentos da linha.

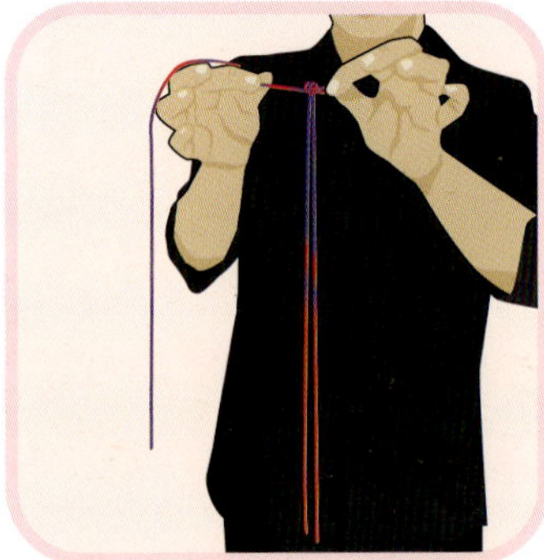

Amarre a linha mais curta no meio.

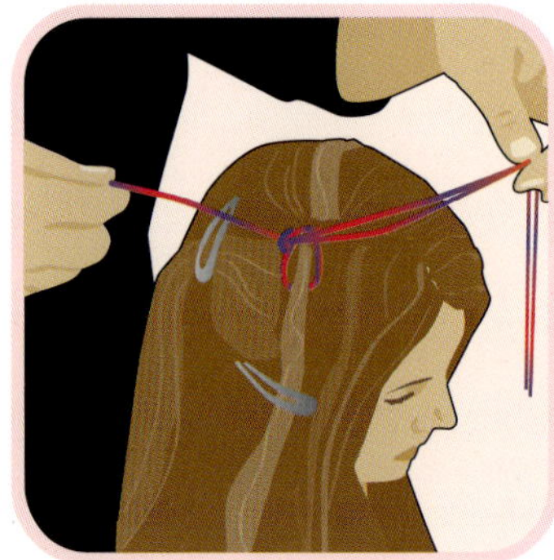

Amarre a linha maior numa mecha.

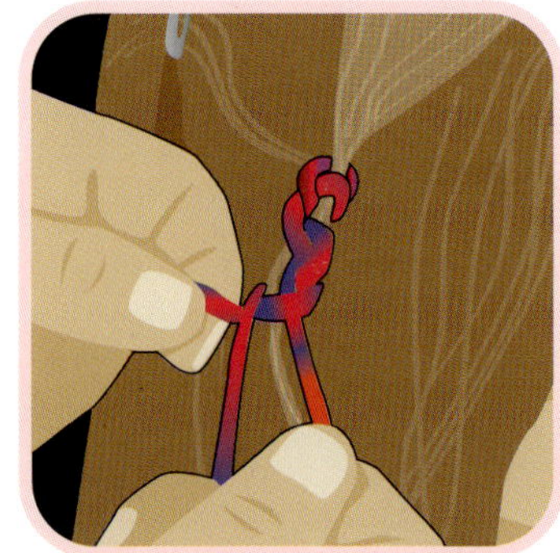

Alinhe o cordão com a mecha e trance.

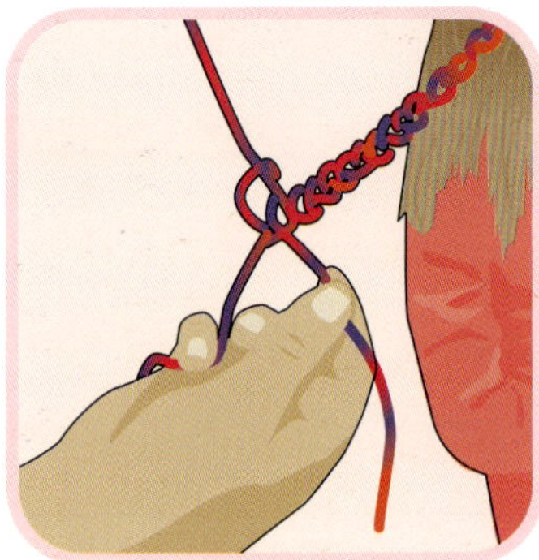

Dê um nó na ponta.

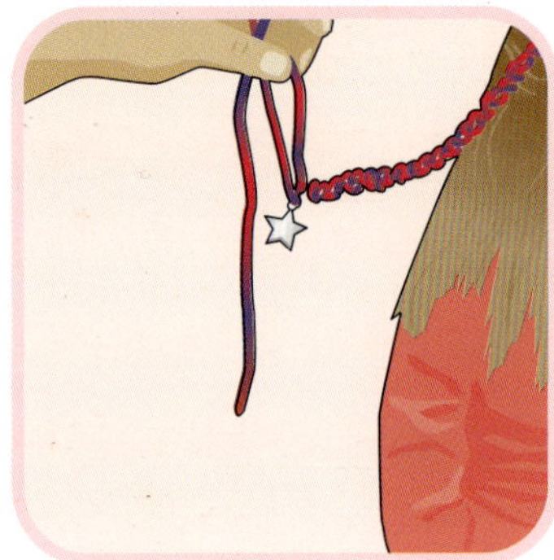

Amarre um pingente, se quiser.

147 levantar um moicano

Raspe a cabeça exceto o topo.

Penteie de trás para frente.

Aplique cola generosamente.

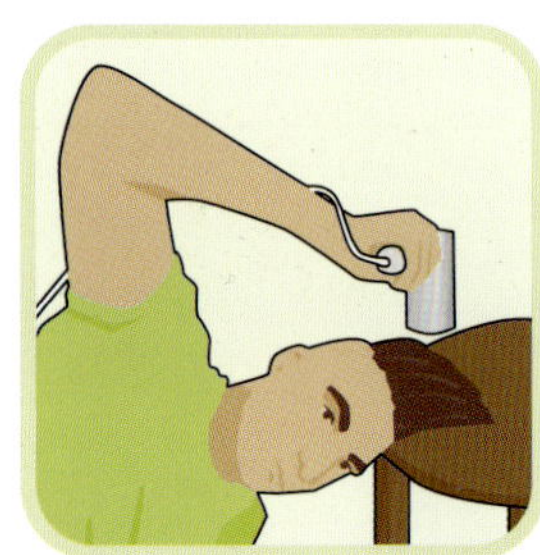

Seque numa superfície horizontal.

Passe laquê para fixar.

fazer trancinhas afro 148

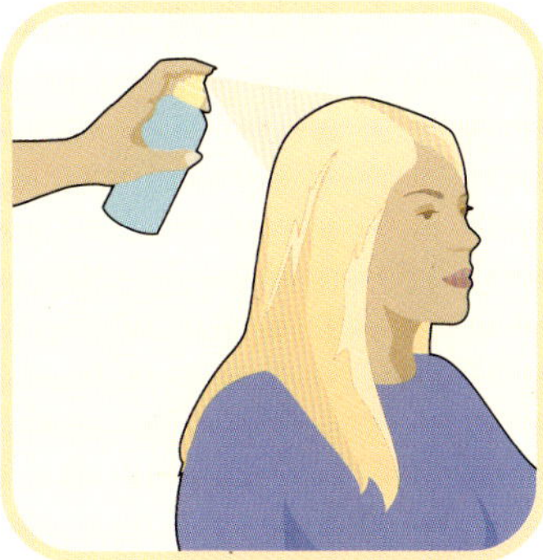

Use um spray modelador.

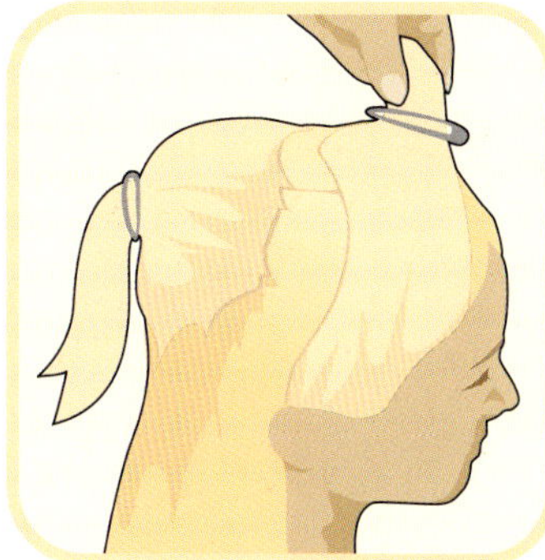

Faça um caminho para as trancinhas.

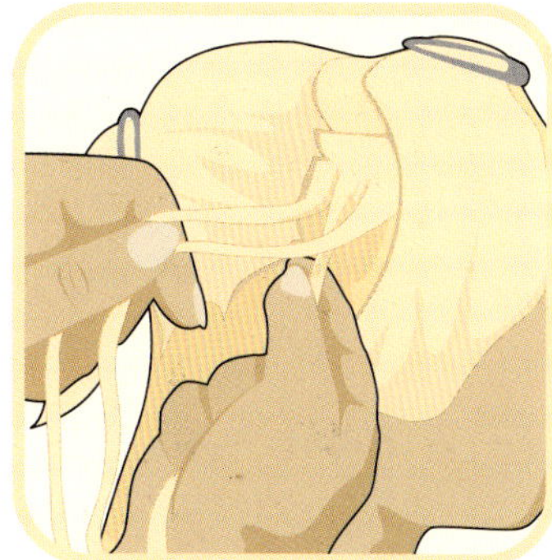

Trance próximo ao couro cabeludo.

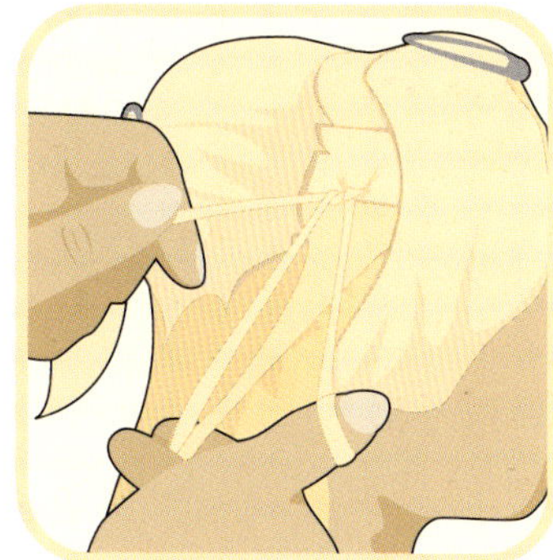

Adicione cabelo à mecha do meio.

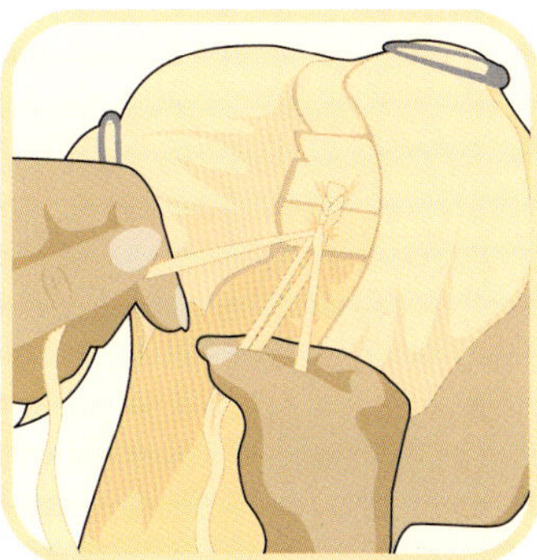

Continue pegando mais cabelo.

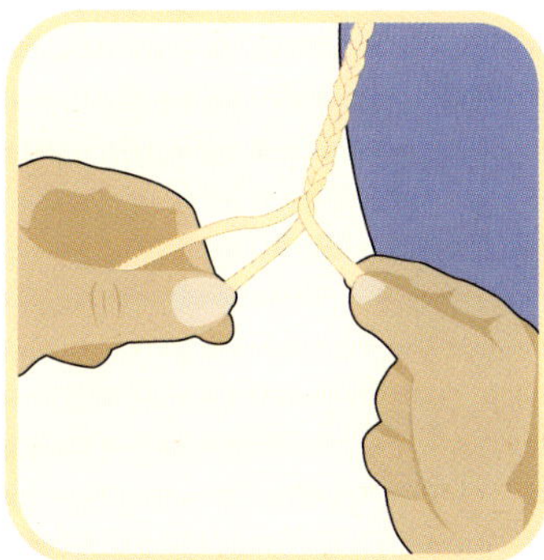

Se seu cabelo é comprido, continue.

confeccionar miçangas de biscuit 5

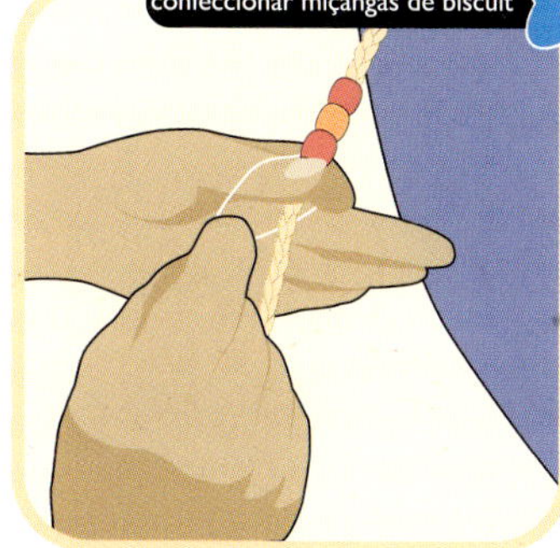

Prenda com miçangas e um elástico.

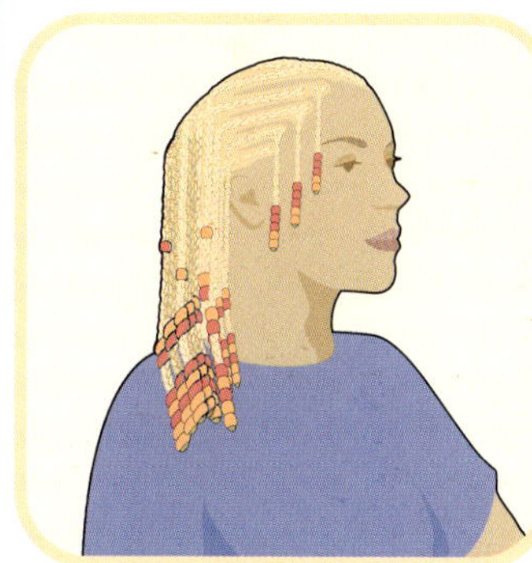

fazer seus próprios dreads 149

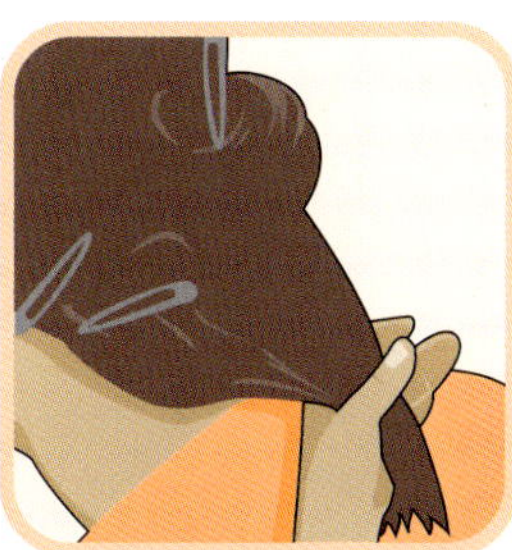

Divida seu cabelo em mechas.

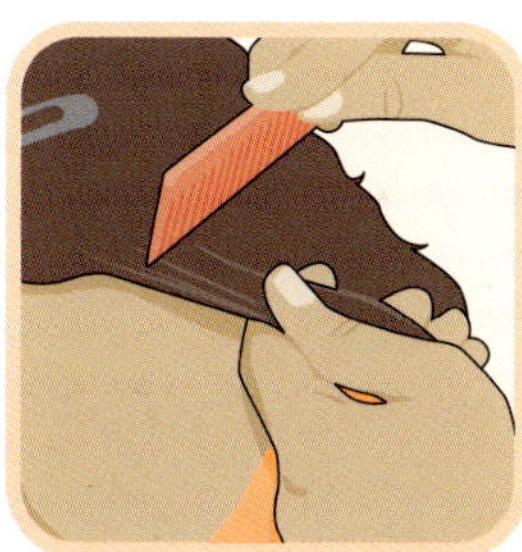

Penteie cada uma delas.

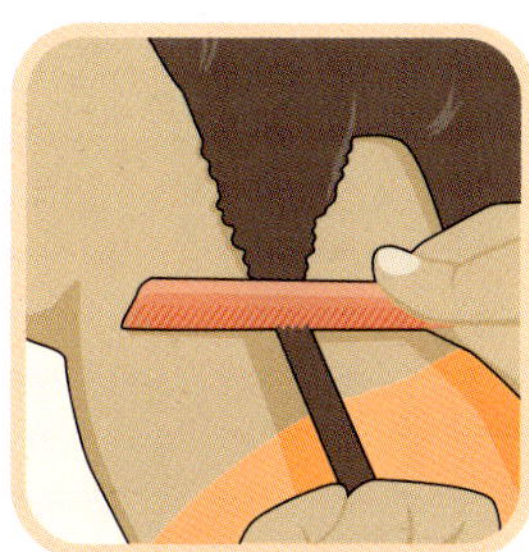

Penteie de baixo para cima.

Enrole e prenda cada ponta.

Mantenha com cera de abelhas.

150 transformar-se num zumbi

308 expulsar monstros imaginários

151 preparar sangue cenográfico

152 simular uma fratura exposta

Corte no tamanho desejado.

Prenda com látex líquido.

Deixa firme com mais látex.

Coloque sangue cenográfico.

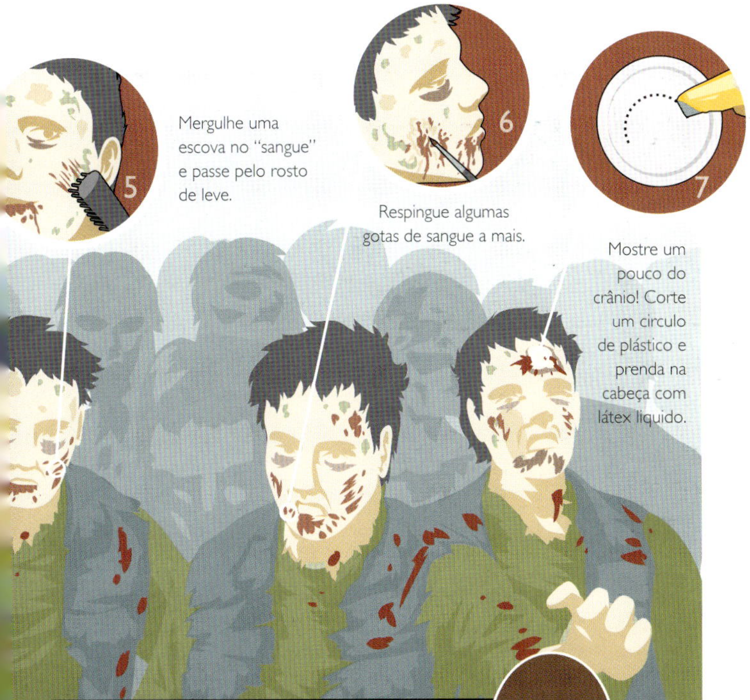

criar uma ferida nojenta 153

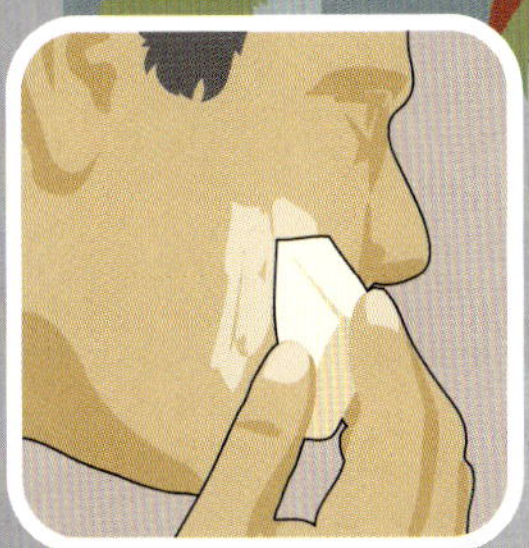

Aplique látex líquido.

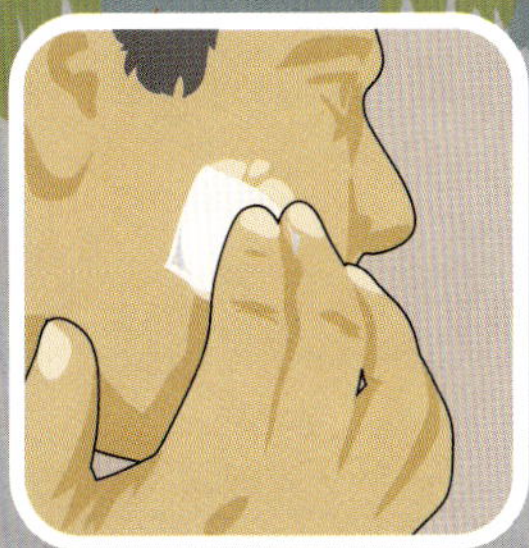

Pressione gaze sobre o local.

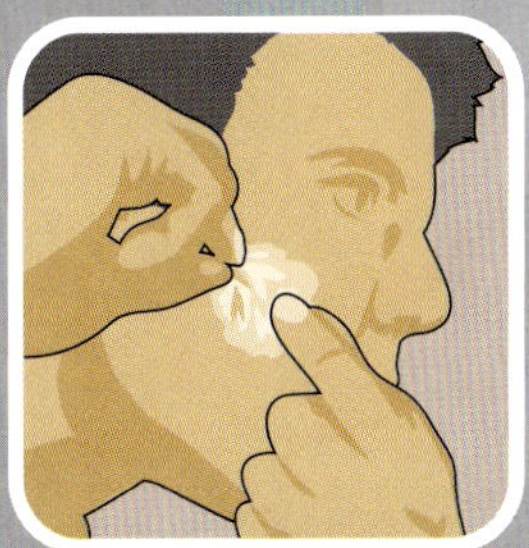

Deixe secar; esgarce.

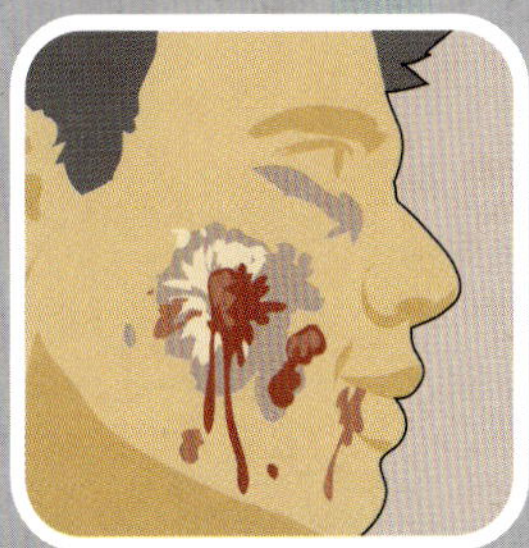

Coloque sangue cenográfico.

virar uma fada cintilante 154

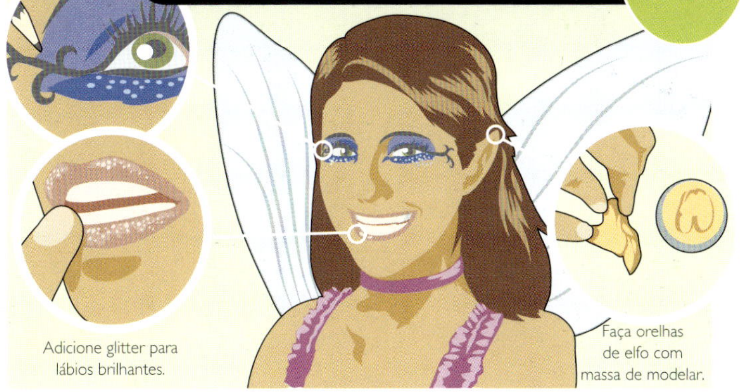

tornar-se um alienígena 155

enganar radar com falso óvni 476

parecer idoso 156

157 tirar sobrancelhas com um fio

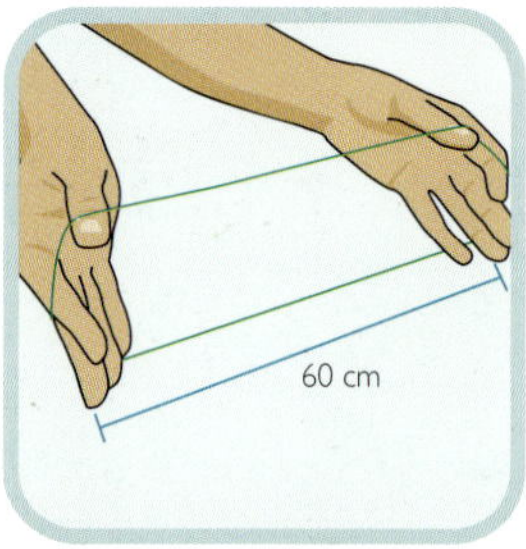

Estique o fio.

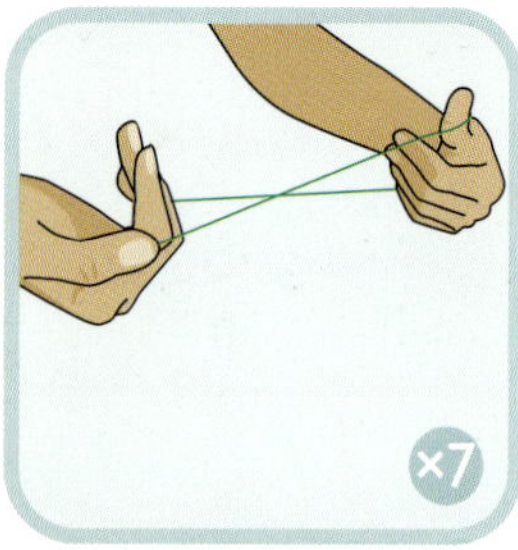

Torça.

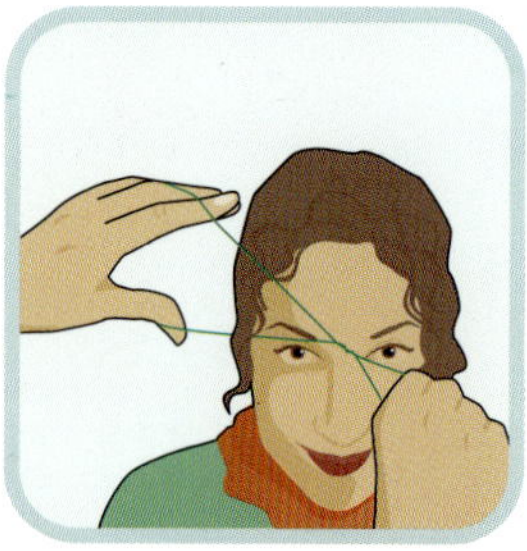
Coloque à direita do pêlo.

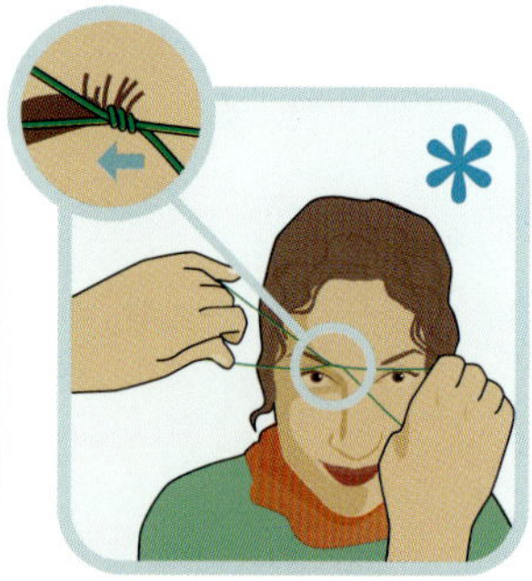
Abra um dos lados.

Limpe com um tônico.

* Como isso funciona? Abrindo uma mão e fechando a outra você vai capturando e arrancando os pêlos da sobrancelha. Cuidado – pode doer no início.

158 aplicar e remover cílios postiços

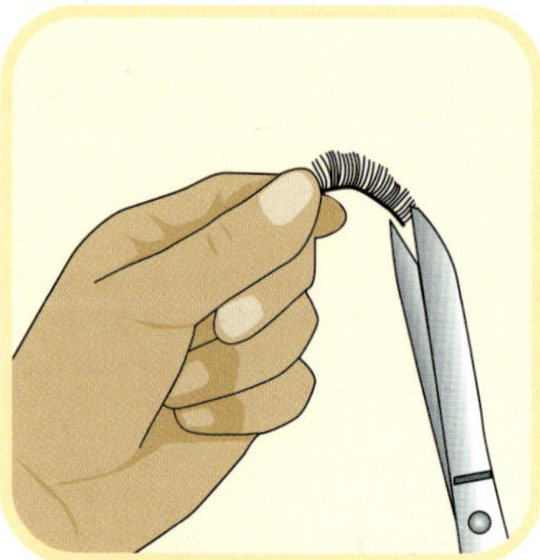
Corte o cílio para que caiba em seus olhos.

Aplique cola na parte de trás.

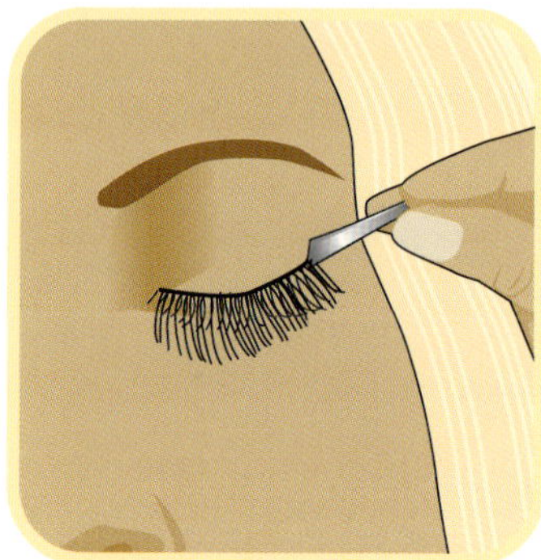
Cole sobre a linha do cílio.

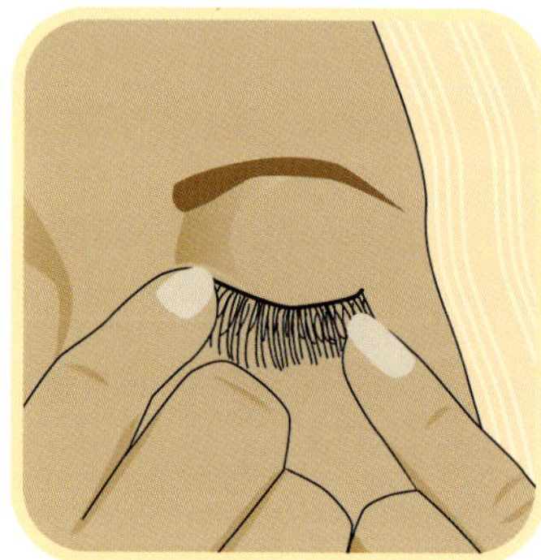
Segure enquanto seca.

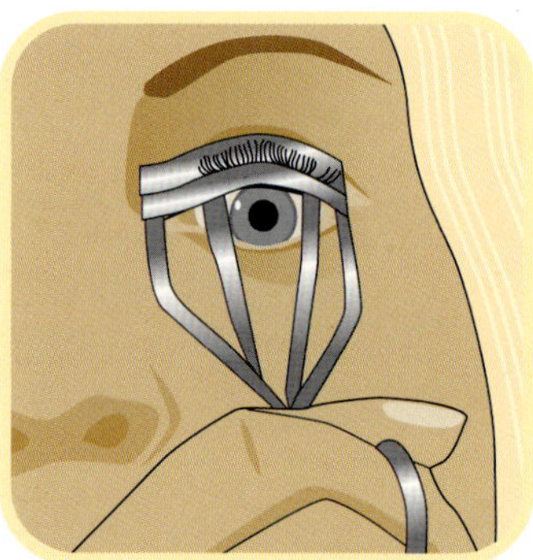
Curve o cílio verdadeiro junto com o postiço.

Aplique o rímel.

Vaselina tira a cola.

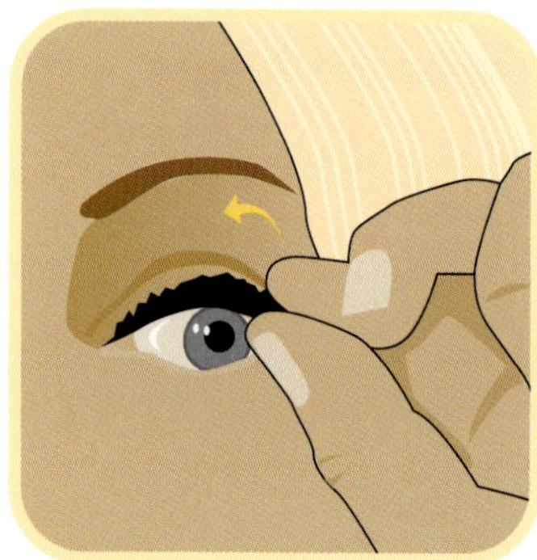
Para remover, puxe suavemente.

esfumar os olhos com sombra 159

remover um objeto do olho 335

Delineie a pálpebra superior.

Passe a sombra de cor mais clara.

Aplique a sombra média.

Misture com a sombra mais escura.

Delineie os cílios inferiores.

passar batom corretamente 160

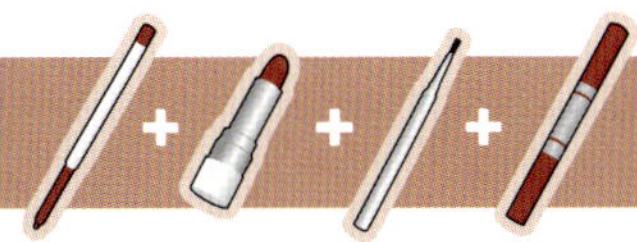

Passe o lápis labial como base.

Defina a linhas de fora dos lábios.

Aplique o batom com um pincel.

Tire o excesso com o dedo.

Passe brilho no centro.

aplicar blush 161

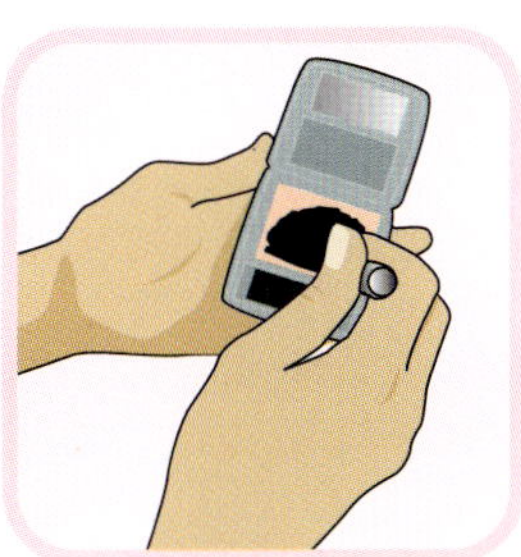

Bata para tirar o excesso.

Sorria; aplique nas bochechas.

Deslize em direção às têmporas.

Passe em torno na linha do pescoço.

162 vestir um quimono

Lado esquerdo sobre o direito.

Amarre o *koshi himo*.

Amarre o *datejime*.

Posicione o *obi makura*.

Enrole o *obi*.

Amarre as duas pontas.

Dobre na cintura.

Aperte no centro.

Amarre com as pontas.

Deslize o *obi* para trás.

163 decodificar estilos de quimono

Esse quimono semiformal, chamado *komon*, é todo estampado, delicadamente. É usado tanto por mulheres solteiras como casadas.

Esse quimono altamente formal é conhecido como *furisode* e usado apenas por mulheres solteiras. É gracioso e suas mangas compridas têm a função de atrair pretendentes.

O quimono de algodão *yukata* é a roupa de verão favorita da maioria dos japoneses. É um item que não pode faltar no guarda-roupa dos jovens lutadores de sumô.

Usado por mulheres casadas em eventos formais (como casamentos), o *kurotomesode* é preto, com estampas apenas abaixo da cintura.

maquiar-se como uma gueixa

Cubra seu cabelo.

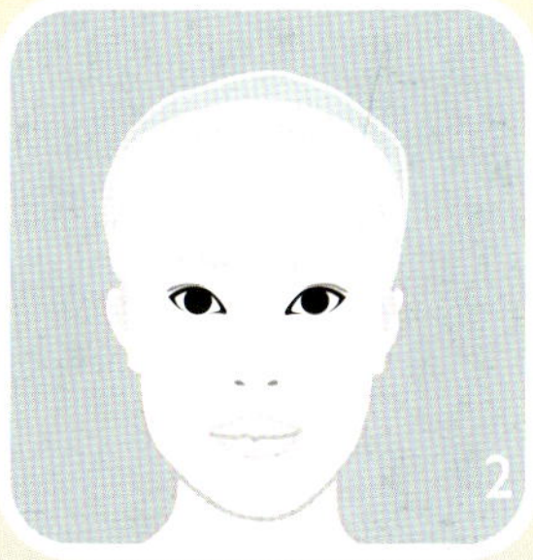

Aplique a base branca.

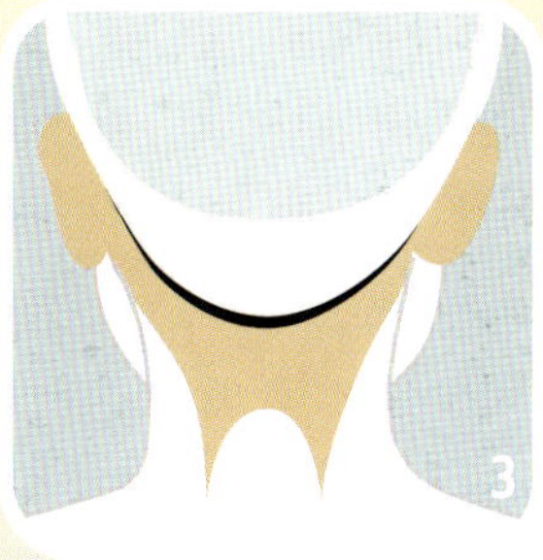

Crie uma forma erótica em W.

* A pintura vermelha é usada pela pelas *maikos* (aprendizes de gueixas). Essas jovens moças, geralmente com menos de 21 anos, treinam duro para aprender a *gei* (dança, canto e arte de ter uma conversa educada) antes de serem aceitas para entreter os homens em eventos oficiais como gueixas formadas.

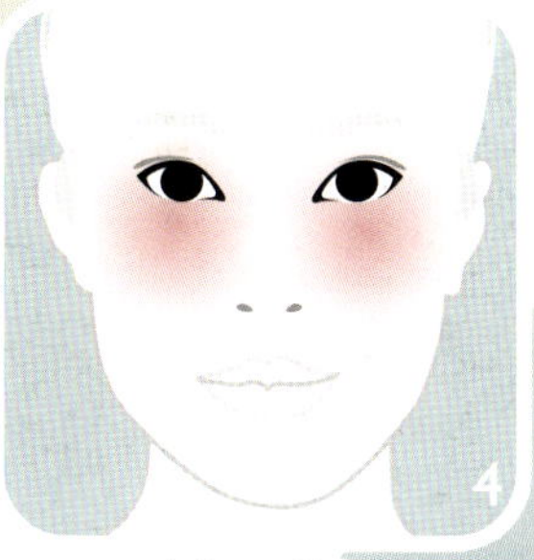

Aplique o blush.

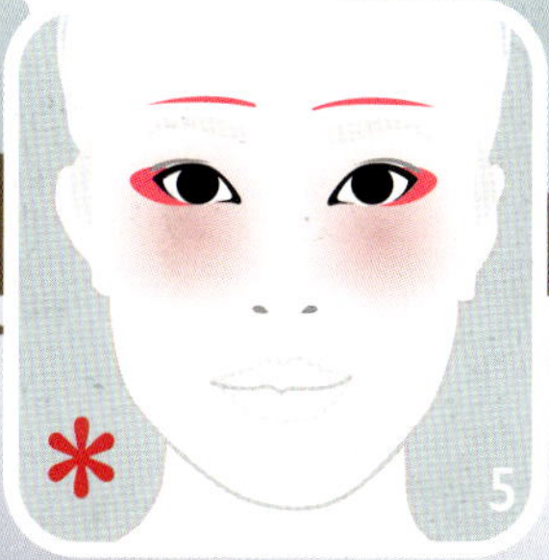

Pinte olhos e sobrancelhas de vermelho.

Reforce com lápis preto.

Pinte a boca em forma de laço.

Coloque a peruca e os adereços.

165 fazer as próprias unhas

349 relaxar numa sauna seca

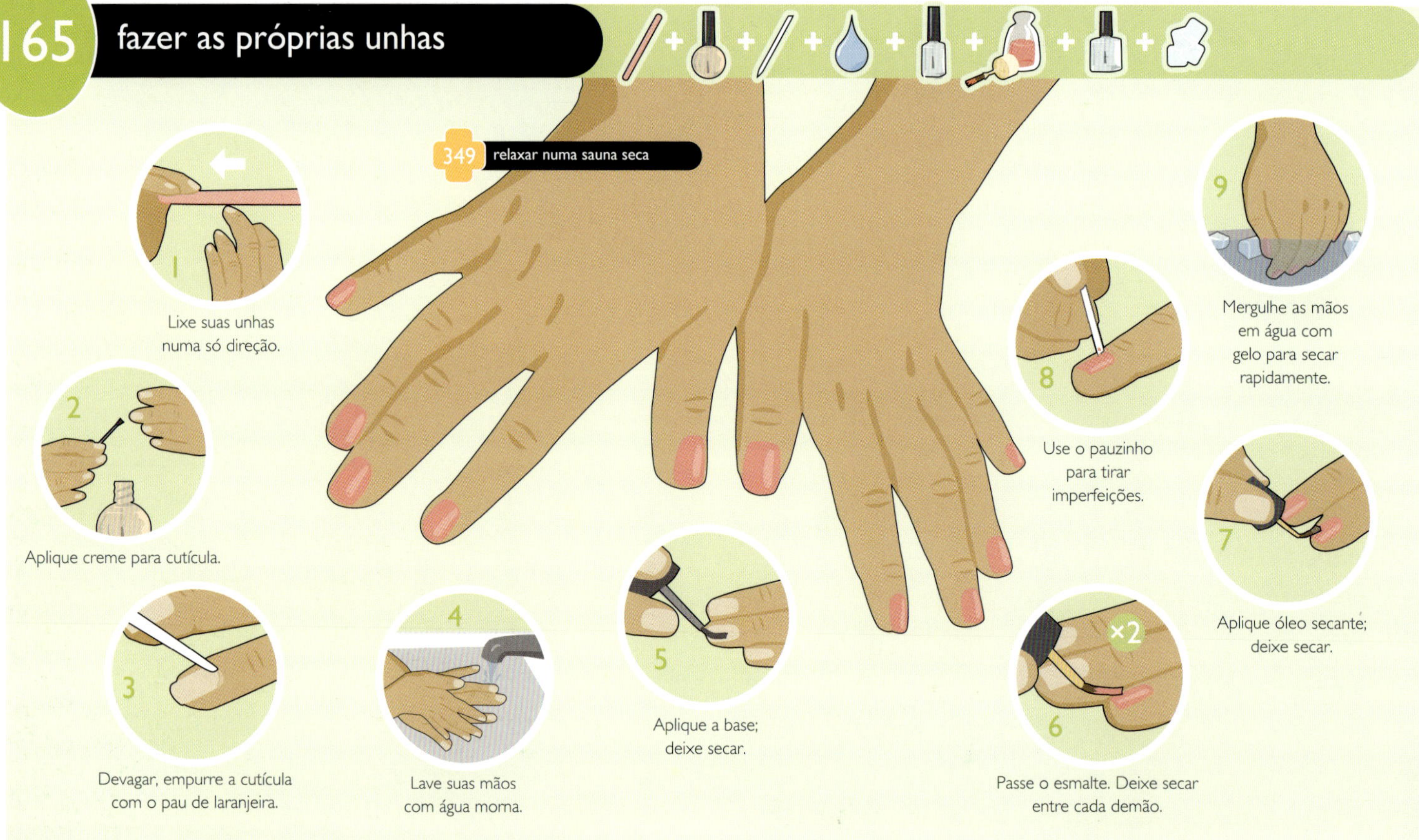

167 limpar a pele

168 fazer uma máscara facial

166 mimar os pés como uma pedicure

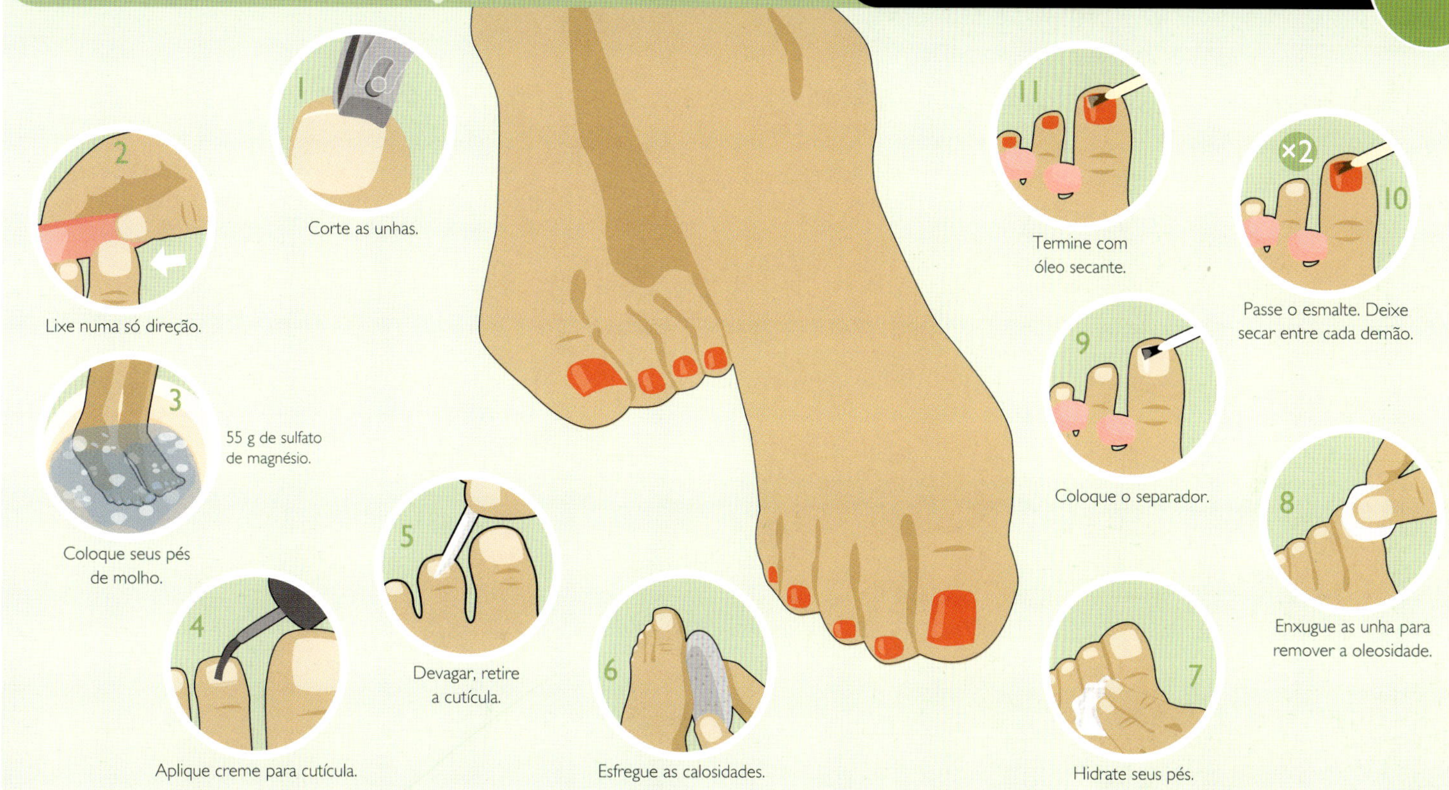

1. Corte as unhas.
2. Lixe numa só direção.
3. Coloque seus pés de molho. (55 g de sulfato de magnésio.)
4. Aplique creme para cutícula.
5. Devagar, retire a cutícula.
6. Esfregue as calosidades.
7. Hidrate seus pés.
8. Enxugue as unha para remover a oleosidade.
9. Coloque o separador.
10. Passe o esmalte. Deixe secar entre cada demão. (×2)
11. Termine com óleo secante.

169 esfoliar da maneira correta

Use mamão papaia como esfoliante caseiro.

Cubra com o esfoliante.

Escove com movimentos circulares.

Evite a pele sensível em torno dos olhos.

Enxágüe com água fria.

Alivie a pele com hidratante.

170 manter a pele jovem

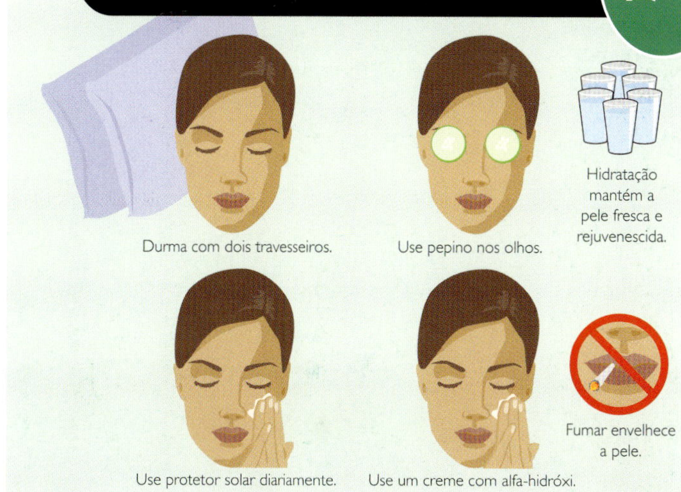

Durma com dois travesseiros.

Use pepino nos olhos.

Hidratação mantém a pele fresca e rejuvenescida.

Use protetor solar diariamente.

Use um creme com alfa-hidróxi.

Fumar envelhece a pele.

meia-taça · tomara-que-caia · conversível · camiseta · push-up

171 escolher blusas femininas

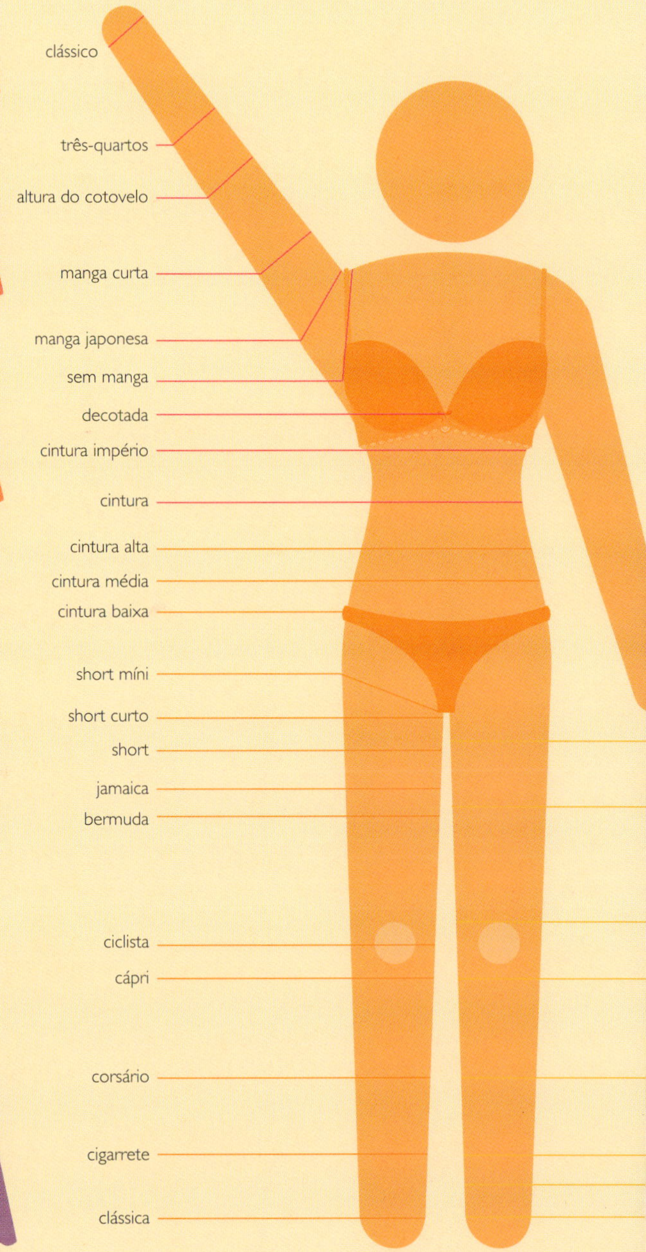

172 escolher shorts e calças

gorro chullo · cloche · boina · chapéu de sol

sandália · sapatilha · anabela · scarpin

calçola biquíni fio dental cueca

identificar estilos de vestido e saia 173

não errar no figurino 174

Não vista jeans sobre jeans.

Fique insinuante com uma camiseta sem manga e calça de boca larga.

Combine uma camiseta sexy e sandálias com saia longa.

Valorize uma minissaia com uma bota de cano alto e um suéter grosso.

Não use calça baggy com blusa quadrada.

Não pareça atarracada combinando saia longa com blusa de gola rulê.

Combine calças retas com botas.

Não misture estampas.

Não deixe muita pele à mostra.

Use um jeans skinny com uma camiseta de cintura império.

Equilibre uma saia esvoaçante com uma jaqueta cintada.

carteira bolsa de mão sacola bolsa carteiro

salto alto cano curto galocha cano alto

175 dar um nó estilo chelsea

Dobre o cachecol no meio.

395 dar nós básicos de marinheiro

Passe pela volta.

176 amarrar uma gravata-borboleta

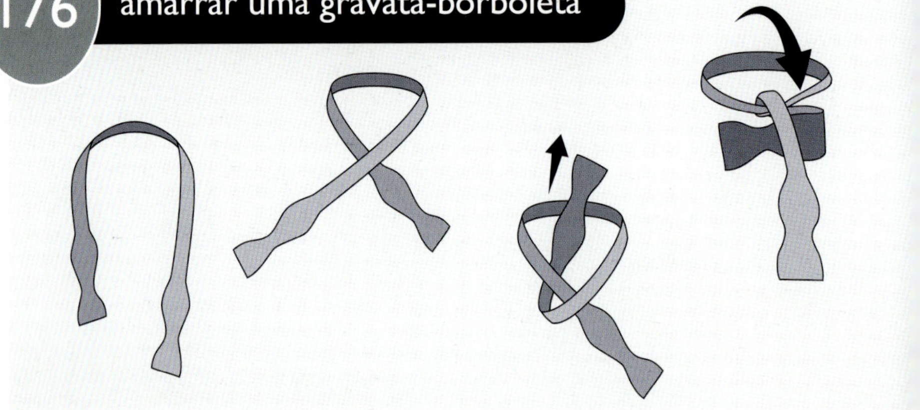

177 dar um tradicional nó windsor

178 amarrar cadarços com estilo

exército

tabuleiro de xadrez

trama

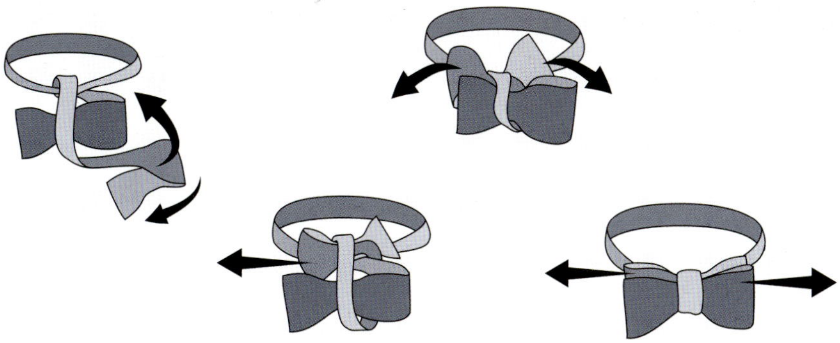

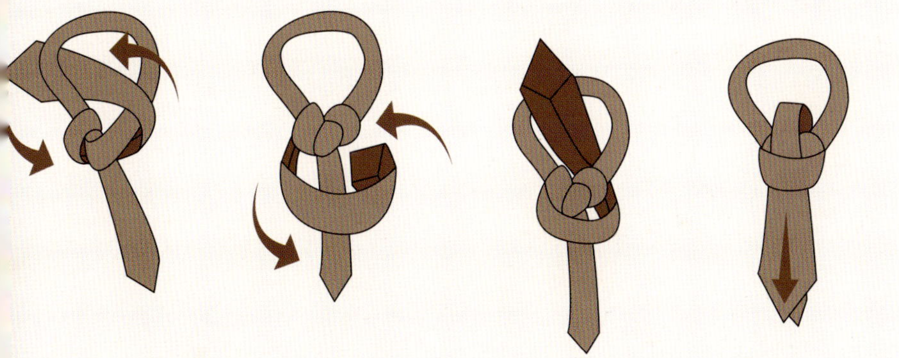

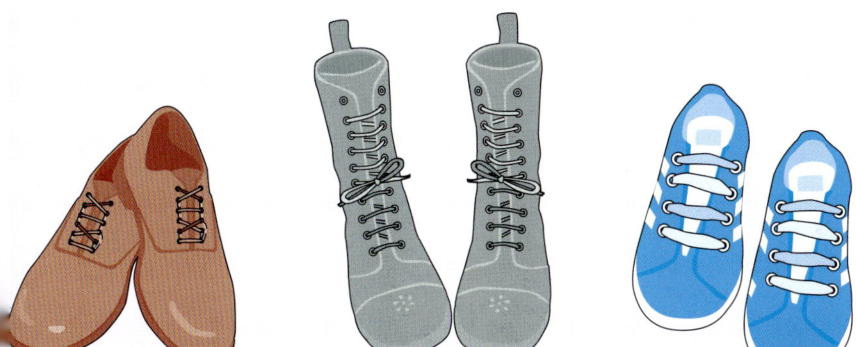

romano

montaria

nó escondido

enrolar lenço com estilo 179

Dobre o lenço num triangulo.

Enrole; amarre atrás.

180 consertar um jeans rasgado

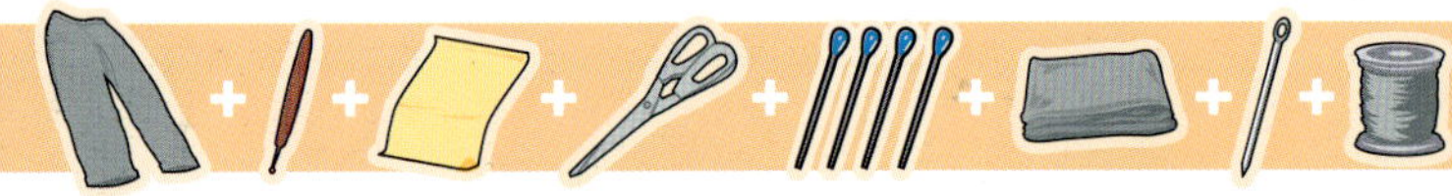

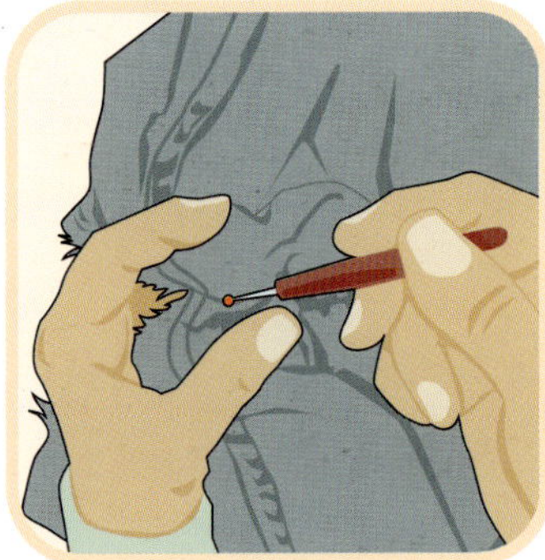

Abra o rasgo com um abridor de costura.

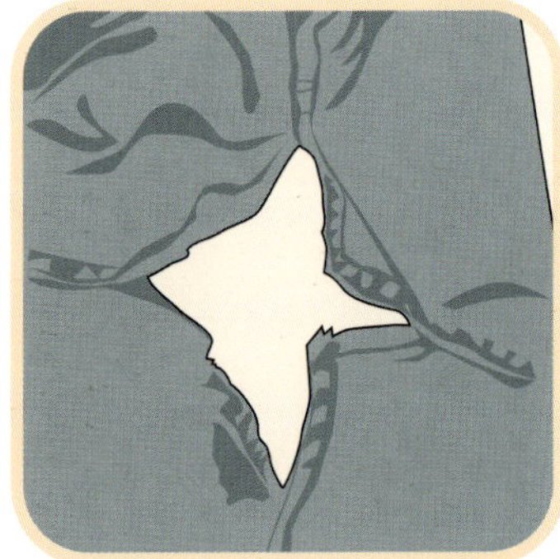

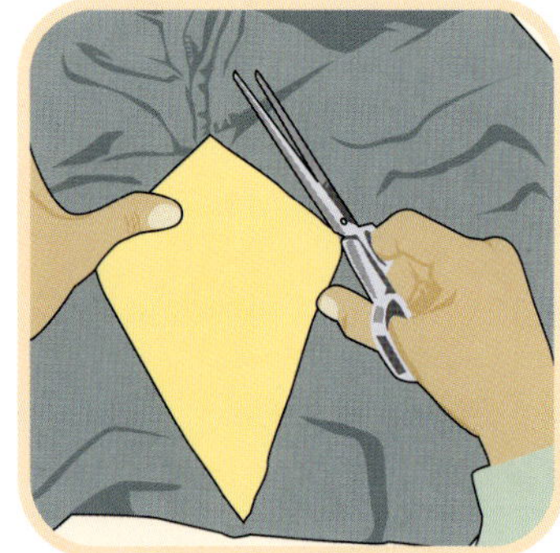

Corte um molde de papel.

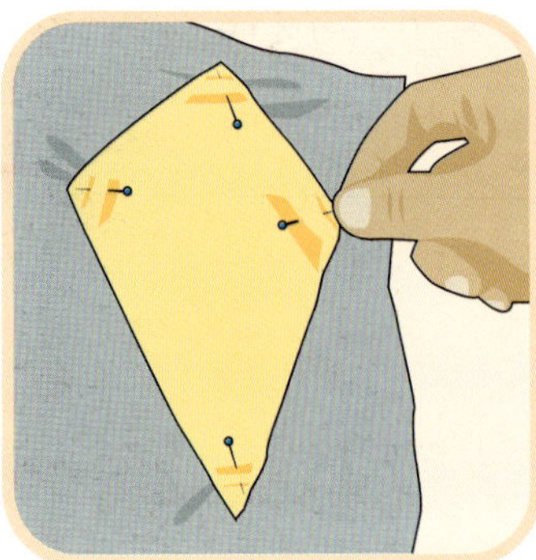

Prenda sobre um tecido.

Corte; dobre as bordas.

Costure pelo lado de fora do jeans.

Chute alto sem preocupação.

181 fazer bainha num jeans

Marque o pedaço que precisa tirar.

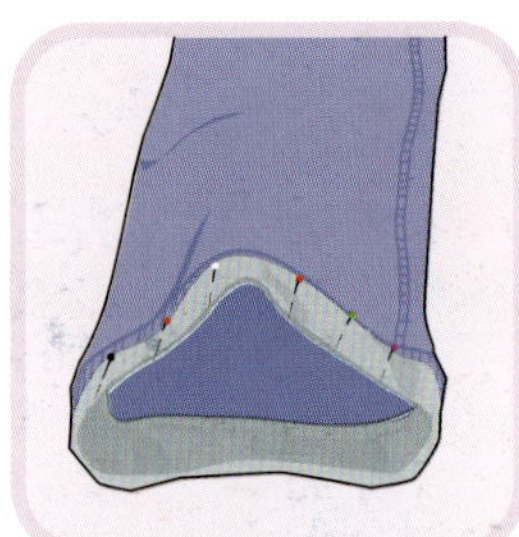

Dobre a metade para cima e prenda.

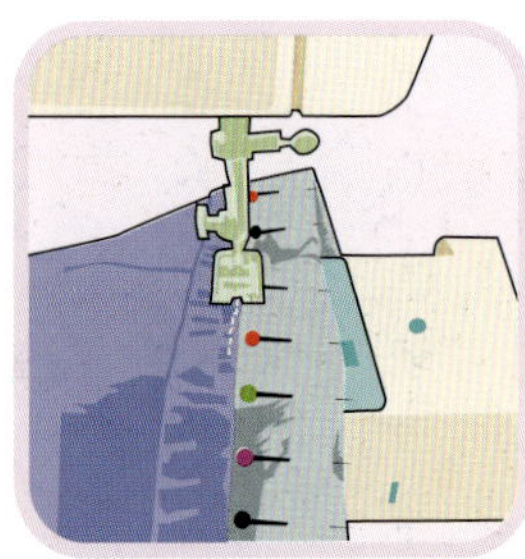

Costure em cima da bainha antiga.

Vire do avesso; passe a ferro.

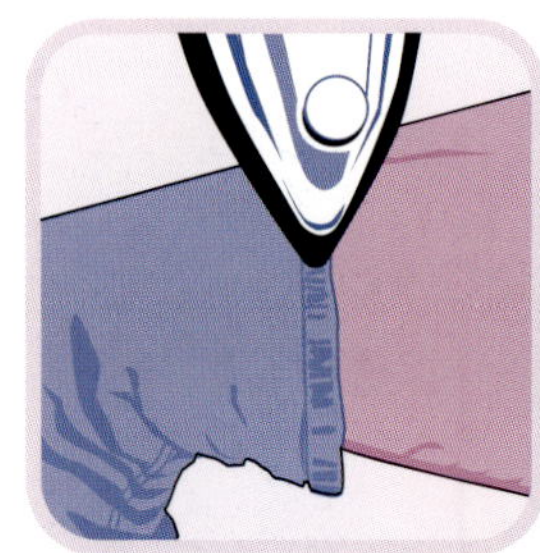

Vire do lado certo; passe novamente.

182 pregar um botão

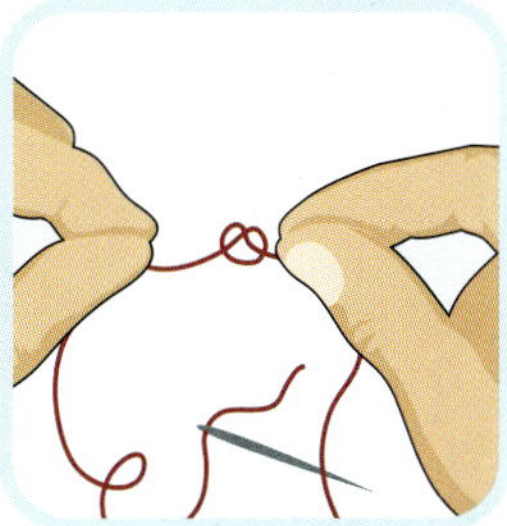

Passe a linha na agulha; dê um nó.

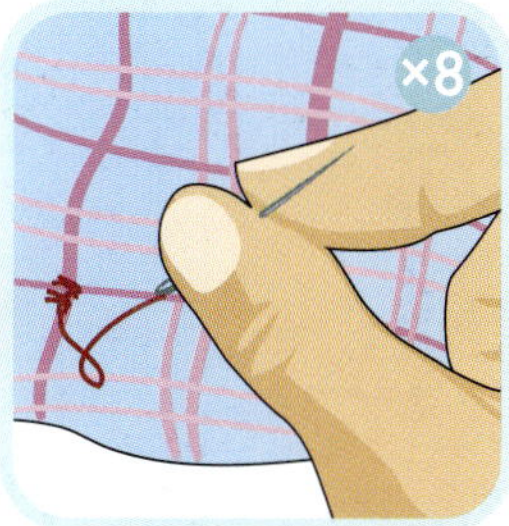

Dê um ponto.

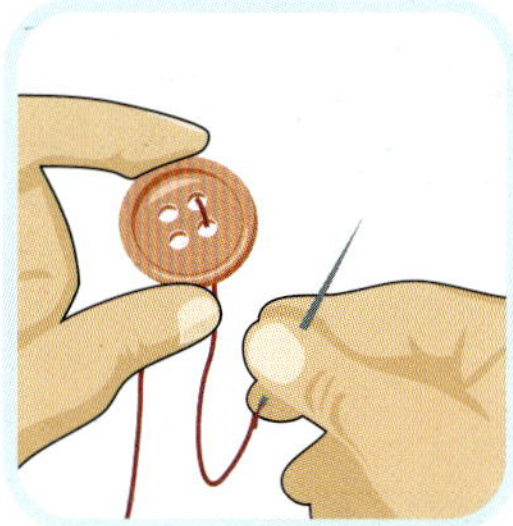

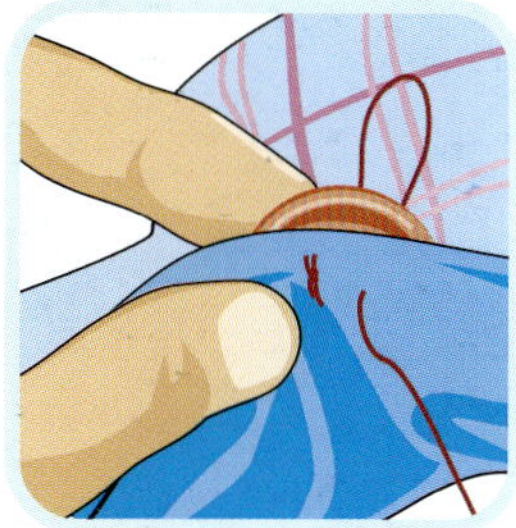

Prenda o botão.

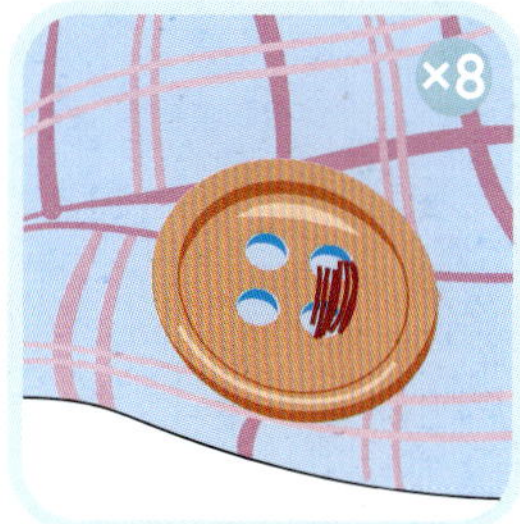

Costure, mas não muito apertado.

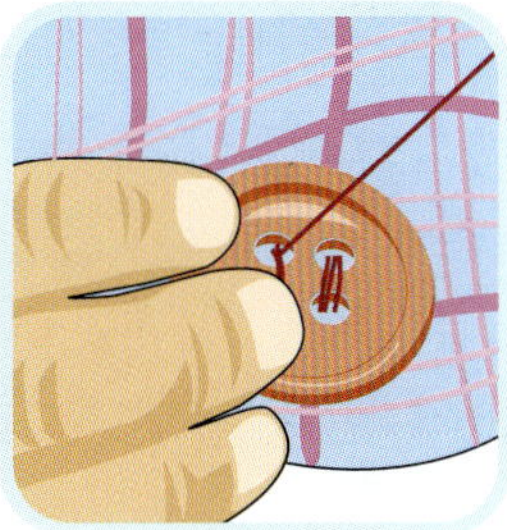

Repita nos outros furos.

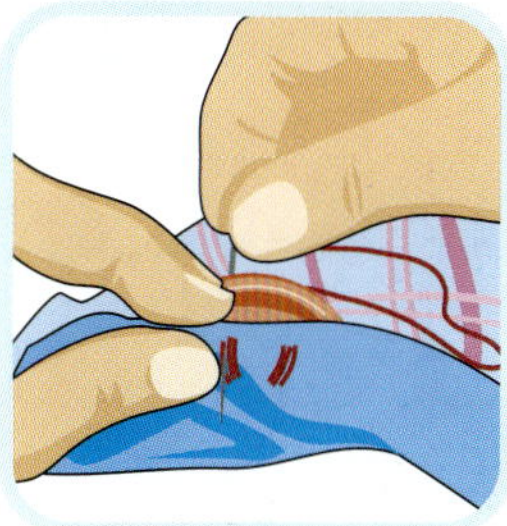

Passe a agulha para trás.

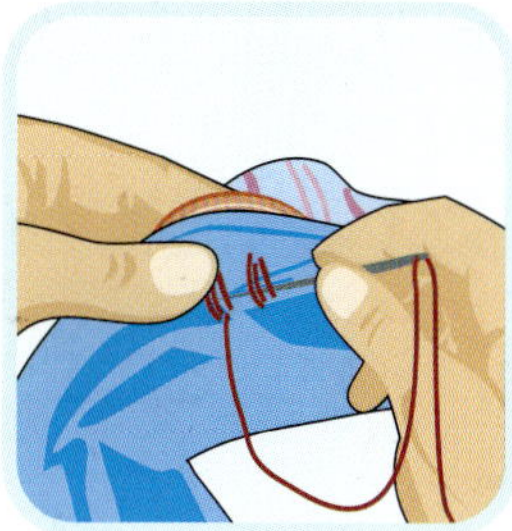

Passe a agulha através dos pontos.

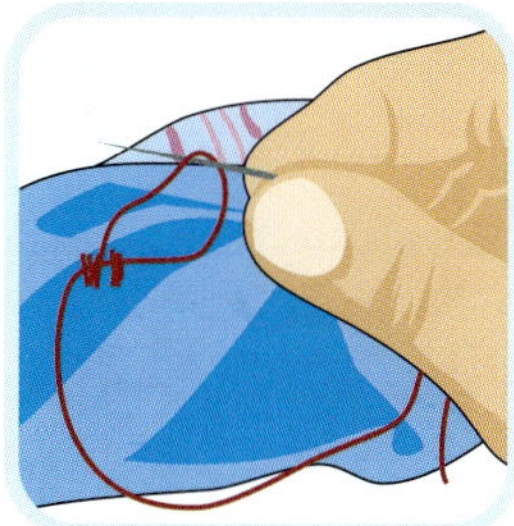

Faça um nó próximo ao tecido.

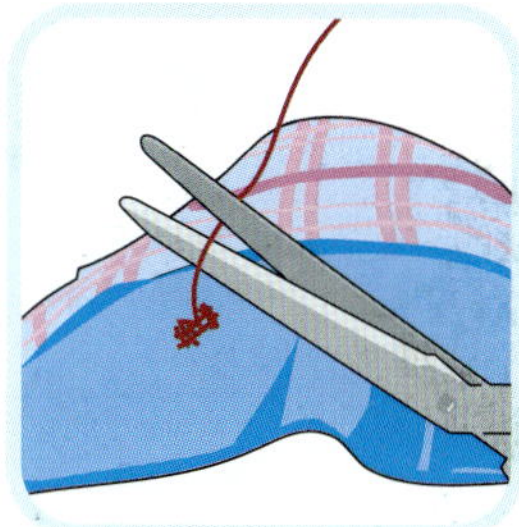

183 fazer uma saia jeans sem costura

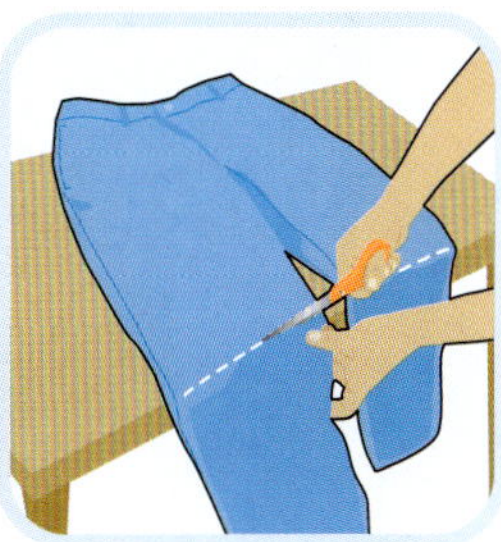

Corte as pernas da calça.

Abra o gancho.

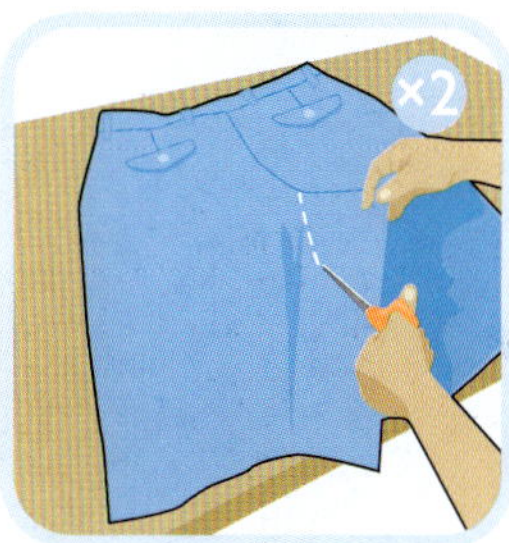

Corte os excessos dos dois lados.

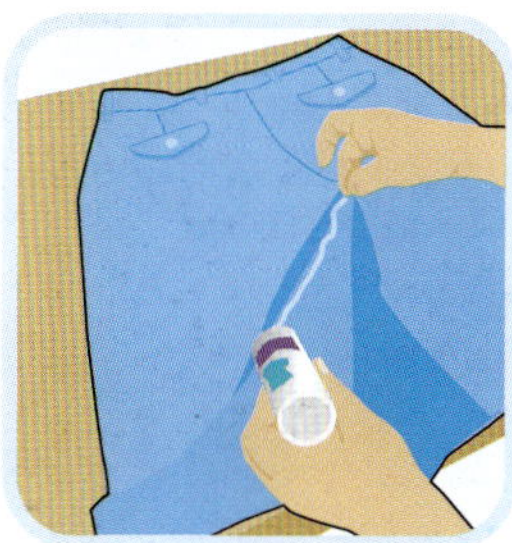

Passe cola na parte de trás.

Cole a frente; deixe secar.

184 remover manchas

354 treinar para uma corrida

185 lavar um suéter à mão

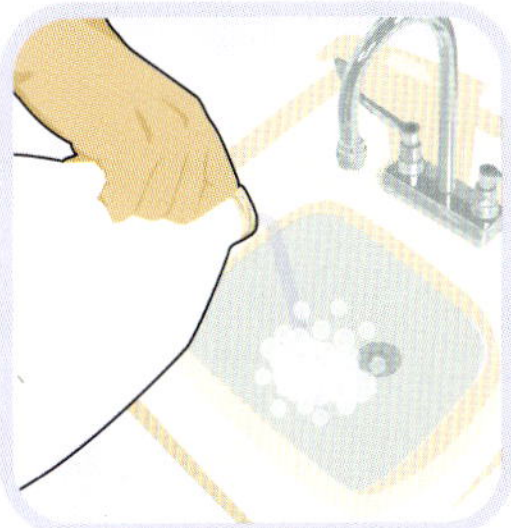

Coloque detergente na água.

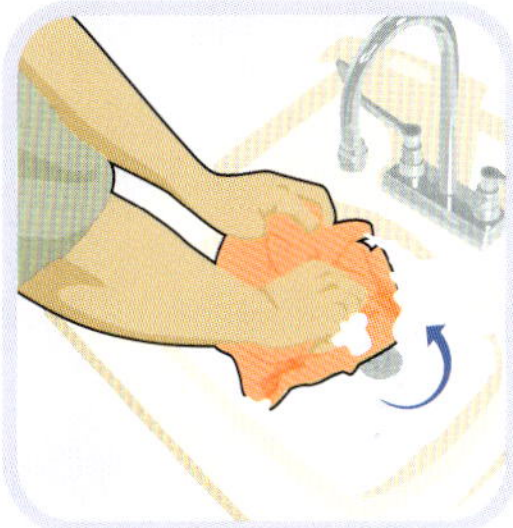

Mergulhe o suéter e lave, sem esfregar.

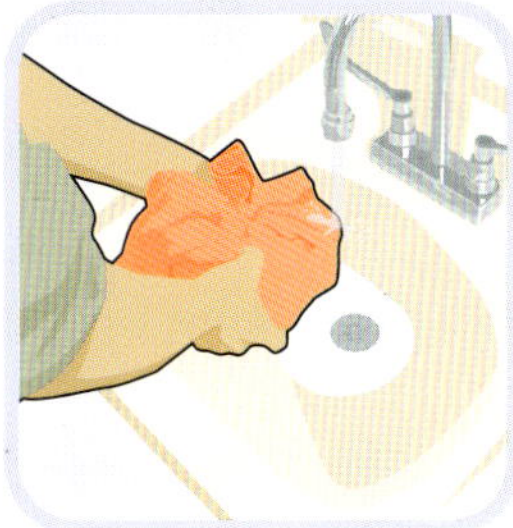

Enxágüe tirando todo o sabão.

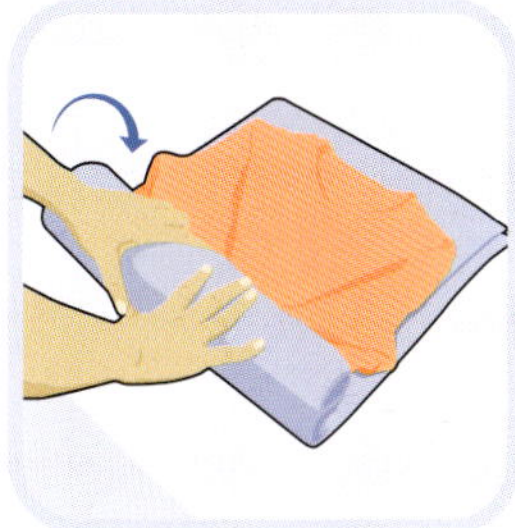

Enrole numa toalha; esprema.

Deixe deitado para secar.

Ops! Seu suéter encolheu? Prenda-o molhado numa superfície, esticando-o até que seque e retorne ao formato e tamanho originais.

186 passar uma camisa de botão

Borrife água enquanto passa.

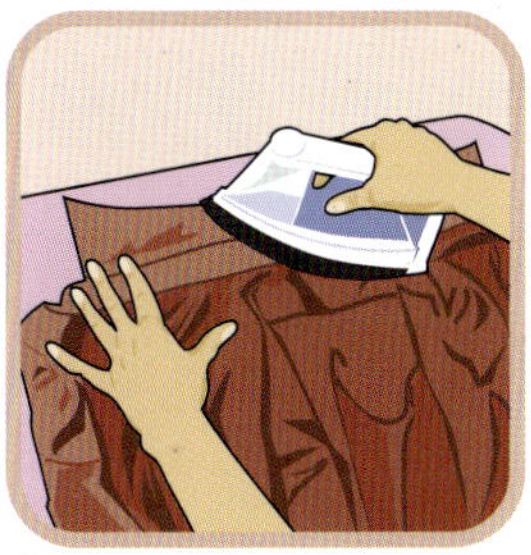

Passe a parte de trás do colarinho.

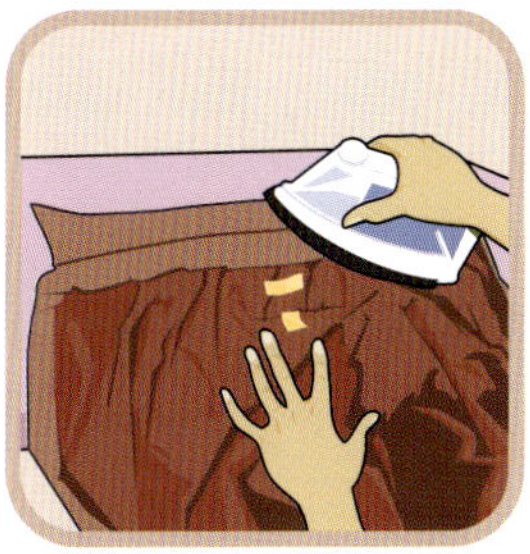

Passe dentro do colarinho.

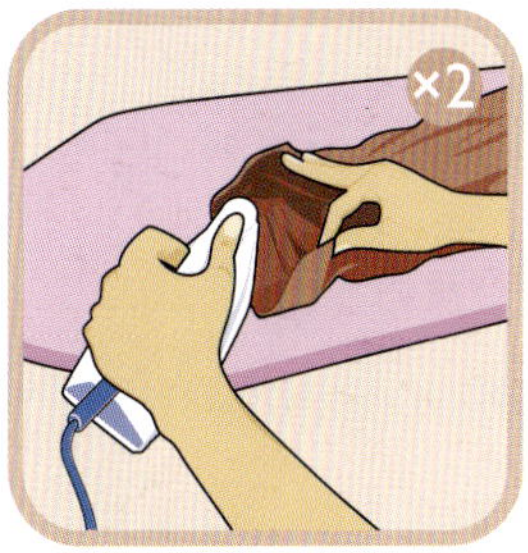

Abra os punhos e passe por dentro.

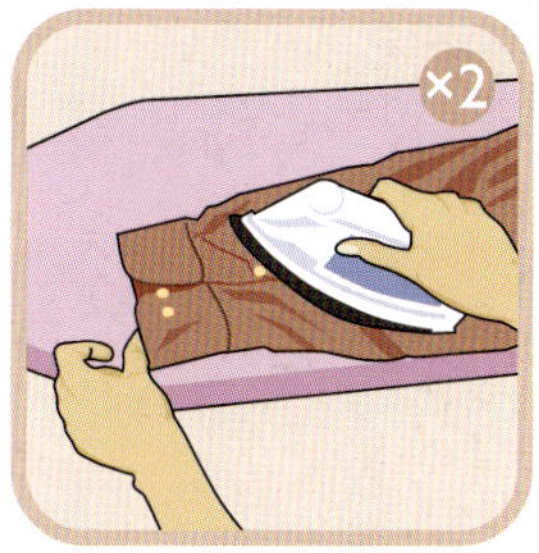

Passe os punhos por fora e as mangas.

Passe os ombros.

Passe a parte da frente.

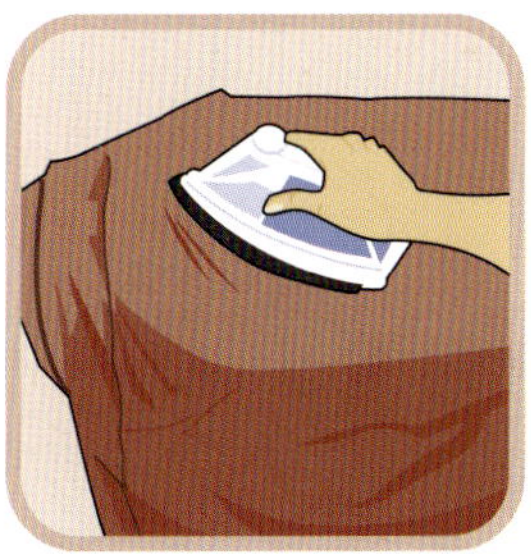

Vire a camisa; passe as costas.

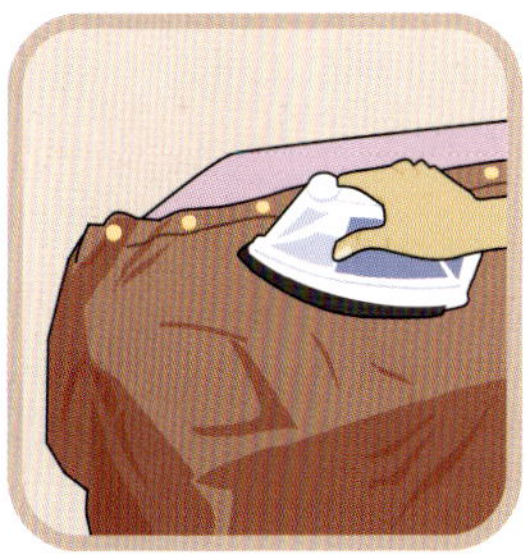

Passe a outra parte da frente.

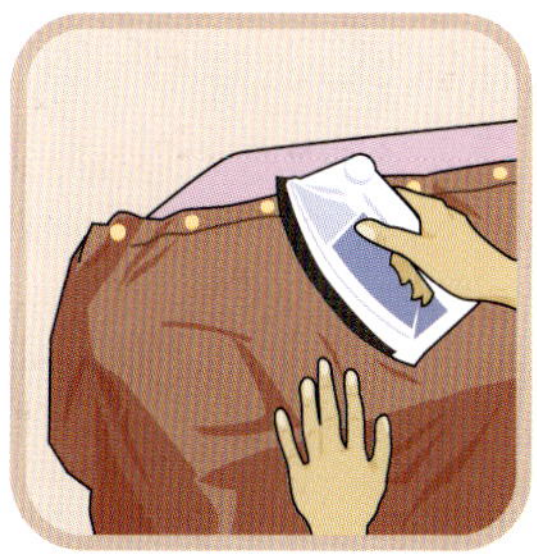

Passe entre os botões.

amor

187 entender a linguagem corporal

Arrumou um admirador entusiasmado demais? Desvie os olhos e dê de ombros para evitar avanços indesejados.

Fale – mas deixe que seu corpo conduza a verdadeira conversa. Mantenha suas mãos visíveis e com as palmas para cima.

Esteja preparada para a paquera, se o cara estiver parado, numa postura confiante e de peito estufado. Se ela passar as mãos no cabelo, é porque está gostando.

Alguém está sentado nas mãos ou protegendo uma zona erógena? Não há espaço para o amor.

Aproxime-se e mostre seus atributos se estiver a fim; deslize para longe e cruze os braços se não estiver.

Quer identificar sinais inconscientes de que duas pessoas estão interessadas uma na outra? Ela pode deslizar a mão pela taça de martíni para atrair a atenção dele. Ele pode apertar a gravata para atrair o olhar dela para uma área sensual.

preparar um martíni clássico 120

Imitação é a forma mais sincera de flertar. Deixe que ela perceba que você gosta dela, copiando seus movimentos. De preferência, os movimentos de paquera que ela também estiver fazendo para você.

flertar a noite toda 188

horas : minutos	atividade
00:00	Faça uma entrada triunfal.
00:02	Cumprimente o anfitrião.
00:05	Faça uma visita ao barman.
00:06	Mapeie o ambiente.
00:10	Localize seus amigos.
00:30	Focalize o pretendente.
00:31	Converse com essa pessoa interessante.
00:45	Arrase na pista de dança.
01:00	Pegue outra rodada.
01:40	Retire-se para um local mais calmo.
01:45	Troque números de telefone.
04:00	Divirtam-se.

189 encontrar seu par no zodíaco

Para descobrir seu signo chinês, encontre o ano do seu nascimento no diagrama abaixo. Lembre-se de que o ano-novo chinês cai em fevereiro, ou seja, se você nasceu em janeiro ou no início de fevereiro, procure pelo ano anterior.

Cada ano e animal estão relacionados a um desses elementos naturais. Procure a cor do elemento do seu animal e, depois, do seu ano de nascimento – e veja o que eles dizem sobre você. Por exemplo, o elemento natural de todos os macacos é o metal, mas um macaco que nascer em 2016, ano de fogo, será mais passional do que um macaco nascido em 1968, ano de terra.

terra – generoso e cooperativo; procura crescer e se desenvolver

fogo – animado e incansável; adora rir

madeira – disciplinado e tenaz; sente que tem o dever de servir

metal – inflexível e reservado; precisa de espaço pessoal

água – reservado e criativo; confia na intuição

191 sair do carro usando minissaia

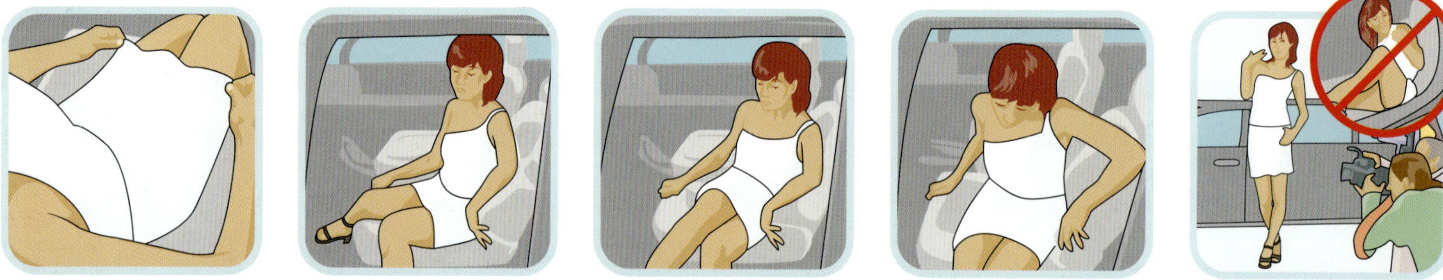

Gire; coloque o pé no chão.

Leve o segundo pé ao chão.

Pise firme e levante-se.

192 abraçar uma pretendente

Espere até que ela esteja relaxada.

Comece com um clássico bocejo.

Espreguice levantando o braço.

193 dar um nó num cabo de cereja

Morda um lado e dobre ao meio.

Morda o outro lado; dobre.

Faça o mesmo do outro lado e cruze.

seduzir com um jogo de pernas 194

Mostre interesse.

Aproxime-se.

Acaricie de leve o calcanhar.

Tire o sapato.

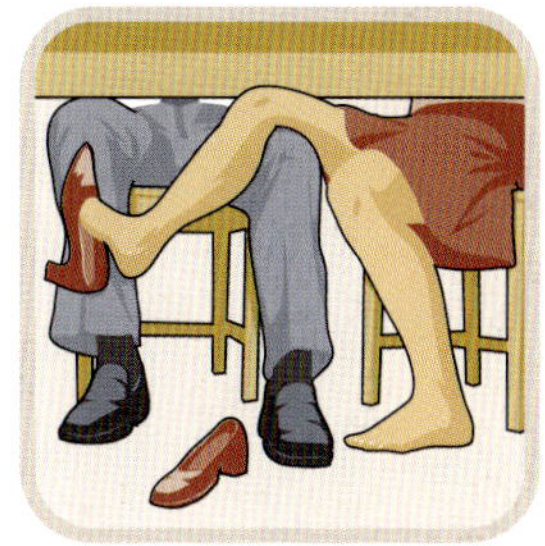
Enganche os joelhos.

massagear os pés do seu amor 195

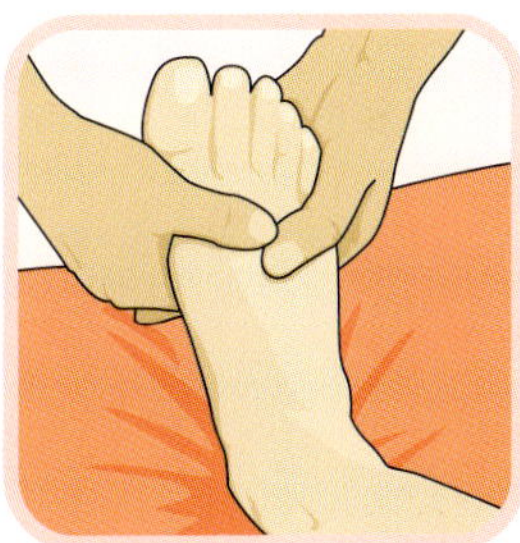
Comece pela parte de cima do pé.

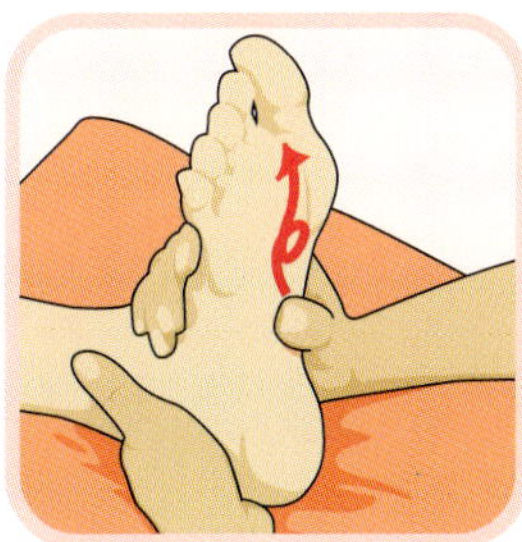
Faça movimentos circulares.

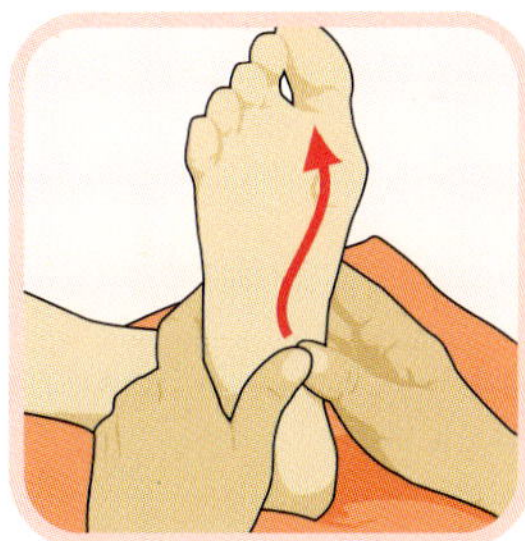
Deslize a mão pelo centro.

Massageie e puxe cada dedo.

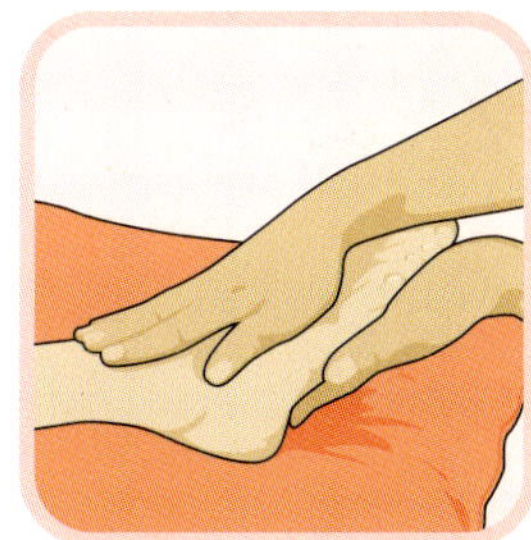
Termine com um carinho.

dormir de conchinha 196

arrumar a cama com perfeição 233

Coloque o braço em volta de sua amada.

Bem devagar, faça-a rolar até ficar de bruços.

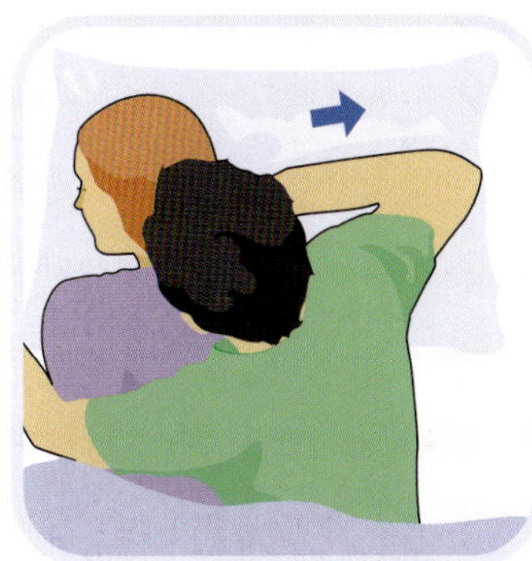
Tire seu braço de baixo dela.

Coloque seu braço acima dela.

197 valsar por toda a noite

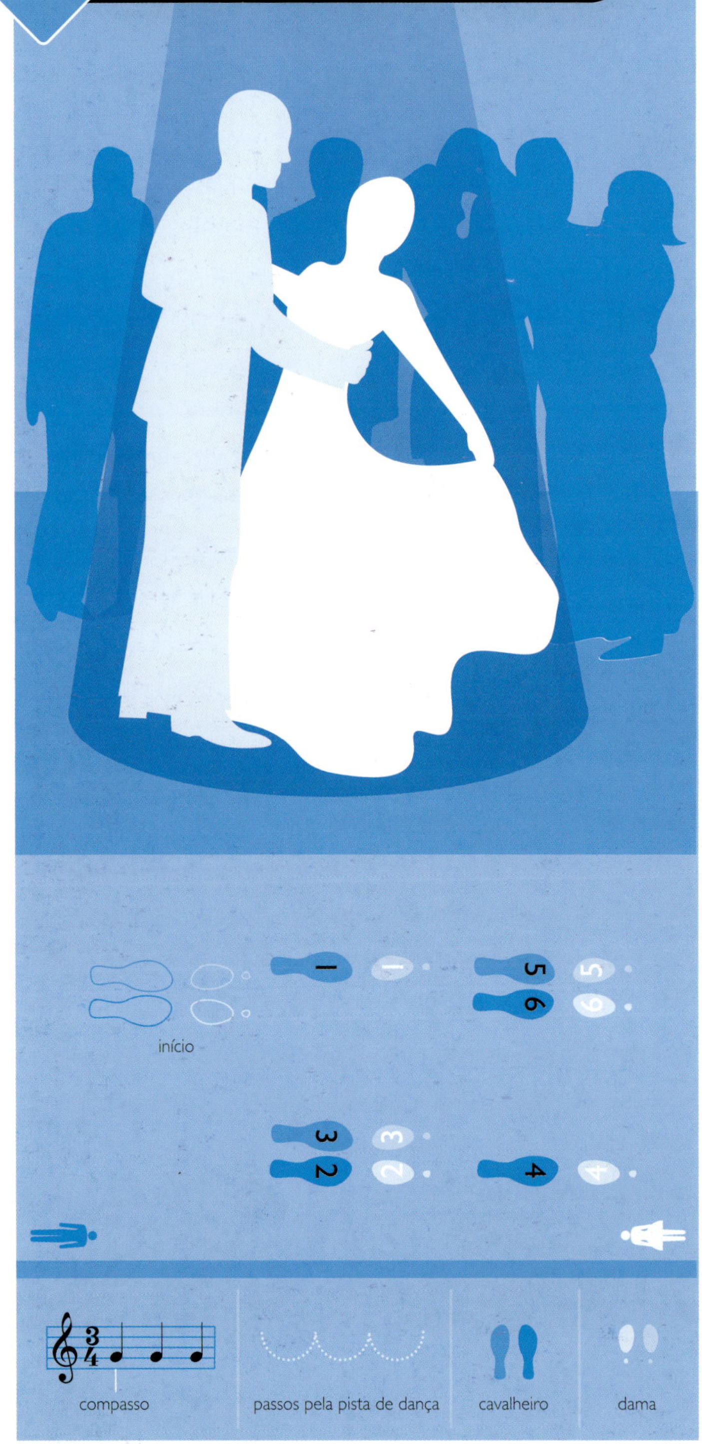

198 dançar jazz com seu par

dançar um tango sensual 199

arrasar numa salsa 200

:] brincando

%*} bêbado

</3 coração partido

=O chocado

>:E rangendo os dentes

:-r fumando

:3 divertido

8-} bobo

:-D sorriso largo

:') chorando de rir

:-x sem comentários

!-(olho roxo

>:-O berrando

:9 lambendo os lábios

`:-) sobrancelha levantada

<3 coração

XD rindo muito

<:O) comemorando

:'-(vertendo uma lágrima

0:-) inocente

>:-(bravo

:-** beijando de volta

:-& língua amarrada

=X boca fechada

:P mostrando a língua

>:] rindo diabolicamente

: - [sério

:-O surpreso

=| cético

:-* beijando

(:-{) bigode sexy

(:-D fofocando

B-) orgulhoso

:-/ constrangido

8-| chato

~ :-(fumaça na cabeça

;;) pestanejando

}:-] rindo diabolicamente

>O uau!

:-) feliz

:-S frustrado

:-| indiferente

>;-(‘ salivando de raiva

;) piscando

:-K vampiro

=L babando

=) feliz

=(triste

|-O bocejando

(:-& raiva

:-*) corando

&:-8-o-< mulher com curvas

:) feliz

:(triste

S-) revirando os olhos

:-@ gritando

:-" cochichando

@}-,-'-,-- rosa

feliz · triste · outros · raiva · paquera

(>")>	dançando
<^O^>	rindo alto
(^.^)/	acenando
*^O^*	animado
\,,/(^_^)\,,/	roqueiro
d^_^b	ouvindo música
\(^o^)/	muito animado
b(~_^)d	polegar para cima
(/.\)	com vergonha
(-_-)	chateado
(-_\\\)	emo
;_;	chorando
(@_@)	tonto
(~.~)	sonolento
)-0_0-(	abismado
(o_O)	confuso
(>_<)	frustrado
(u_u)	mal-humorado
(=_=)	aborrecido
(9ò_ó)=@	dando um soco
o	pasmo
-^o^-	corando
(0_<)	piscando
_	vendo estrelas
(>^_^)> <(^_^<)	abraçando
(,,,)=^_^=(,,,)	ronronando como um gato
(o)_(o)	doido

203 amarrar um corselete sensual

Passe o cordão pelos furos de cima.

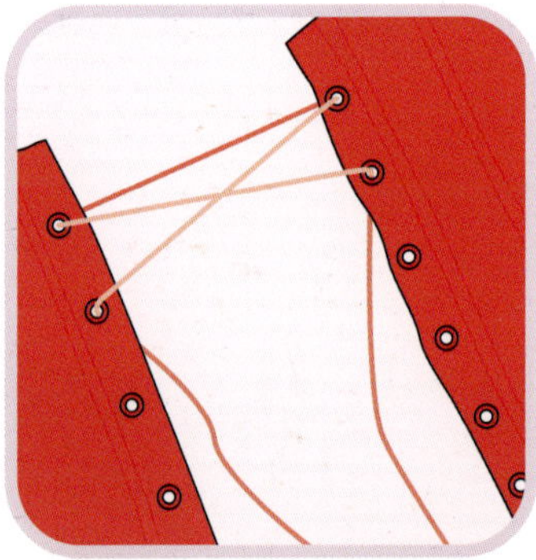

Cruze. Passe o cordão por baixo pelos furos.

178 amarrar cadarços com estilo

Cruze. Passe o cordão por cima.

Pare no meio. Puxe o cordão, criando uma alça.

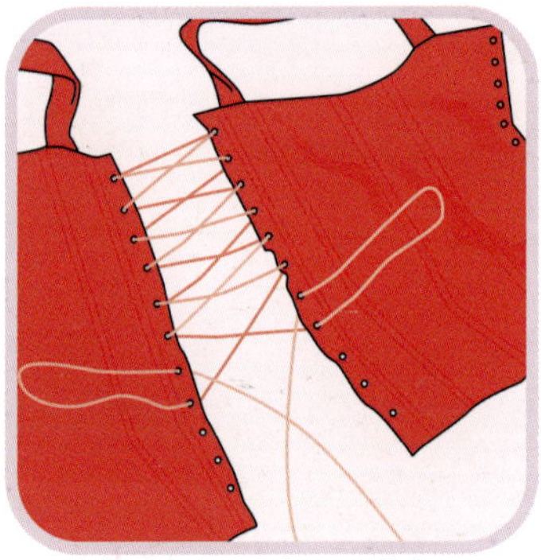

Faça o mesmo do outro lado.

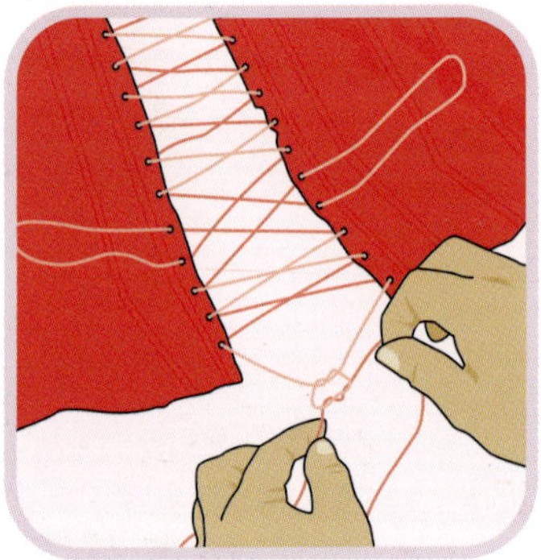

Continue cruzando até embaixo.

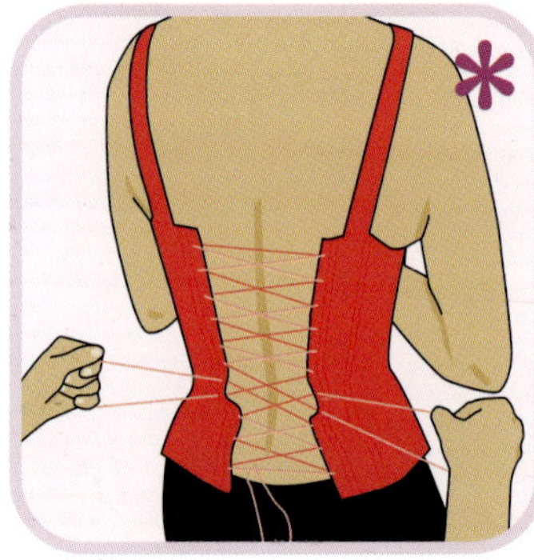

Vista. Aperte puxando as duas alças.

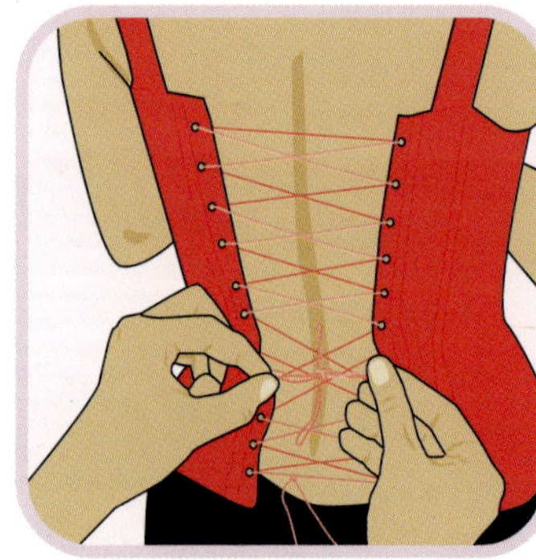

Amarre as alças.

* Você pode ficar tentada a deixar seu corselete superapertado e sexy, mas, se você não estiver acostumada a ficar paralisada – ou não quiser se machucar –, é melhor começar devagar. Tente usá-lo meia hora por dia, a cada dia apertando um pouco mais.

204 prender uma algema de corda

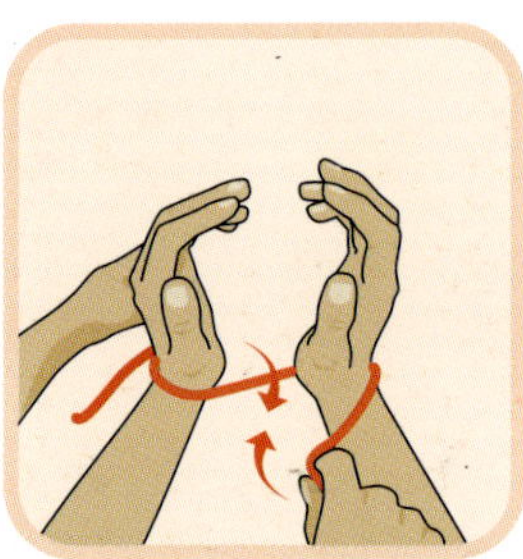

Faça um oito.

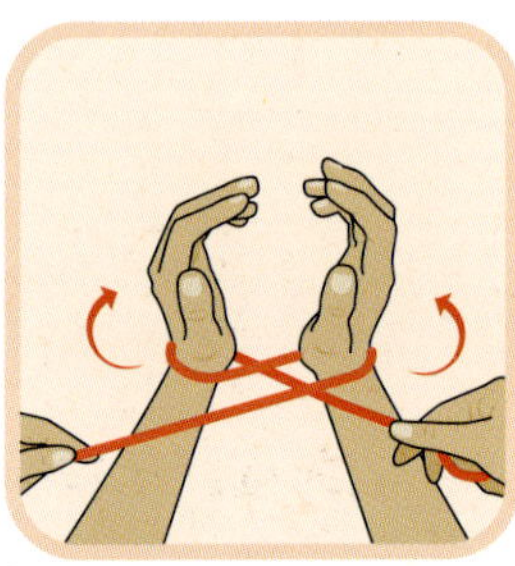

Repita.

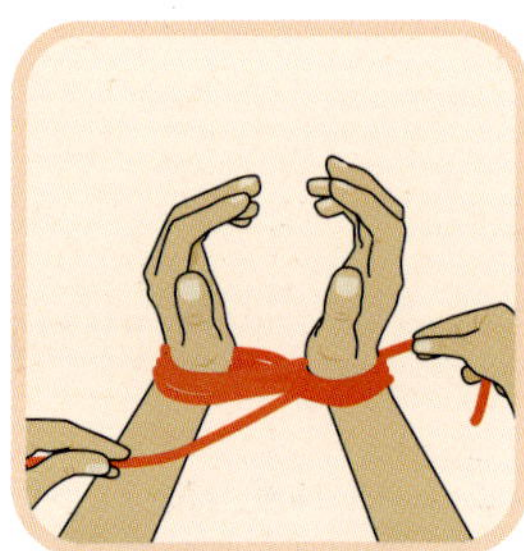

Repita novamente.

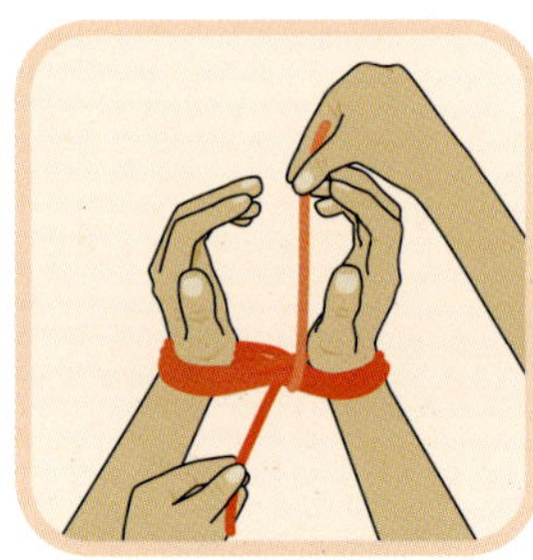

Enrole as pontas.

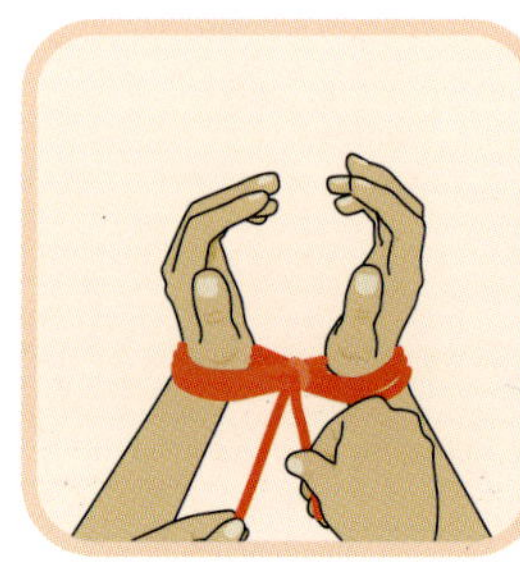

Amarre no centro.

205 dar um primeiro beijo inesquecível

Deixe seus lábios úmidos e sensuais.

Mantenha seu hálito fresco.

Dome os cabelos indisciplinados.

Faça contato visual e se aproxime.

Incline sua cabeça e feche os olhos.

Deixe os lábios se encontrarem.

Use as mãos.

Explore novos territórios.

206 fazer ioga a dois

Envolva-se.

207 ler a linha do amor

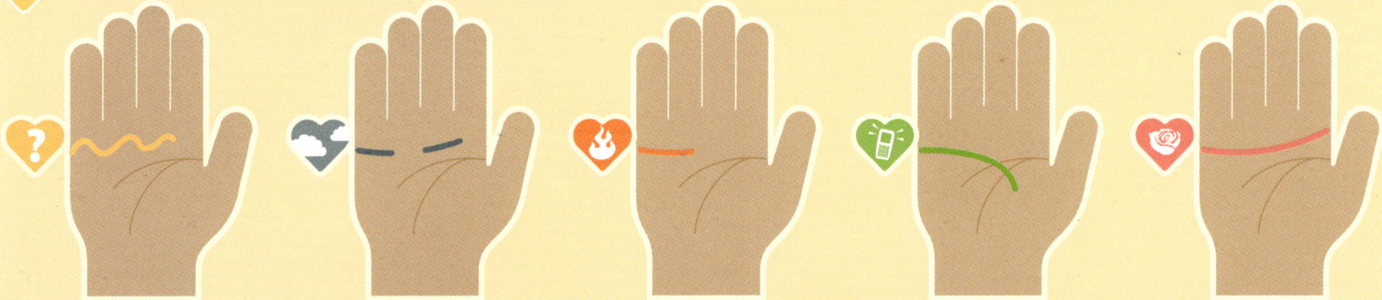

ondulada = evasivo | quebrada = passado nebuloso | curta = amante ardente | descendente = carente | longa = romântico

208 ler a linha da cabeça

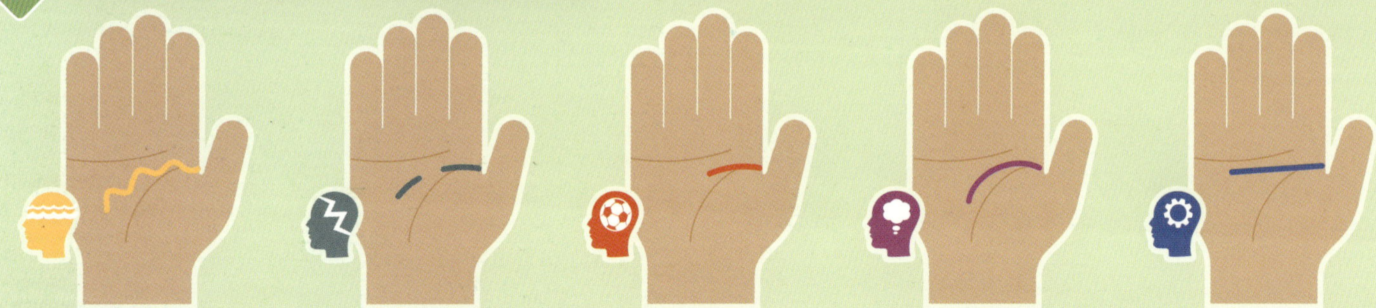

ondulada = superficial | quebrada = tendências psicóticas | curta = atlético | curvada = sonhador | reta = prático

209 ler a linha da vida

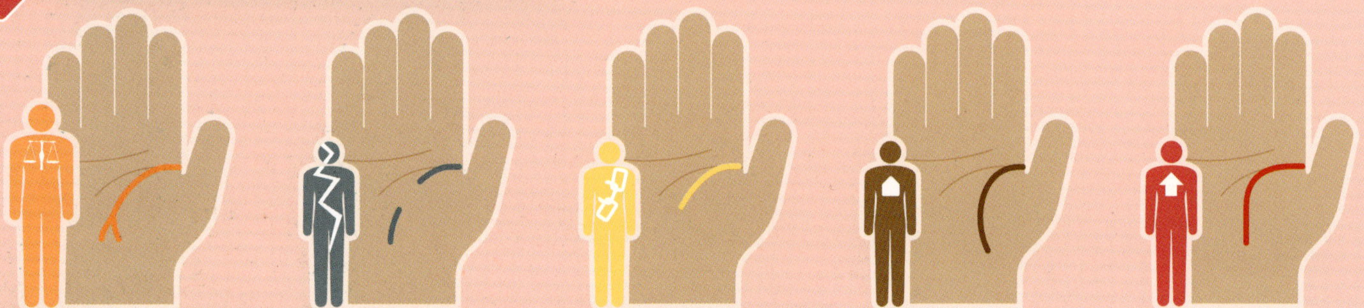

bifurcada = equilibrado | quebrada = problemático | curta = fraco | curvada = caseiro | centralizada = ambicioso

210 escolher uma lapidação de pedra

211 aplicar pintura de henna

Misture suco de limão, açúcar e henna.

Cubra até ficar marrom.

Coloque num saco de confeitar; corte a ponta.

212 fazer desenhos com henna

Muitas padronagens de henna são meramente decorativas.

Esse desenho, chamado marca do escorpião, sugere picadas de amor e alegria.

O jogo é representado por uma trama. É a promessa de tempos felizes.

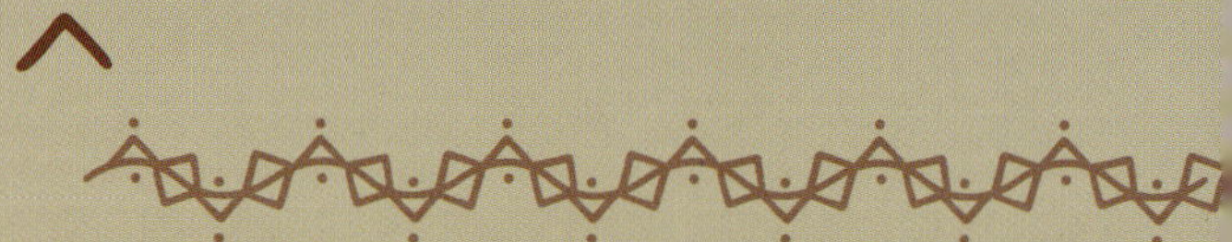

O ziguezague imita o movimento da chuva. Representa fertilidade e abundância.

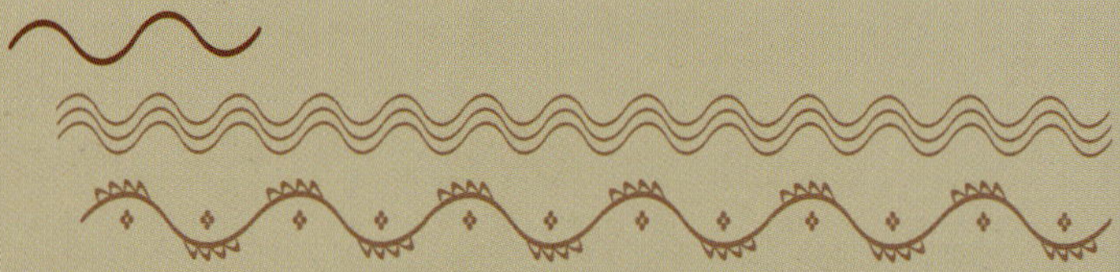

As ondas sugerem o poder vital e purificador da água.

Brotos surgem depois da seca, trazendo vida nova e vigor.

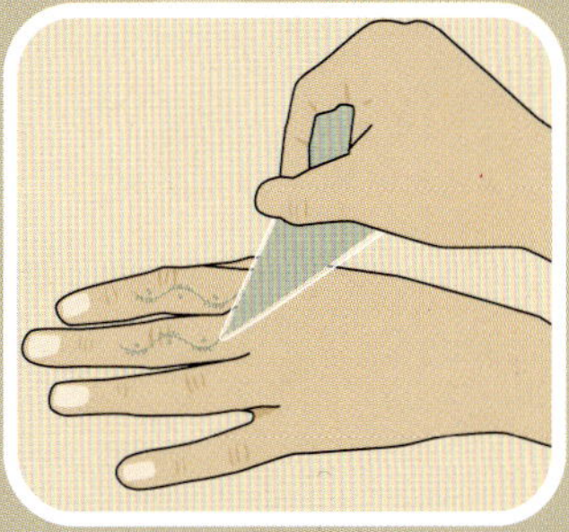

Cubra com cola branca e água.

Cubra com uma atadura...

... e depois com plástico.

Enrole uma meia para selar.

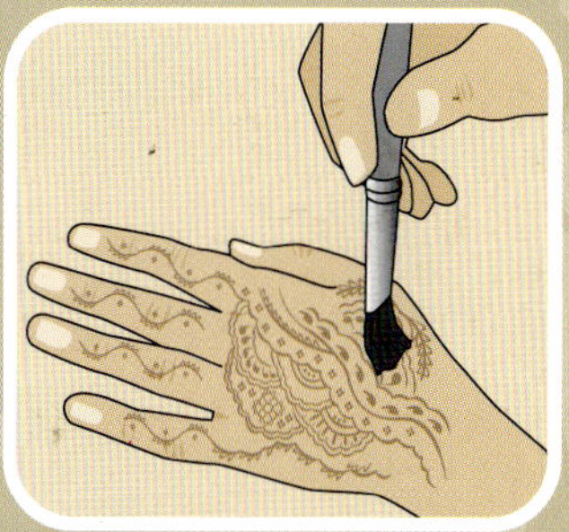

Descubra; escove para remover a henna.

identificar símbolos de henna 213

O botão de lótus é o símbolo da iluminação. Quando fechado, significa que a alma ainda precisa ser despertada.

Flores representam a fertilidade.

Pavões simbolizam o amor.

Muitos desenhos são apenas detalhes para enfeitar.

214 montar um buquê elegante

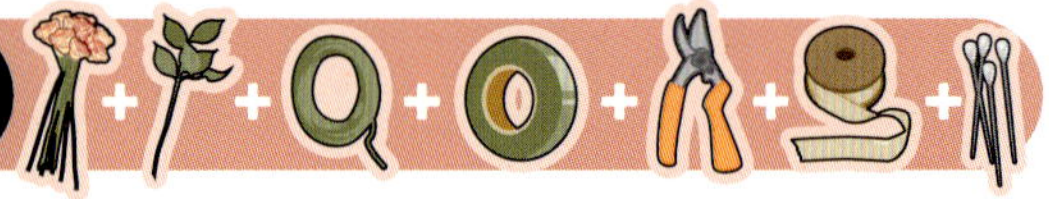

Remova todas as folhas e espinhos.

Adicione folhagens.

Amarre com um arame de florista.

Enrole fita adesiva de florista.

Corte os talos.

Enfeite com uma fita de cetim.

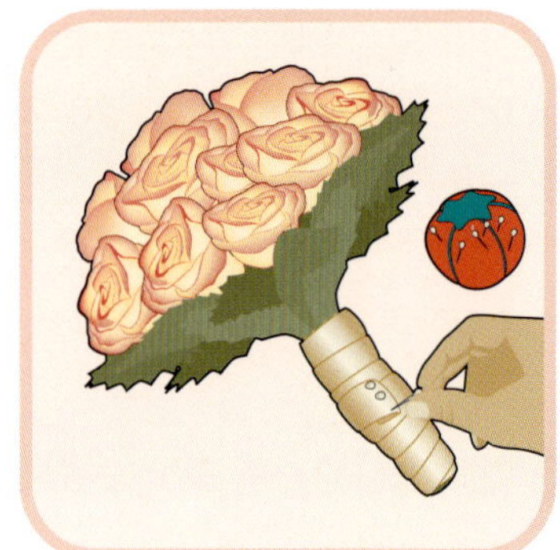

Prenda com alfinetes.

215 arrumar um botão de lapela

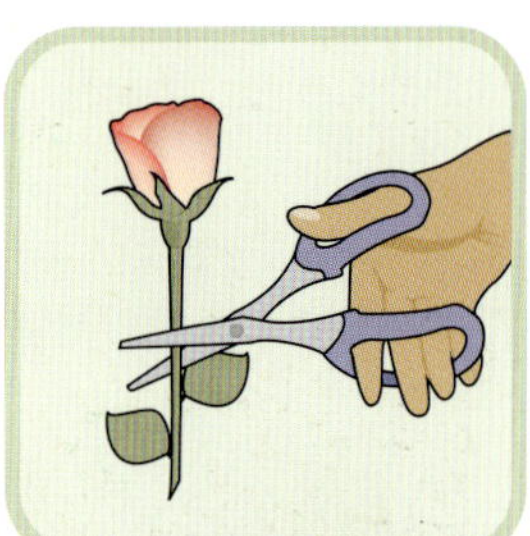

Corte o talo.

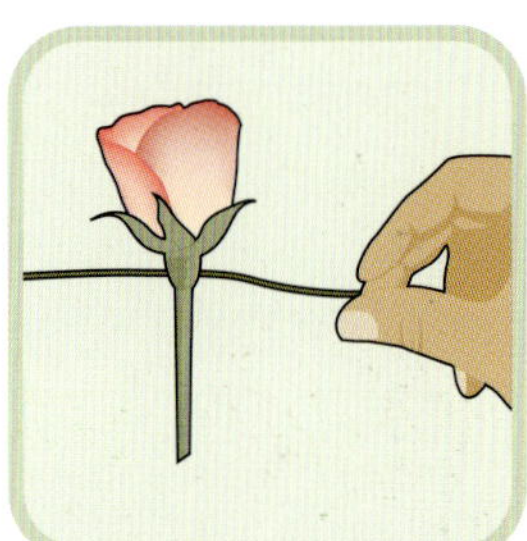

Atravesse um arame de florista.

Ponha sobre folhagens; prenda.

Enrole com fita de florista.

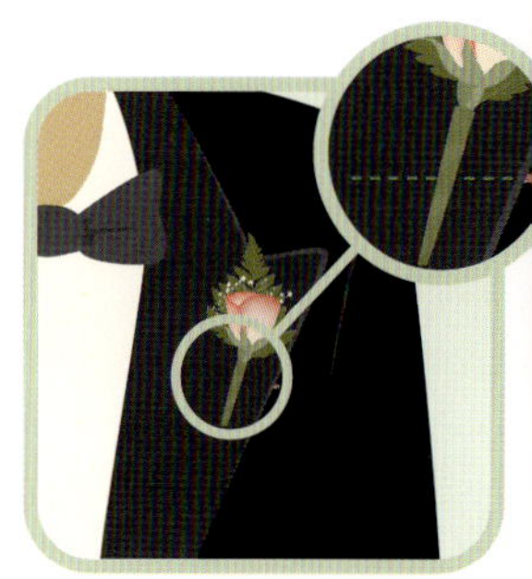

Prenda na lapela com um alfinete.

improvisar uma aliança de papel

216

Corte um pedaço de qualquer papel.

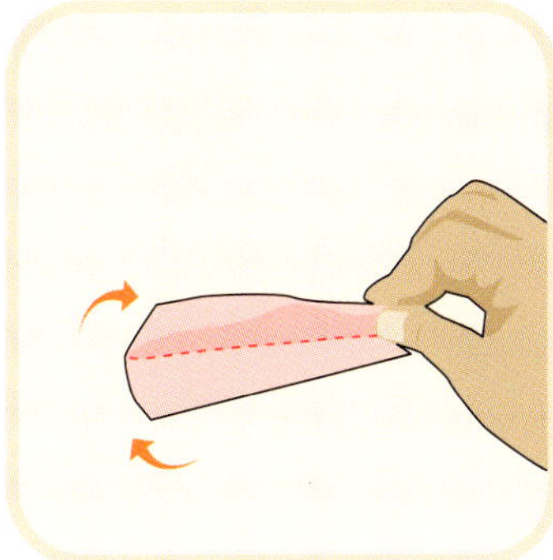

Dobre no sentido do comprimento.

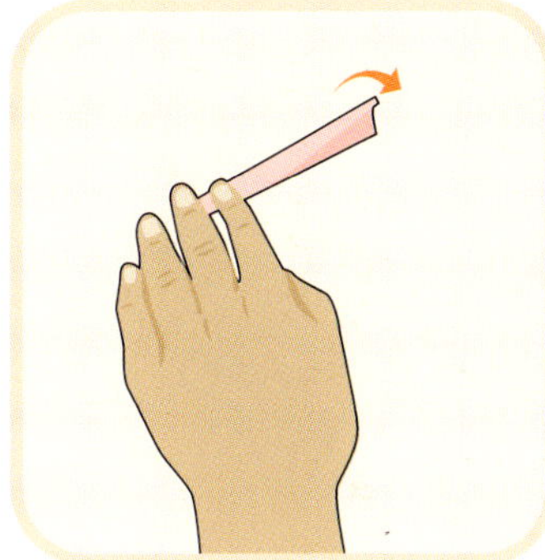

Dobre novamente.

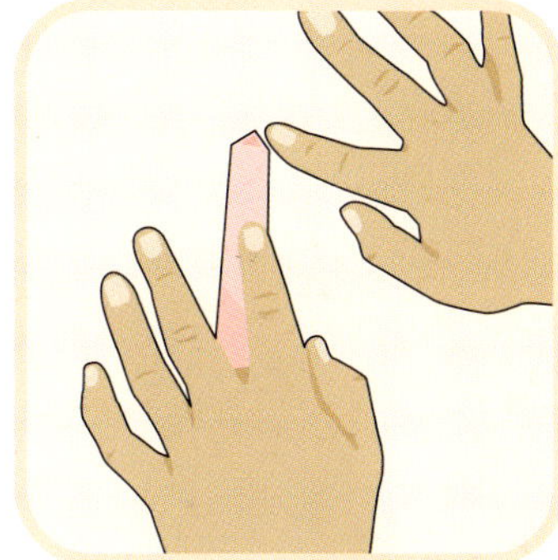

Dobre o final em forma de ponta.

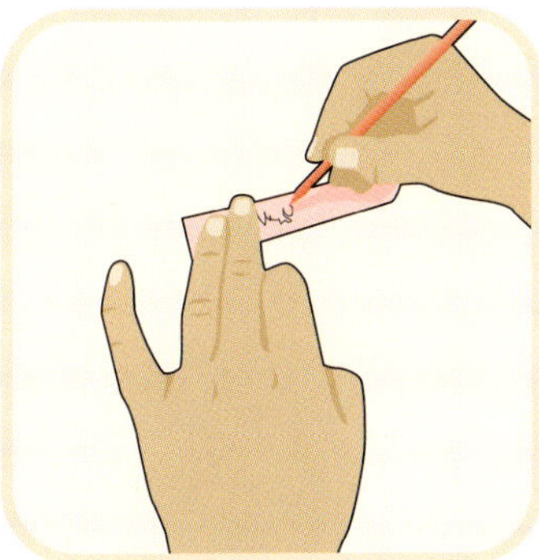

Escreva uma dedicatória ou um poema.

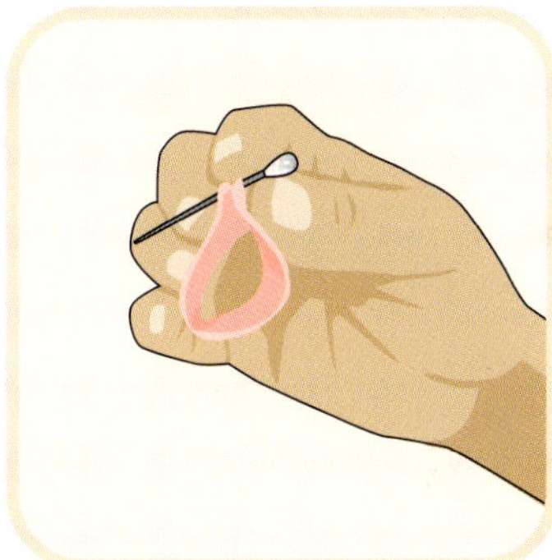

Prenda com um alfinete.

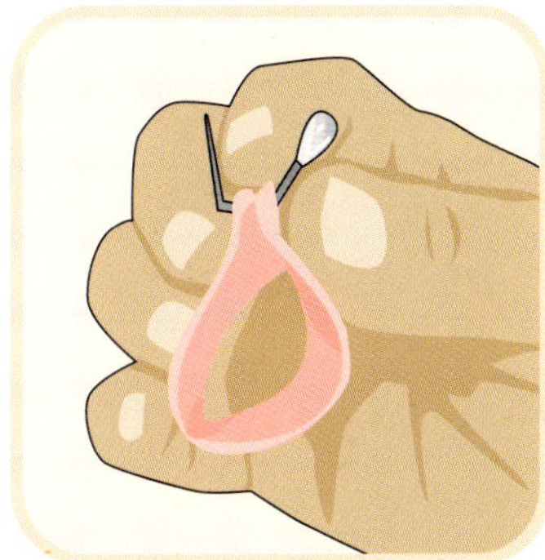

Dobre o alfinete ao meio para fechar.

prender um coque sofisticado 143

ajudar uma convidada bêbada

217

Passe a tarefa a um segurança.

Ajude-a a se sentar.

Tire sapatos de salto.

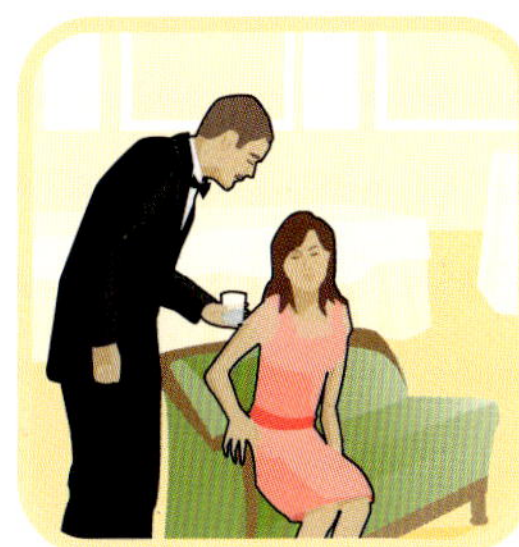

Traga água.

Confisque as chaves do carro.

218 encher a casa de romance

Tem um fetiche secreto? Monte um cantinho para realizar sua fantasia.
fumar um narguilé 381
Não toque no computador! Fique longe de qualquer atividade que possa distraí-lo.
Crie um clima com candelabros, velas e pétalas de rosa espalhadas.
O amor pode acontecer em qualquer lugar – por isso, guarde utensílios perigosos.
A louça suja pode esperar – vocês têm muita coisa para fazer.
Desperte o trovador que há em você. Arrase numa serenata romântica.
Tenha sempre tentações afrodisíacas estocadas na geladeira.

lar

219 usar a teoria das cores

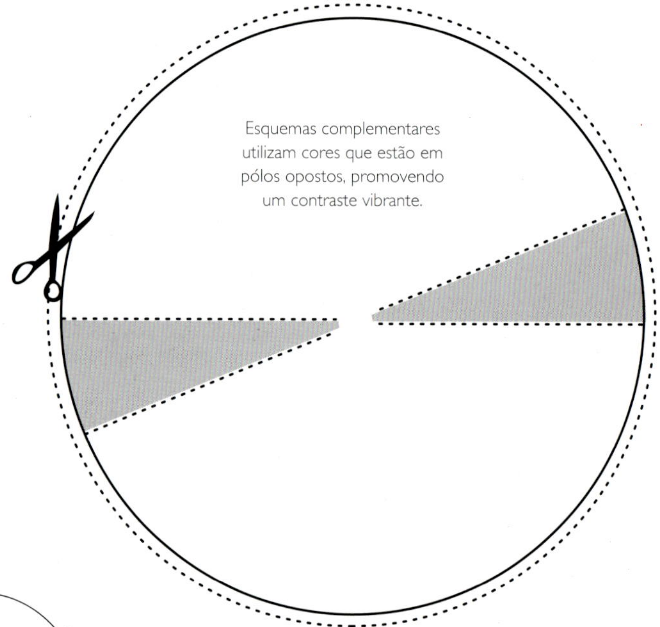

Não há quem não adore essa palheta de cores. Ela mostra tons, sombras e sugere possibilidades ilimitadas de combinações. Use-a para explorar ao máximo o poder das cores e selecionar a composição perfeita para sua casa – seja para alegrar seu espaço com tons fortes ou deixá-lo tranqüilo como um santuário. Copie esta página, corte os exemplos e tire as partes cinza. Depois, coloque cada uma delas sobre a espiral de cores e gire para ver que combinações aparecem.

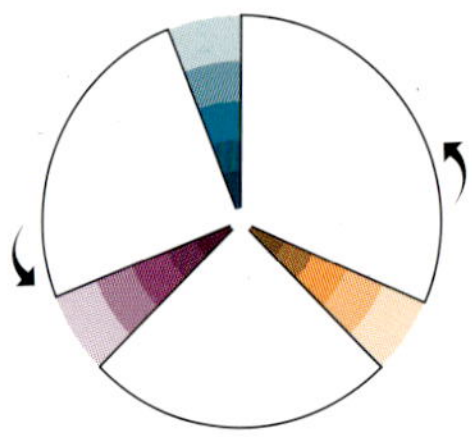

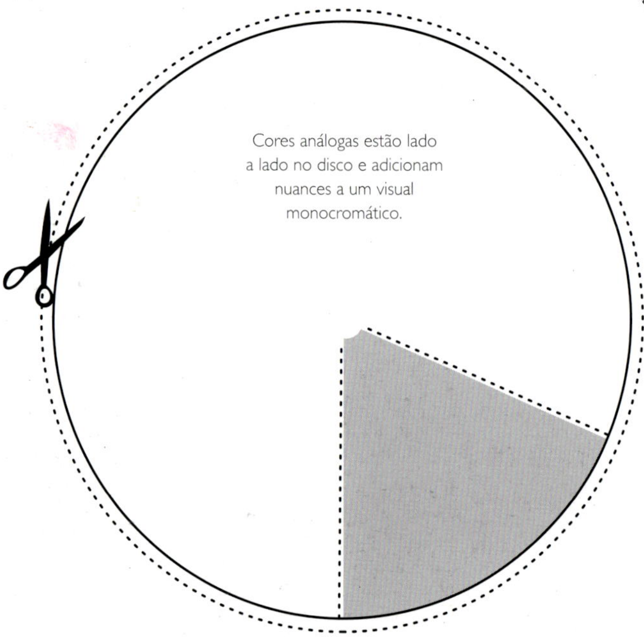

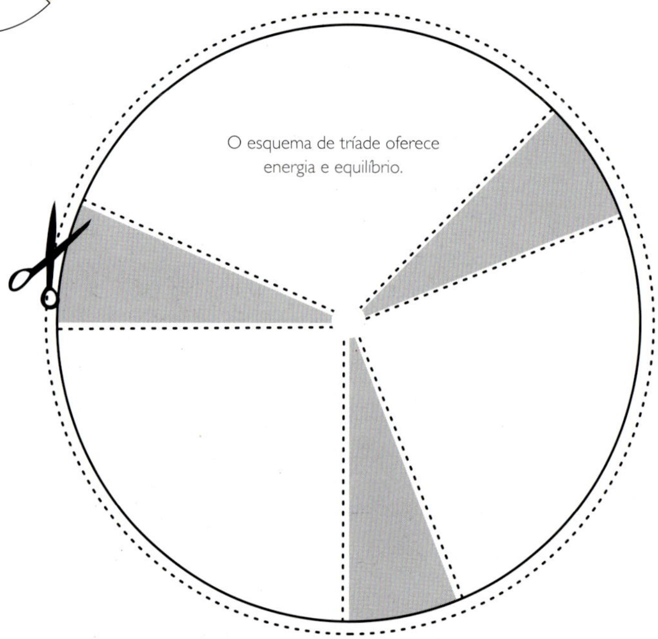

copie-me!

Dê a seu quarto um toque asiático usando uma palheta brilhante de cores festivas, como laranja e vermelho.

Transporte-se para as ruelas do Marrocos usando nas paredes tons de terra, adornadas com ocasionais cores de jóias.

Crie um refúgio nas cores da floresta, como verde-musgo ou marrom-claro.

Evoque a alegria da Côte d'Azur com amplos espaços amarelos, que recriam as areias das praias.

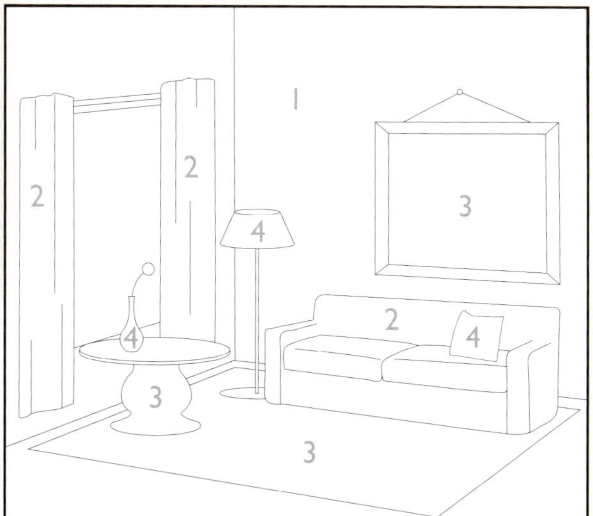

Você quer um ambiente sutil e monocromático ou a vibração de um ambiente colorido? Combine as áreas numeradas e as nuances de tinta para explorar as opções da palheta.

Capture a sofisticação urbana combinando vários tons de cinza, valorizados por detalhes em preto.

O verde da floresta tropical pode ser um paraíso de paz. Pequenos detalhes de outras cores aludem a seus exóticos habitantes, como orquídeas fúcsia.

Recrie um jardim inglês, como se o perfume de lavanda estivesse no ar, utilizando uma grande variedade de roxos e lilases.

O Tahiti pode ser recriado com azuis claros. Recline-se num sofá bege para sentir-se relaxando numa de suas praias.

221 instalar papel de parede

Desligue a energia.

Risque uma linha do chão ao teto.

Molhe o papel de parede com água.

Acerte-o seguindo a linha.

Aplique; alise para tirar bolhas e rugas.

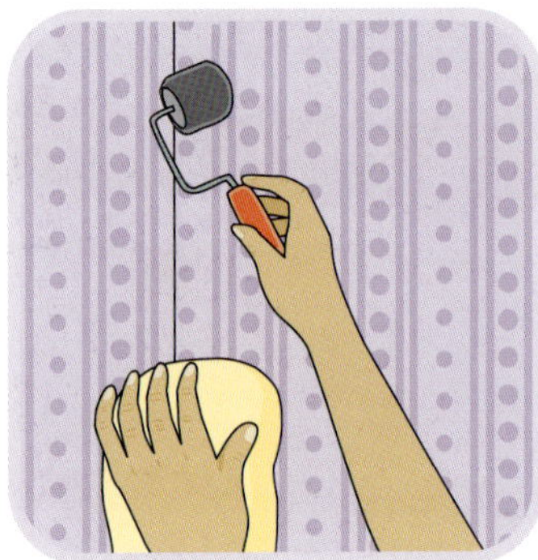

Adicione a segunda peça; alise e umedeça.

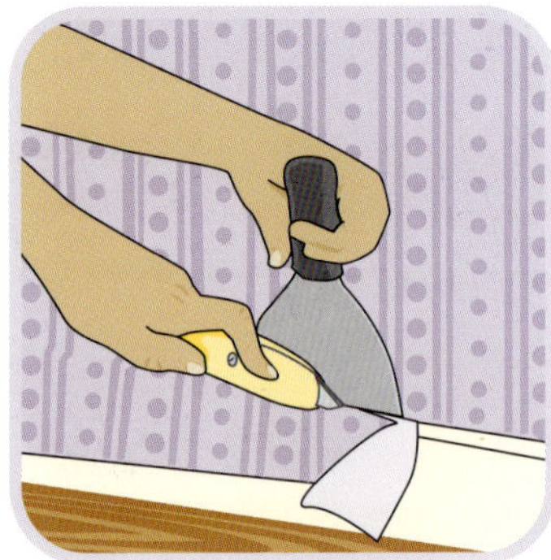

Corte na altura do rodapé e do teto.

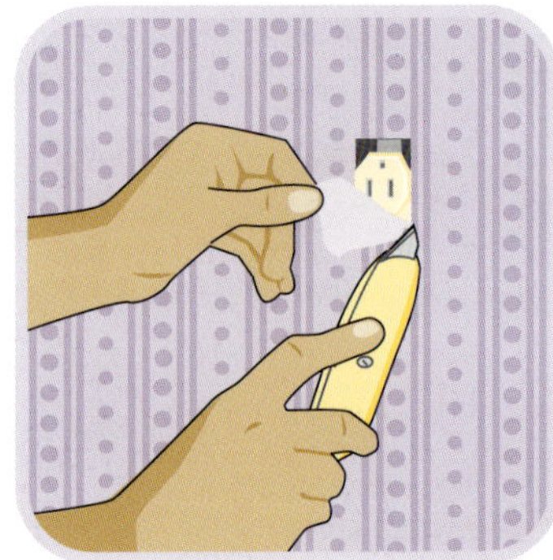

Corte em volta das tomadas.

222 remover papel de parede

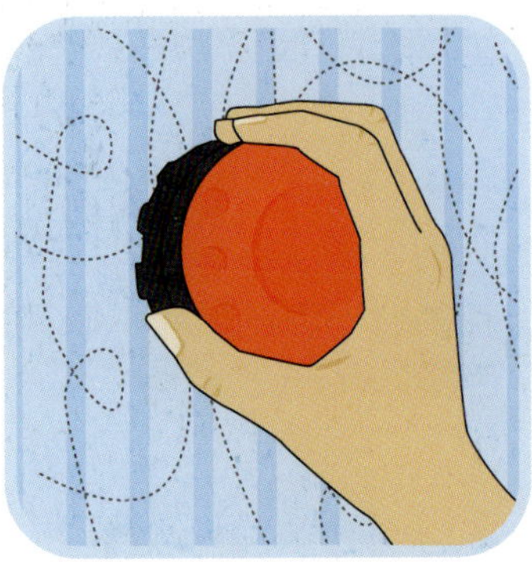

Arranhe o papel de parede.

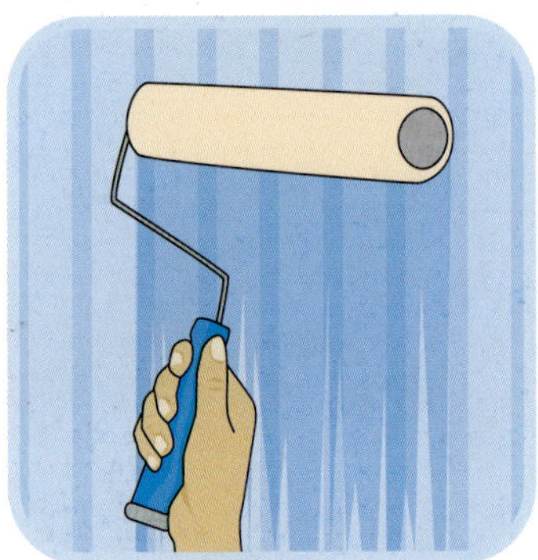

Umedeça com água.

Mantenha úmido. Raspe pedaços restantes.

223 refazer uma pintura descascada

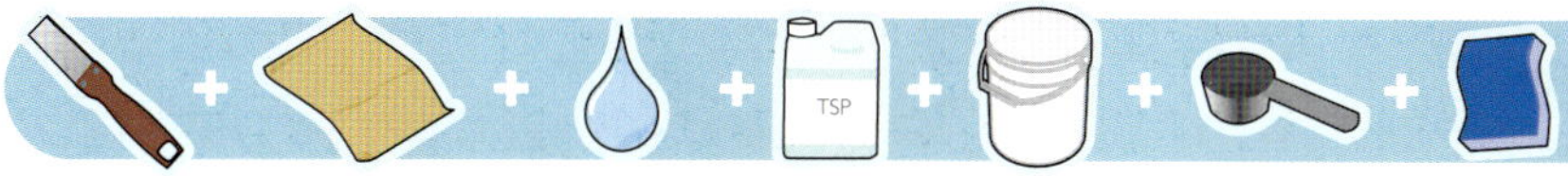

Descasque um pouco mais as bordas.

Lixe a área.

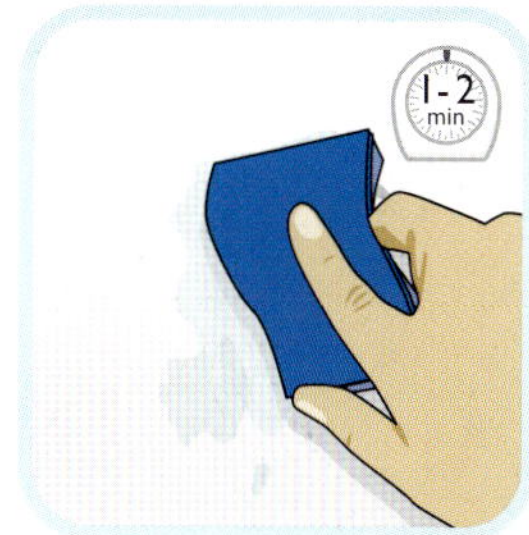

Limpe com a mistura e aguarde.

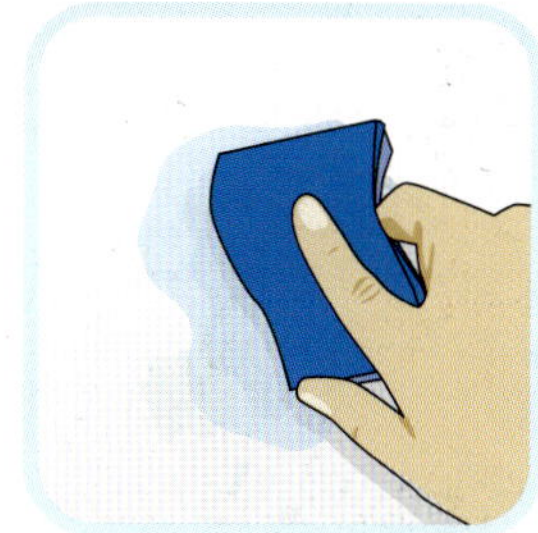

Enxágüe com água. Repinte.

224 consertar um rodapé amassado

Coloque uma tachinha no local.

Aplique um pouco de água.

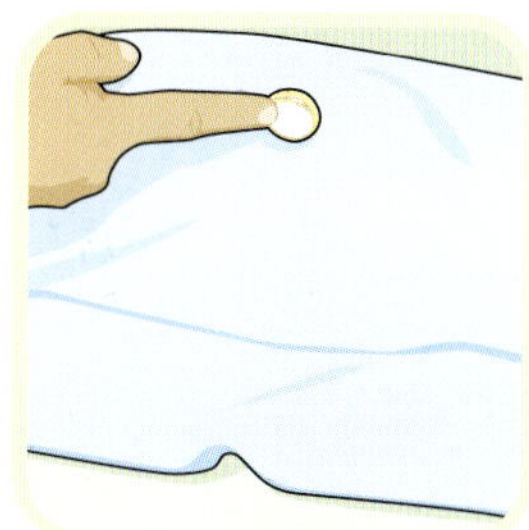

Cubra; aperte uma tampa de garrafa.

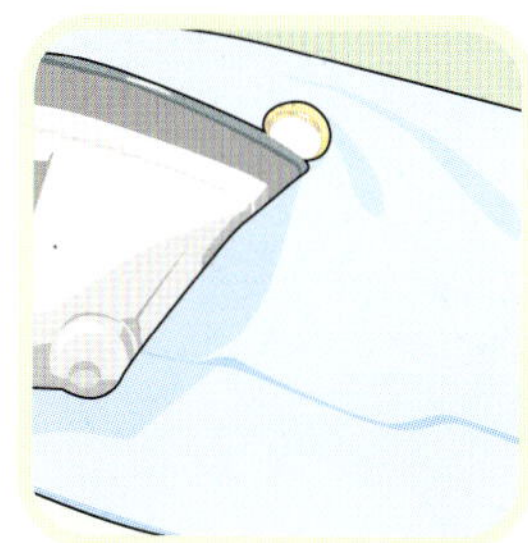

Passe para expandir a madeira.

Repinte, se desejar.

225 tapar buraco em parede de gesso

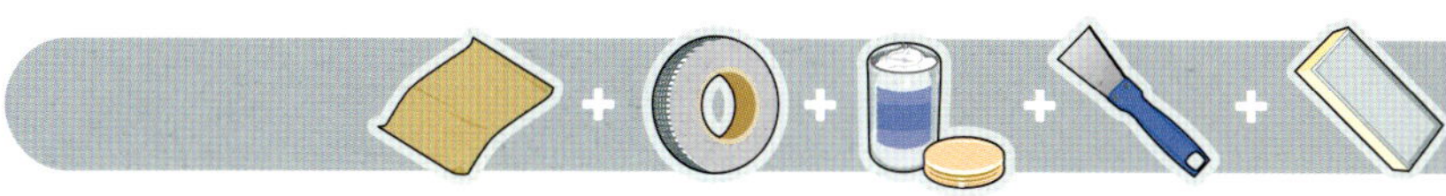

Lixe as bordas do buraco.

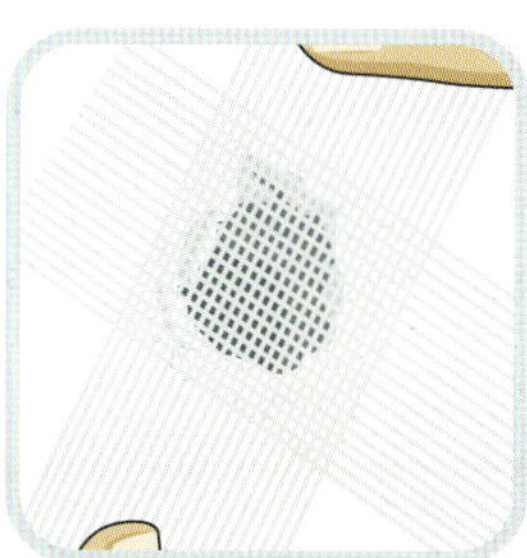

Coloque a fita e tampe o buraco.

Aplique massa corrida; alise.

Deixe secar; lixe.

Passe uma esponja úmida.

226 preparar e pintar um quarto

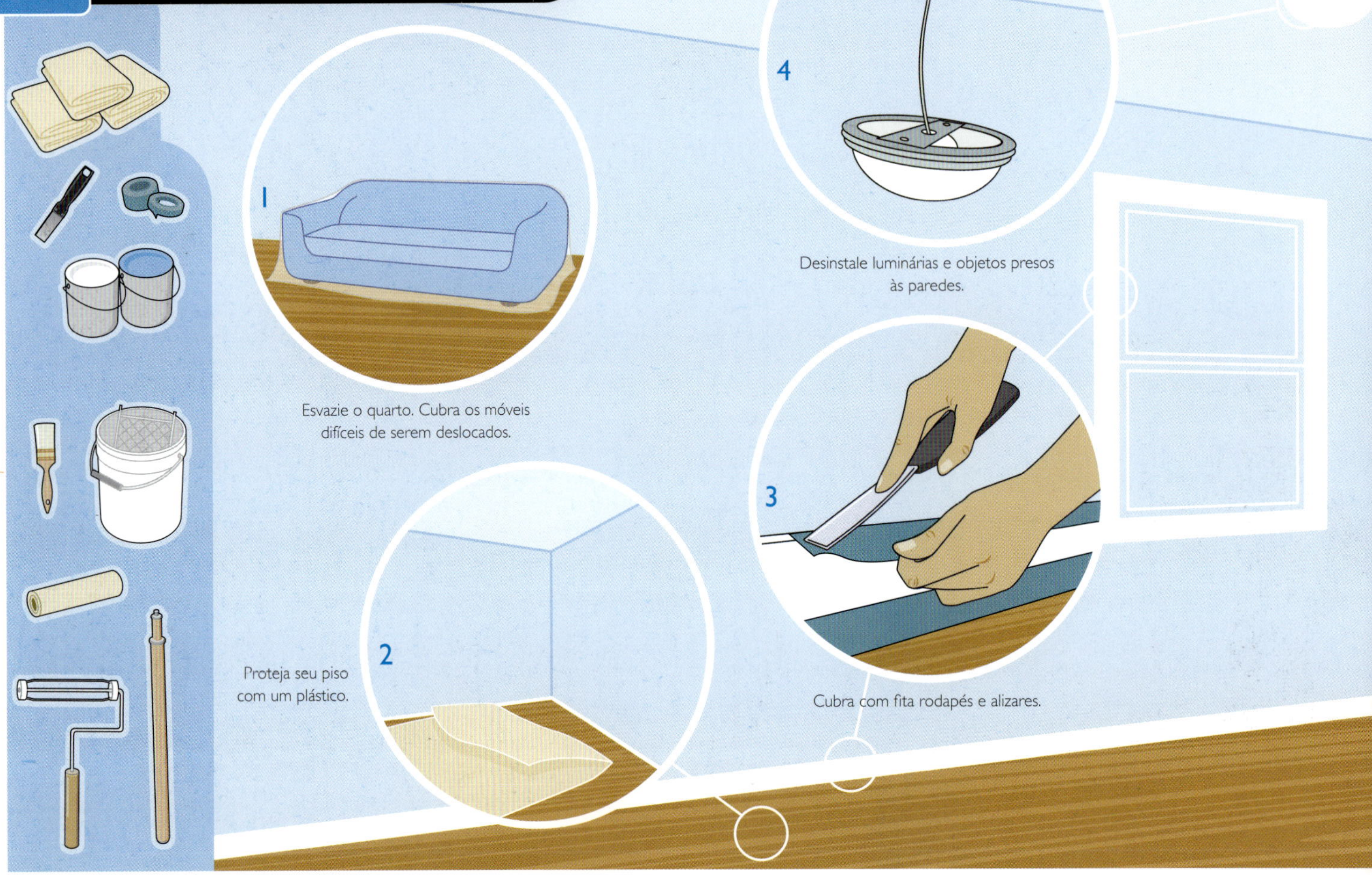

1 Esvazie o quarto. Cubra os móveis difíceis de serem deslocados.

2 Proteja seu piso com um plástico.

3 Cubra com fita rodapés e alizares.

4 Desinstale luminárias e objetos presos às paredes.

227 pintar listras decorativas

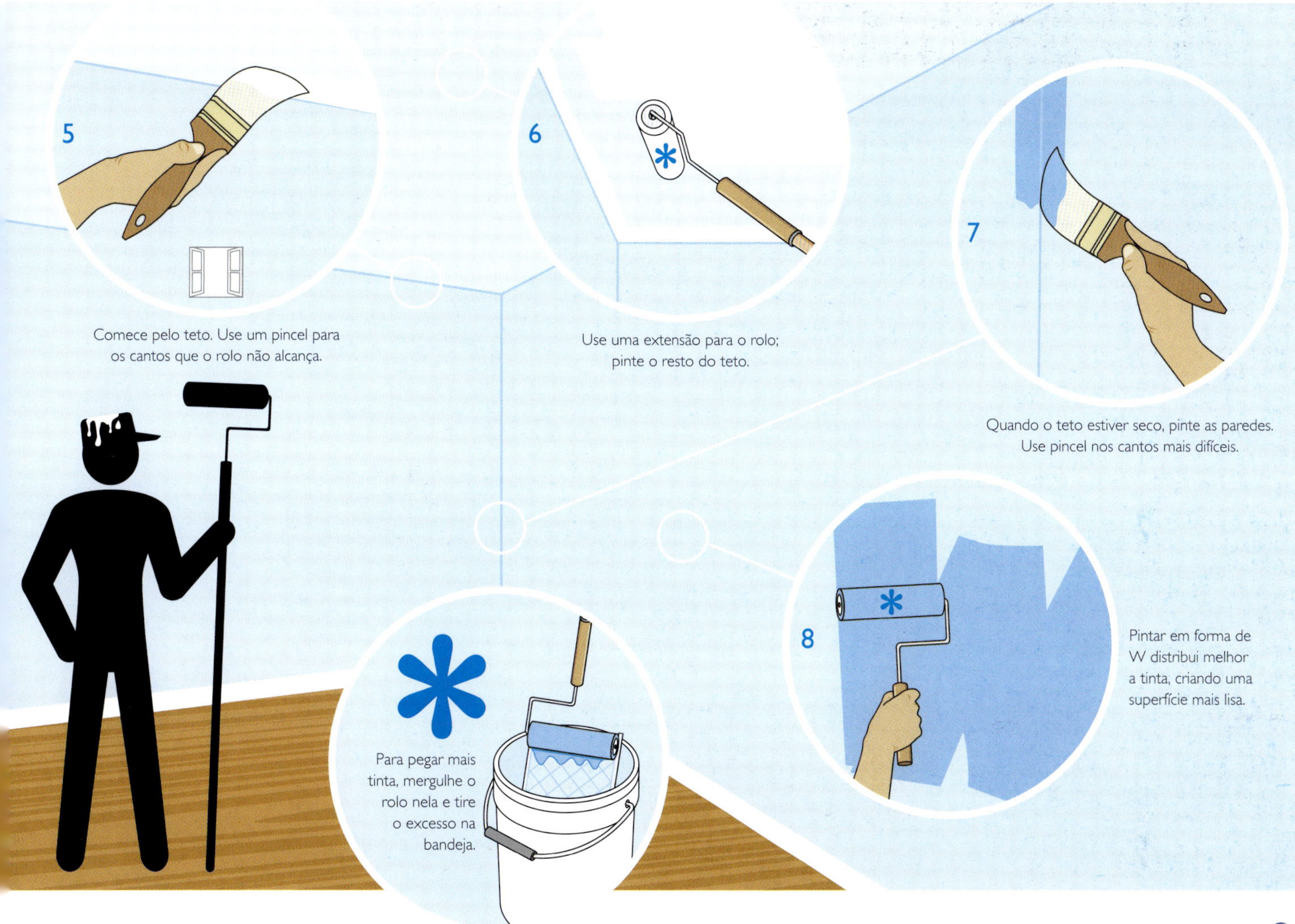

Comece pelo teto. Use um pincel para os cantos que o rolo não alcança.

Use uma extensão para o rolo; pinte o resto do teto.

Quando o teto estiver seco, pinte as paredes. Use pincel nos cantos mais difíceis.

Pintar em forma de W distribui melhor a tinta, criando uma superfície mais lisa.

Para pegar mais tinta, mergulhe o rolo nela e tire o excesso na bandeja.

texturizar com uma esponja 228

Misture a massa corrida com a tinta.

Pinte com o pincel para evitar bolhas.

Sobreponha cores para criar mais textura.

229 fazer uma junção de malhetes

Marque a primeira tábua.

469 tirar um som com um serrote

Corte as bordas.

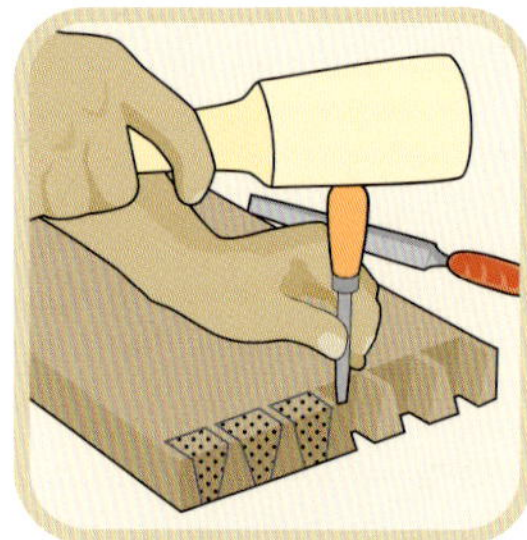

Tire a sobra de madeira; separe.

Faça as marcas na outra tábua.

Corte-a; junte as duas.

* Coloque o graminho em cima da tábua e faça uma linha para marcar a profundidade correta dos malhetes. Para madeiras macias, marque ângulos de 1:6; para madeiras mais duras, use 1:8.

230 pendurar uma prateleira simples

Marque a altura desejada.

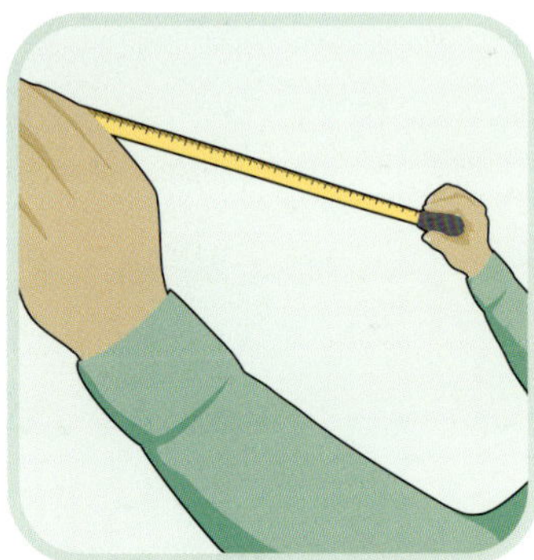

Meça o comprimento da prateleira.

Marque a posição das cantoneiras.

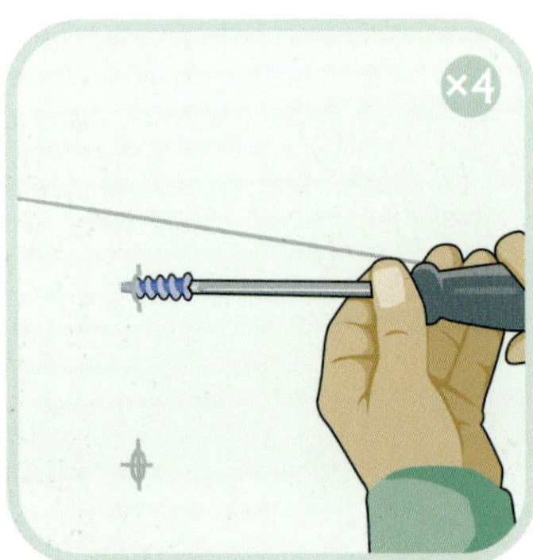

Coloque as buchas onde não houver vigas.

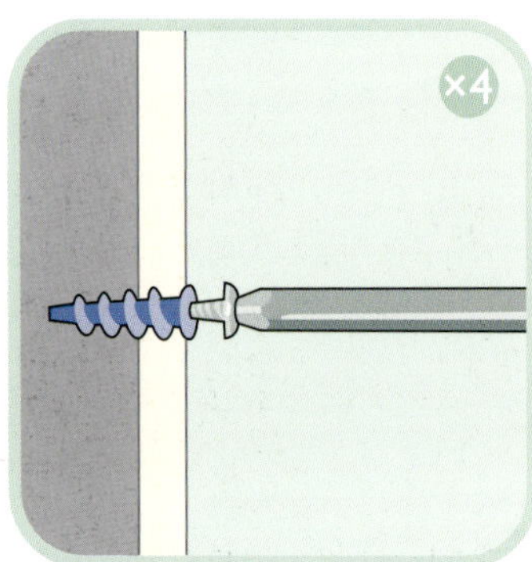

Enfie os parafusos nas buchas.

Prenda a cantoneira nos parafusos.

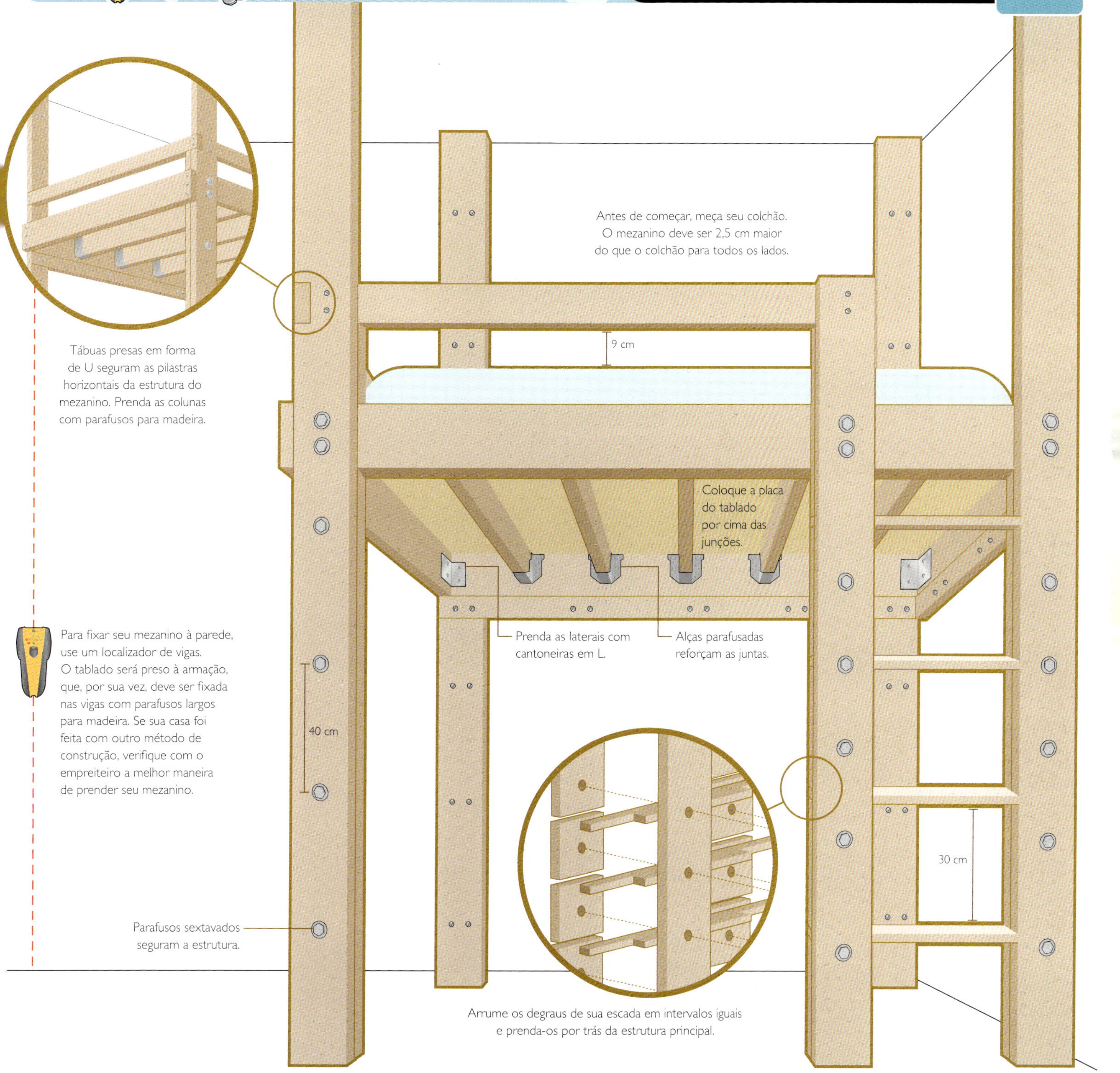
Tábuas presas em forma de U seguram as pilastras horizontais da estrutura do mezanino. Prenda as colunas com parafusos para madeira.
Antes de começar, meça seu colchão. O mezanino deve ser 2,5 cm maior do que o colchão para todos os lados.
9 cm
Coloque a placa do tablado por cima das junções.
Para fixar seu mezanino à parede, use um localizador de vigas. O tablado será preso à armação, que, por sua vez, deve ser fixada nas vigas com parafusos largos para madeira. Se sua casa foi feita com outro método de construção, verifique com o empreiteiro a melhor maneira de prender seu mezanino.
Prenda as laterais com cantoneiras em L.
Alças parafusadas reforçam as juntas.
40 cm
30 cm
Parafusos sextavados seguram a estrutura.
Arrume os degraus de sua escada em intervalos iguais e prenda-os por trás da estrutura principal.

232 criar uma cabeceira estofada

Use madeira da largura da cama.

Cole espuma na parte da frente.

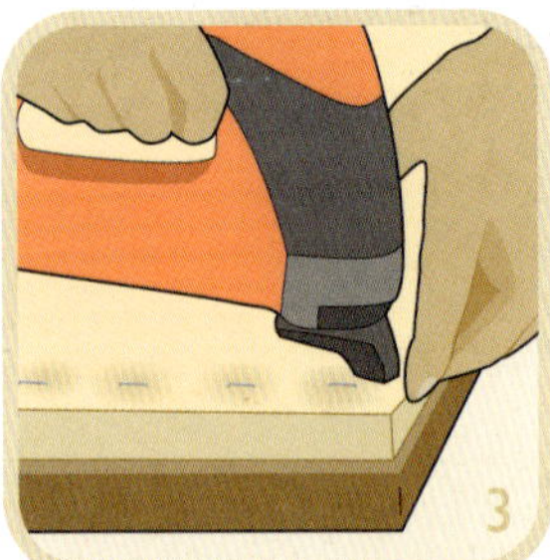

Grampeie no centro.

Vá grampeando à esquerda e à direita.

Repita na parte de baixo.

233 arrumar a cama com perfeição

arrumar uma cama de hospital 234

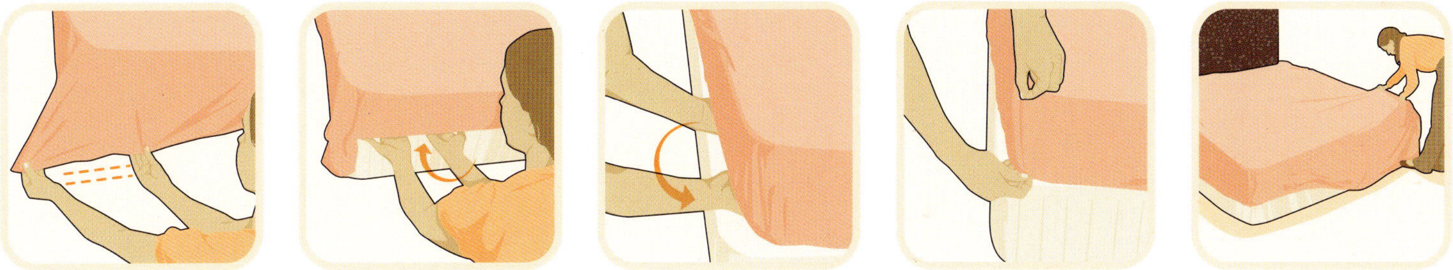

Puxe o lençol até ficar esticado.

Acerte as dobras.

Repita do outro lado.

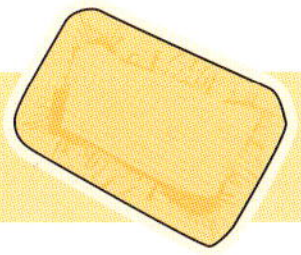

dobrar um lençol com elástico 235

Insira uma dobra na outra.

Aperte os cantos.

Dobre em três no sentido do comprimento.

Dobre ao meio na altura.

236 criar um aquário-computador

Remova todo o metal.

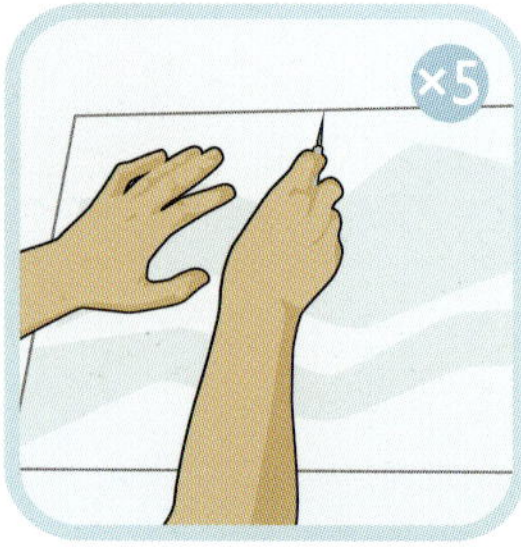

Corte o acrílico.

Impermeabilize.

Teste; conserte qualquer vazamento.

Insira uma plataforma.

Acrescente água e anticloro.

286 construir um lago para carpas

Coloque dentro da armação.

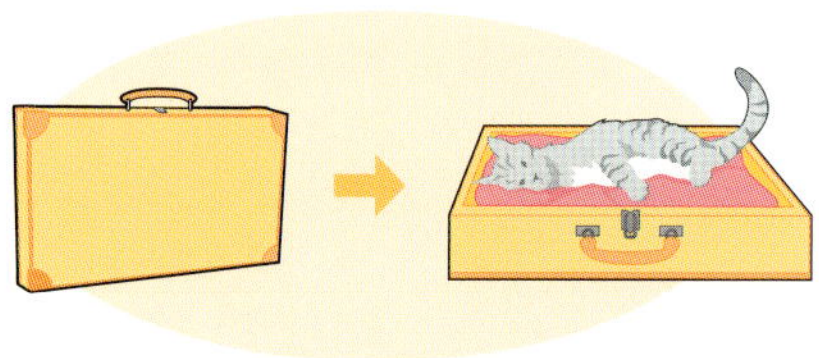

237 fazer cadeira de câmara-de-ar

494 não pedalar num monociclo

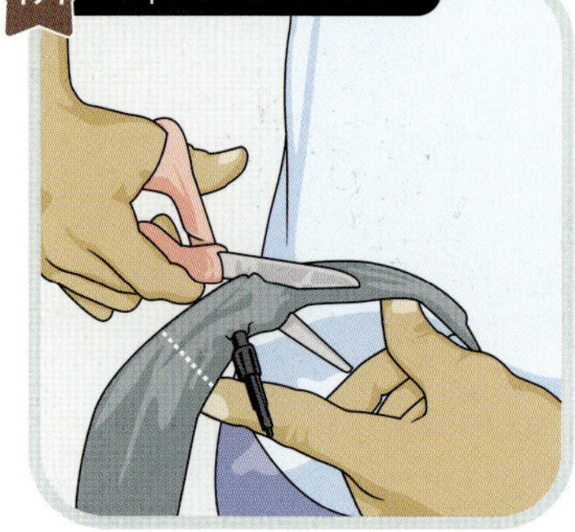

Corte as válvulas da câmara-de-ar.

Estique na moldura do assento; amarre.

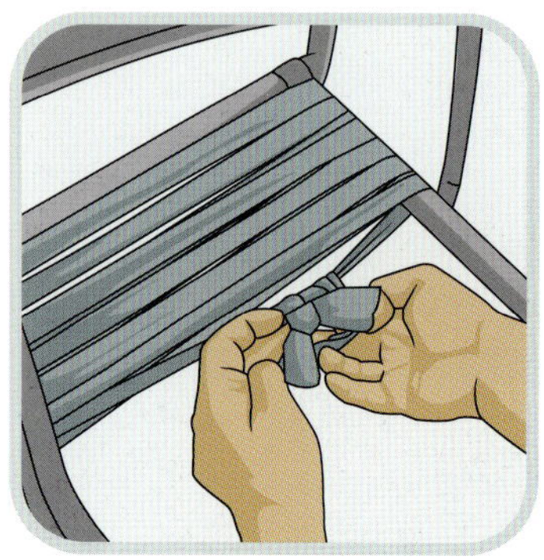

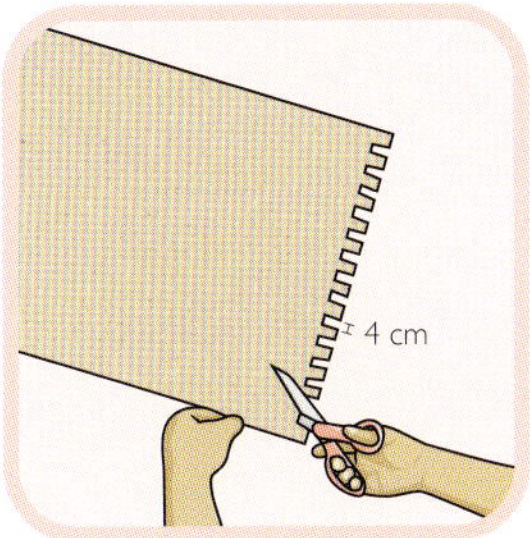

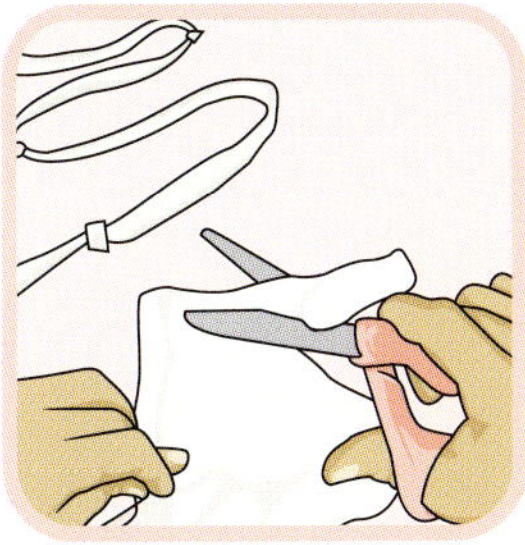

Corte sacos de lixo e amarre em tiras.

Passe por uma trama.

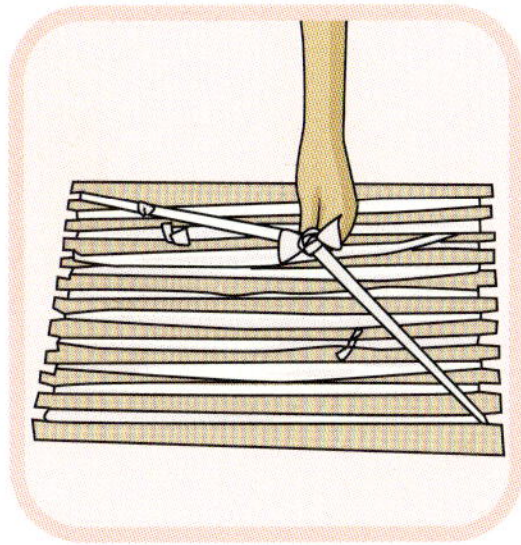

Dê um nó atrás.

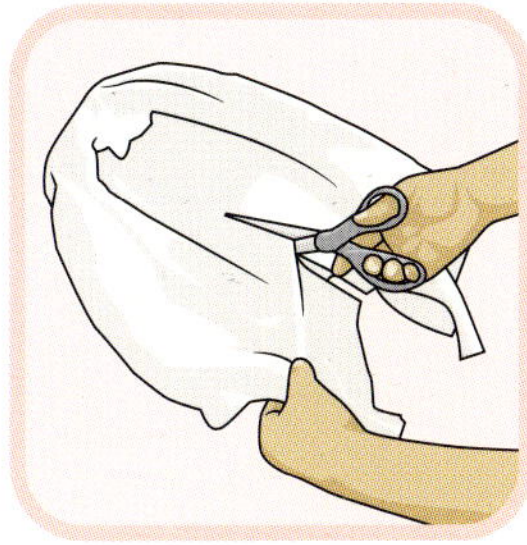

Corte entre as alças.

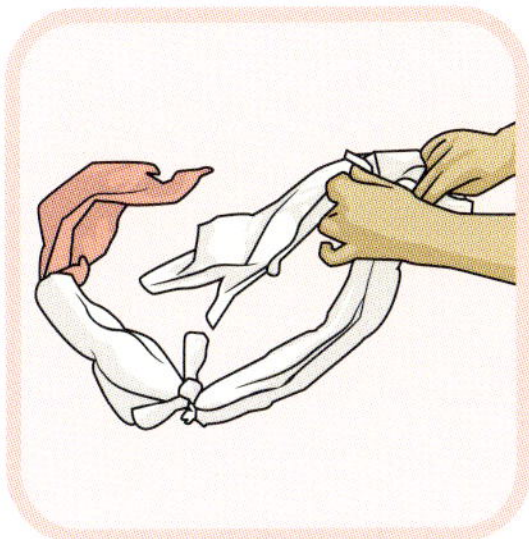

Amarre as alças.

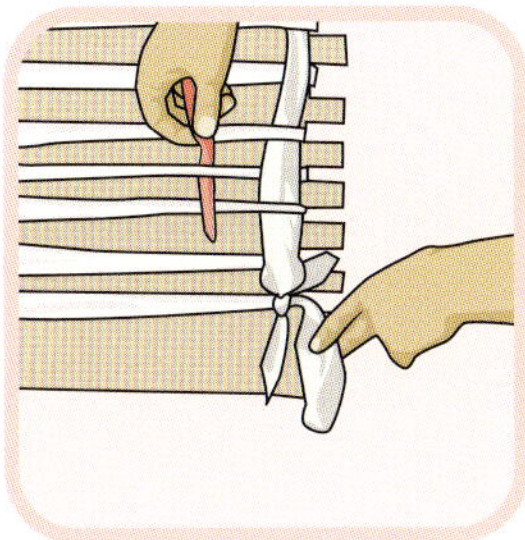

Amarre na frente: entrelace.

Dê o nó de arremate.

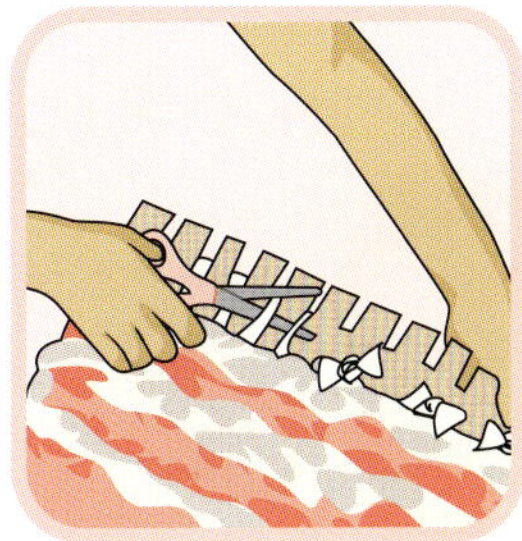

Corte duas tiras de cada vez; amarre.

Apare a franja; penteie.

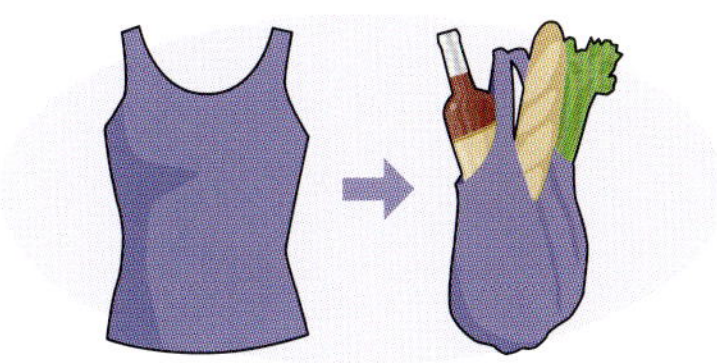

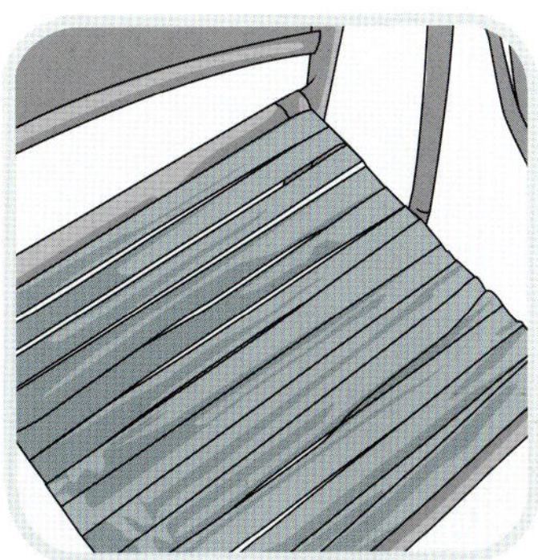

Continue até cobrir tudo.

Transpasse no outro sentido.

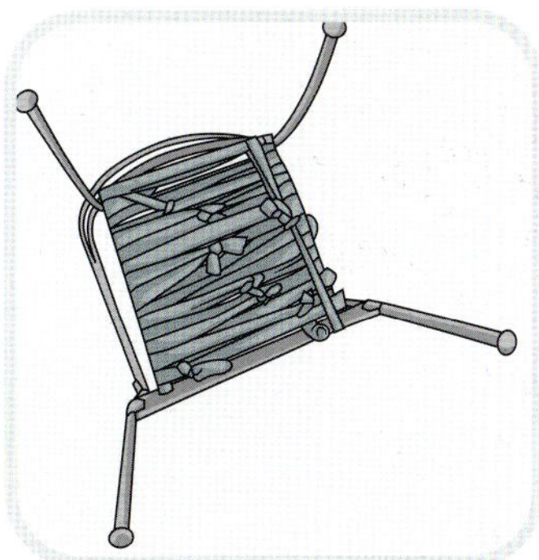

Amarre na parte de baixo.

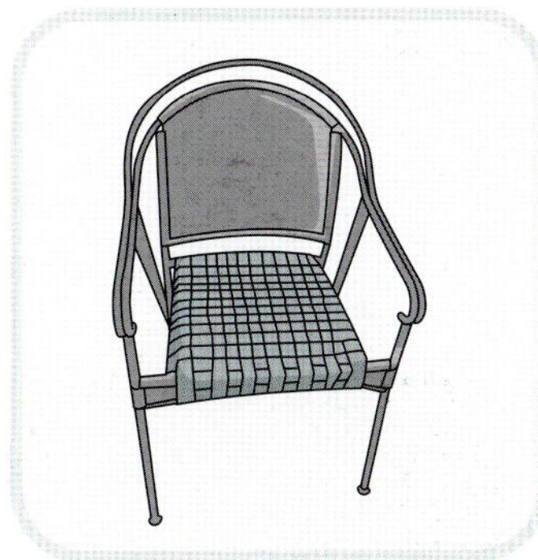

239 instalar um dimmer

Desligue a força da casa.

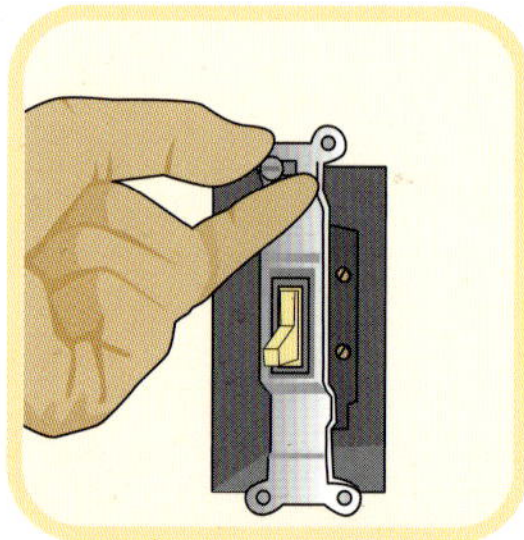

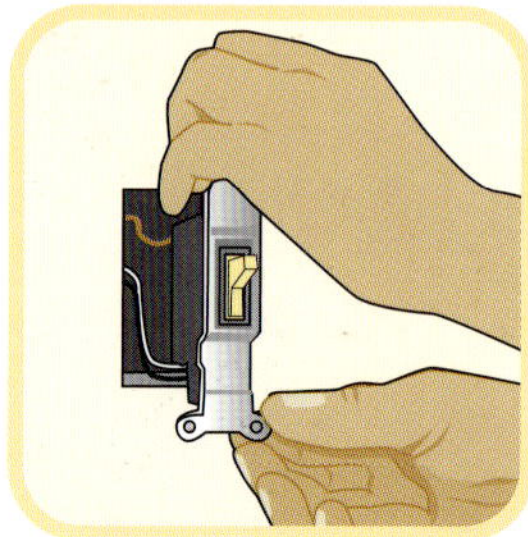

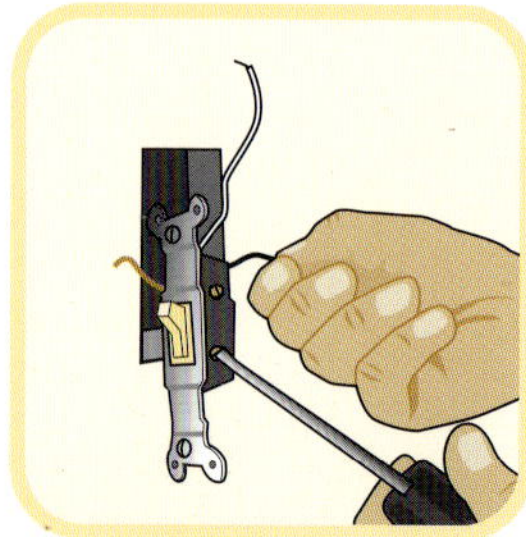

Desenganche os três fios.

Alinhe os fios.

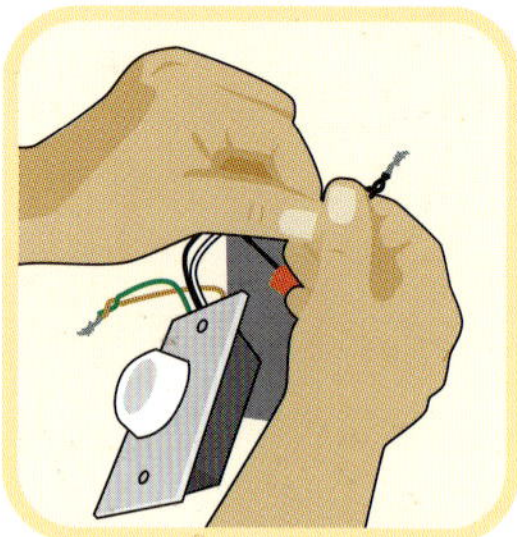

Torça os fios para juntá-los.

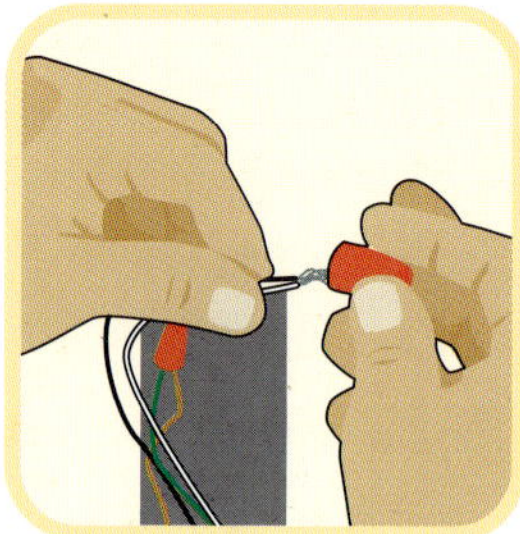

Enfie os fios nos conectores.

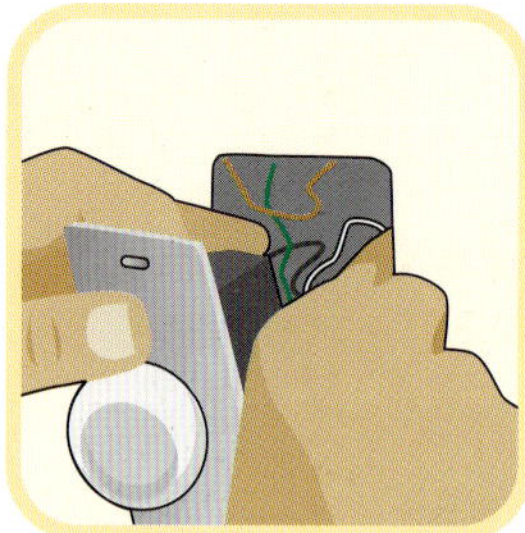

Dobre os fios para dentro da parede.

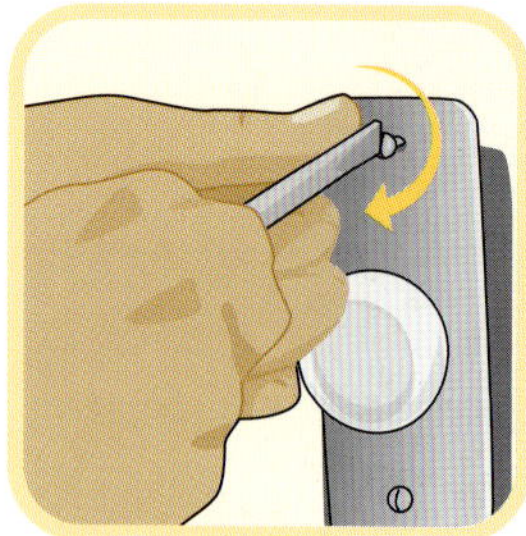

Coloque o interruptor e o espelho.

* Quantos fios! Mas nada de pânico. Conecte o fio positivo, o neutro e o terra no interruptor. O positivo é o preto; o neutro, o branco; e o terra geralmente é verde ou cor de cobre. Se os fios não forem dessas cores, chame um profissional ou use um verificador de voltagem para descobrir qual o fio certo.

* Você pode comprar o adaptador wi-fi e o cabo USB em qualquer loja de informática. Se você evita ir a um local isolado só porque não vive sem internet, carregue seu equipamento! Mas você vai precisar de alguma habilidade para conseguir um bom sinal.

240 conectar a rede wi-fi com coador

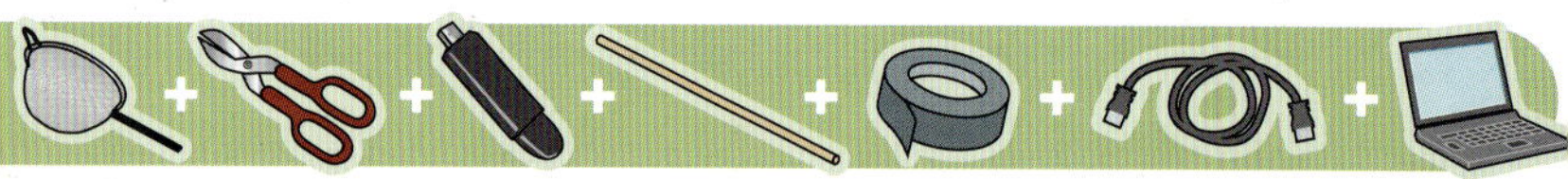

Corte um buraco no coador.

Ponha o adaptador no buraco.

Prenda com fita adesiva num cabo longo.

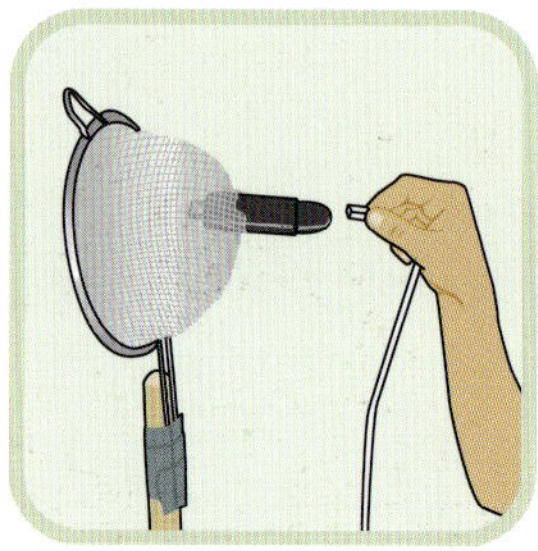

Conecte o cabo USB.

Ajuste a posição para o melhor sinal.

1. Faça um furo para passar o fio no fundo da garrafa (use a ferramenta apropriada para a base que você escolher).
2. Passe o fio pelo tubo rosqueado.
3. Insira o tubo pela base do abajur.
4. Abra o fio em dois na ponta.
5. Desencape as duas pontas.
6. Dê um nó de segurança.
7. Identifique o fio fase, que é mais macio, e o neutro, que é mais firme.
8. Enrole o fio fase no parafuso dourado.
9. Enrole o fio neutro no parafuso prateado.
10. Aperte os parafusos até que os fios estejam bem presos.
11. Coloque no bocal.

Coloque o plugue e ligue na tomada.

servir e combinar *chardonnay* 104

242 desentupir uma privada

Remova o máximo de água.

Pressione com o desentupidor.

Desdobre um cabide; gire-o dentro do cano.

Tire o cabide; insira o desentupidor tufão.

Rode; puxe para liberar o entupimento.

Dê descarga quando a água começar a descer.

243 recuperar um objeto valioso na pia

Desligue a água.

Solte o sifão.

210 escolher uma lapidação de pedra

Remova o sifão; procure.

Recoloque o sifão.

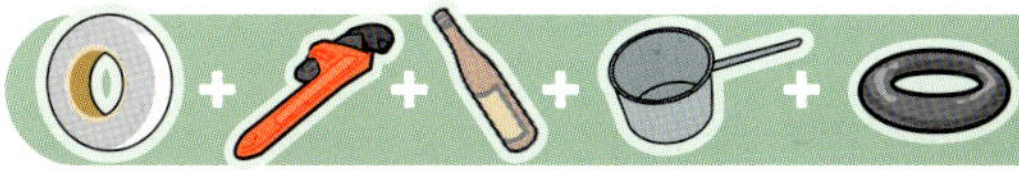

244 consertar um chuveiro que pinga

Cubra o alicate com fita veda-rosca.

Solte o chuveiro do cano.

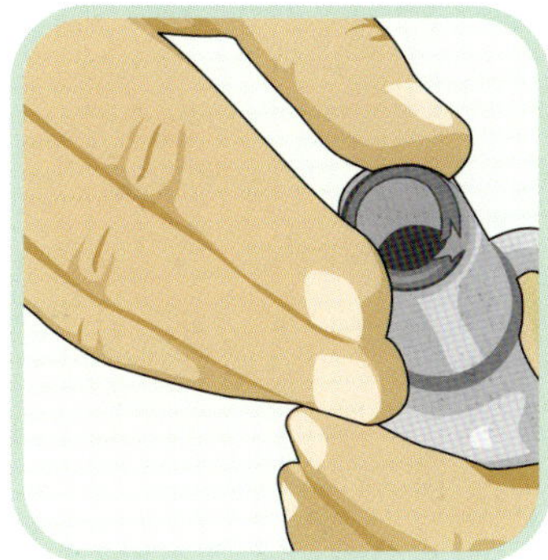

Remova o anel se estiver danificado.

Mergulhe o chuveiro no vinagre.

Envolva o cano com a fita veda-rosca.

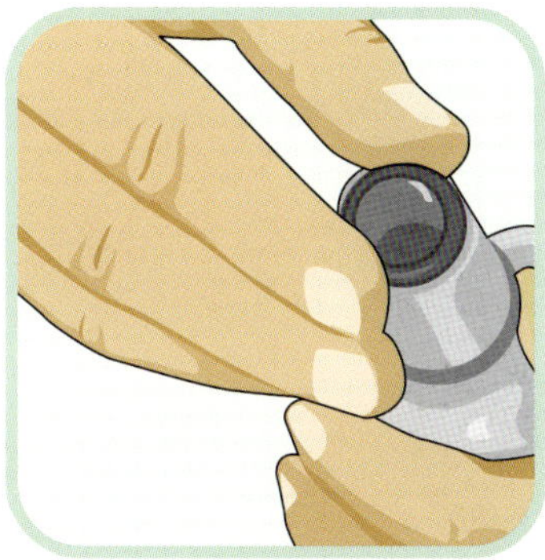

Coloque um anel novo.

Encaixe o chuveiro.

Aperte devagar.

245 consertar uma descarga que vaza

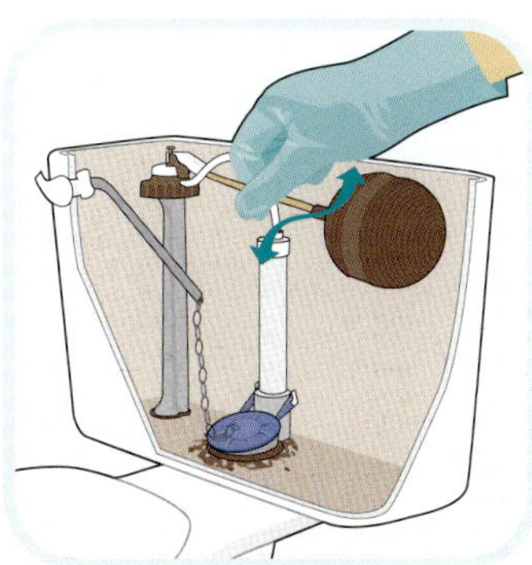

Mova o braço pelos lados.

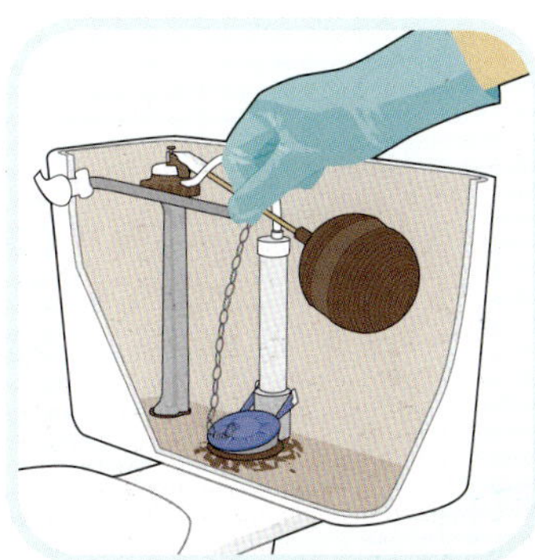

Ajuste a corrente e pressione o braço.

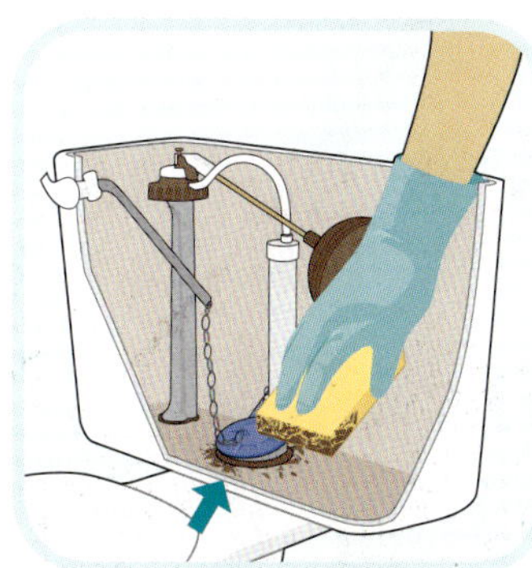

Limpe a parte de baixo da válvula.

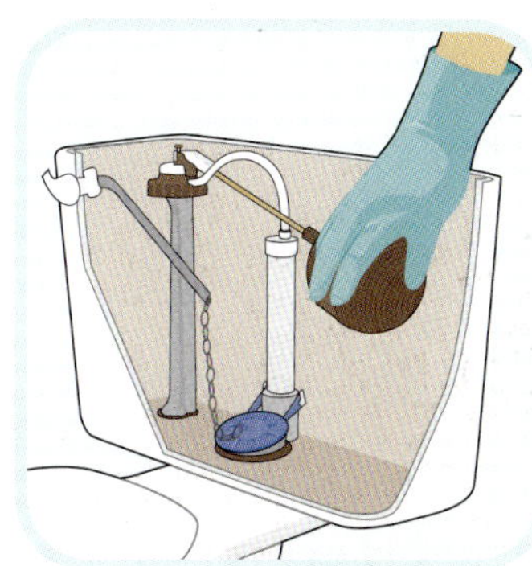

Verifique a bóia para ver se há vazamento.

246 arrumar a casa diariamente

247 fazer a limpeza semanal

276 atrair amiguinhos simpáticos

248 caprichar na faxina mensal

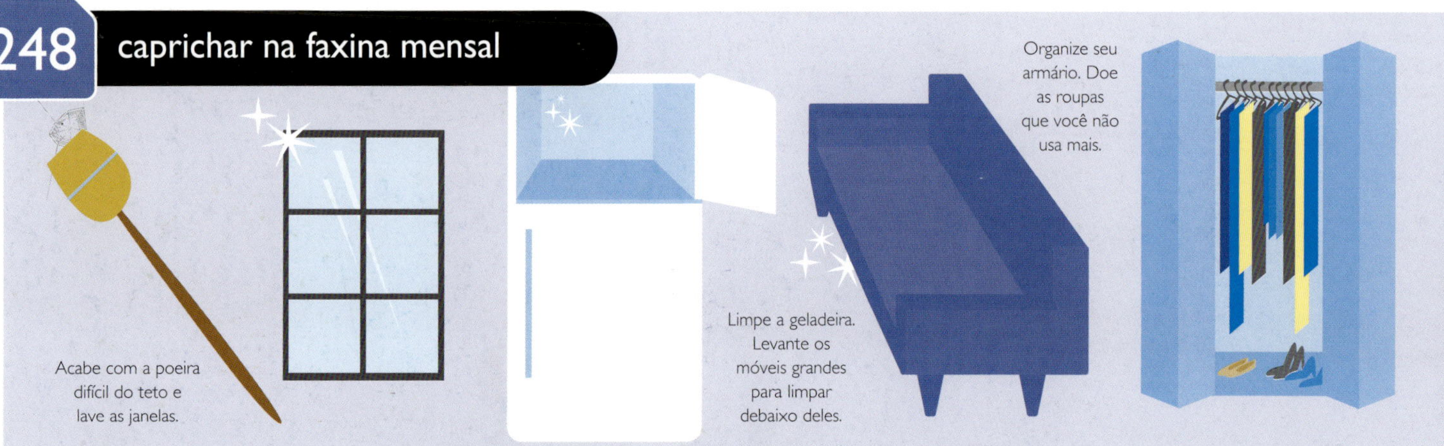

bicarbonato de sódio
aço inoxidável
odores
manchas de graxa
manchas de caneta
pias entupidas
manchas na privada
manchas de café
vinagre branco
azeite
aço inoxidável
madeira
manchas de piche
tábua de cortar
maçãs
escurecidas
panelas de cobre
manchas de chá
roupas amareladas
limão

250 arrumar a casa usando feng shui

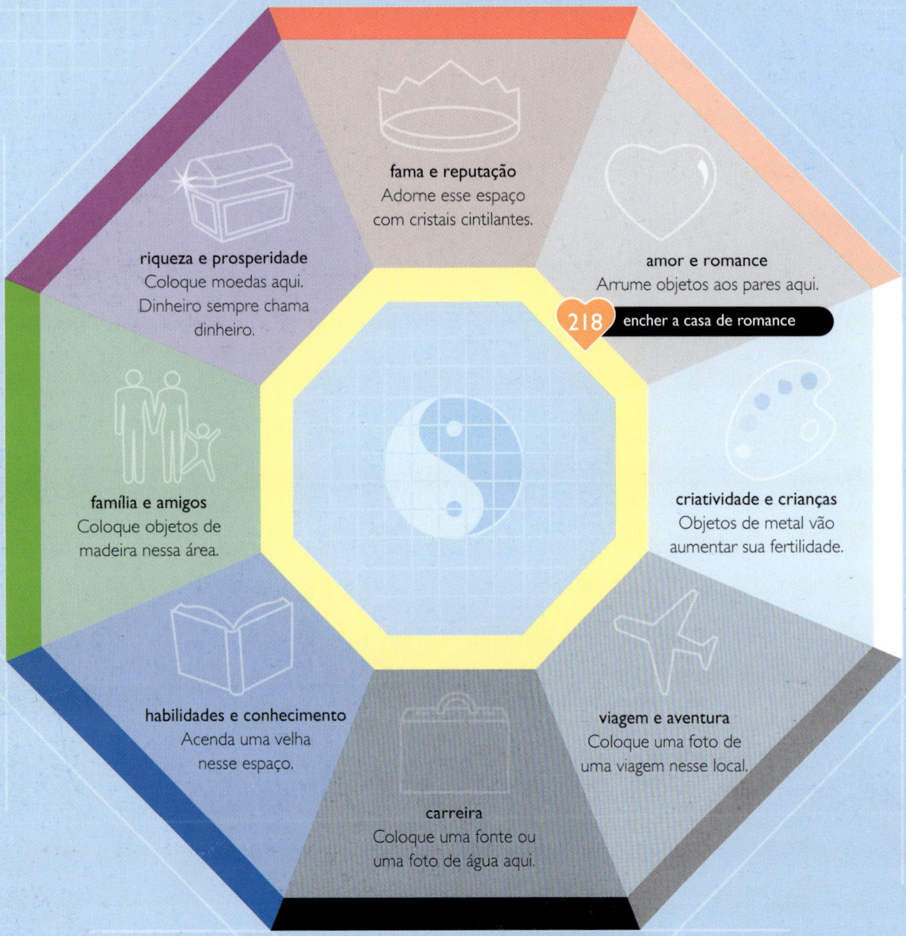

Alinhe a parte de baixo desse diagrama, chamado ba guá, com a frente de sua casa e imagine que ele está sobreposto ao espaço total da planta. Arrume suas coisas para trazer boa sorte nas áreas que forem mais importantes para você.

boa sorte

A casa anda desorganizada? Acrescente itens limpos, fluidos, naturais e vivos; eles tornam qualquer espaço mais convidativo.

Espelhos levam luz e energia de um cômodo para outro.

Abra as cortinas durante o dia e encha seu lar com luz positiva. Feche-as à noite para manter a energia dentro de casa.

má sorte

Para deixar que a energia positiva circule livremente, remova itens mortos, quebrados, artificiais ou sujos que estejam bloqueando os bons fluidos.

Camas de metal conduzem eletricidade, o que pode interferir no *chi* positivo.

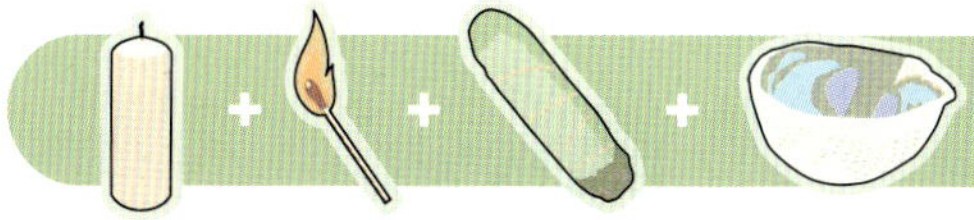

purificar a casa com defumação 251

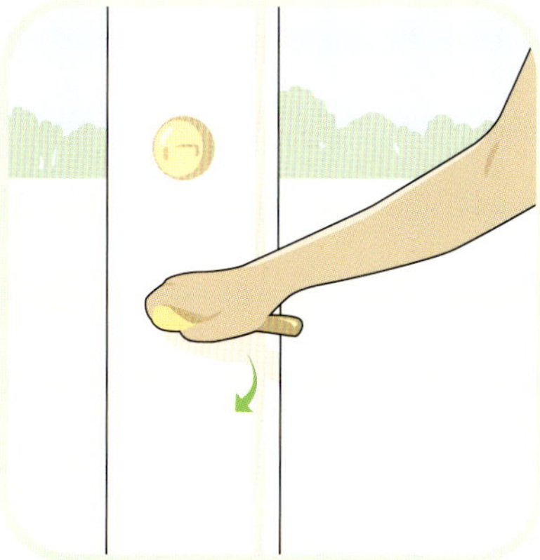

Abra a porta para que os espíritos negativos saiam.

Acenda o defumador de sálvia.

Coloque numa concha de abalone.

Balance-a enquanto pensa em coisas boas.

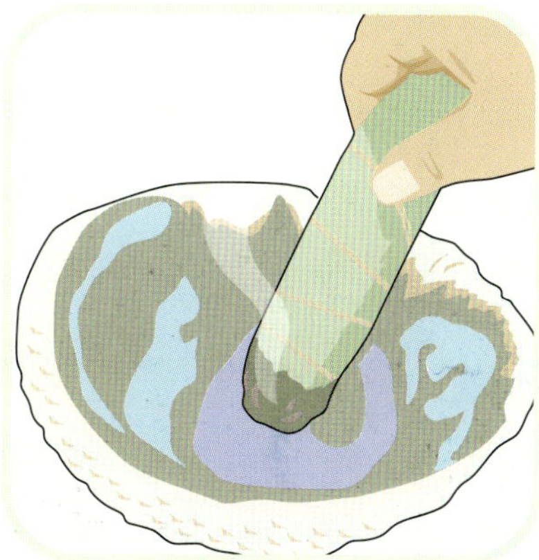

Pressione o defumador na concha para apagar.

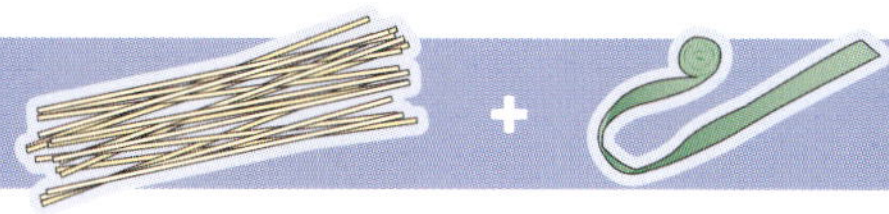

fazer uma cruz de santa brígida 252

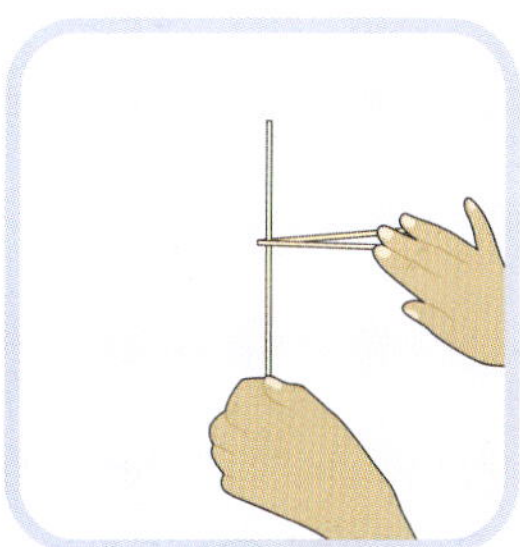

Dobre uma palha sobre outra.

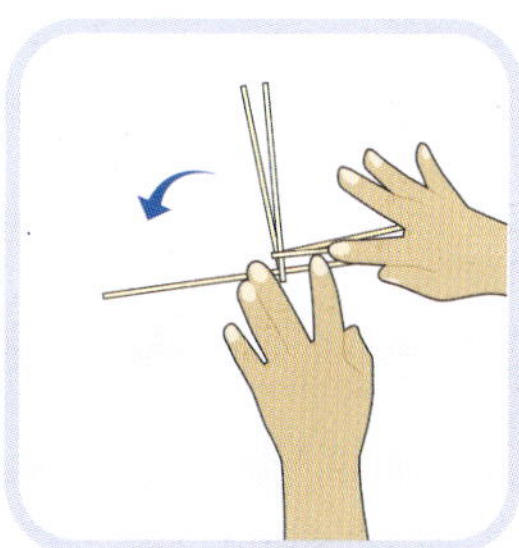

Rode; dobre outra.

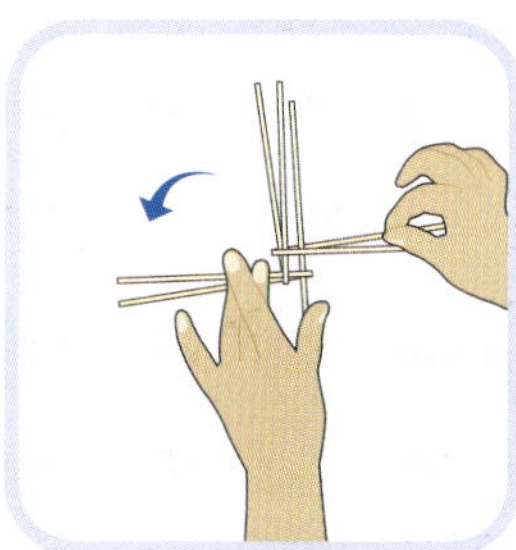

Repita.

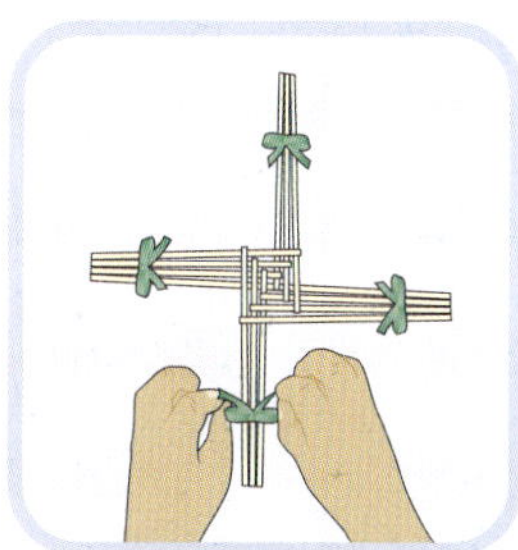

Amarre quando estiver pronta.

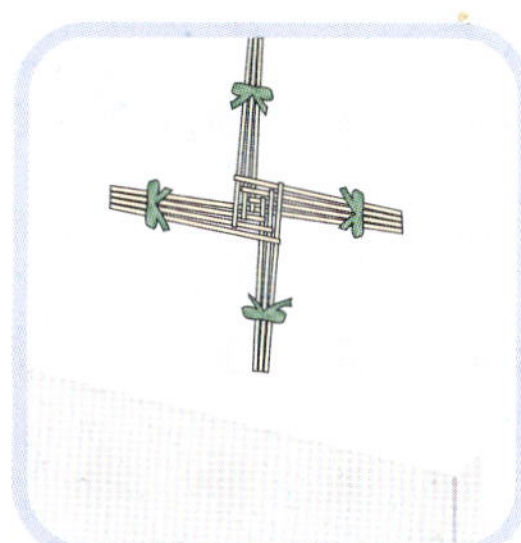

Pendure em cima da porta da frente.

253 aprender o básico sobre cortinas

Você tem uma janela pedindo por mais beleza? Aprenda a pendurar cortinas e valorizá-las com detalhes bem escolhidos, como ponteiras e argolas.

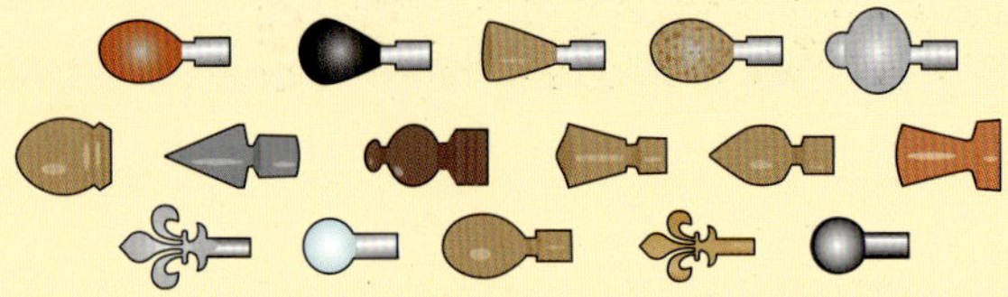

Incremente seu varão com uma ponteira charmosa.

Prenda o drapeado com ganchos.

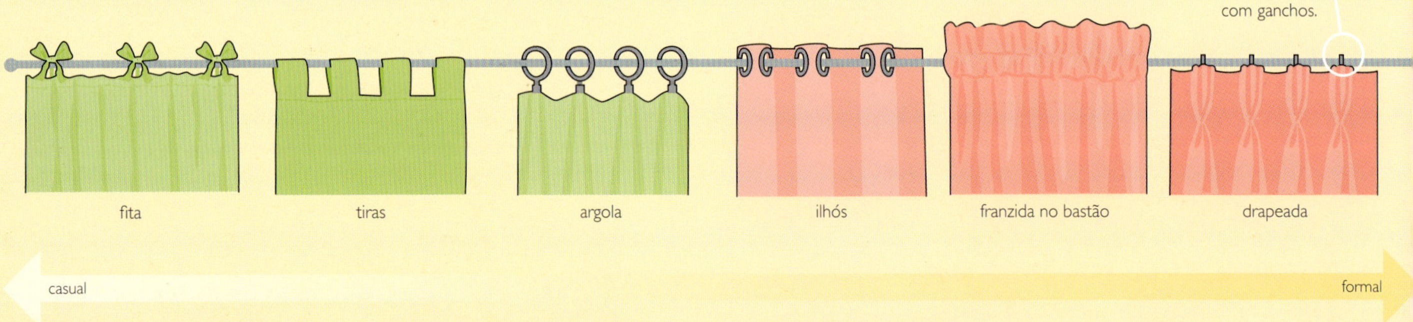

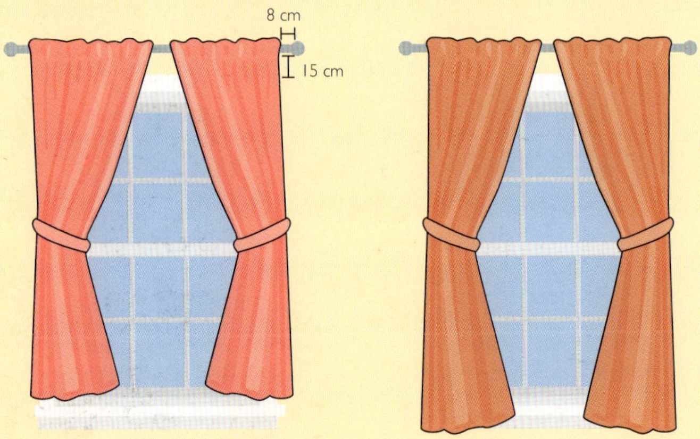

Para cortinas informais, alinhe a barra com a janela ou o peitoril.

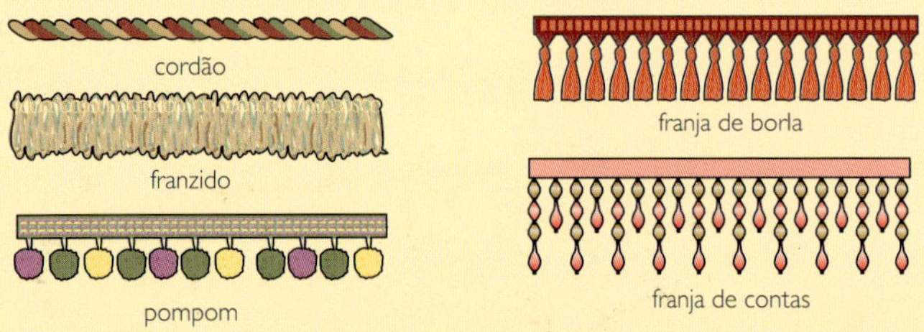

Decore suas cortinas com barras customizadas, usando pingentes e miçangas. É só bordar ao longo da barra.

Para evitar poeira nas barras da cortina, deixe-a acima do nível do chão.

Para um toque dramático, deixe que o tecido se esparrame sobre o chão.

explorar variações de cortinas 254

Uma vez que você já aprendeu o básico, experimente outros tipos clássicos de drapeado. Que tal cortinas em estilo café para sua cozinha ou as imponentes mangas de bispo para sua sala de jantar?

café

priscila

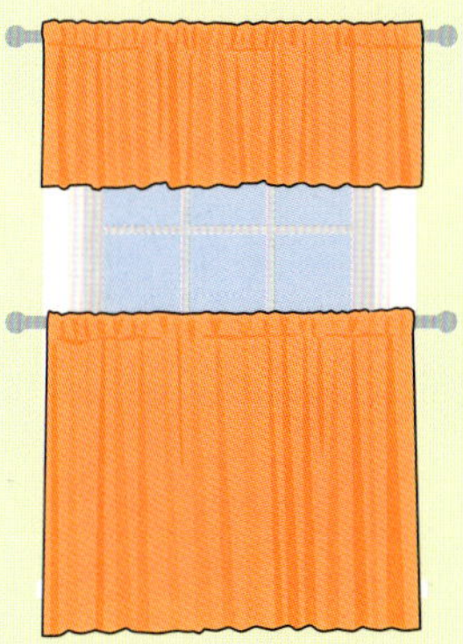
camadas

mangas de bispo

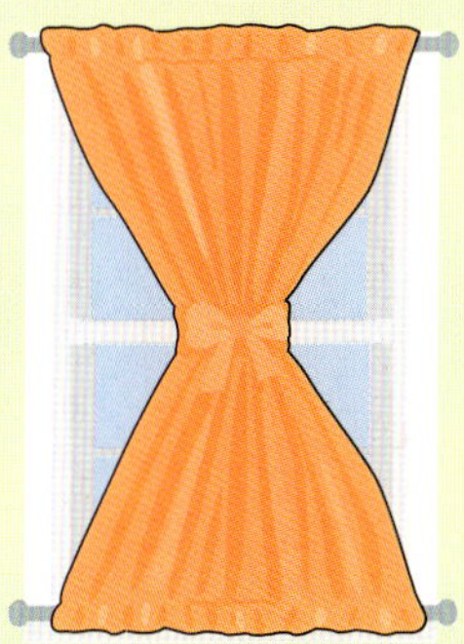
ampulheta

costurar cortinas simples 255

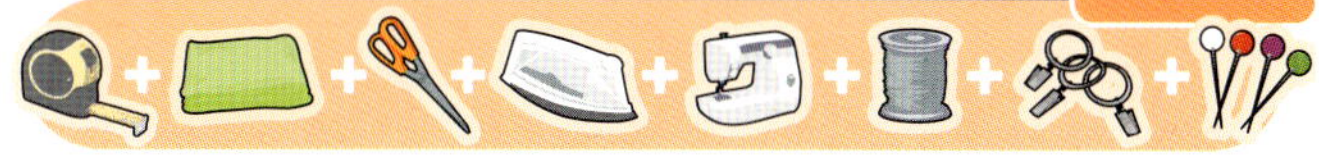

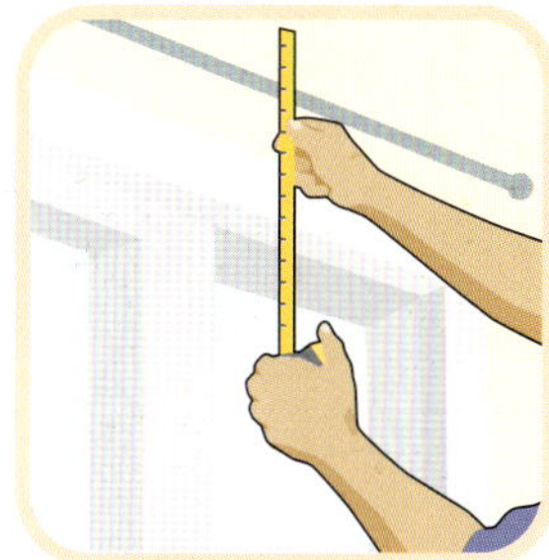

Meça; dobre a medida da altura.

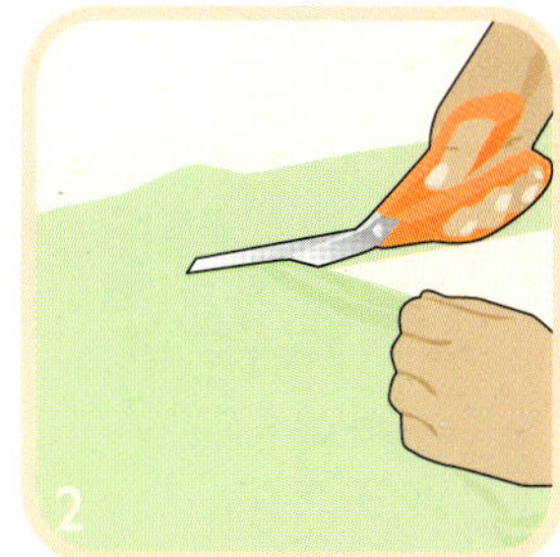

Corte o pano.

Dobre uma ponta; passe.

Dobre a bainha; passe.

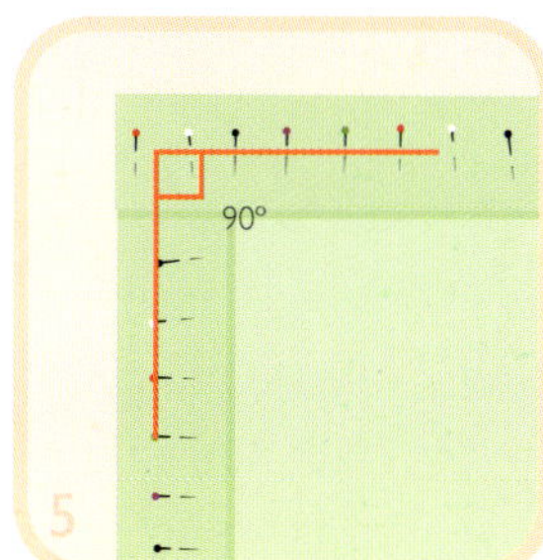

As dobras devem se encaixar.

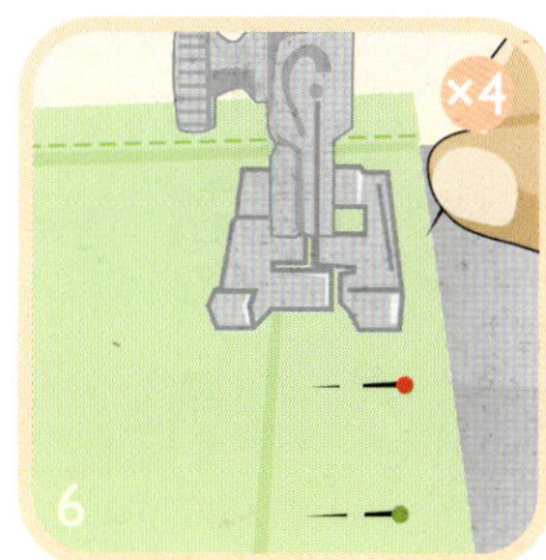

Costure ao longo das bainhas.

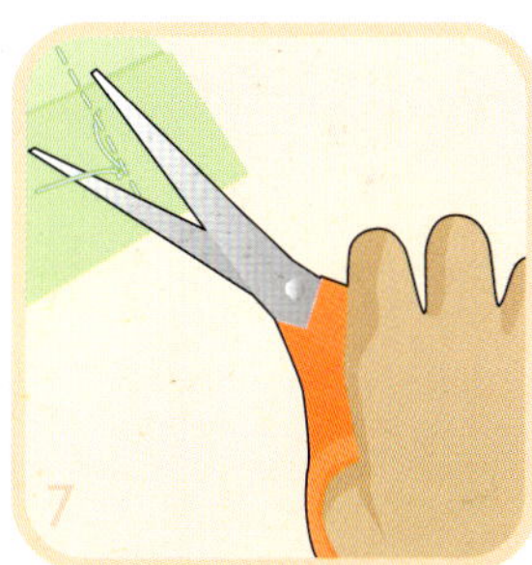

Faça o arremate atrás; corte.

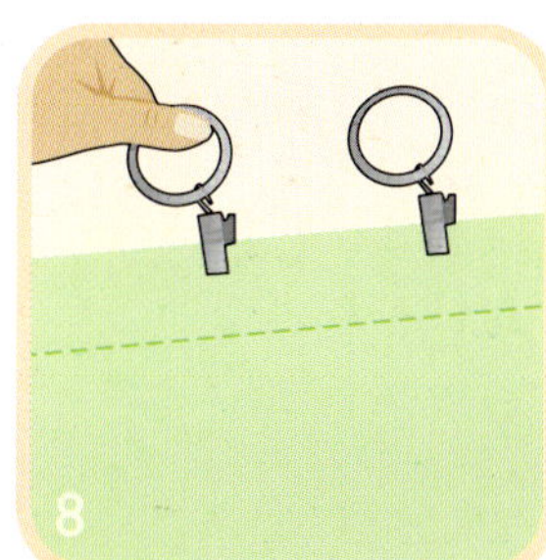

Prenda as argolas; pendure.

256 fabricar tijolos de adobe

Misture terra e água; agite.

Reserve; veja o resultado.

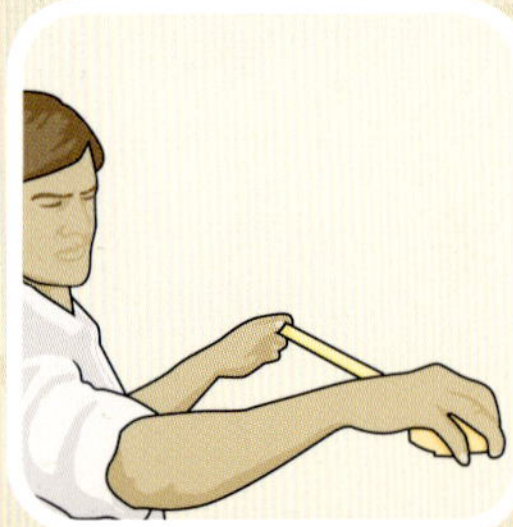
Determine o tamanho da parede.

Arrume um local para trabalhar.

Faça a mistura.

Pise até estar bem misturado.

Coloque a massa nas formas.

Deixe os tijolos deitados.

Coloque-os de pé.

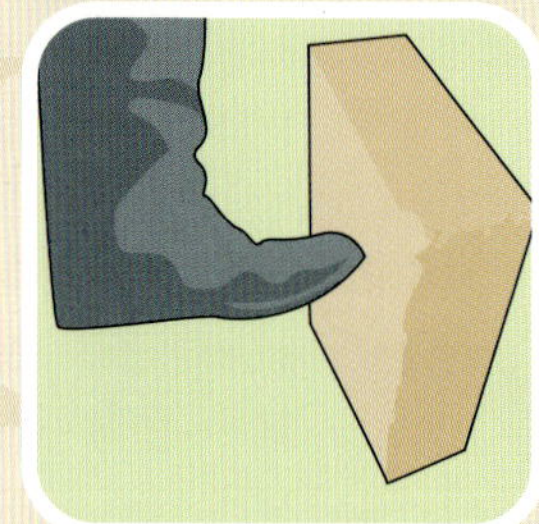
Chute para testar a solidez.

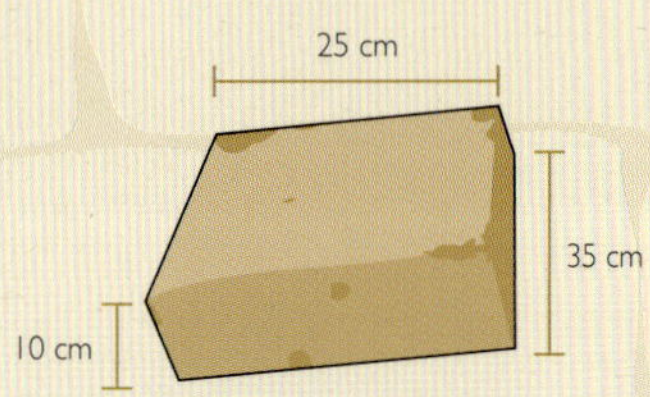

tijolo de adobe tradicional

* Antes de você começar a fazer a mistura de adobe, teste uma amostra do solo para ver que ingredientes estão faltando. Geralmente, o adobe ideal contém 70% de areia e 30% de barro. Adicione água e um pouco de palha para deixar a mistura mais grossa e maleável. Pressione a massa nas formas de madeira. Você pode construí-las para tijolos de qualquer tamanho, mas as medidas tradicionais são mais recomendadas.

257 erguer uma parede de adobe

Comece com uma fundação sólida.

Faça uma massa de palha e barro.

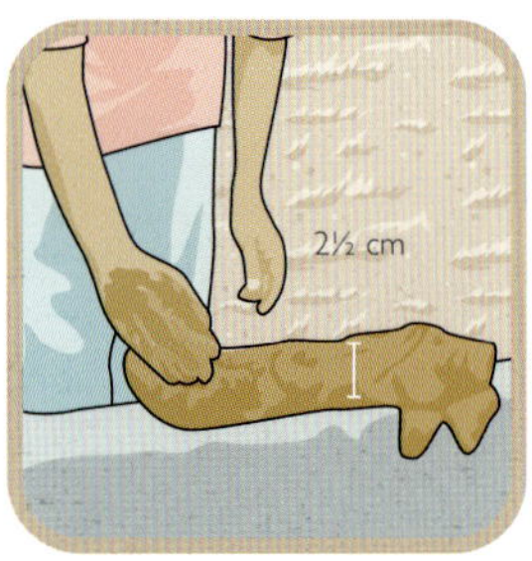

Espalhe a mistura.

Coloque os tijolos sobre mistura.

Sele com um banho de cal.

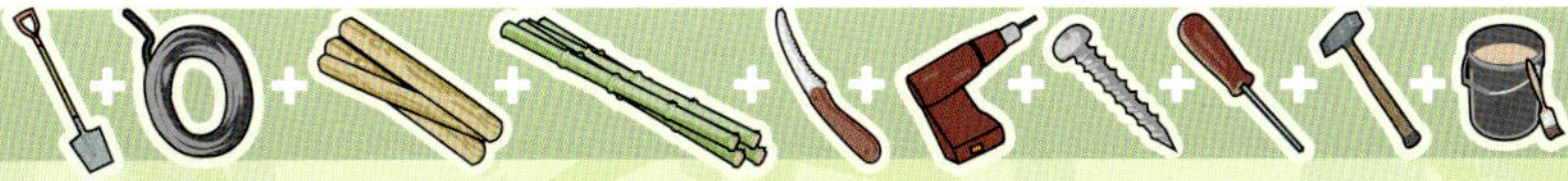

construir uma cerca de bambu 258

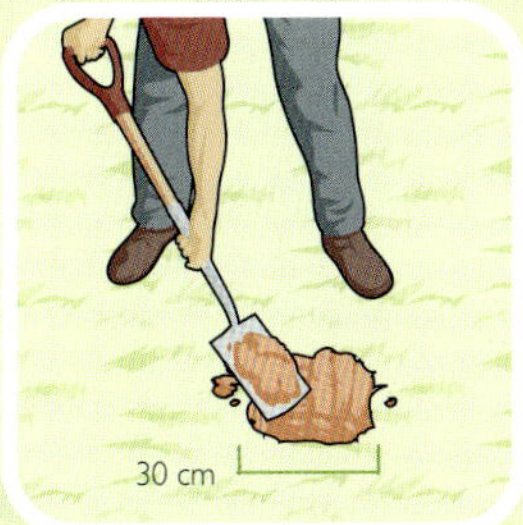

Cave buracos para os pilares da cerca.

Coloque os pilares e nivele-os.

Encha os buracos e prense a terra.

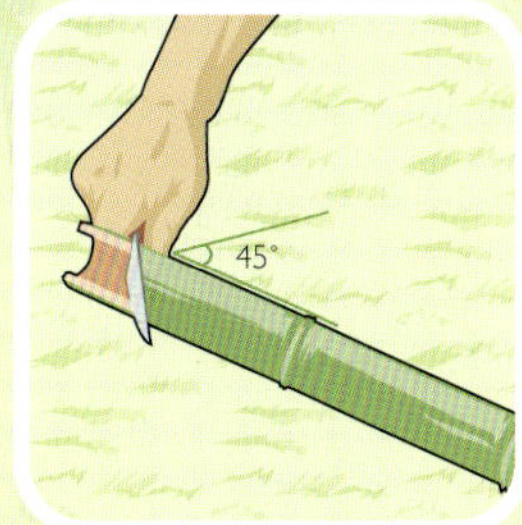

Corte os bambus.

Fure os bambus.

Aparafuse nos pilares.

Corte e coloque os bambus verticais.

Martele-os no chão.

Amarre as junções.

Passe impermeabilizante.

Para criar uma vedação natural (e fazer com que sua cerca dure mais), corte cada poste de bambu acima do nó.

amarrar uma cerca de bambu 259

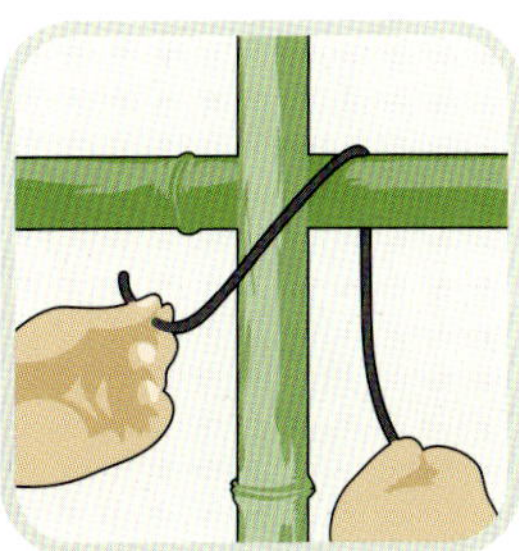

Enrole em volta da junção.

Torça por trás da junção.

Traga para frente.

Cruze em direção à ponta solta.

Amarre atrás da junção; corte.

260 construir uma casa na árvore

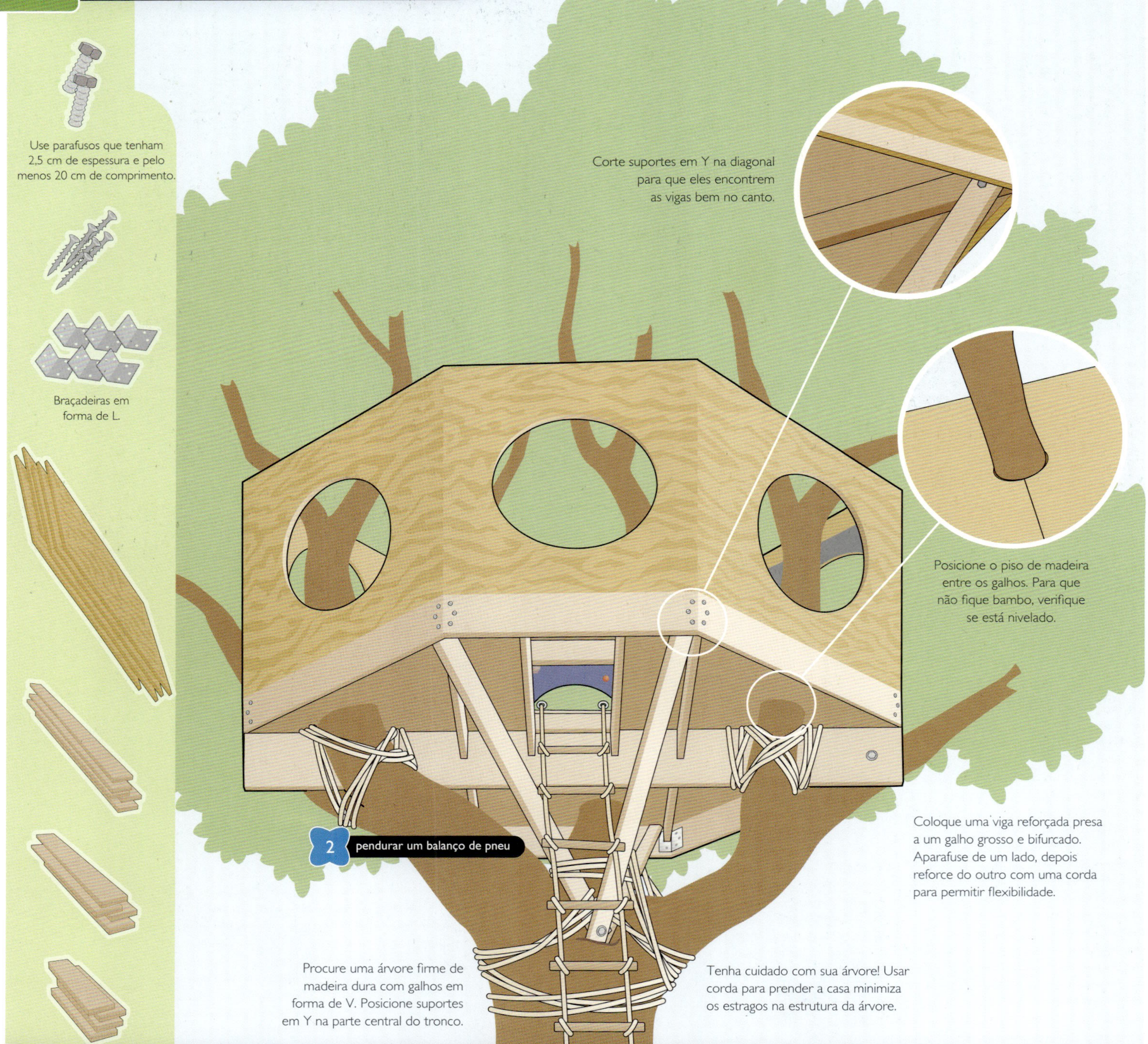

Prenda a corda da escada com parafusos de ganchos.

Amarre a escada de corda com nó de arnês.

261 decorar sua casa na árvore

Use um quadro-negro para liberar sua criatividade.

Uma mesa dobrável é um local perfeito para lanches.

Improvise um elevador de carga com um balde e uma roldana.

Um telescópio vai conectá-lo com o Universo.

Uma porta alçapão e uma escada de corda que possa ser recolhida evitam hóspedes indesejáveis.

Construa uma catapulta para experimentos físicos sobre lançamento de projéteis.

459 atirar uma bola de papel

cuidar

262 plantar um abacateiro

65 fazer um guacamole

trocar uma planta de vaso 263

Solte a planta do vaso.

Coloque uma tela sobre o buraco.

Pressione a terra.

Regue para assentar as raízes.

replantar raízes emboladas 264

Solte as raízes das laterais.

Solte as raízes do fundo.

Coloque no vaso novo.

265 plantar uma árvore de raiz simples

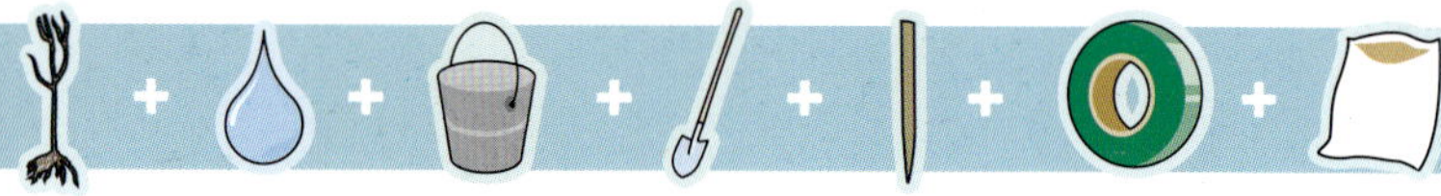

Abra as raízes.

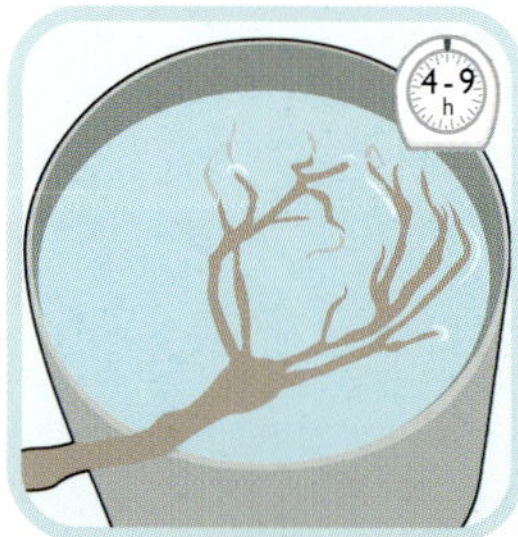

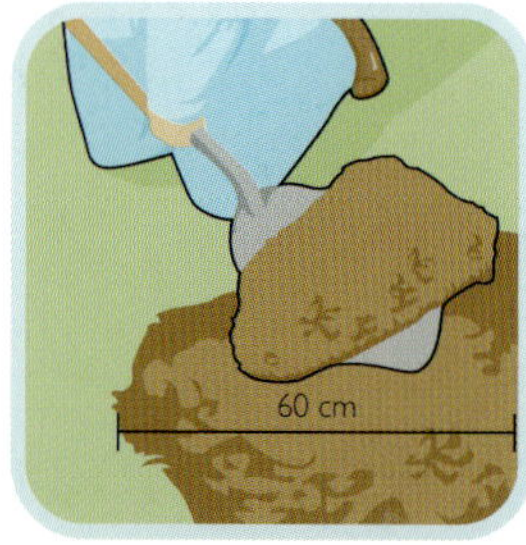

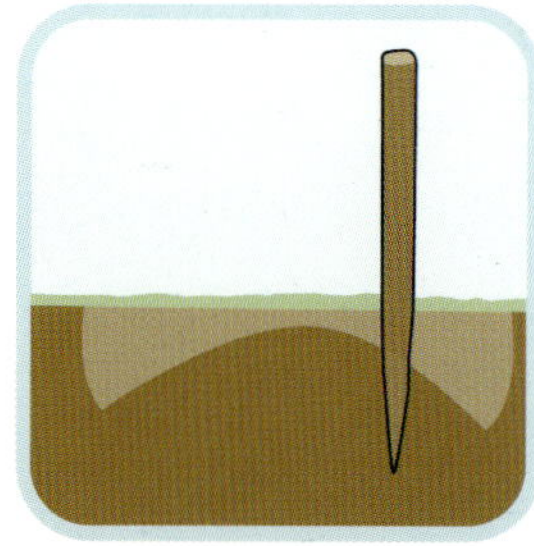
Enfie uma estaca no montinho.

A raiz deve estar nivelada.

Coloque terra adubada.

266 fazer um enxerto numa árvore

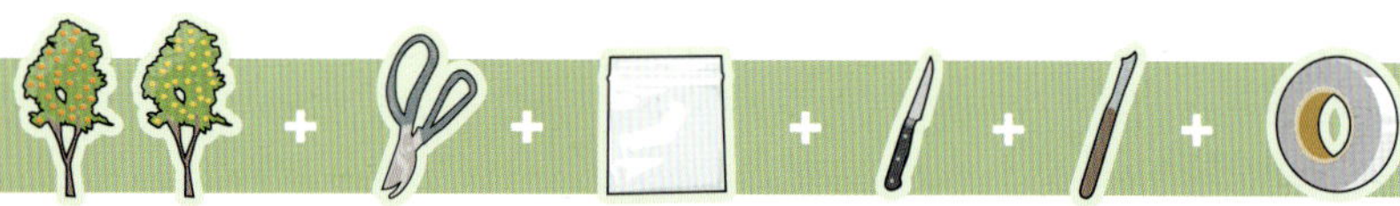

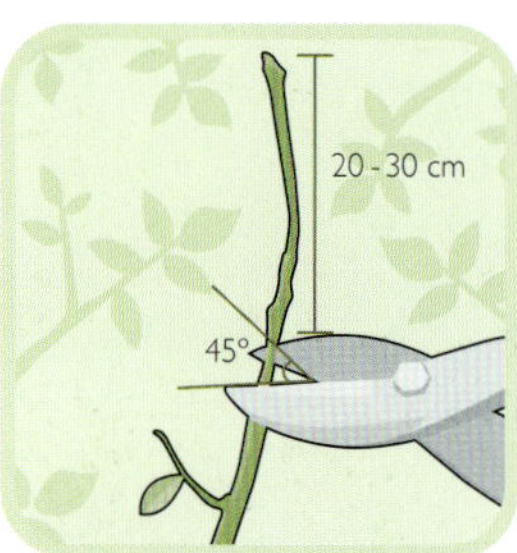

Selecione e corte um broto.

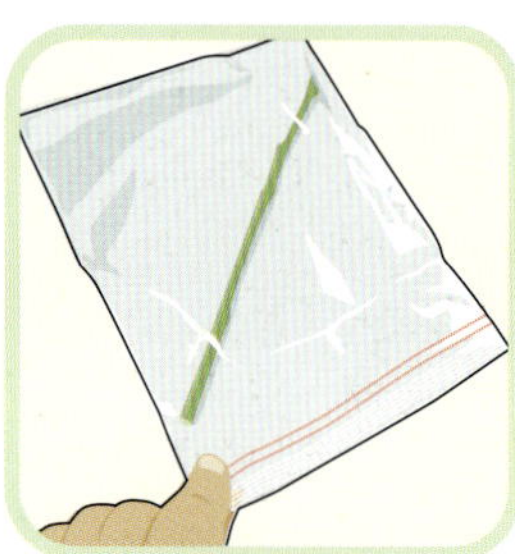
Coloque num saco plástico.

Guarde na geladeira.

Corte o broto.

Faça uma incisão.

267 podar uma roseira

Corte os galhos marrons e murchos.

Remova hastes horizontais.

Remova galhos finos.

Corte hastes interiores.

Remova hastes que se cruzam.

Retire os parasitas.

Corte acima dos brotos novos.

Corte no tecido saudável.

Cubra com uma seladora.

Crie a forma de um vaso.

arrumar um botão de lapela 215

rosa-centifolia

rosa-damascena

rosa-branca

rosa-vermelha

rosa trava

rosa bourbon

rosa-chá

rosa-da-china

Corte um T.

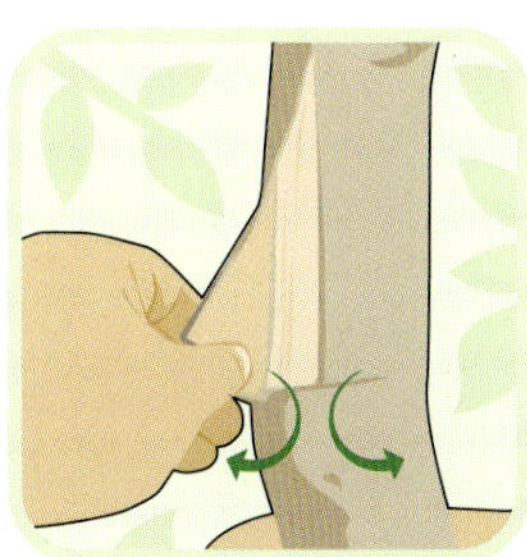
Puxe a casca para os dois lados.

Coloque o broto no tronco.

Retire a fita adesiva.

268 plantar na profundidade certa

transplantar mudas

269

Tire raízes com torrão.

Coloque num local com luz indireta.

Passe para uma luz mais direta.

Plante num dia nublado.

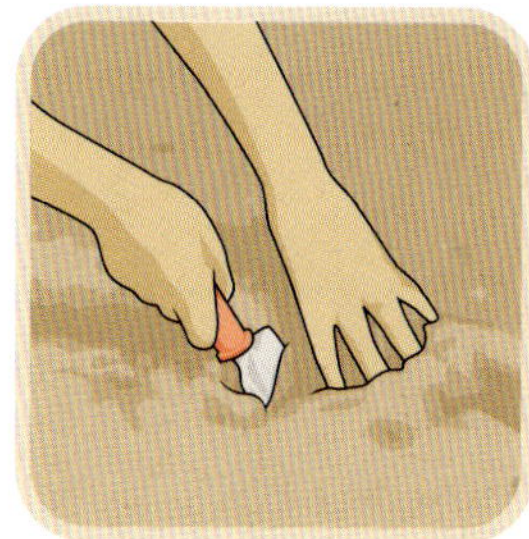

Afofe a terra.

Deixe espaço entre as mudas.

Cubra com terra.

Regue diariamente no início.

* Para saber se as mudas estão prontas para serem transplantadas, remova cada uma delas devagar com um graveto e procure pelos torrões (emaranhado de terra e raízes finas) e a folha em forma de estrela (chamada folha verdadeira). Aos poucos, exponha as mudas a mais luz e plante-as num buraco com o dobro do tamanho da bola.

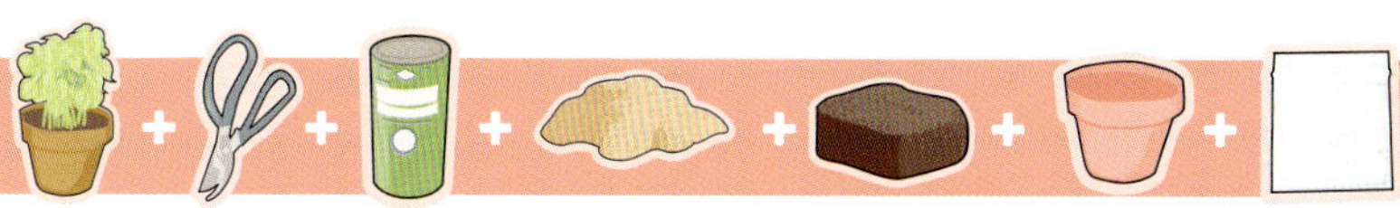

fazer uma planta pegar de galho

270

Corte abaixo do broto.

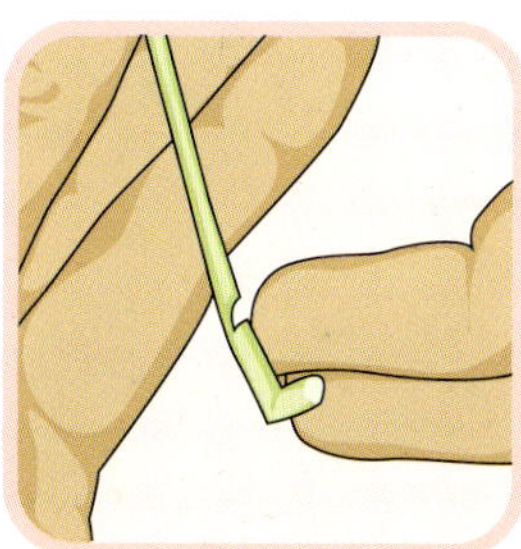

Faça um corte; dobre.

Mergulhe em hormônios de crescimento.

Plante em areia e musgo.

Cubra para reter a umidade.

271 criar um jardim zen japonês

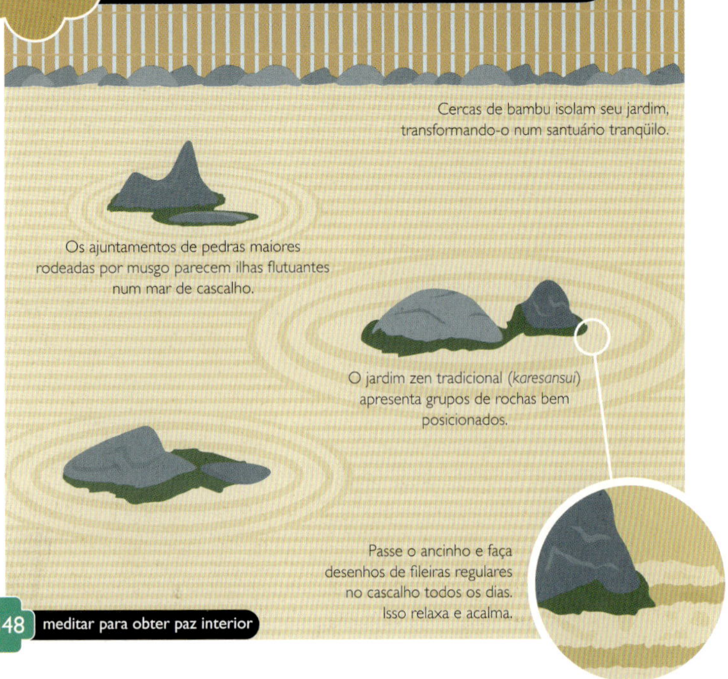

348 meditar para obter paz interior

272 criar um jardim parterre

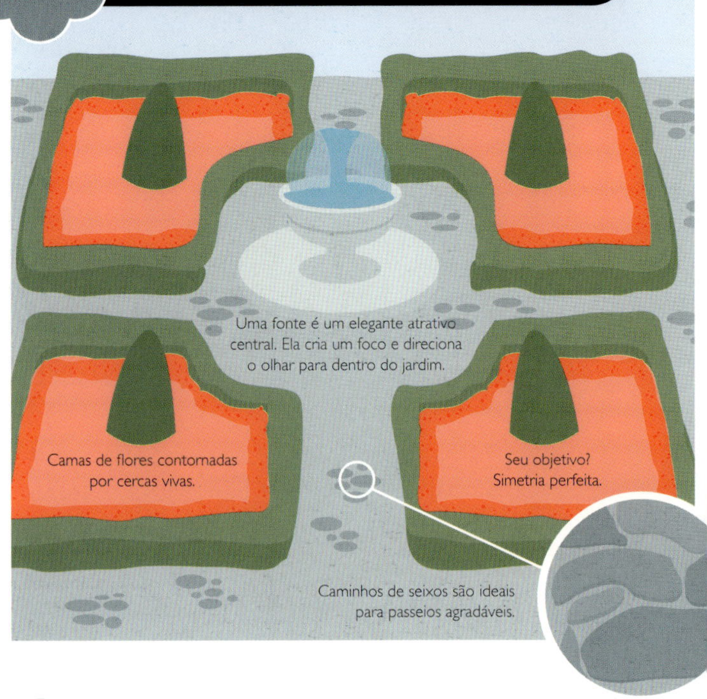

273 cultivar uma horta

274 cultivar plantas suculentas

repelir pragas indesejáveis 275

picar pimenta mexicana 66

Expulse coelhos e esquilos com um ramo de pimenta.

Para fazer moscas e mosquitos voarem para longe, plante ervas como manjericão e alecrim.

Irrite o olfato sensível de algumas pestes com sabão, alecrim e outras essências.

servir uma pint 134

Não é verdade que caramujos não gostam de cerveja. Eles amam – tanto que tentam mergulhar nela para sentir o sabor.

Você tem problemas com um formigueiro – ou dois? Coloque formigas de um formigueiro no outro. Elas vão manter as ex-vizinhas fora.

atrair amiguinhos simpáticos 276

beija-flor — flor vermelha

borboleta — buddléia

abelha — alfazema

joaninha — milefólio

guaxinim — lixo

fazer um lanche para passarinhos 277

Faça bolas. Deixe esfriar até endurecer.

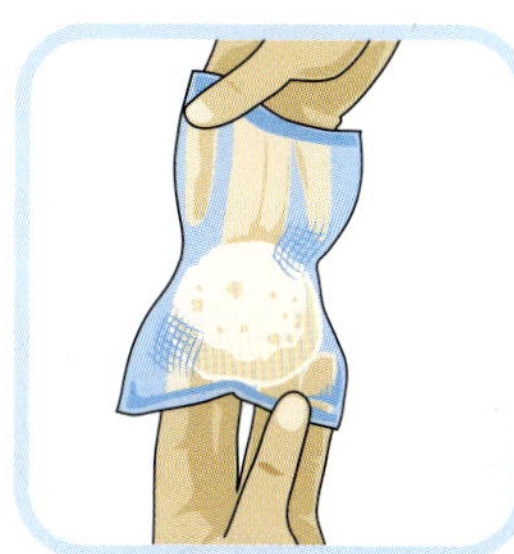

Coloque num saco de tela.

Pendure e observe os visitantes!

278 montar um apiário

Abelhas se desenvolvem mais rápido com luz indireta. Construa seu apiário debaixo das árvores.

Cercas e arbustos altos vão manter as abelhas voando longe da cabeça de seus vizinhos – eles vão agradecer!

333 tratar uma picada de abelha

A fumaça faz as abelhas se acalmarem e deixa você checar a produção de mel.

279 criar uma fazenda de formigas

Enfie um pote de vidro dentro de outro mais largo. Faça furos na tampa do pote maior.

Ache um formigueiro e remova operárias, a rainha e alguns ovos. Evite formigas vermelhas!

Com cuidado, passe por um funil a terra e as formigas operárias em torno do pote menor.

Coloque a rainha e os ovos por último.

Ensope um chumaço de algodão na água e passe migalhas de pão no mel.

Coloque dentro do pote.

Para encorajá-las a fazer túneis, cubra o pote. As formigas vão pensar que estão debaixo da terra.

Remova o papel periodicamente para checar o progresso.

280 ordenhar uma cabra

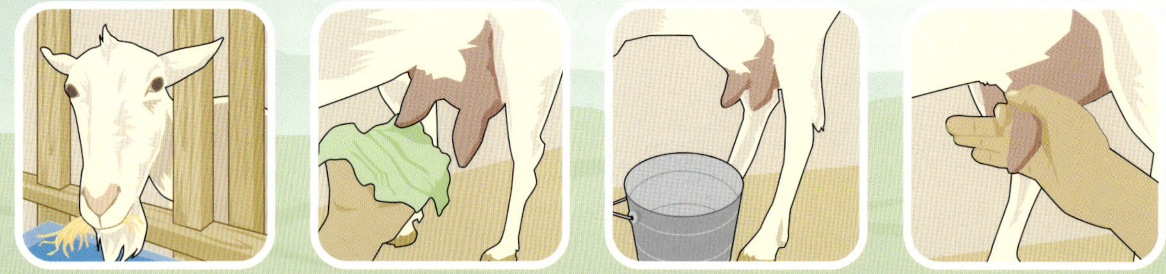

Entre amigavelmente no curral.

Lave as tetas com água morna.

Aperte com um movimento único.

Direcione o primeiro jato para longe.

Pare quando as tetas murcharem.

281 alimentar um carneirinho

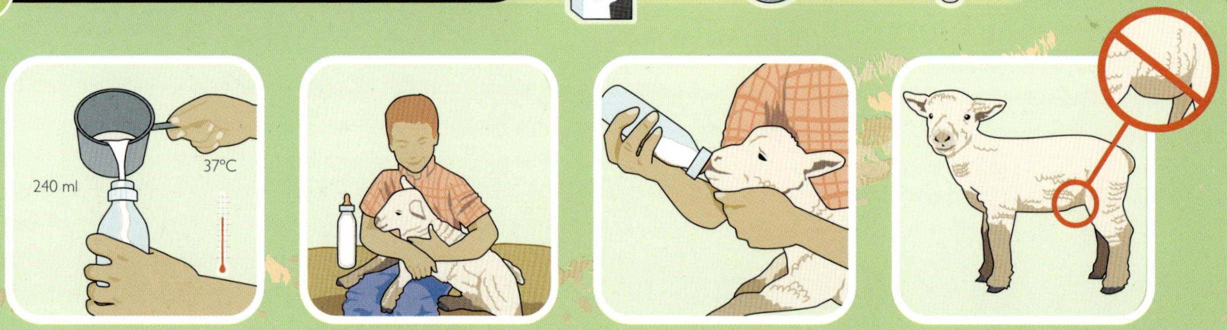

Abrace-o e deixe-o confortável.

Alise sua garganta.

Pare antes que ele fique cheio.

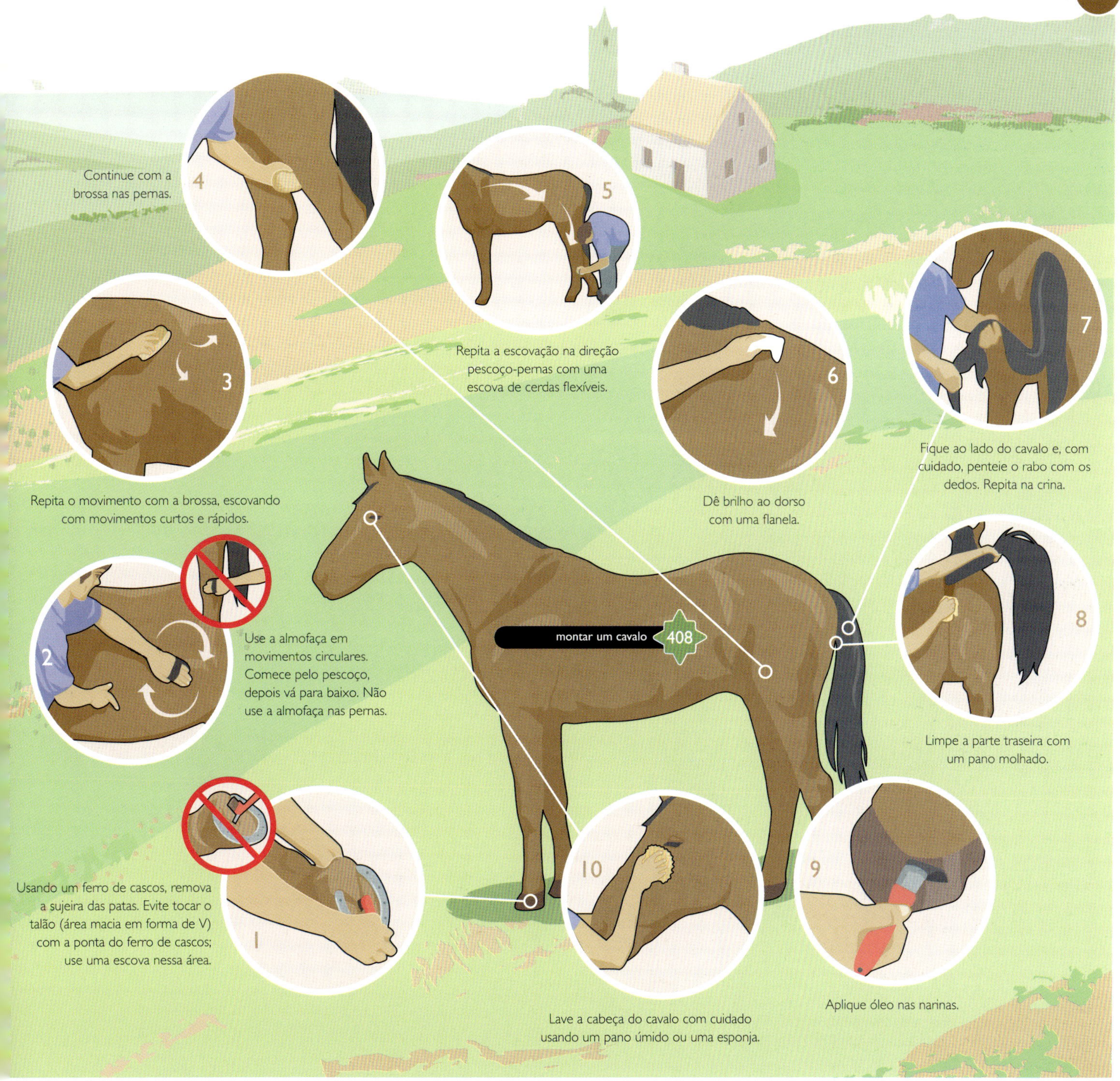
Usando um ferro de cascos, remova a sujeira das patas. Evite tocar o talão (área macia em forma de V) com a ponta do ferro de cascos; use uma escova nessa área.
1
2
Use a almofaça em movimentos circulares. Comece pelo pescoço, depois vá para baixo. Não use a almofaça nas pernas.
3
Repita o movimento com a brossa, escovando com movimentos curtos e rápidos.
4
Continue com a brossa nas pernas.
5
Repita a escovação na direção pescoço-pernas com uma escova de cerdas flexíveis.
6
Dê brilho ao dorso com uma flanela.
7
Fique ao lado do cavalo e, com cuidado, penteie o rabo com os dedos. Repita na crina.
8
Limpe a parte traseira com um pano molhado.
9
Aplique óleo nas narinas.
10
Lave a cabeça do cavalo com cuidado usando um pano úmido ou uma esponja.
montar um cavalo 408

283 alimentar uma tarântula

Alimente os grilos com as larvas.

Verifique onde a tarântula está.

427 assar uma tarântula

Ofereça um grilo de cada vez.

Remova os grilos não comidos.

* Sua tarântula está de barriga para cima sobre um ninho de teia? Ela está trocando de casca e não deve ser tocada ou alimentada até o processo estar completo – do contrário, ela pode se cortar na própria casca. Ela pode parecer forte, mas é muito sensível.

284 descobrir o sexo de tartarugas

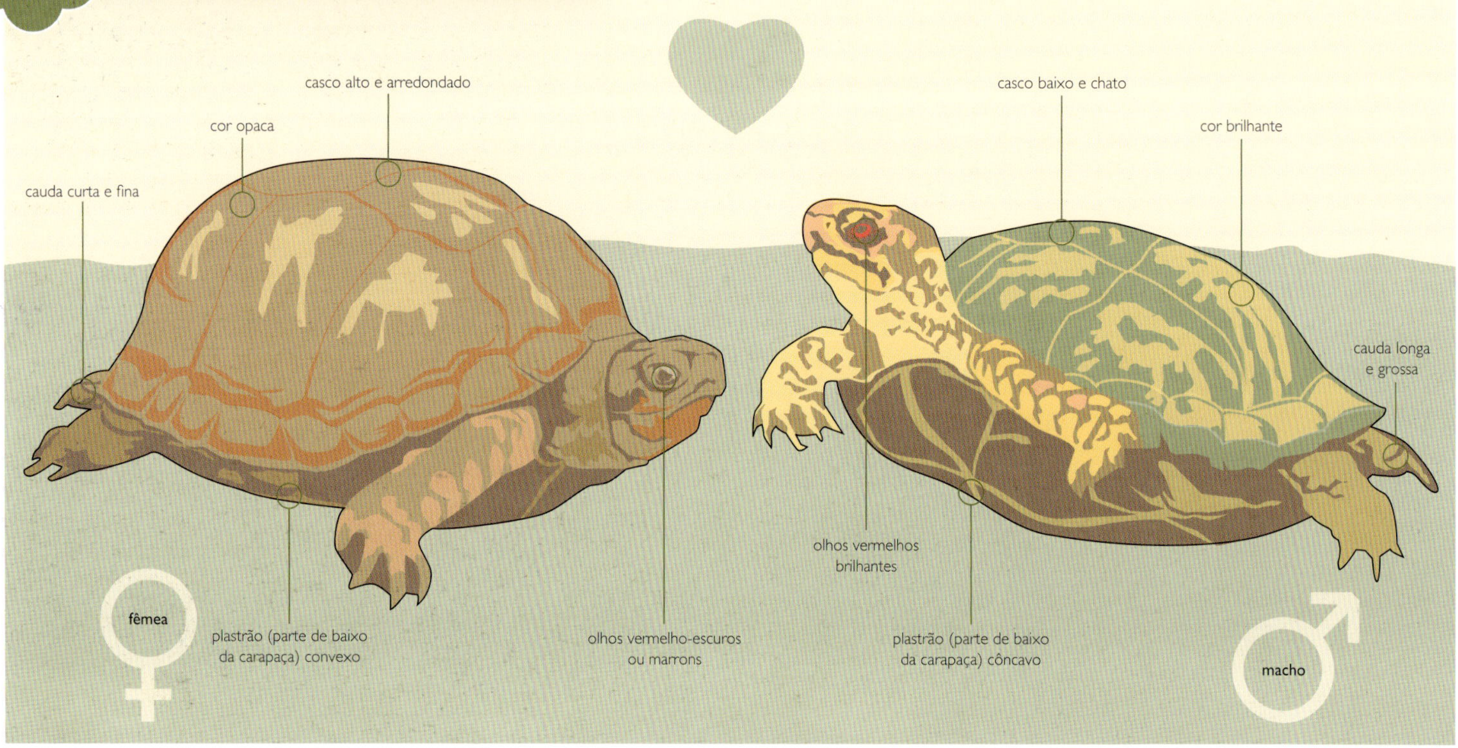

dar banho num papagaio 285

Escolha um dia quente e com sol.

Borrife o corpo do papagaio.

Se ele bater as asas, está gostando.

Deixe-o secar-se sozinho.

construir um lago para carpas 286

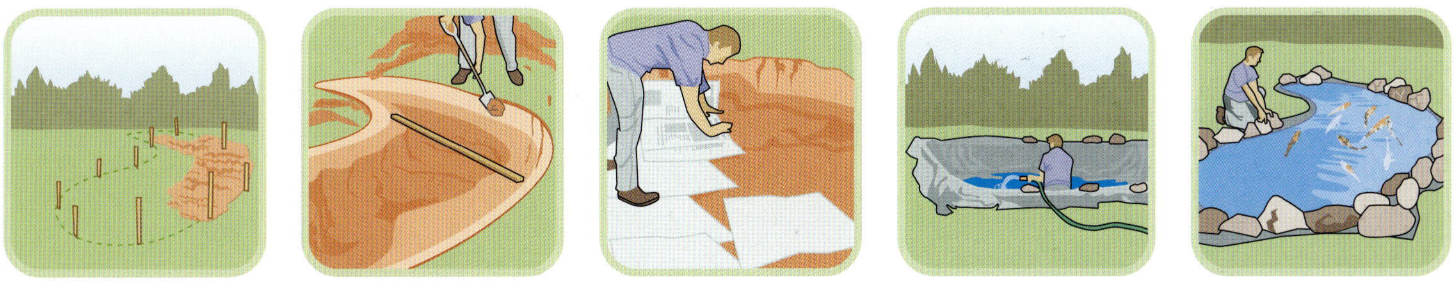

Marque o lago com estacas.

Cave um buraco com desníveis.

Forre com areia e papel.

Coloque a lona. Encha de água.

Ponha pedras nas margens e os peixes.

segurar um porco-espinho 287

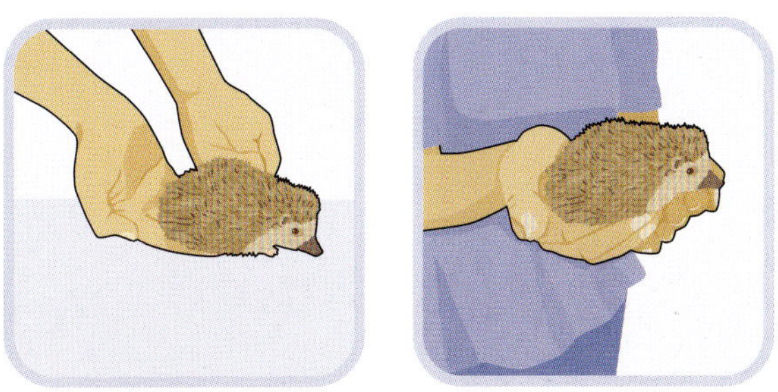

Pegue-o por trás.

Aninhe-o em suas mãos curvadas.

pegar um coelho no colo 288

capturar uma lebre 429

Pegue-o pela parte de baixo.

Abrace-o perto do peito.

289 escovar os dentes de um cãozinho

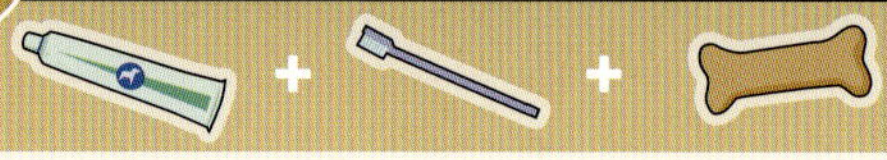

1. Chegue quando ele estiver relaxado.

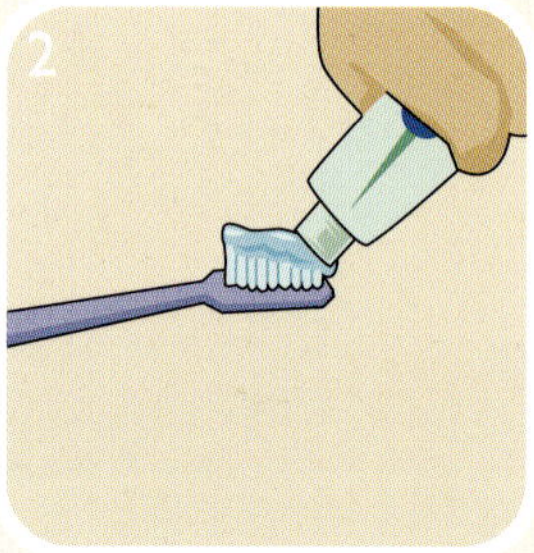

2. Use pasta especial para cães.

3. Deixe-o provar.

4. Levante a boca pra abri-la.

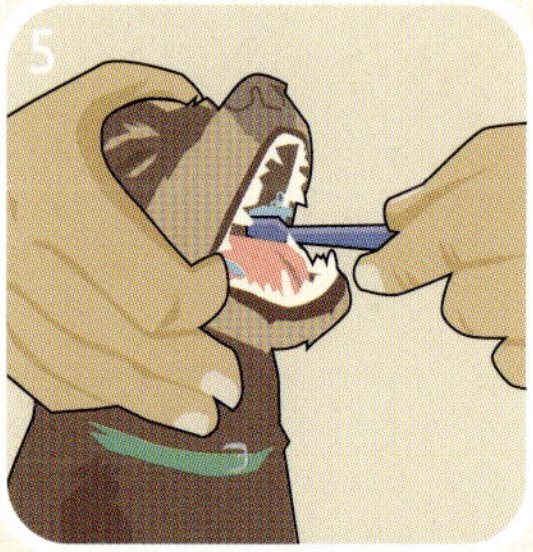

5. Escove os superiores traseiros.

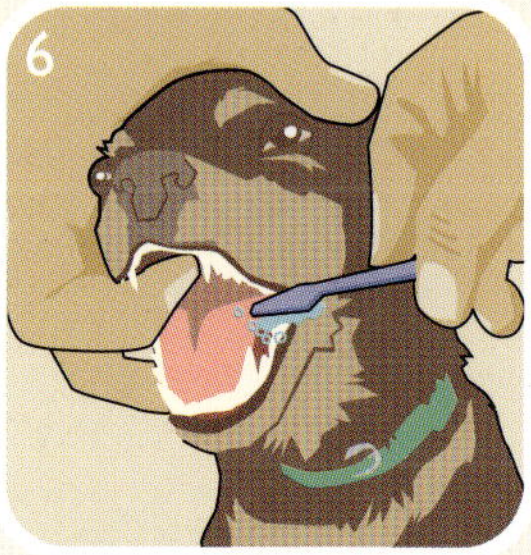

6. Escove os inferiores traseiros.

7. Procure sinais de doença.

8. Recompense com petiscos e elogios.

290 ler a linguagem corporal dos cães

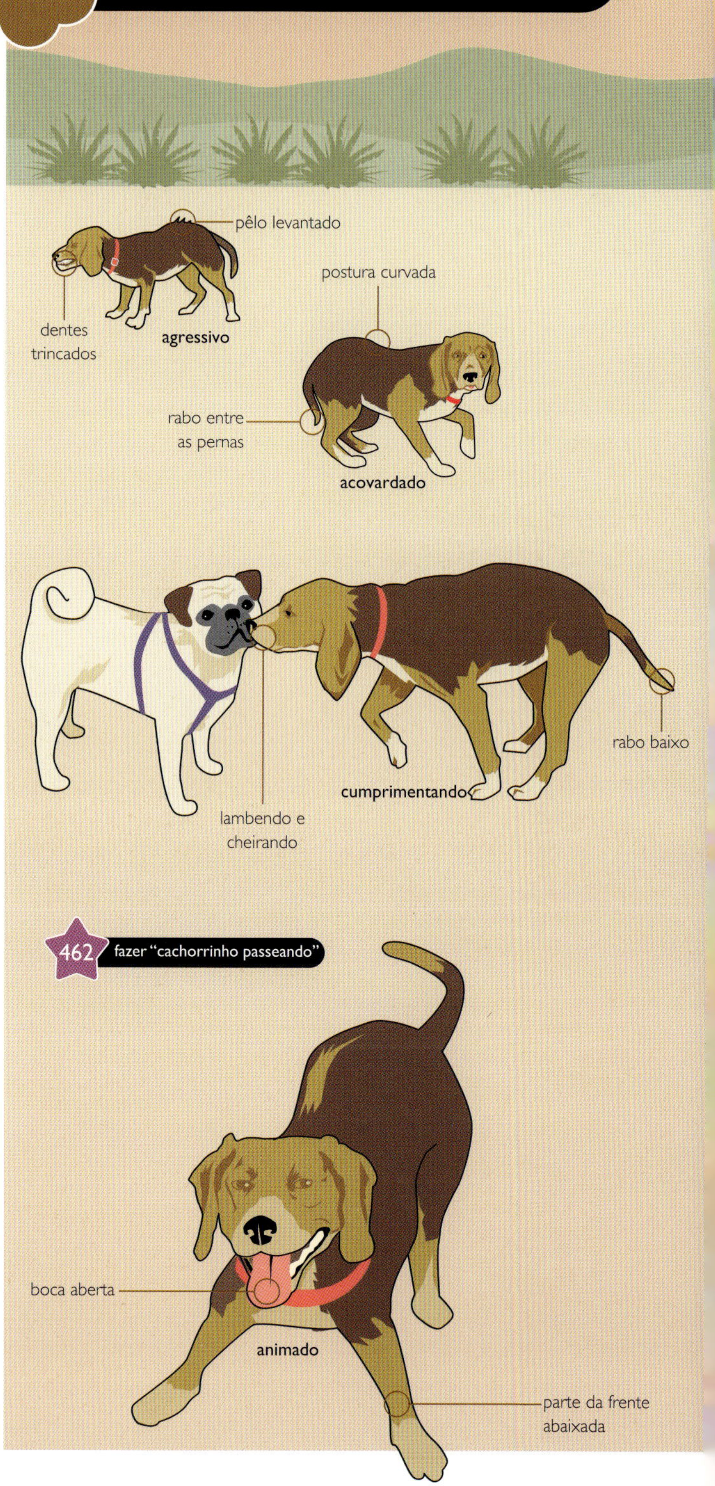

462 fazer "cachorrinho passeando"

cumprimentar um cão estranho 291

Aproxime-se devagar pela frente.

Deixe o cão cheirar você.

Dê batidas leves abaixo do queixo.

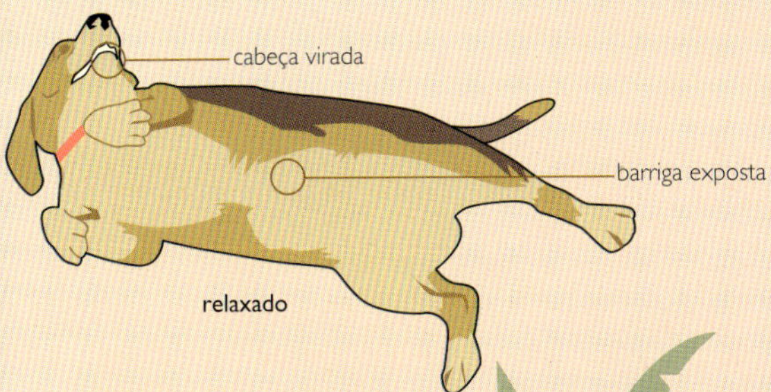

dar um comprimido a um cão 292

Comece agradando o cão.

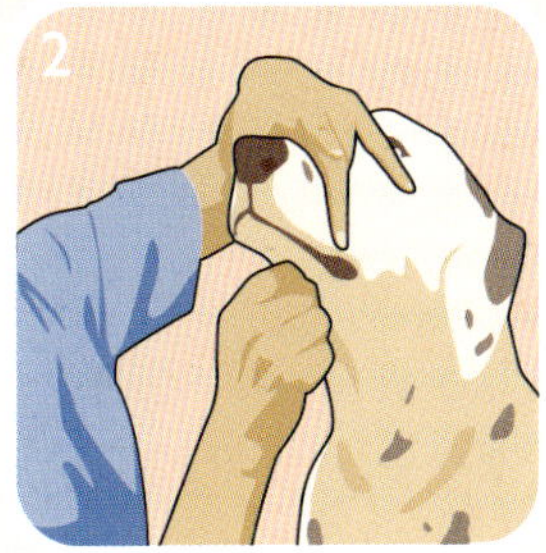

Segure-o pelo focinho.

Erga a boca para abri-la.

Force a mandíbula; esfregue o pescoço.

Não se esqueça da recompensa!

pôr coleira em um cachorro 293

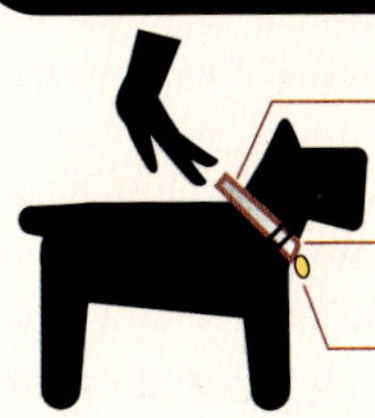

294 ler a linguagem corporal dos gatos

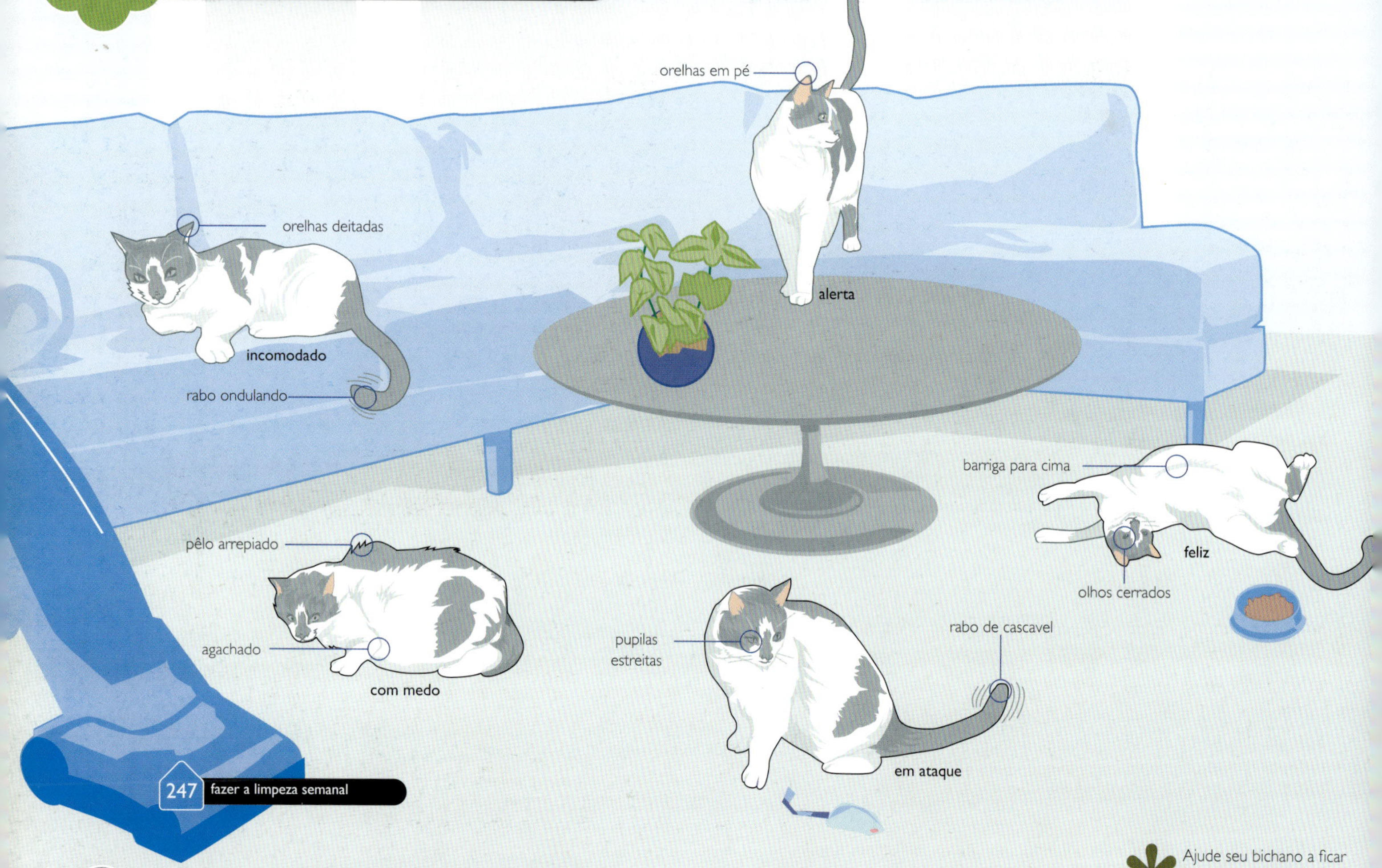

247 fazer a limpeza semanal

295 usar ervas contra as pulgas

✱ Ajude seu bichano a ficar livre das coceiras usando essa mistura de ervas. Faça qualquer combinação em partes iguais de alecrim, eucalipto, erva-doce, arruda, lavanda ou absinto

Pendure as ervas para secarem.

Moa bem.

Esfregue no pêlo.

ficar amigo de um gato medroso 296

Coloque comida de bebê no dedo. Deixe-o sentir o sabor. Quando ele estiver relaxado, acarecie-o.

dar um comprimido a um gato 297

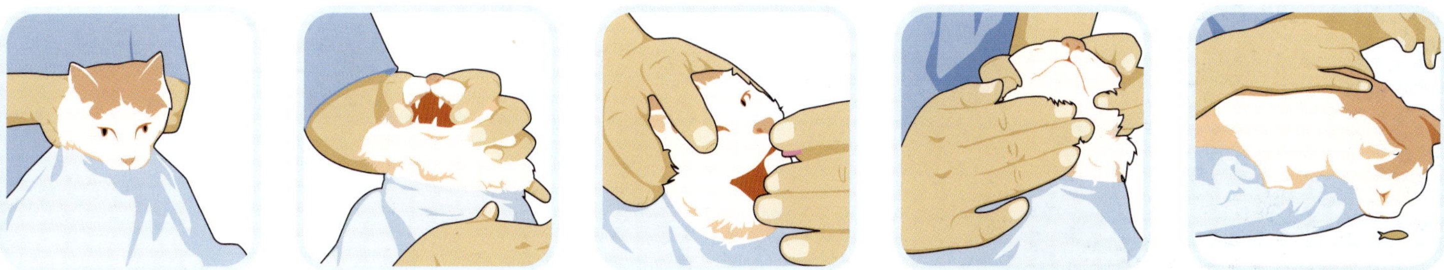

Uma toalha evita arranhões. Aperte a mandíbula; insira o remédio. Massageie até ele engolir. Não se esqueça da recompensa!

cortar as garras de um gato 298

fazer curativo numa ferida 338

Comece com o gato relaxado. Pressione para fazer as garras surgirem. Segure o cortador verticalmente. Corte longe da parte sensível. Recompense o gatinho paciente.

299 dar banho num bebê

Certifique-se de que a cabeça do bebê está apoiada.

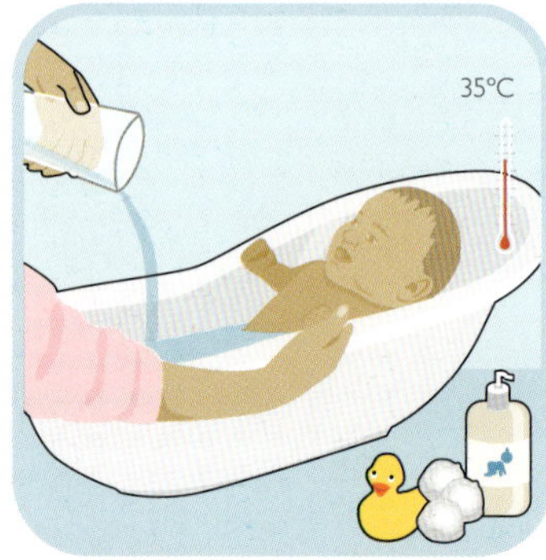

Previna-se do frio com água morna.

Lave o rosto com algodão.

Lave a frente do bebê, de cima a baixo.

Lave as costas, de cima a baixo.

Devagar, lave o alto da cabeça.

Carinhosamente, envolva-o numa toalha macia.

* Certifique-se de estar o tempo todo com uma de suas mãos no bebê enquanto ele brinca na banheira. Isso evita que ele deslize para debaixo d'água – e faz com que ele se sinta seguro. Também nunca deixe seu bebê sozinho na banheira. Todos os utensílios devem estar ao alcance da sua mão.

300 cozinhar uma papinha de bebê

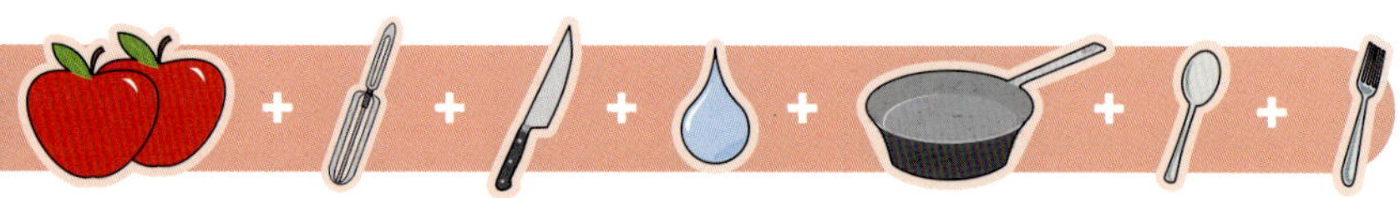

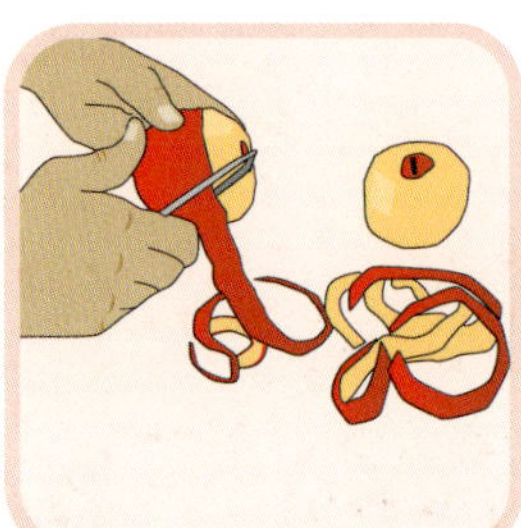

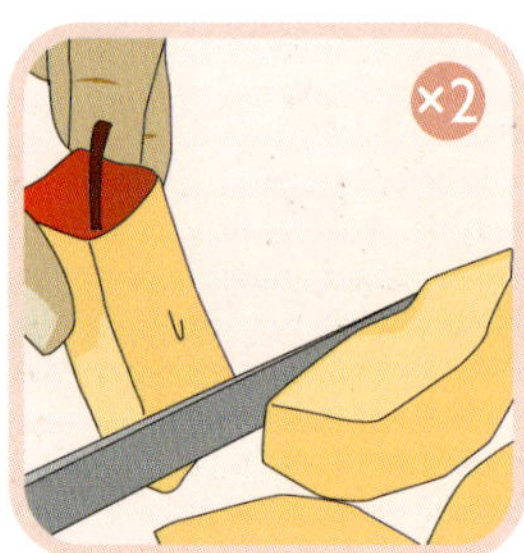

Coloque as maçãs e a água. Cozinhe.

Amasse até virar uma papa; deixe esfriar.

pendurar um móbile divertido 301

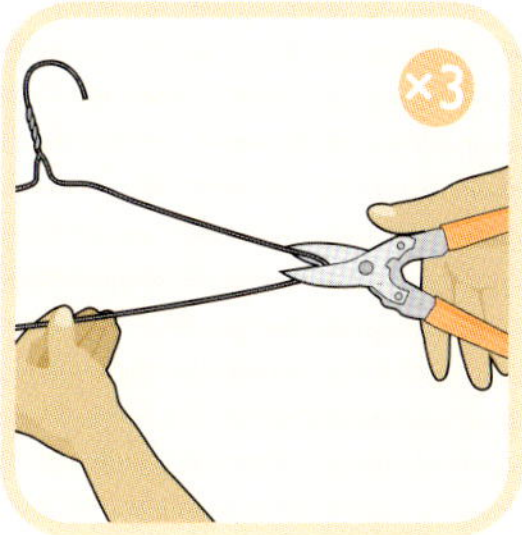

Remova a barra horizontal.

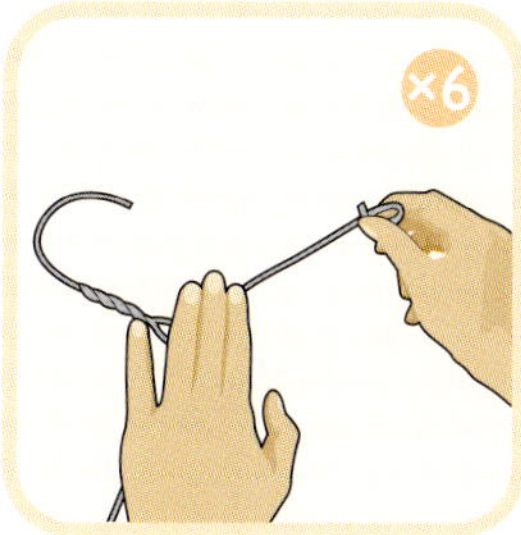

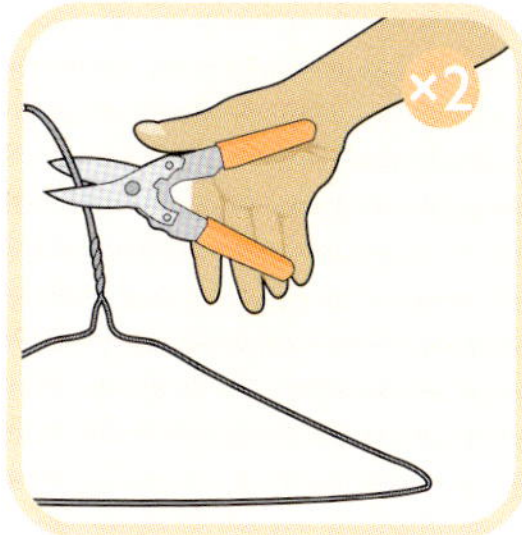

Corte o excesso.

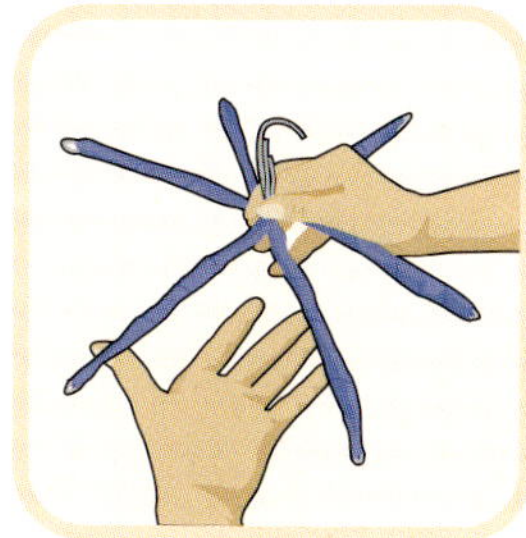

Junte os três cabides.

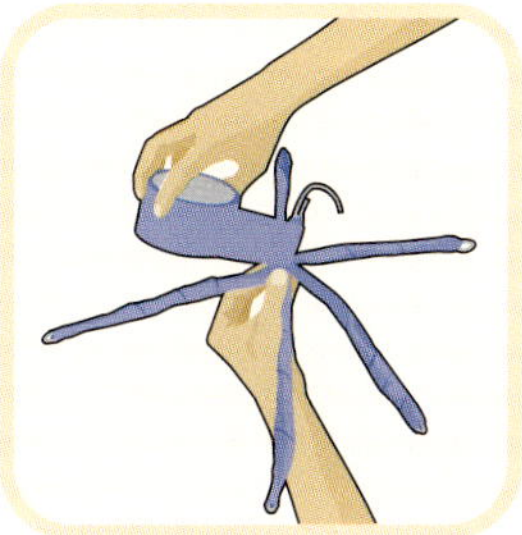

Prenda-os com fita.

Cole numa cartolina; amarre.

Pendure fora do alcance do bebê.

Atualize com objetos coloridos.

Móbiles são tão fascinantes que os bebês não param de tentar alcançá-los. Para não deixar que a decoração vire uma fonte de riscos, amarre os cabides com um material resistente e a uma distância de 45 cm. Assim, os objetos pendurados estarão fora do alcance de seu bebê. Conforme ele for crescendo e seus olhos começarem a identificar as diferenças entre as cores, troque os desenhos em preto-e-branco por outros mais coloridos, brilhantes e elaborados. Suspenda ou retire o móbile assim que seu bebê puder empurrá-lo com as mãos ou os pés.

equipar uma bolsa de bebê 302

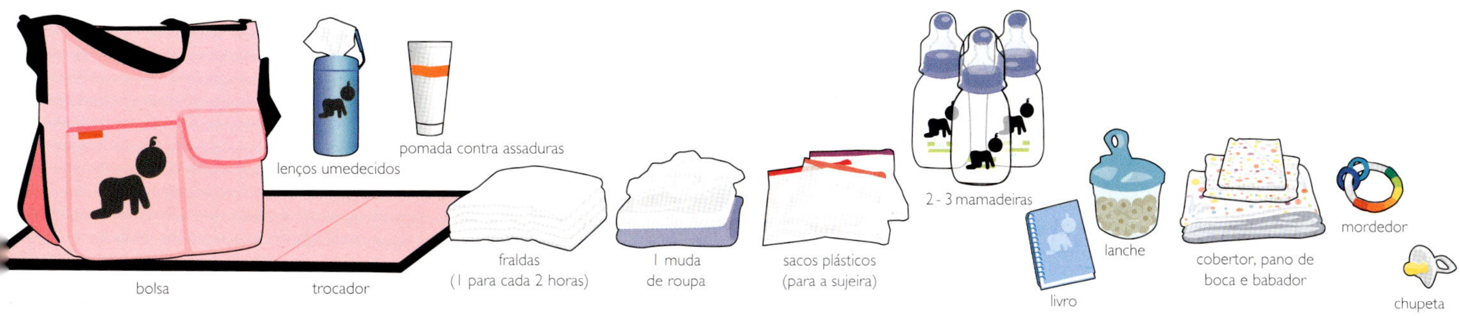

303 enrolar um bebê num cueiro

colocar um bebê para arrotar 304

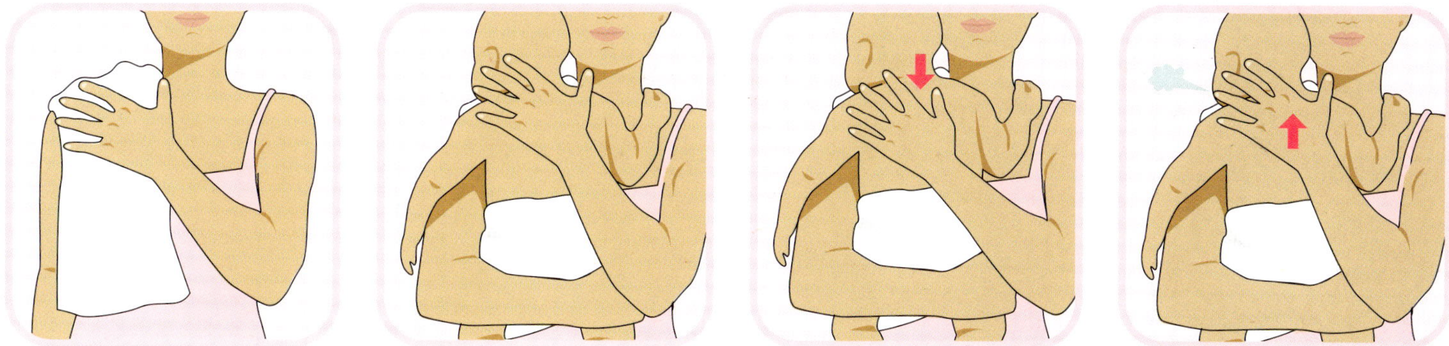

Dê tapinhas nas costas do bebê.

Espere até que o arroto seja liberado.

massagear um bebê com cólica 305

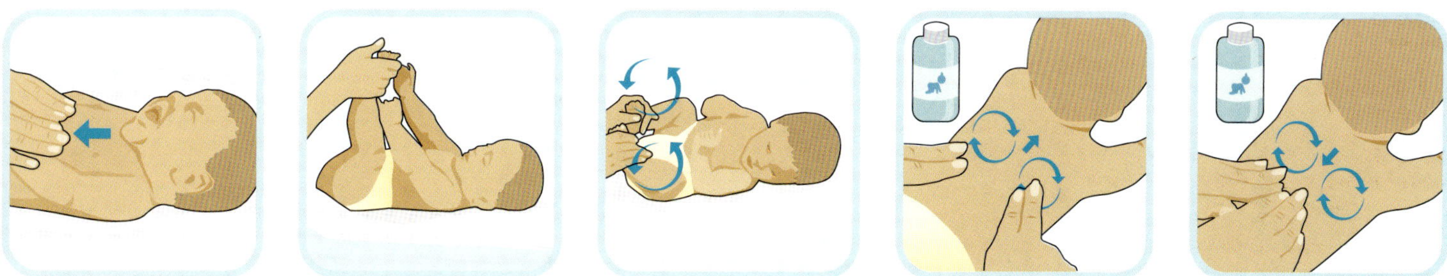

Massageie a barriga do bebê.

Mexa suas pernas para os lados.

Faça círculos com suas pernas.

trocar uma fralda de pano 306

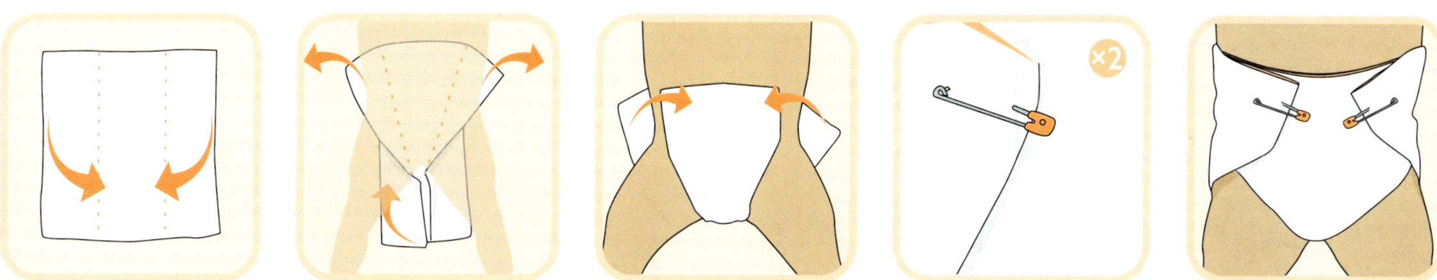

Coloque o bebê; dobre.

307 ensinar uma criança a pedalar

Vista-a com equipamento de segurança.

Levante as rodinhas um pouco a cada semana.

Remova as rodinhas quando ela estiver pronta.

384 remendar um pneu de bicicleta

Ajuste o selim para os pés tocarem o chão.

Vá a um local aberto, inclinado e gramado.

Faça-a andar girando o guidão.

Segure seus ombros.

308 expulsar monstros imaginários

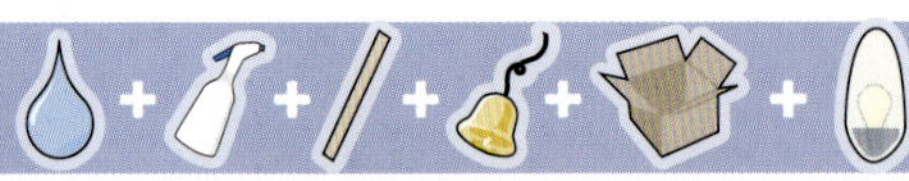

Escute os medos da criança.

Coloque-a na cama.

Borrife um repelente de monstros.

Monte uma armadilha.

Deixe uma luz acesa.

309 tirar chiclete do cabelo

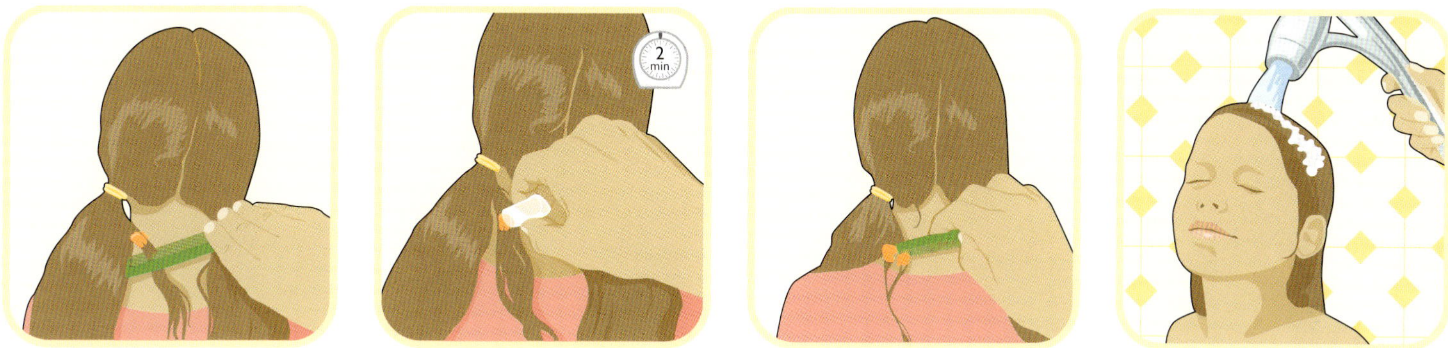

Isole o chiclete.

Passe gelo até que o chiclete quebre.

Passe o pente para retirar os pedaços.

310 fazer uma criança comer legumes

cultivar uma horta 273

Escolha os legumes junto com ela.

Deixe que ela o ajude a prepará-los.

Sirva antes do prato principal.

Deixe que ela veja você comendo.

Faça um desenho no prato.

311 servir um polvo de banana

Corte oito "tentáculos".

Faça cortes para os olhos.

Enfie passas nos cortes.

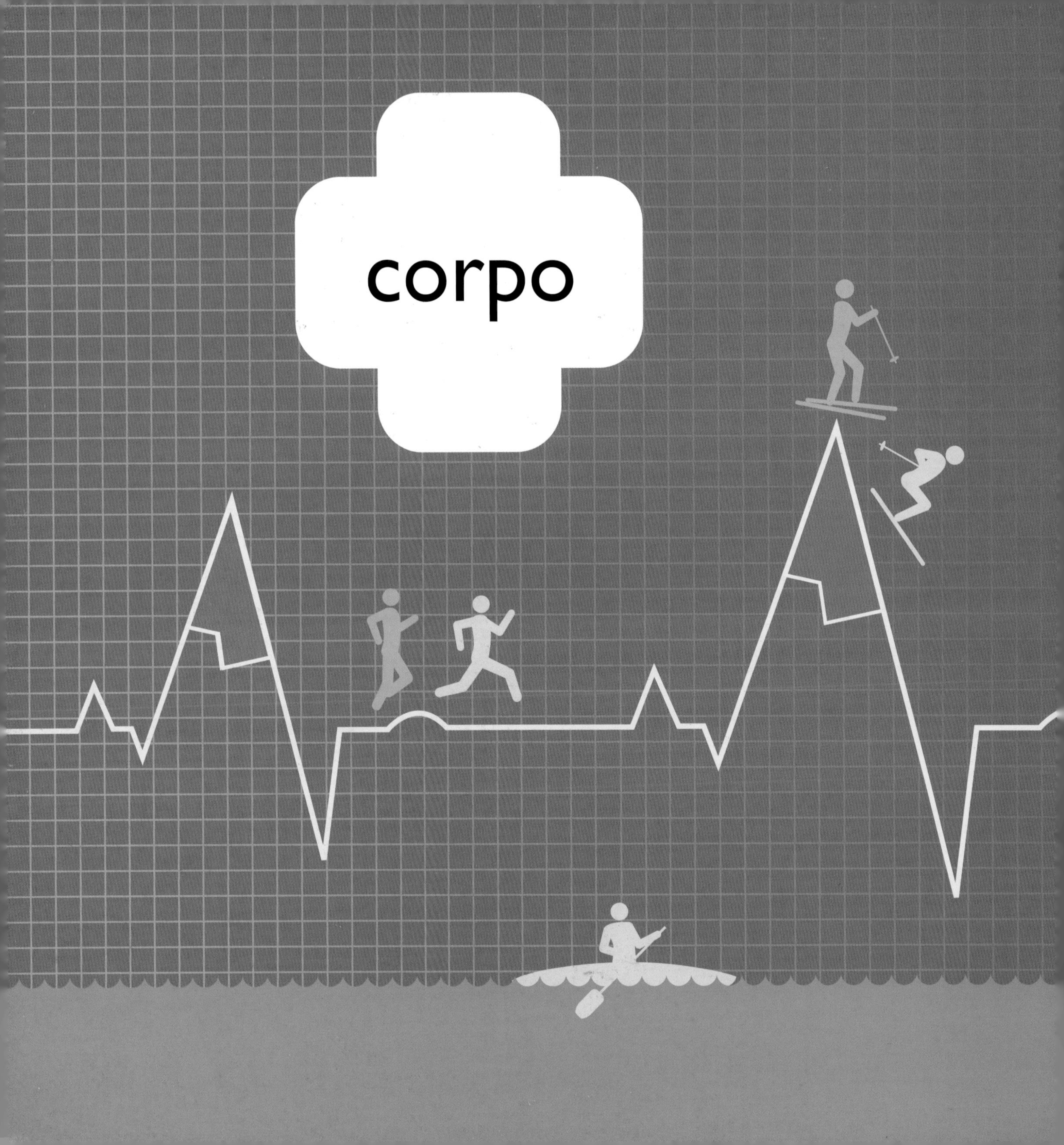
corpo

312 selecionar o taco certo no golfe

tipo de cabeça	distância média	
driver	140 - 180 m	180 - 240 m
madeira 3	115 - 165 m	165 - 215 m
madeira 5	95 - 155 m	155 - 190 m
ferro 2	95 - 155 m	155 - 190 m
ferro 3	90 - 145 m	145 - 180 m
ferro 4	80 - 135 m	135 - 170 m
ferro 5	75 - 130 m	130 - 155 m
ferro 6	65 - 120 m	120 - 145 m
ferro 7	60 - 110 m	110 - 135 m
ferro 8	55 - 100 m	100 - 130 m
ferro 9	50 - 85 m	85 - 120 m
pitching wedge	45 - 75 m	75 - 110 m
sand wedge	35 - 55 m	55 - 90 m

O tipo mais comum de grip é o vardon. Ele é feito encaixando-se o dedo mínimo da mão direita entre o indicador e o dedo médio da mão esquerda.

Não aperte demais o taco. Pense que ele é um filhote de passarinho.

Espere sua vez! Não comece antes que os outros tenham terminado e saído da grama.

Não faça exercícios de swing enquanto outra pessoa está no meio de uma tacada.

313 aperfeiçoar seu swing no golfe

Posicione-se paralelamente à linha de alvo.

Incline-se para frente; dobre os joelhos.

Deixe os pés alinhados com seus ombros.

Levante o ombro esquerdo; alinhe os pés.

sair da areia movediça 446

Saia do sand trap batendo na areia, bem atrás da bola, fazendo-a voar junto com uma camada de areia.

Bolas de golfe são geralmente pintadas com números, isso ajuda a marcá-las. Você não ia querer trocar as bolas e ficar no lugar de um jogador mal posicionado, certo?

Andar no caminho é legal. Mas fique fora da grama.

Regra de ouro: jogue a bola de onde ela parar. Movê-la é roubo.

É a bola que deve voar, não o seu taco. Deixe a raiva fora da jogada.

Para fazer uma jogada, movimente o taco para trás e bata reto, a uma velocidade lenta e constante.

Balance o taco perto da bola para testar.

Gire o quadril, focando a bola.

Bata na bola; gire o quadril e os pés.

Siga a bola e termine atingindo o alvo.

315 lançar uma bola de beisebol

O dedo indicador e o médio ficam em cima da costura. | Esconda sua pegada. | Ponha seu pé direito à frente; angule com o esquerdo.

Solte com seus dedos por cima da bola.

316 acertar um arremesso livre

460 girar uma bola de basquete

Fique atrás da linha de tiro. | Focalize a tabela. | Fique reto; jogue dobrando os pulsos. | Cesta!

acertar um serviço no tênis 317

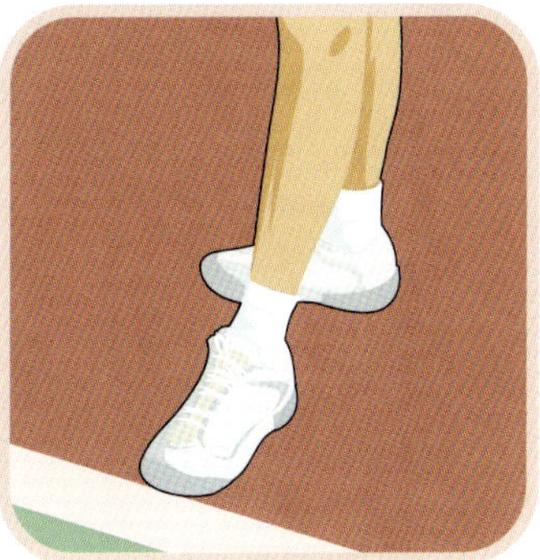

Fique atrás da linha.

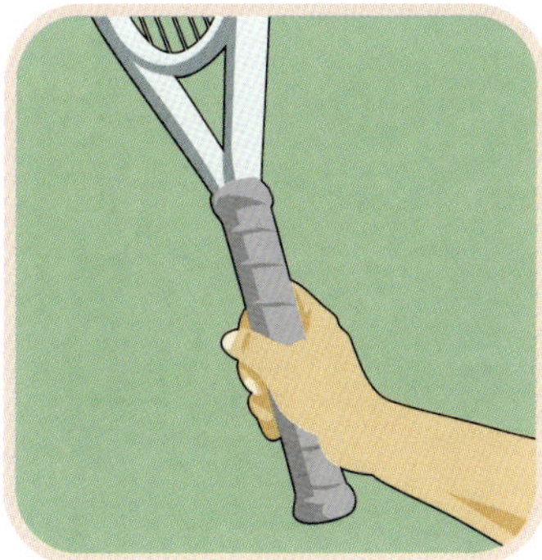

Segure na raquete com a pegada continental.

Aponte a raquete para o alvo.

Passe seu peso para trás.

Envergue a raquete para trás.

Endireite-se. Bata com a ponta da raquete.

jogar bocha 318

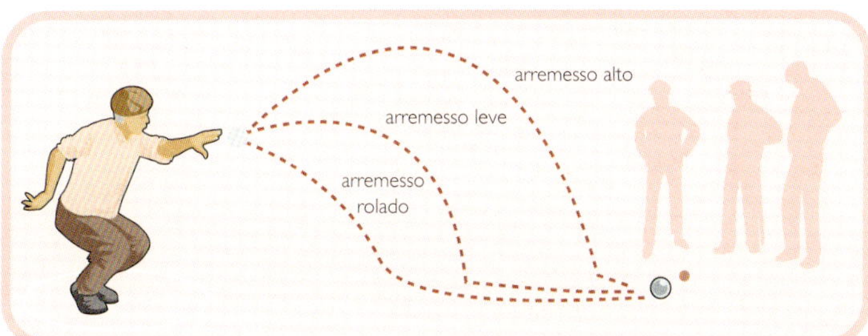

Escolha uma técnica. De dentro do círculo, arremesse para o mais próximo possível do bolim.

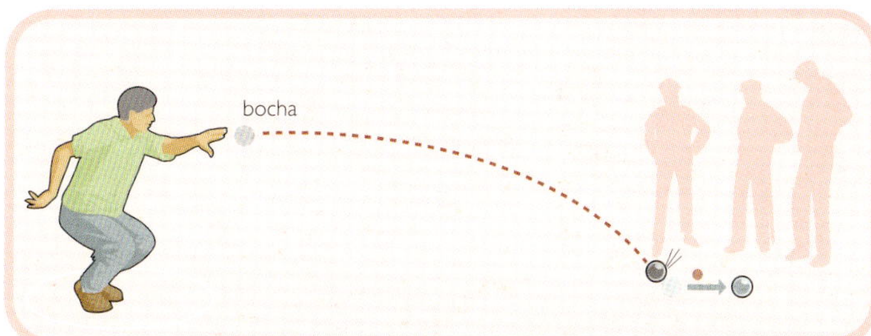

Acerte sua bocha na de um rival para tirá-la de perto do bolim.

319 jogar com um esquema 4-4-2

Comece o jogo com o testado e comprovado 4-4-2. Ele vai proteger seu gol e o meio de campo enquanto você manda dois jogadores livres para o ataque.

320 golear com um esquema 4-3-3

Precisa marcar um gol no jogo? Use essa formação equilibrada para se lançar ao ataque sem deixar sua área desprotegida.

321 dominar com um esquema 3-5-2

Os jogos de hoje são perdidos ou ganhos no meio de campo. Para controlar o jogo, aumente o número de jogadores nessa área.

322 defender com um esquema 4-5-1

O 4-5-1 preserva sua liderança – garante o empate. O único atacante deve ser rápido para poder marcar quando a chance aparecer.

julgar as faltas no futebol 323

Dar uma cabeçada no adversário é falta para cartão vermelho.

Olha a boca! Xingar ou ter uma conduta grosseira podem render um cartão amarelo.

Entrar ou sair do campo sem a autorização do árbitro valem um cartão amarelo.

Dois cartões amarelos equivalem a um cartão vermelho, com expulsão.

Cuspir em alguém dá ao jogador um cartão vermelho – e um lugar no banco.

cabecear 324

Acerte no centro para mandá-la para frente.

Acerte na parte de baixo para mandá-la para cima.

Jogue o corpo para trás. Mantenha a boca fechada.

Acerte na parte de cima para mandá-la para baixo.

defender um gol 325

Assuma a posição básica de goleiro.

Faça uma forma de diamante com suas mãos.

Mergulhe para fazer a defesa.

Pressione contra seu peito.

Segure a bola no peito.

Proteja a bola com o corpo.

326 entender as vitaminas

Lembre-se do que sua mãe dizia – tome vitaminas! Use o esquema abaixo para ajudar você a selecionar alimentos ricos nas vitaminas de que seu organismo necessita e aprender quanto de cada uma você e sua família precisam diariamente.

327 queimar calorias

Você sabia que está sempre queimando calorias, mesmo enquanto dorme? Confira o quanto uma pessoa adulta (80 Kg) queima ao fazer essas atividades por uma hora.

visualizar porções de comida 328

Qual é o tamanho ideal de uma porção de alimento? Tente imaginar um bife como um baralho. Ou uma batata como um mouse de computador. Essas são as quantidades a serem servidas! Use essas comparações e recomendações diárias para ter uma dieta balanceada.

329 curar com acupressura

Alivie pequenas dores do dia-a-dia com esse tradicional tratamento chinês. Primeiro, localize os pontos correspondentes ao seu desconforto. Pressione a área com o polegar ou com o cotovelo. A pressão vai estimular os órgãos, a energia interna e a corrente sanguínea, resultando numa onda de alívio.

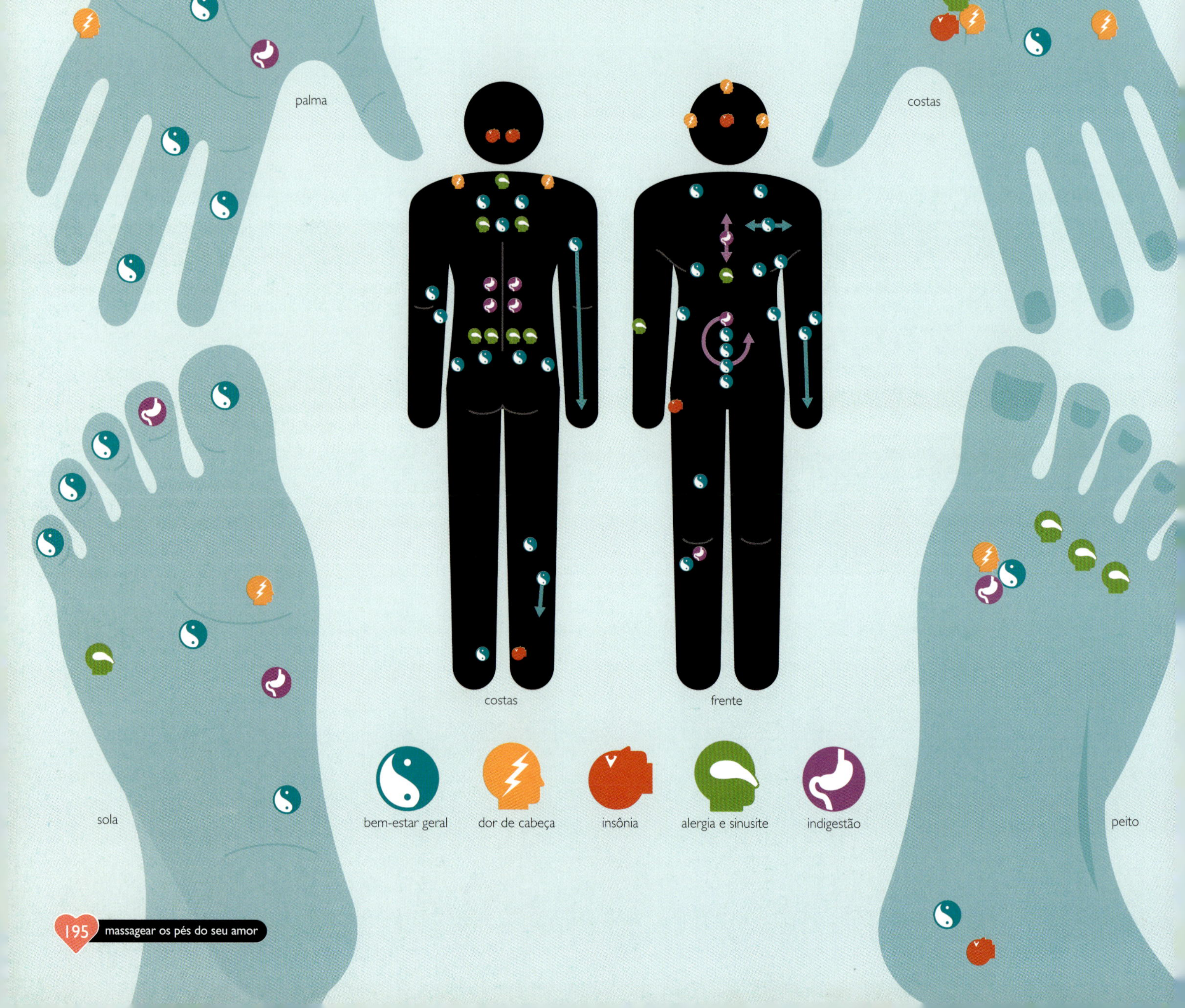

195 massagear os pés do seu amor

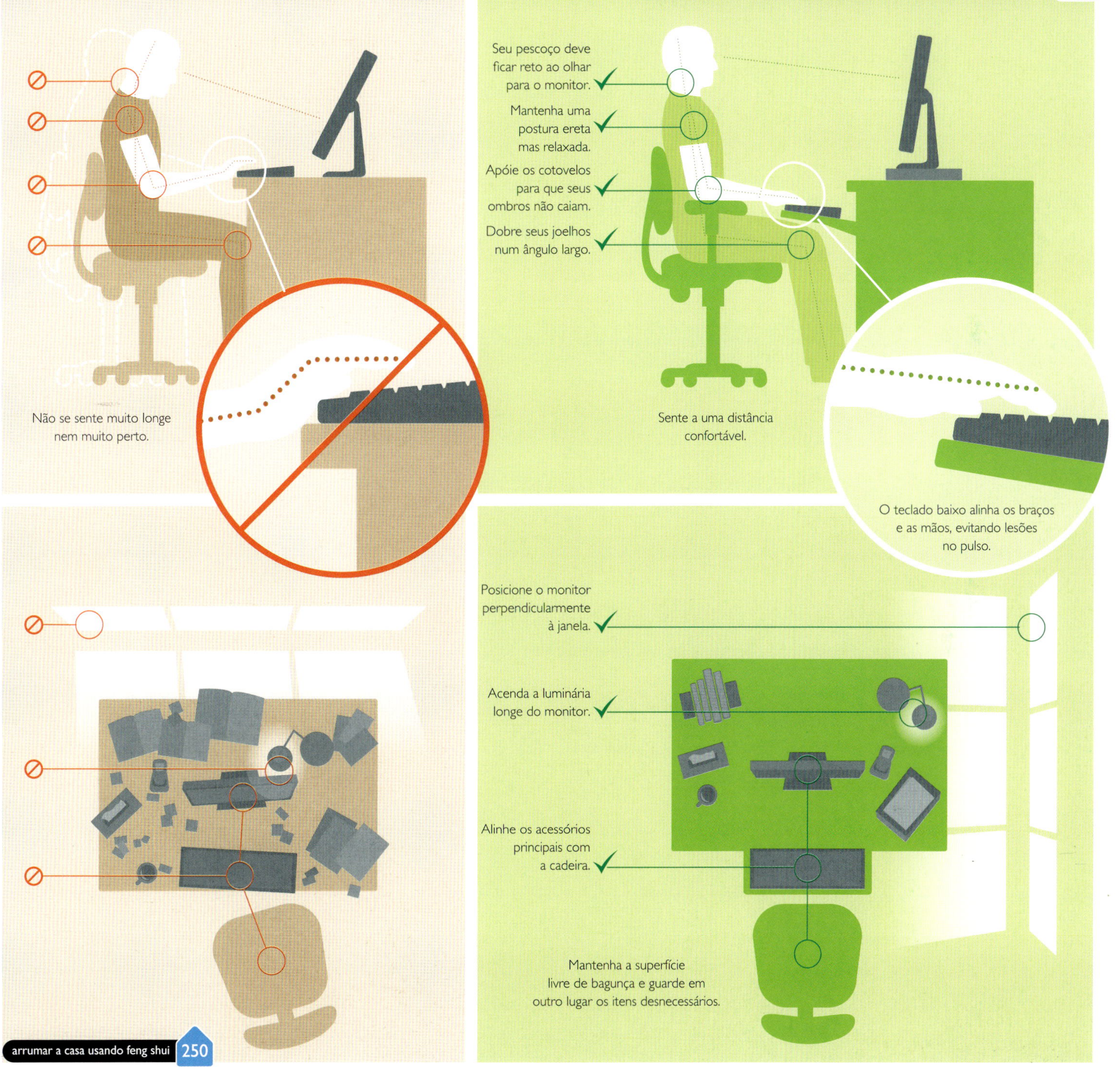
Não se sente muito longe nem muito perto.
Seu pescoço deve ficar reto ao olhar para o monitor.
Mantenha uma postura ereta mas relaxada.
Apóie os cotovelos para que seus ombros não caiam.
Dobre seus joelhos num ângulo largo.
Sente a uma distância confortável.
O teclado baixo alinha os braços e as mãos, evitando lesões no pulso.
Posicione o monitor perpendicularmente à janela.
Acenda a luminária longe do monitor.
Alinhe os acessórios principais com a cadeira.
Mantenha a superfície livre de bagunça e guarde em outro lugar os itens desnecessários.

331 tratar uma queimadura leve

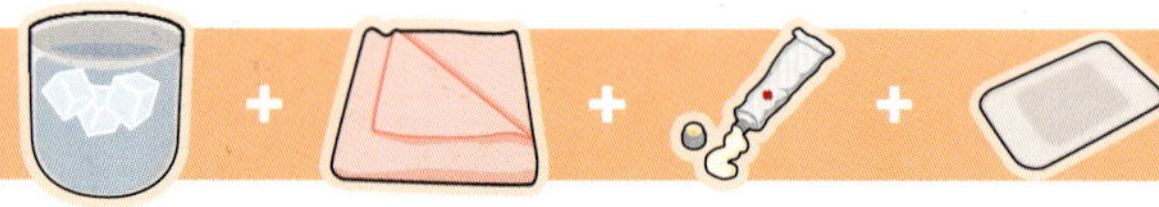

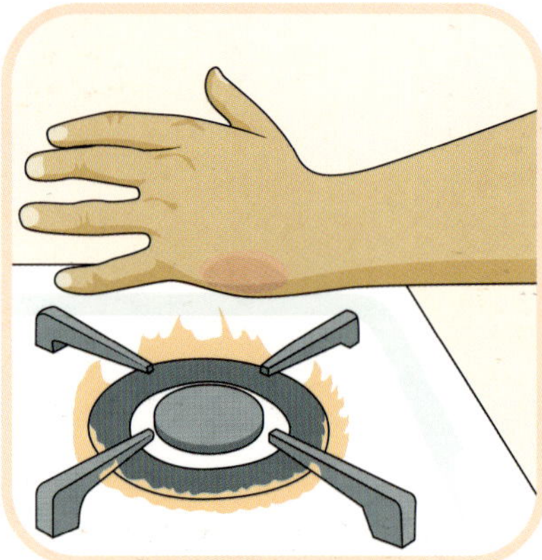

Saia de perto da fonte de calor.

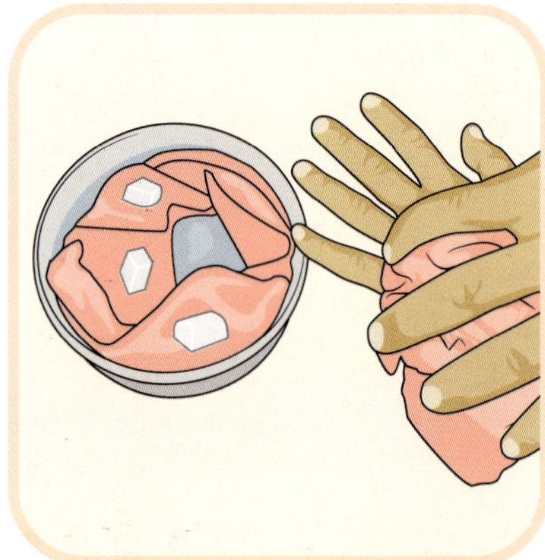

Mergulhe um pano em água com gelo; aplique.

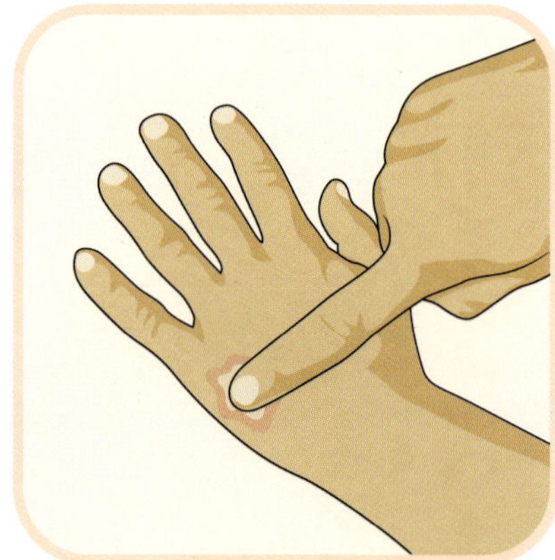

Se ficar branca, é uma queimadura de primeiro grau.

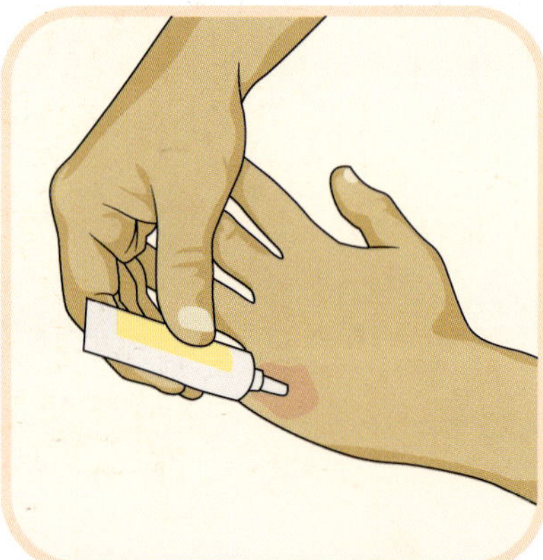

Aplique uma pomada antibiótica.

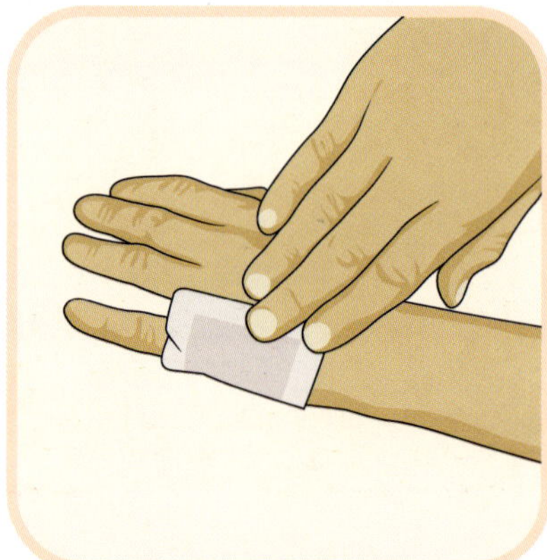

Cubra com um curativo.

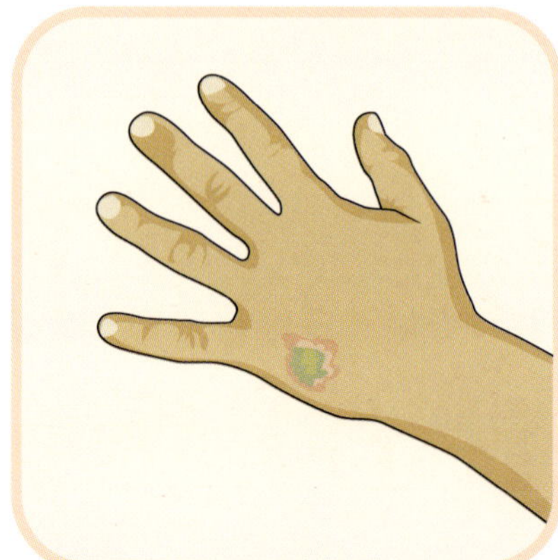

Monitore a descoloração.

332 estancar sangramento no nariz

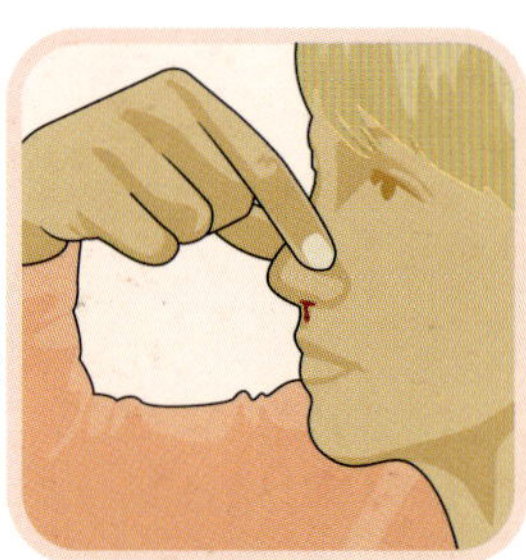

Faça pressão intermitente.

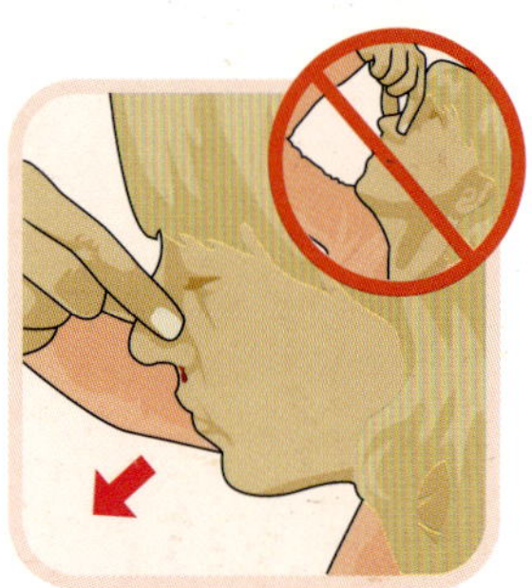

Incline para frente.

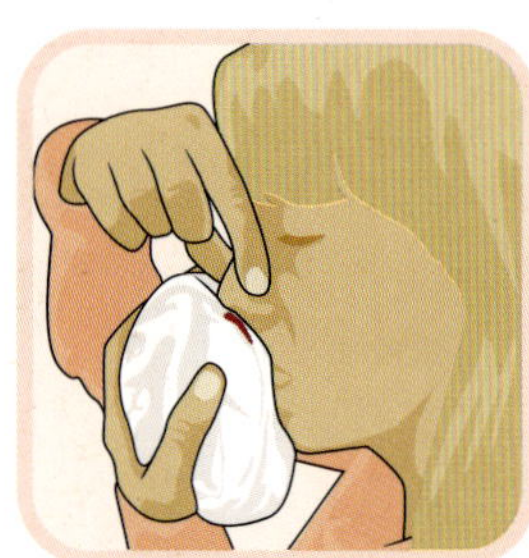

Um pano vai absorver o sangue.

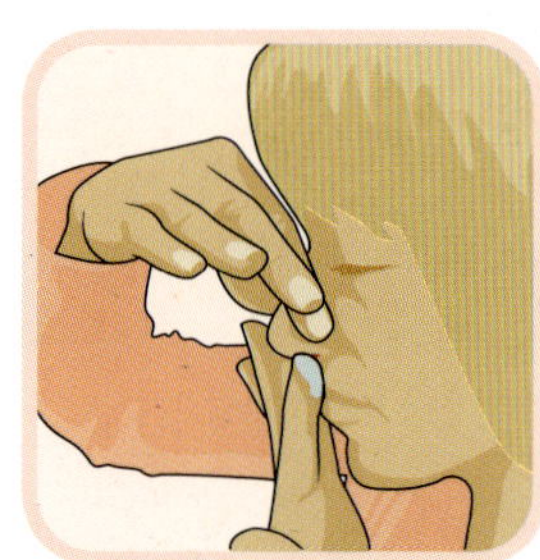

Mantenha a narina hidratada.

Se persistir, procure ajuda.

tratar uma picada de abelha 333

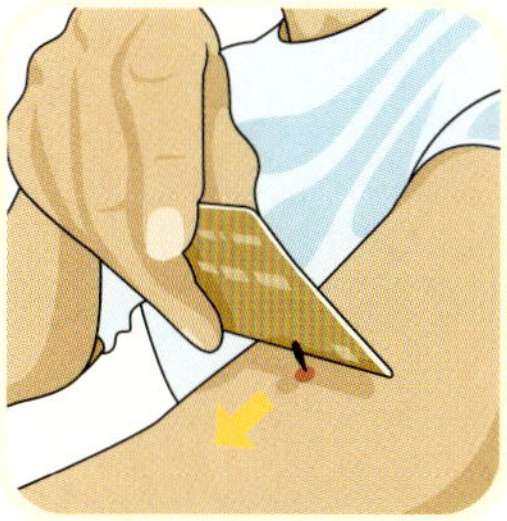

Remova o ferrão imediatamente.

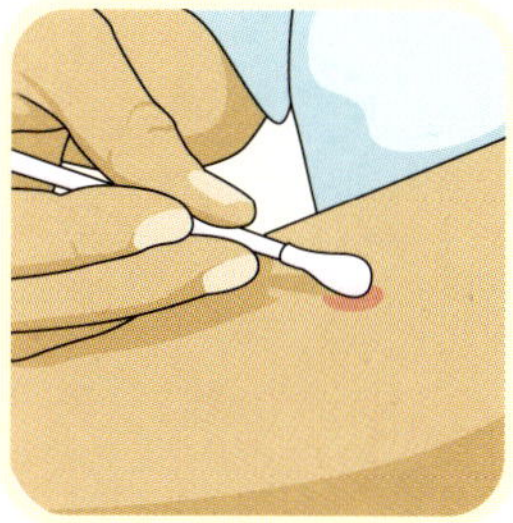

Limpe esfregando álcool.

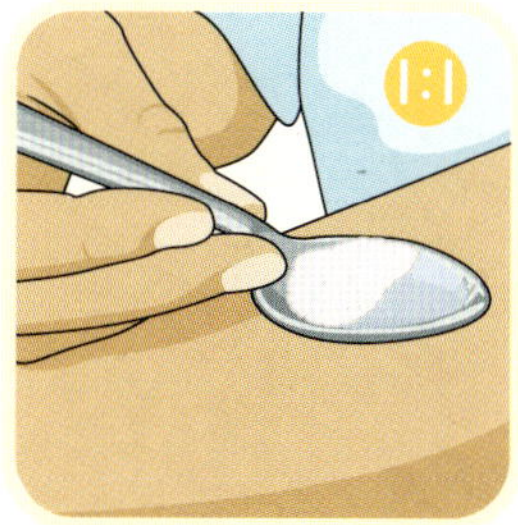

Misture bicarbonato com água.

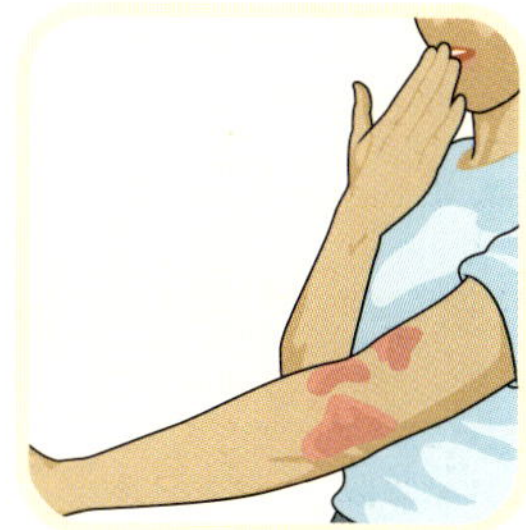

Verifique se há reação alérgica.

tirar uma farpa 334

Lave o local com cuidado.

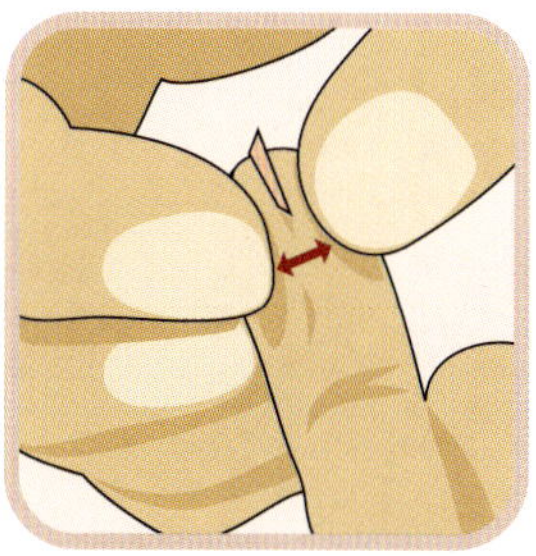

Esprema em torno da farpa.

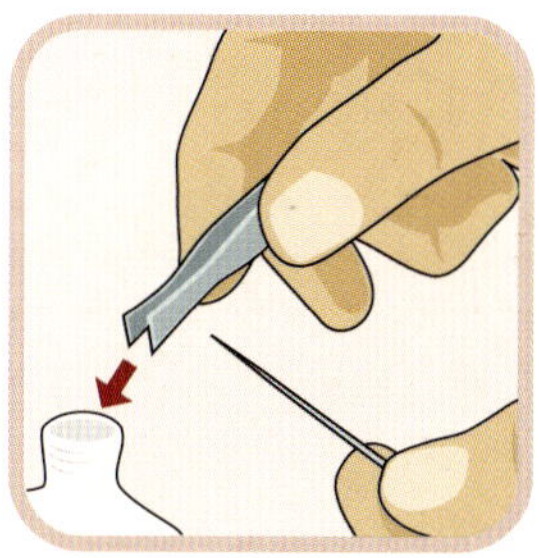

Esterilize com álcool.

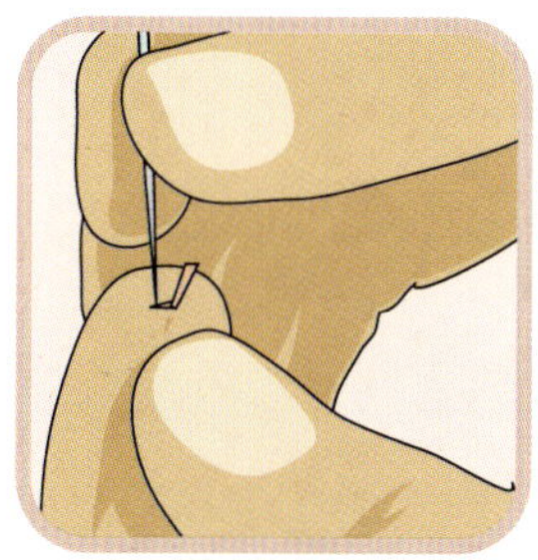

Aumente o buraco.

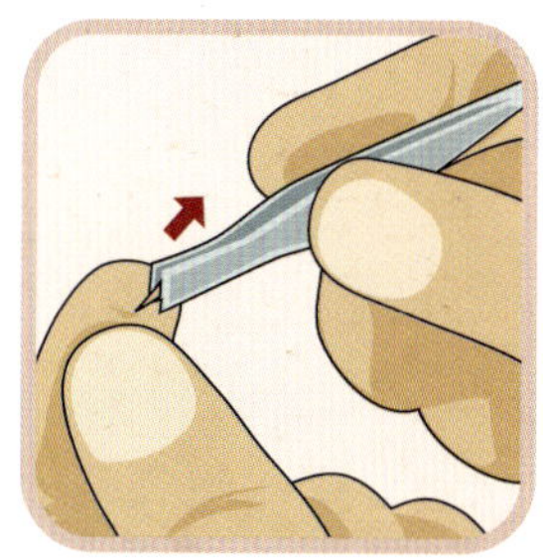

remover um objeto do olho 335

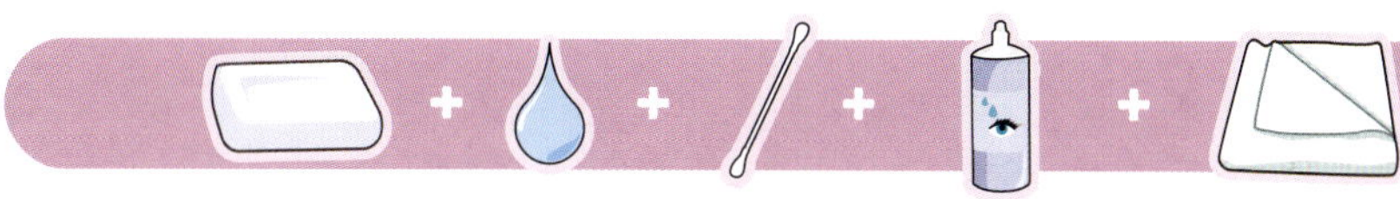

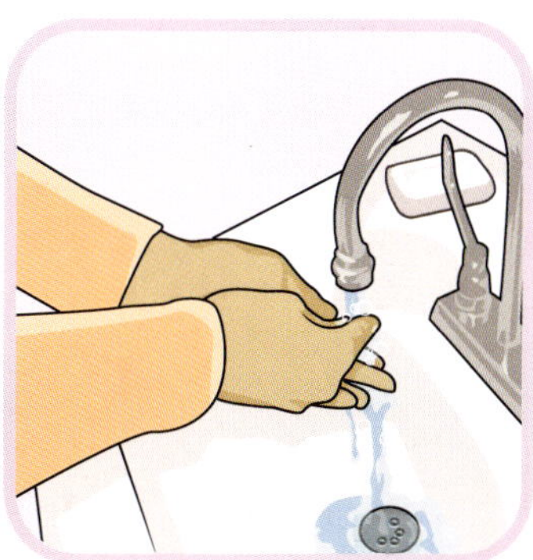

Antes, lave as mãos.

Limpe; remova o objeto.

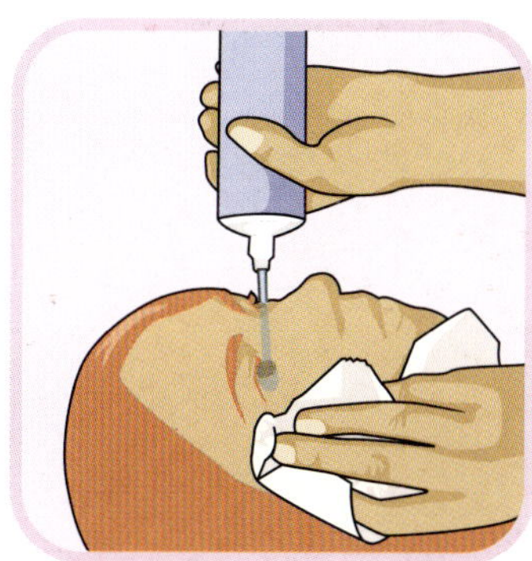

Deite; derrame soro fisiológico.

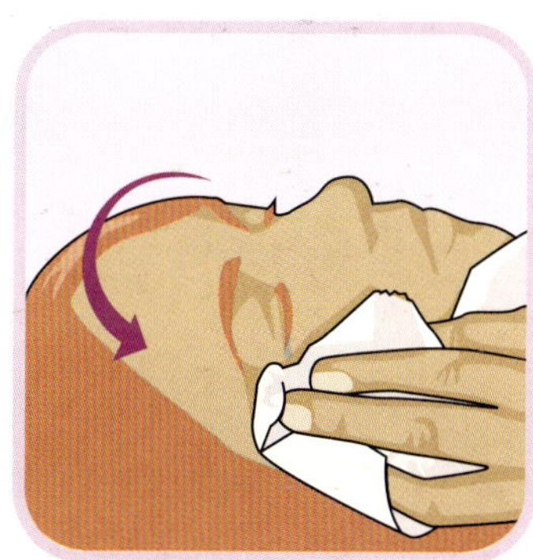

Vire a cabeça para que o excesso escorra.

336 montar um kit para emergências

337 estancar um sangramento

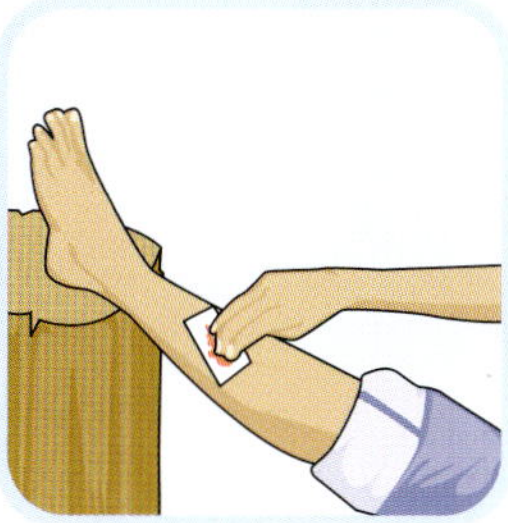

Eleve. Faça pressão.

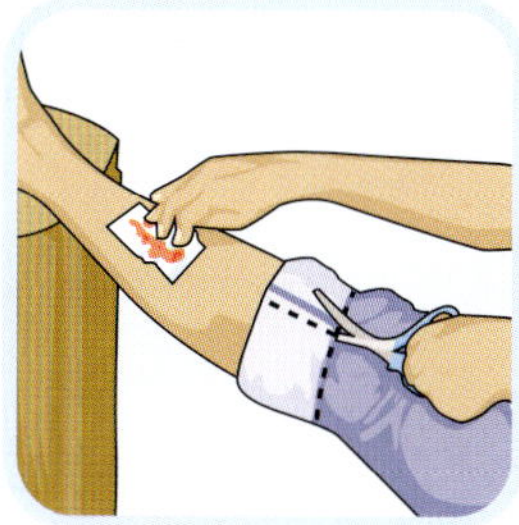

Remova o que impede a circulação.

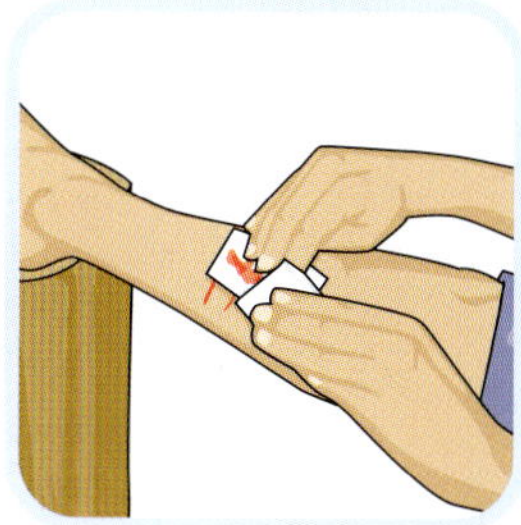

Coloque uma gaze adicional.

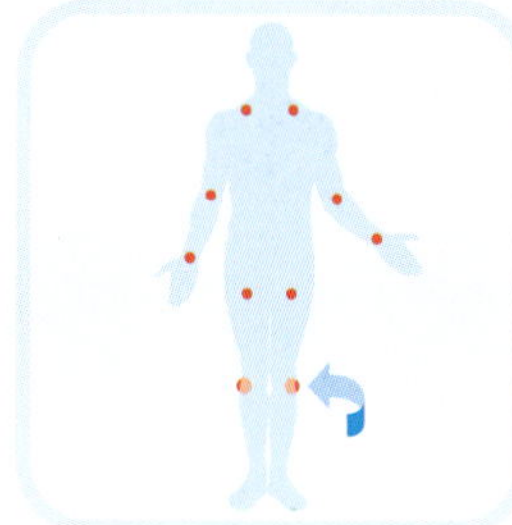

Encontre o ponto de pressão.

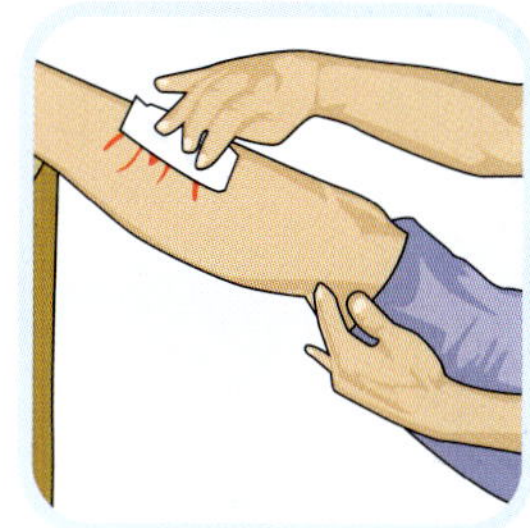

A pressão diminui o sangramento.

338 fazer curativo numa ferida

* Se a ferida for tão funda que você é capaz de ver o tecido amarelo de gordura ou simplesmente não consegue mantê-la fechada, ela precisa de pontos.

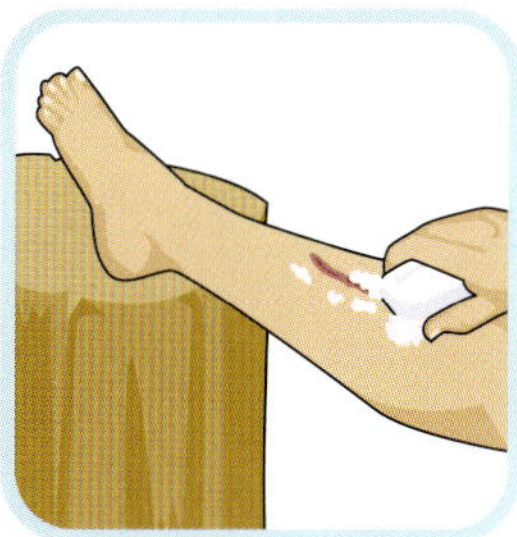

Eleve. Lave o local.

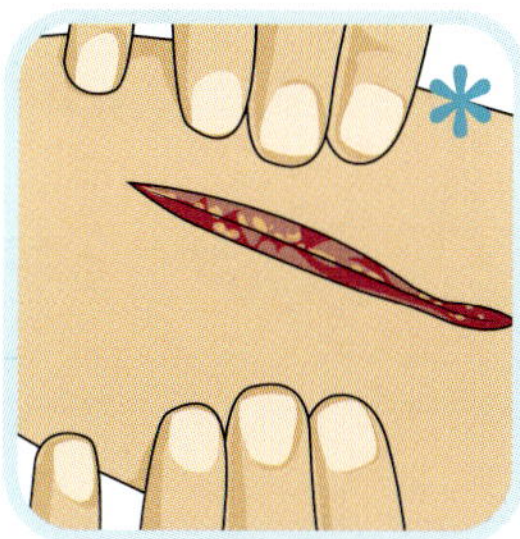

Verifique se precisa de pontos.

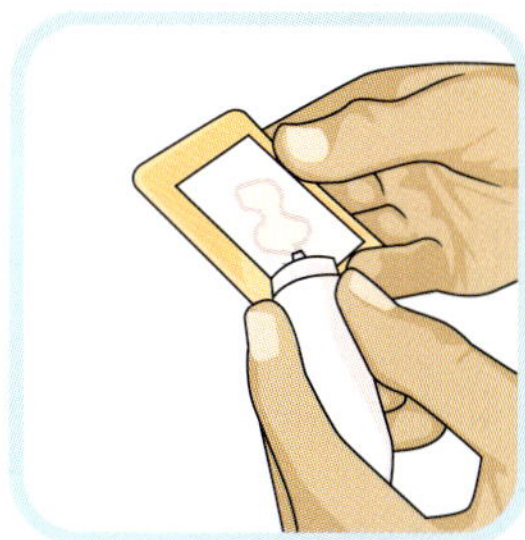

Aplique a pomada antibiótica.

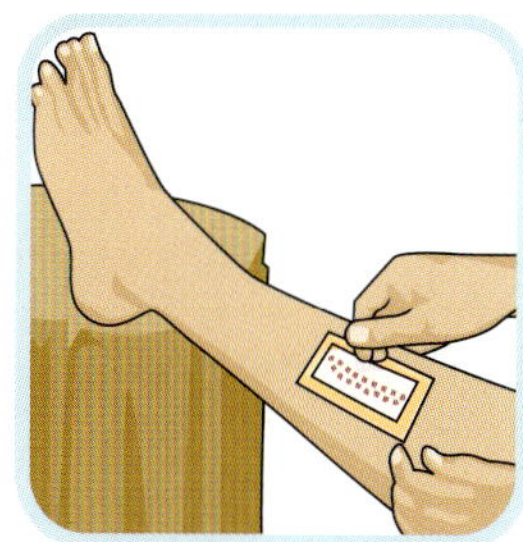

Cubra com curativo.

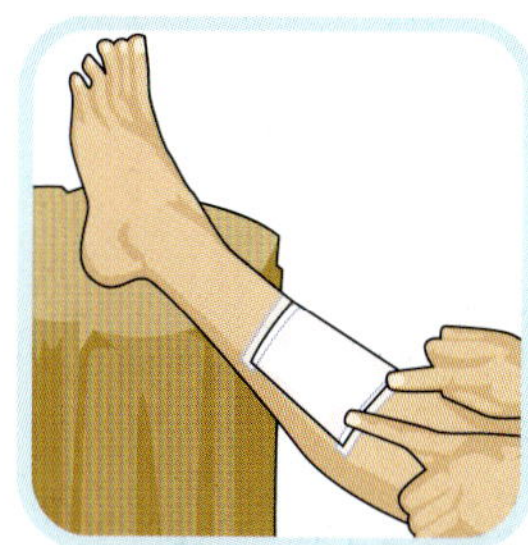

Coloque bandagem impermeável.

339 amarrar um torniquete

* Use um torniquete apenas quando o sangramento for intenso. Se a ferida for abaixo de uma articulação, amarre acima ou ao lado da articulação.

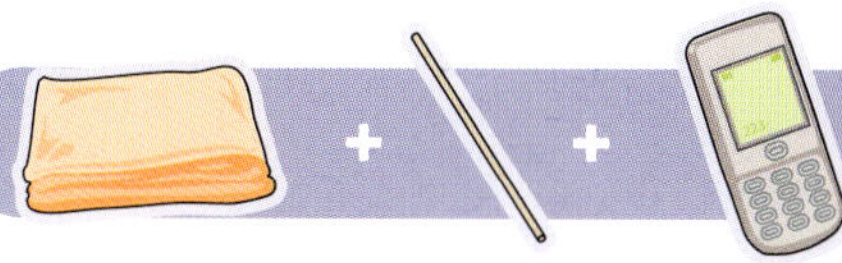

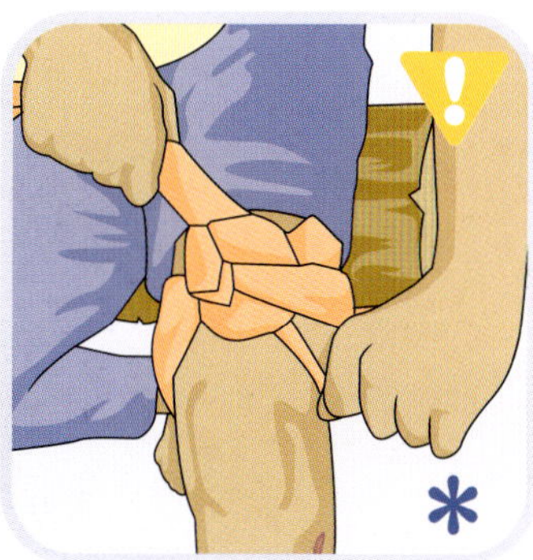

Amarre um nó acima da ferida.

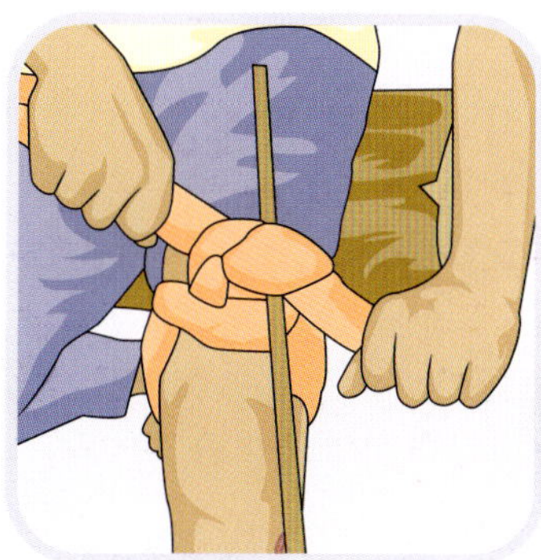

Enfie um pedaço de madeira.

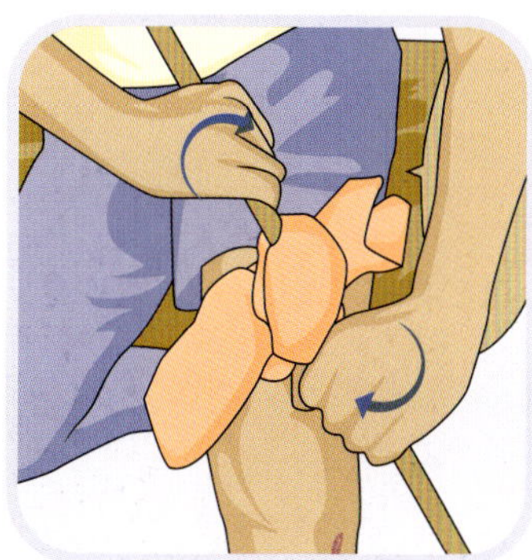

Gire; aperte até o sangramento parar.

340 ressuscitar uma pessoa

Ouça a respiração.

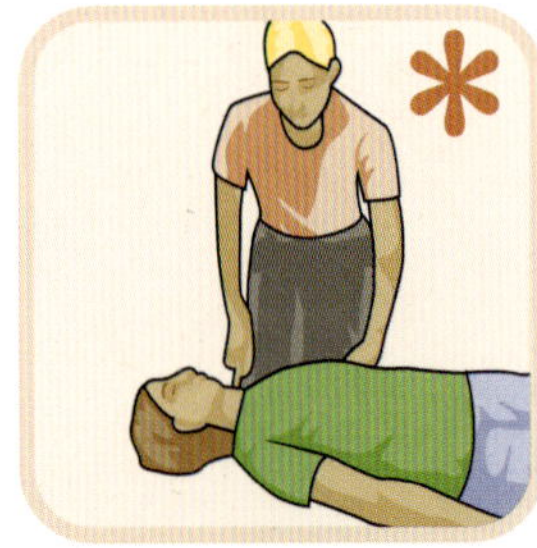

Sinta o pulso rapidamente.

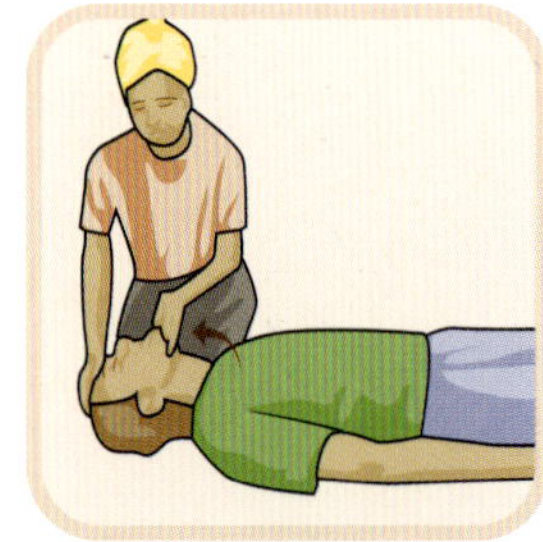

Incline o queixo para trás.

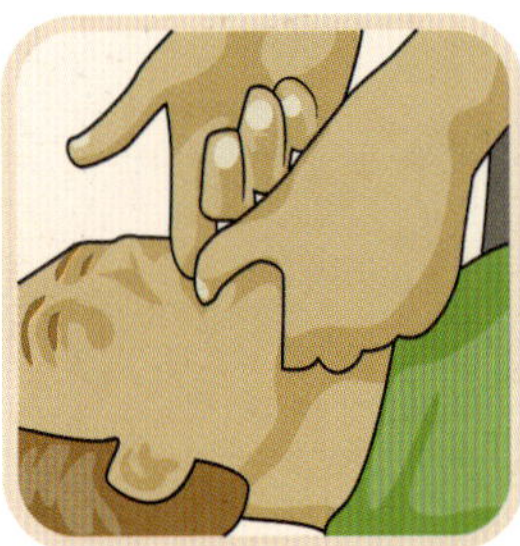

Abra espaço na boca.

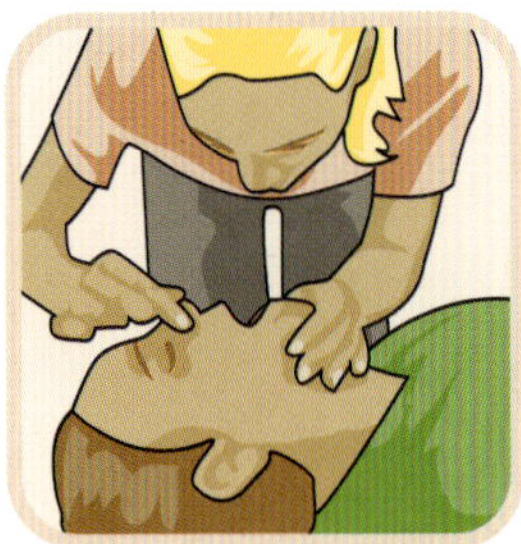

Aperte as narinas.

Expire na boca da vítima.

Bombeie no peito em cima do esterno.

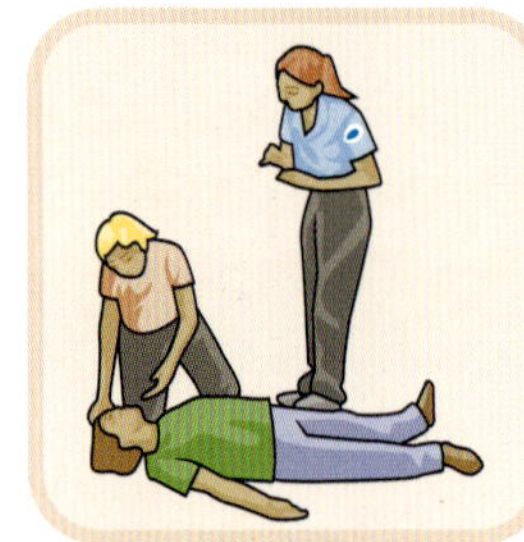

Repita até a ajuda chegar.

Rapidez é o segredo. Não gaste muito tempo checando o pulso. Alguns especialistas consideram que a compressão na caixa torácica é o elemento crucial do salvamento. Portanto, se a vítima estiver sofrendo um ataque cardíaco ou se você não puder administrar a respiração boca a boca, comece pela compressão no peito.

341 salvar uma pessoa engasgada

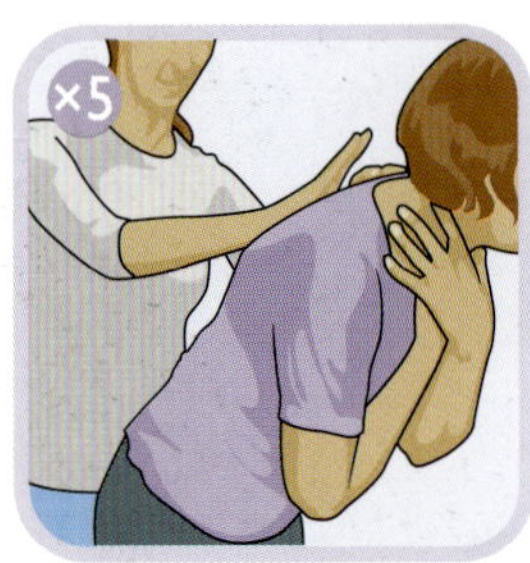

Bata nas costas.

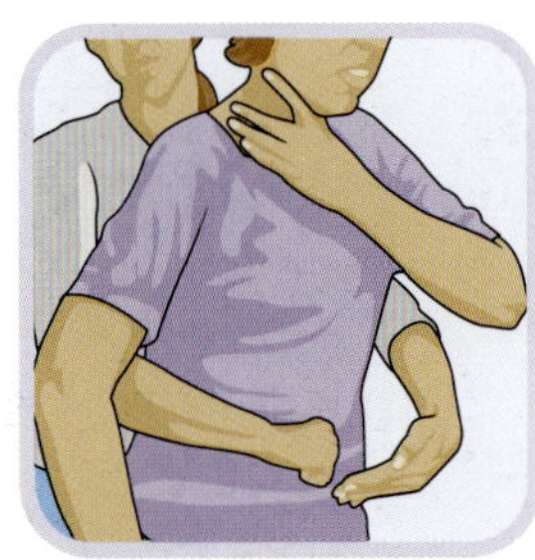

Coloque seu punho abaixo das costelas.

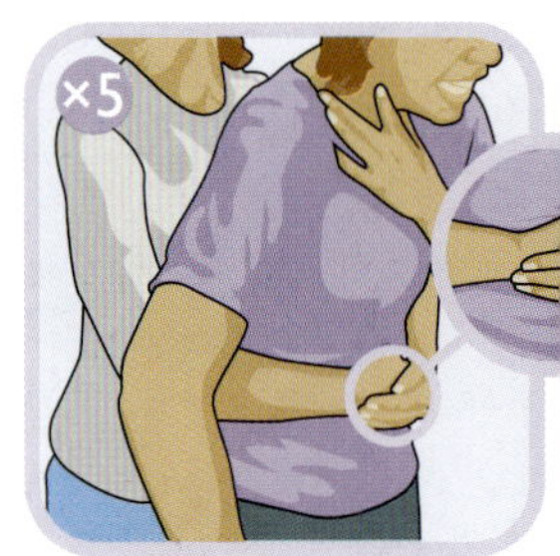

Aperte o abdômen.

imobilizar um tornozelo lesionado 342

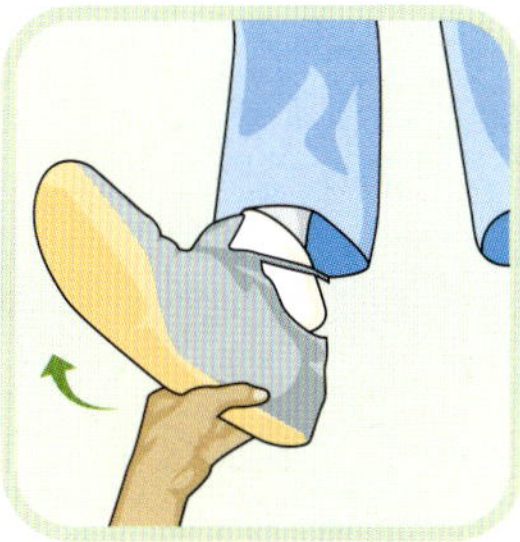
Remova o sapato e a meia.

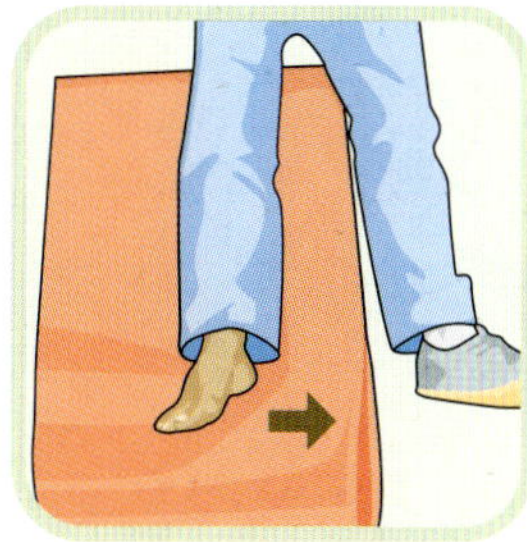
Posição para dobrar o colchonete.

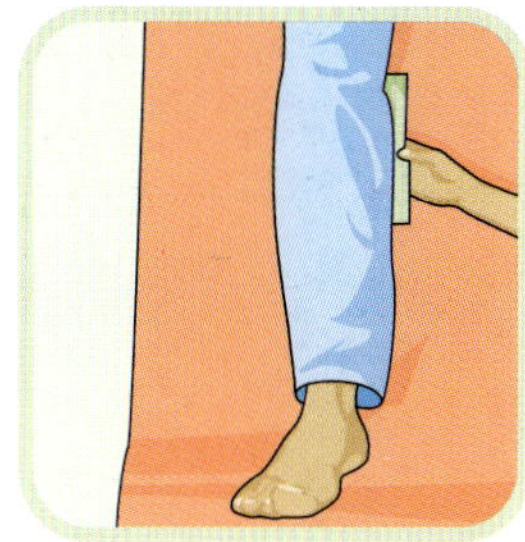
Coloque um lençol atrás do joelho.

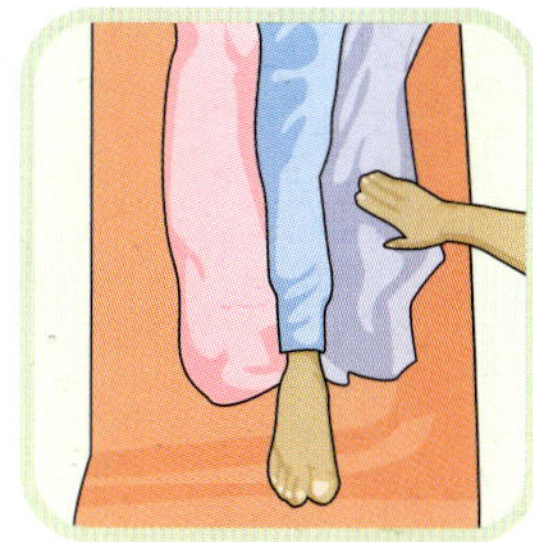
Coloque um lençol de cada lado.

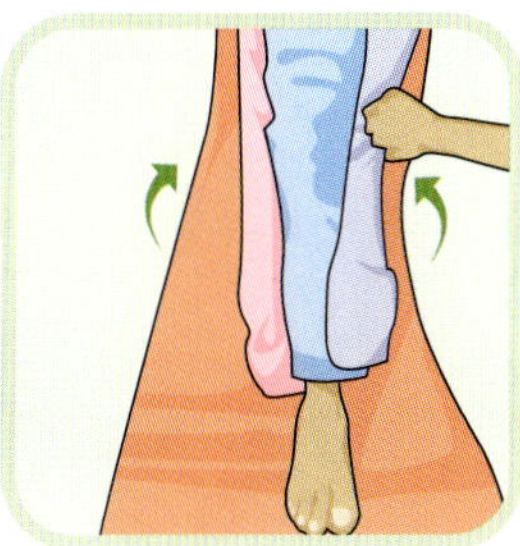
Dobre em volta da perna.

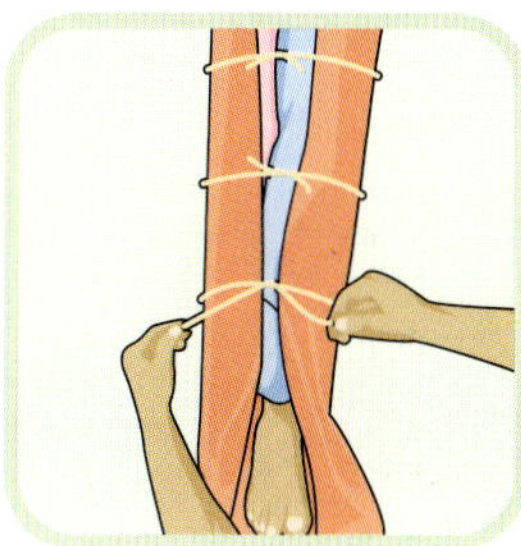
Amarre com vários nós.

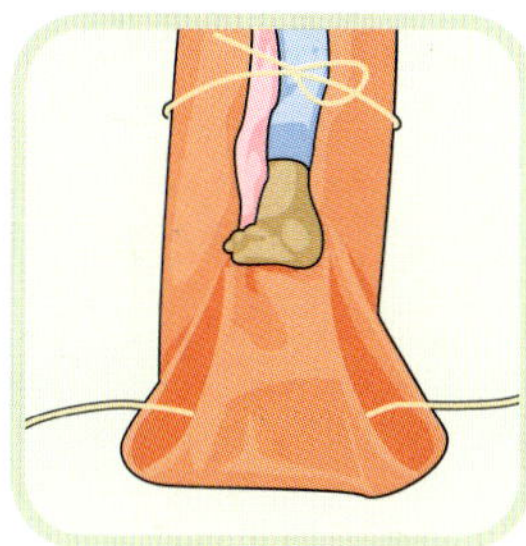
Passe uma corda pela dobra.

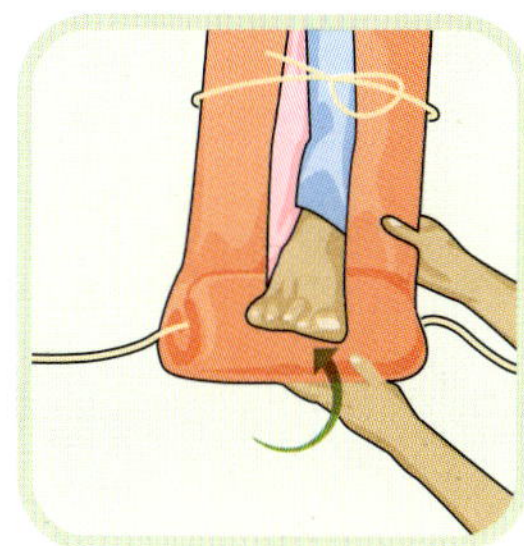
Enrole o excesso.

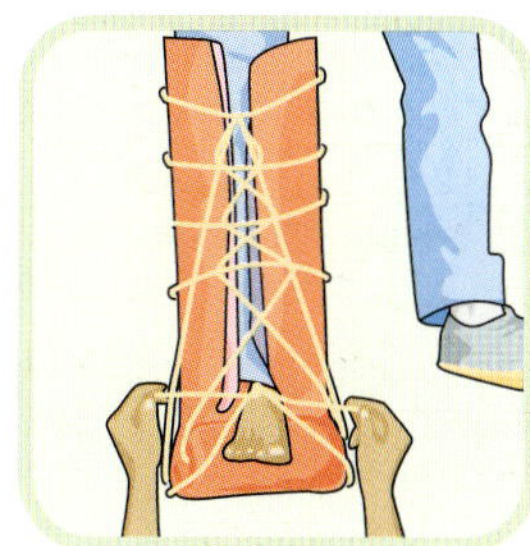
Cruze a corda com os nós. Amarre bem.

* Se você estiver sozinho e não puder colocar a tipóia em si mesmo, amarre-a fora do corpo. Depois deslize sua cabeça para dentro dela, já colocando o braço no local correto.

amarrar uma tipóia 343

Coloque um lençol dobrado embaixo do braço.

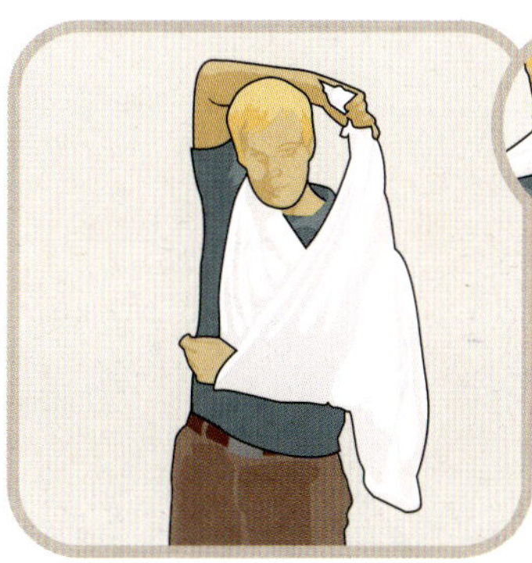
Enrole o pano em volta do pescoço.

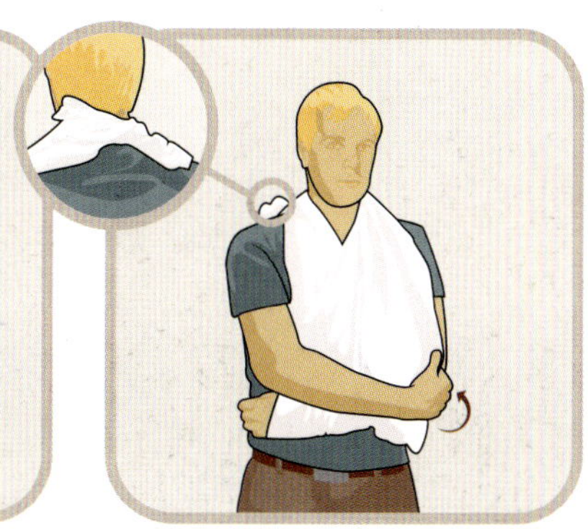
Dê um nó; enfie o excesso na dobra.

Amarre para evitar movimentos.

344 dar à luz num táxi

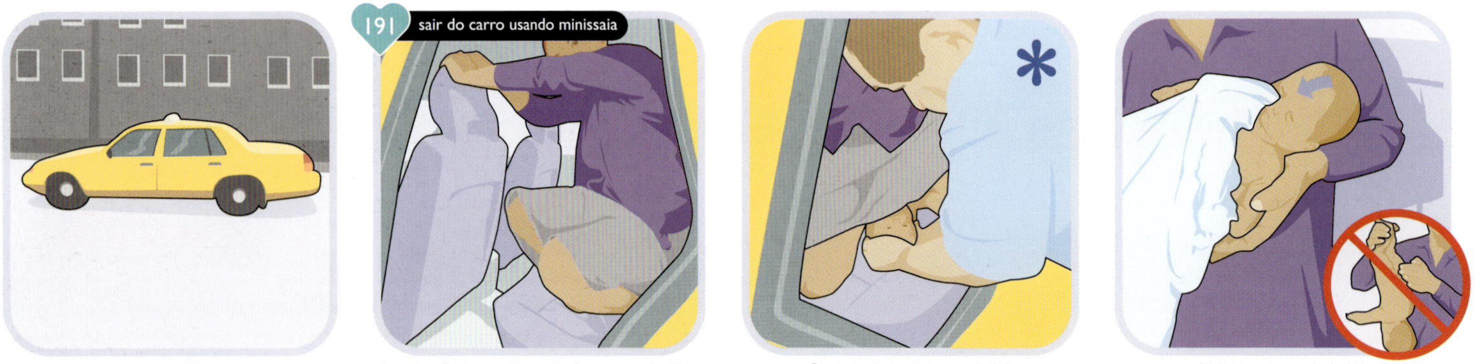

191 sair do carro usando minissaia

Pare o táxi. | Ajoelhe. Deixe a gravidade fazer seu trabalho. | Com cuidado, pegue o bebê. | Limpe o rosto do bebê.

* Quando a cabeça do bebê sair, verifique se o cordão umbilical não está enrolado no pescoço, com risco de estrangulamento. Se estiver, coloque seu dedo indicador com cuidado entre o pescoço e o cordão e o desenrole. Se a placenta sair, envolva-a numa toalha e leve-a com você para o hospital.

345 fazer auto-exame de mama

* O melhor momento para realizar o auto-exame dos seios é alguns dias após o fim da menstruação. Muitas mulheres também preferem realizá-lo assim que saem do banho. O que procurar? Qualquer coisa! Se você notar a menor alteração em seus seios, marque uma consulta com o médico. É como diz o velho ditado – melhor prevenir do que remediar.

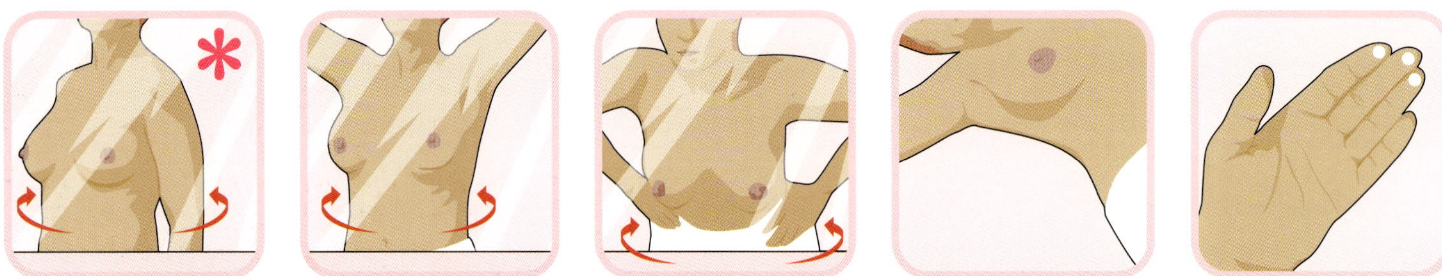

Vire-se procurando alterações. | Levante os braços e repita. | Curve-se e repita. | Deite. Levante o braço. | Use as pontas de três dedos.

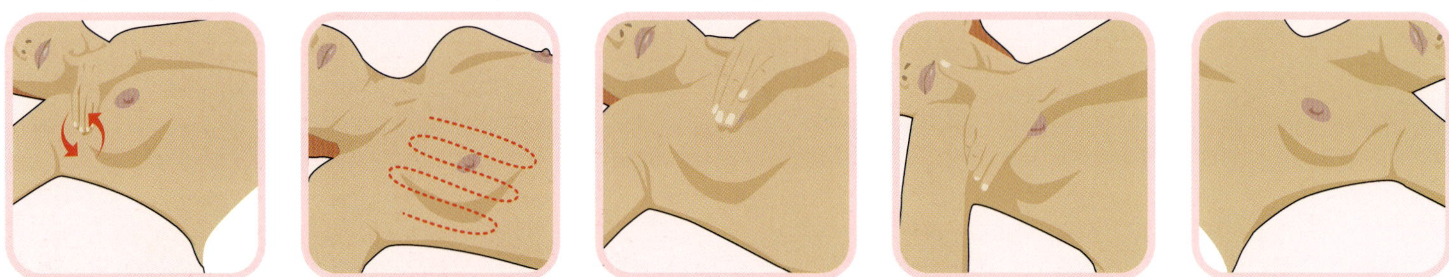

Varie a pressão ao apalpar. | Examine todo o seio. | Inspecione o bico. | Sinta os gânglios linfáticos. | Repita no outro seio.

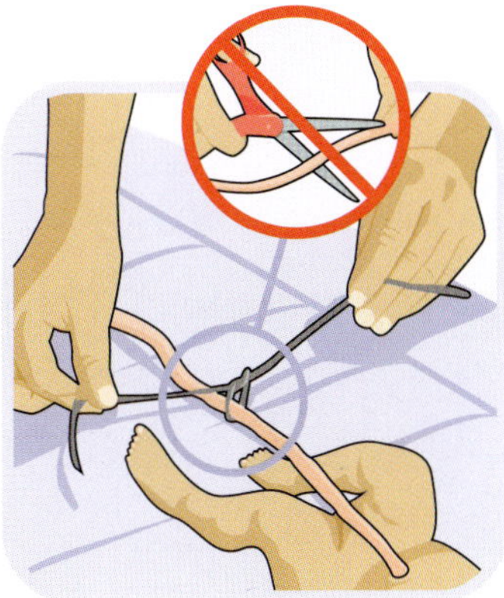
Amarre o cordão umbilical.

Para mantê-lo aquecido, abrace-o.

Inicie a amamentação, se possível.

Corra para o hospital.

amamentar um bebê 346

alimentar um carneirinho 281

Segure o bebê, barriga com barriga.

Aperte o seio de leve.

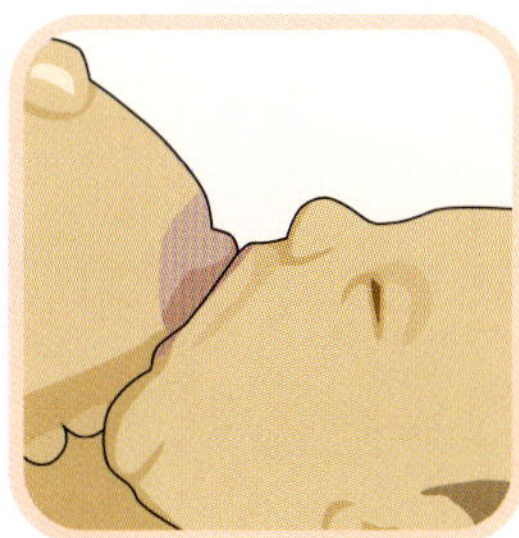
Coloque o bico nos lábios do bebê.

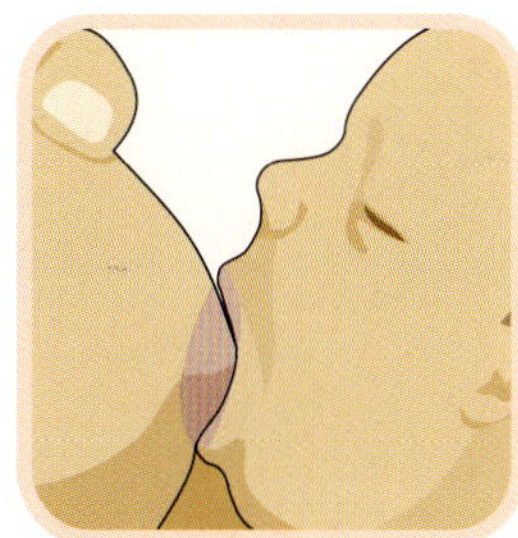
Deslize a mandíbula para baixo.

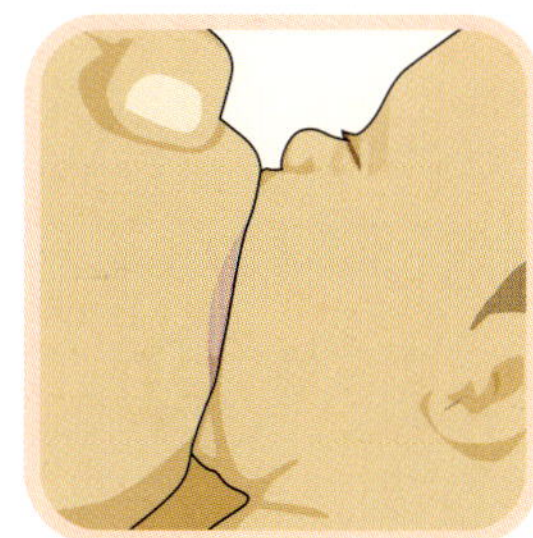
Incline a cabeça do bebê para trás.

salvar um bebê engasgado 347

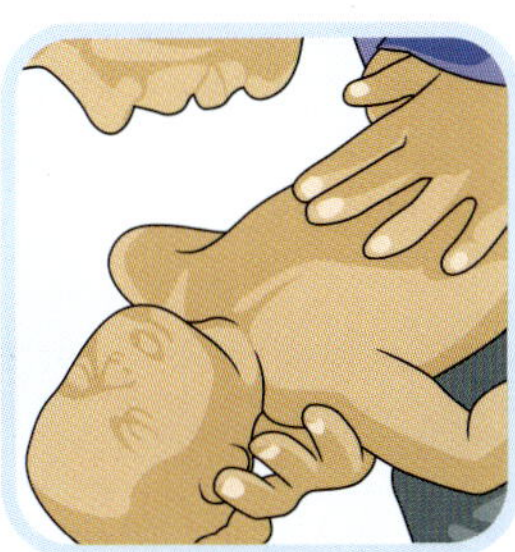
Ouça a respiração.

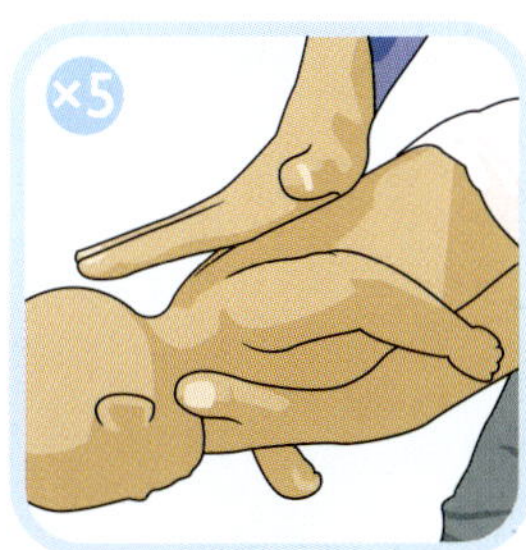

Bata nas costas.

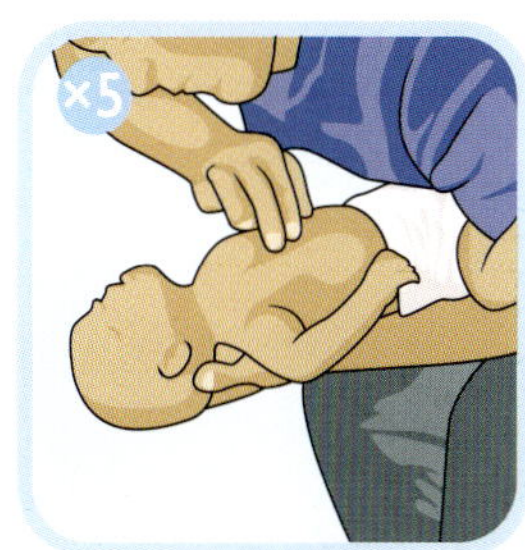

Pressione o esterno.

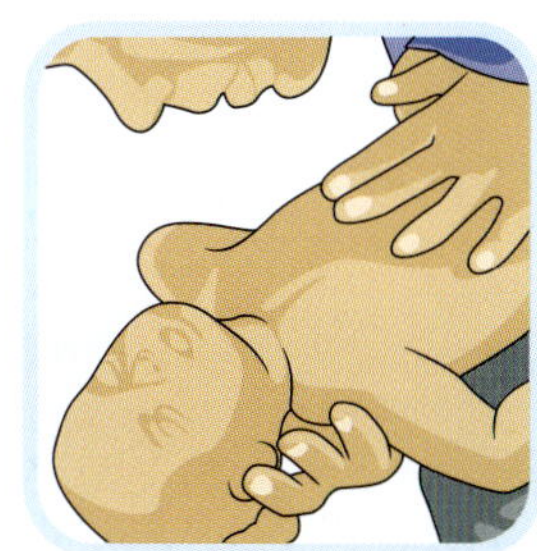
Cheque a respiração. Repita.

348 meditar para obter paz interior

Cerque-se de objetos e elementos relaxantes e espirituais. Sente-se confortavelmente, relaxe e deixe suas inspirações e expirações fluírem pelo corpo. Se pensamentos surgirem em sua mente, simplesmente agradeça e volte sua atenção para a respiração.

Se um som distrair você, classifique-o mentalmente como "ruído" e retome a respiração...

Se você sentir preocupação, frustração ou qualquer outro sentimento (mesmo que positivo) pense "emoção" e retome a respiração...

Se você se pegar planejando ou divagando sobre um assunto, diga para si mesmo "pensamento" e retome a respiração...

Se você sentir uma picada de mosquito, coceira ou câimbra, pense: "sensação física" e retome a respiração...

Conforme sua prática for avançando, aumente gradualmente a duração de suas sessões de meditação.

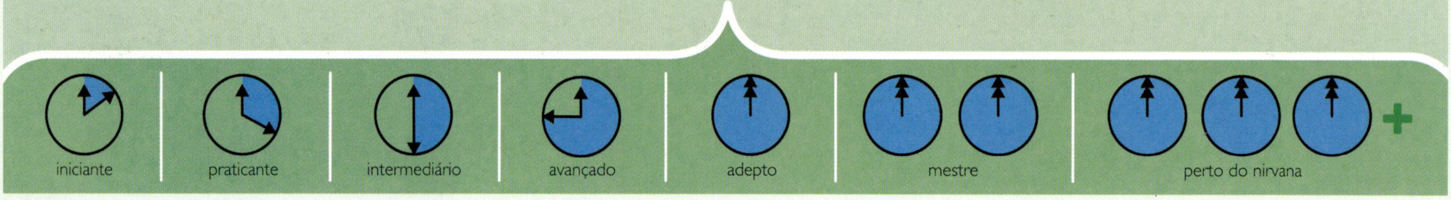

relaxar numa sauna seca 349

Tome uma ducha antes da sauna.

Coloque água nas pedras quentes.

Aproveite intensamente o calor.

Dê batidinhas na pele com um ramo de bétula.

salvar uma vítima de hipotermia 441

Dê um mergulho estimulante.

Mantenha-se hidratado.

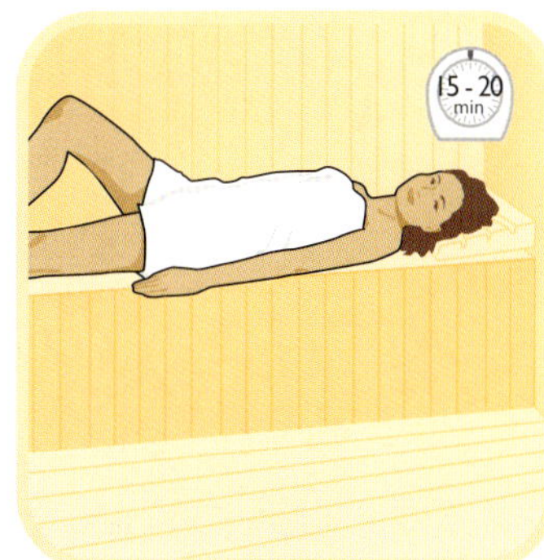

Repita o ciclo até estar satisfeito.

Tome uma ducha quando terminar.

* A melhor maneira de fazer uma sauna é "ao natural", permitindo-se aproveitar dos pés à cabeça esse ritual de limpeza capaz de abrir todos os poros de sua pele. Mas se ficar nu deixa você constrangido, enrole-se numa toalha – mas não deixe de removê-la antes de se deliciar com as batidinhas dos ramos de bétula. As folhas vão revigorar sua pele, deixando um perfume refrescante.

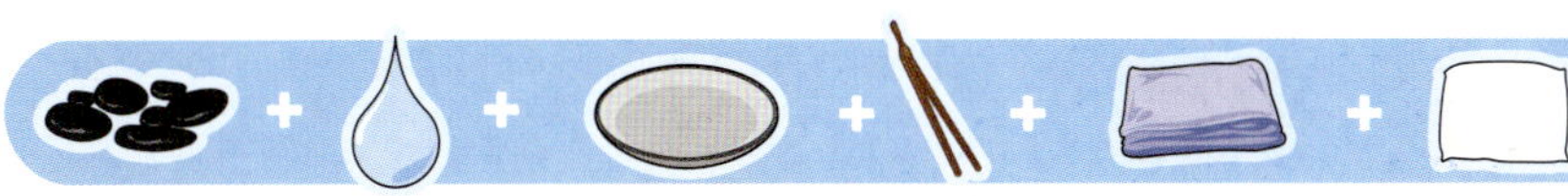

massagear-se com pedras quentes 350

quicar uma pedra na água 461

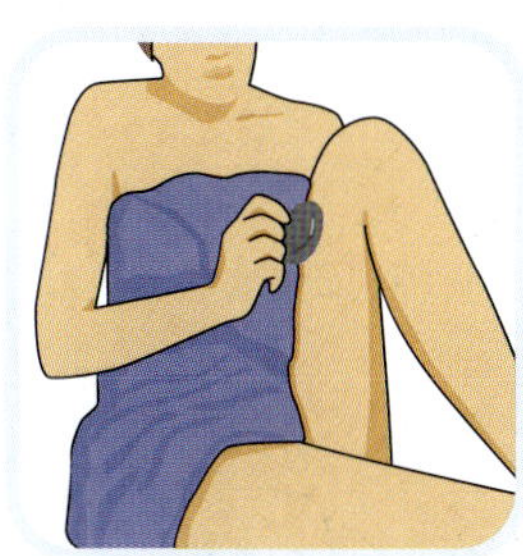

Massageie suas pernas e braços.

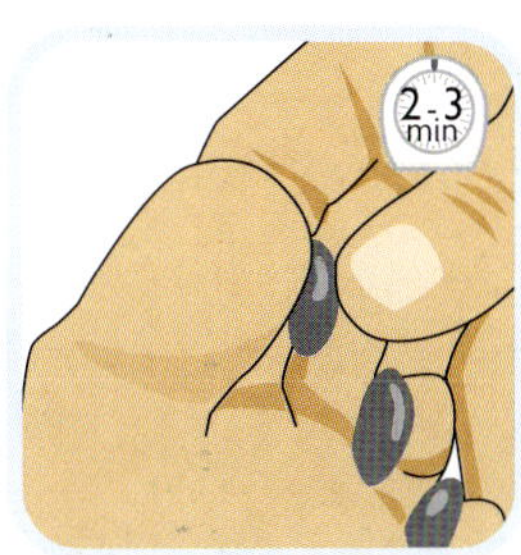

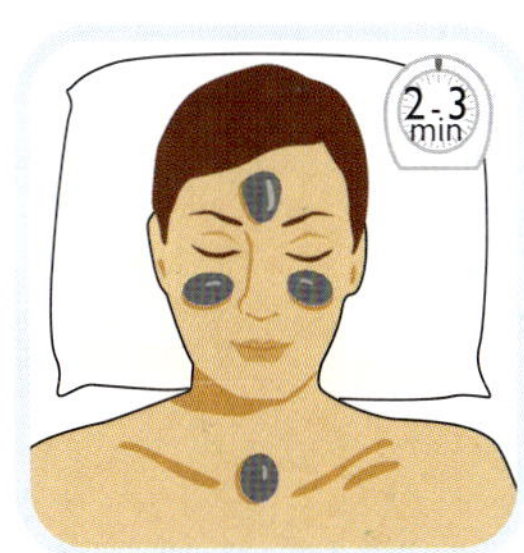

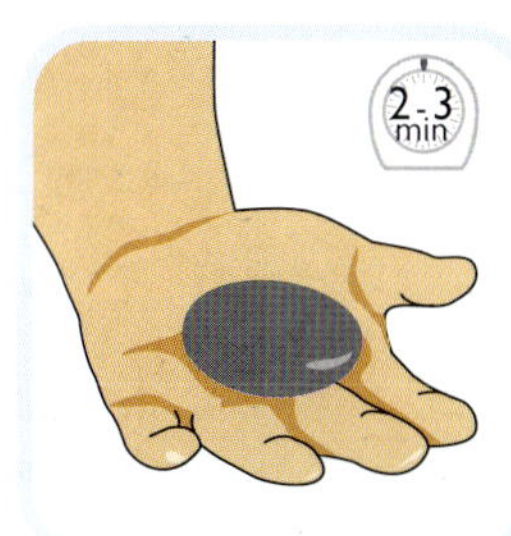

Deixe uma pedra em cada mão.

351 curar com reiki

Peça para seu ego se afastar.

Conecte-se com o Universo.

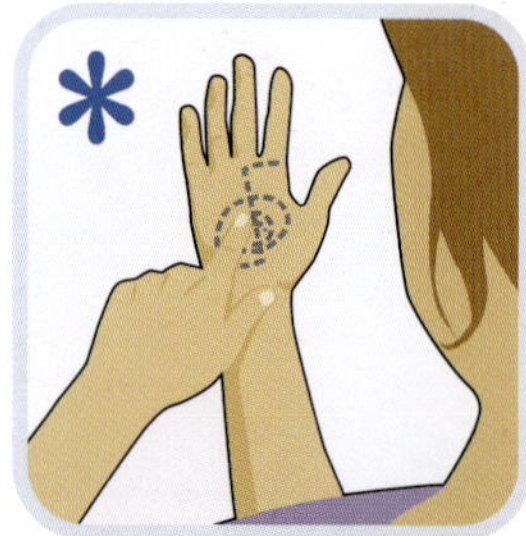
Trace o símbolo correto.

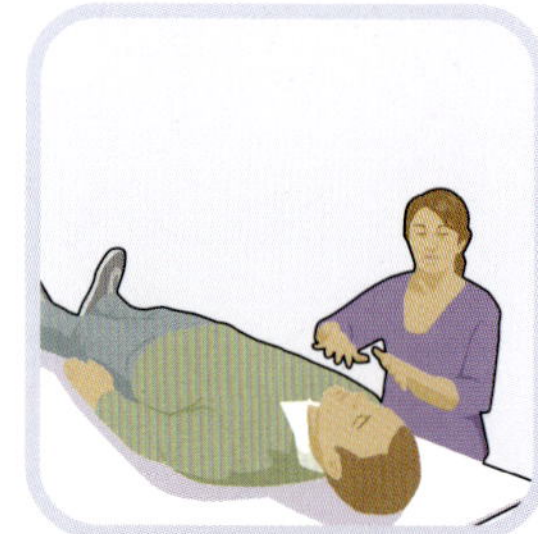
Posicionem-se.

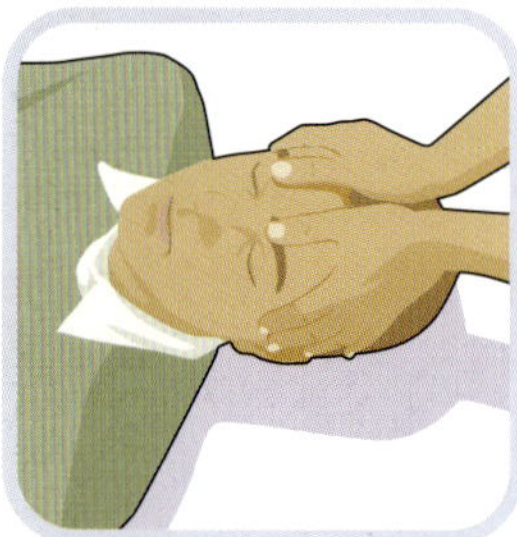
Examine o chacra.

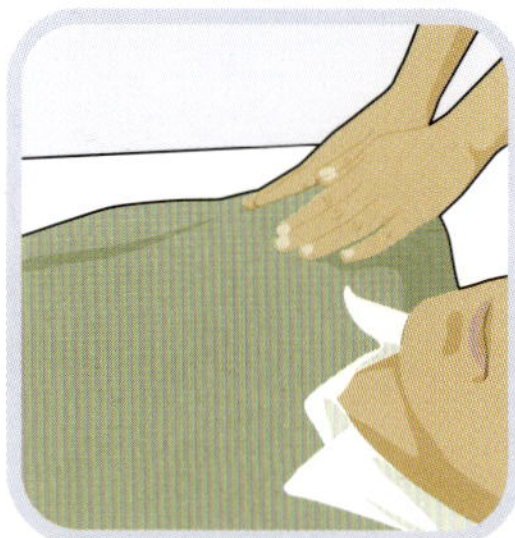
Foque a área-alvo.

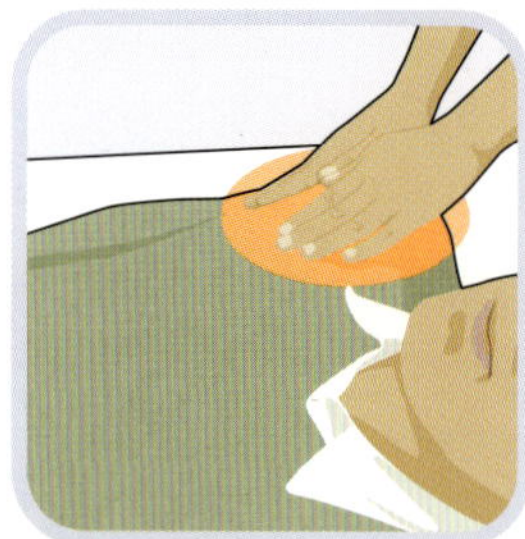
Amenize a dor com seu calor.

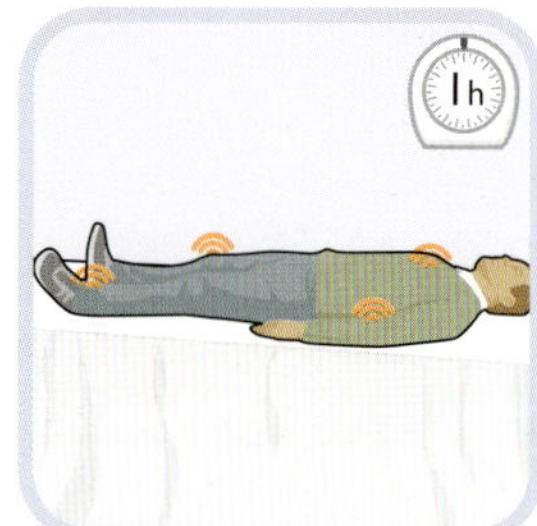

Cuide dos pontos que necessitam.

Relaxe. Discuta os efeitos.

* Acabe com a dor com essa técnica japonesa, que usa a transferência de energia de uma pessoa para outra para curar. Antes da sessão, o mestre Reiki desenha um símbolo na palma da sua mão ou na do paciente.

cho ku ray
Este símbolo aumenta e focaliza a energia.

sei hei ki
Este emblema trata de desequilíbrios emocionais.

ho sha ze sho nen
Este símbolo envia energia a pessoas distantes.

352 fazer um movimento de tai chi

* Imite a graciosa e fluida dinâmica das nuvens com esse movimento de tai chi chamado "mãos de nuvens". Enquanto suas mãos fazem círculos no ar, imagine que você está movendo uma bola de energia. Repita a seqüências de três a cinco vezes.

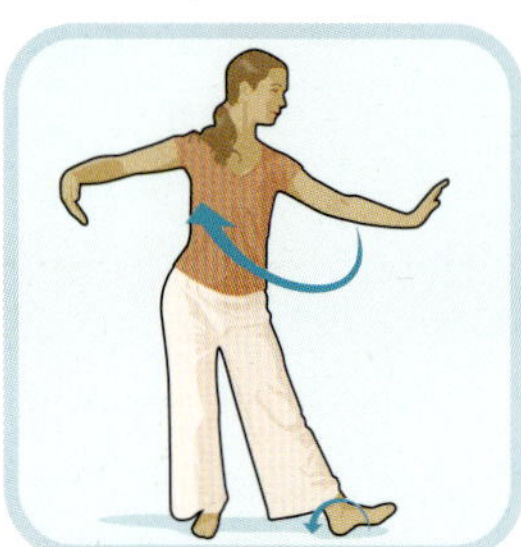
Mova seu braço para a direita.

Troque a perna. Abra sua mão direita.

Faça um circulo; olhe para a direita.

Continue e vire para a esquerda.

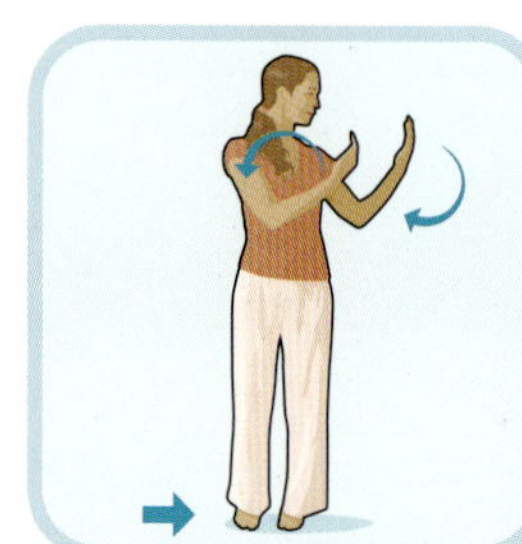
Junte os pés.

fazer as posições básicas da ioga 353

para iniciantes

para iniciantes e mulheres grávidas

para iniciantes e crianças

para praticantes intermediários

sukasana (meio lótus)

upavistha konasana (ângulo)

ardha matsyendrasana (meia torção)

svanasana (mesa)

marjariasana (gato)

bitilasana (vaca)

chakravakasana (pássaro do sol)

garbhasana (criança)

phalahakasana (prancha)

astang pranam (lagarta)

bhujangasana (serpente)

adho mukha svanasana (cachorro com rosto para baixo)

ardha adho mukha shvanasana (meio cachorro com rosto para baixo)

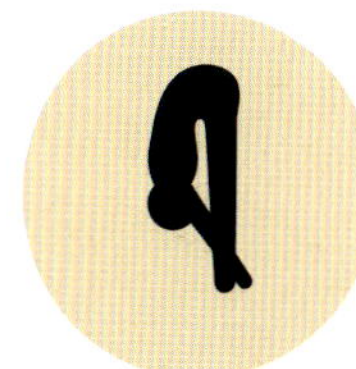
uttanasana (estiramento posterior)

utthita ashwa sanchalanasana (corredor)

ardha virabhadrasana (guerreiro baixo)

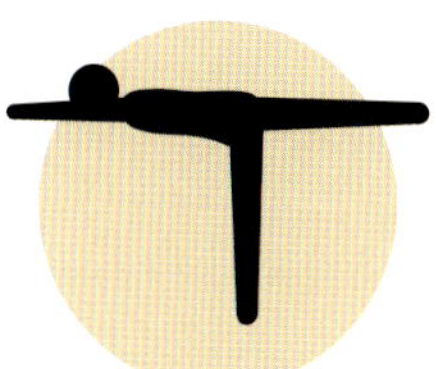
virabhadrasana III (guerreiro 3)

virabhadrasana II (guerreiro 2)

parsvakonasana (ângulo lateral modificado)

trikonasana (triângulo)

vrksasana (árvore)

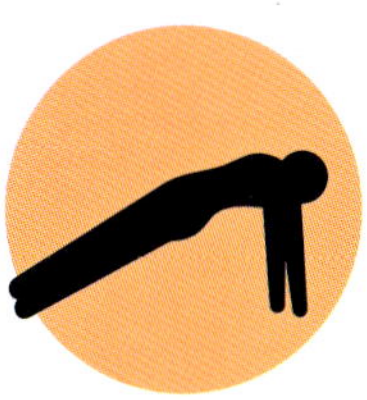
purvottanasana (ponte inclinada)

dhanurasana (arco)

ustrasana (camelo)

ardha sarvangasana (meia vela)

halasana (arado)

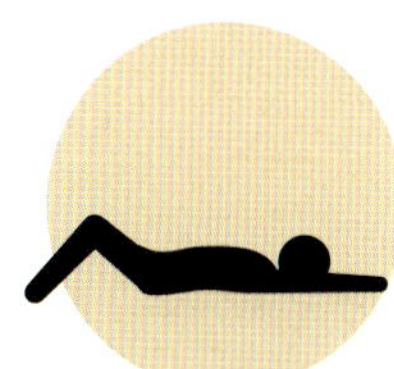
shavasana (cadáver modificado)

354 treinar para uma corrida

Para melhorar sua resistência, alterne alguns minutos de corrida e caminhada, aumentando a cada semana o tempo de corrida. Descanse alguns dias entre os treinos.

caminhar correr

	dia 1	dia 2	dia 3
semana 1	1min 1½min ×8 Total = 20 min	1min 1½min ×8 Total = 20 min	1min 1½min ×8 Total = 20 min
semana 2	1½ 2 ×6 Total = 21 min	1½ 2 ×6 Total = 21 min	1½ 2 ×6 Total = 21 min
semana 3	1½ 1½ 3 3 ×2 Total = 18 min	1½ 1½ 3 3 ×2 Total = 18 min	1½ 1½ 3 3 ×2 Total = 18 min
semana 4	3 1½ 5 2½ 3 1½ 5 Total = 21½ min	3 1½ 5 2½ 3 1½ 5 Total = 21½ min	3 1½ 5 2½ 3 1½ 5 Total = 21½ min
semana 5	5 3 5 3 5 Total = 21 min	8 5 8 Total = 21 min	21 Total = 21 min
semana 6	5 3 8 3 5 Total = 24 min	10 3 10 Total = 23 min	25 Total = 25 min
semana 7	25 Total = 25 min	25 Total = 25 min	28 Total = 28 min
semana 8	28 Total = 28 min	28 Total = 28 min	30 Total = 30 min
semana 9	30 Total = 30 min	30 Total = 30 min	30 Total = 30 min

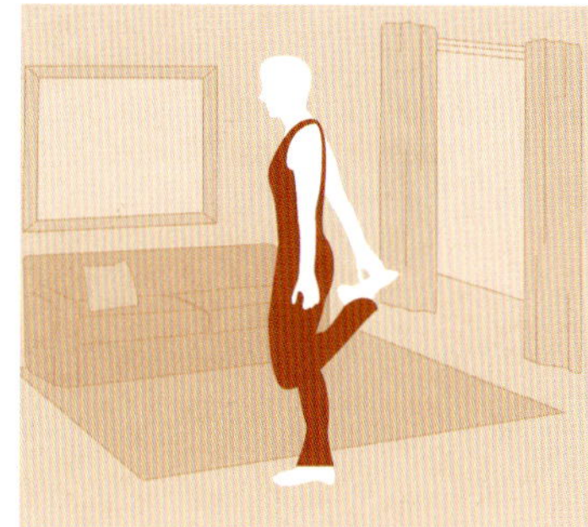
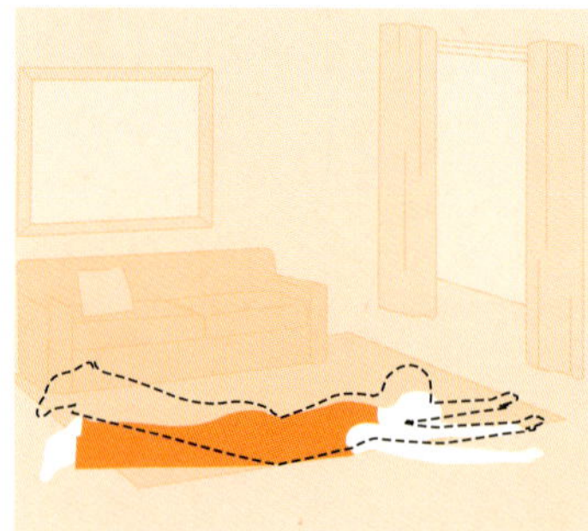
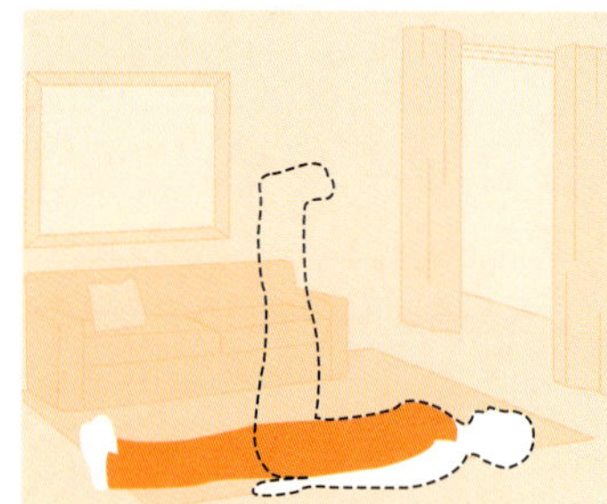
Mantenha sua coluna encostada no chão.

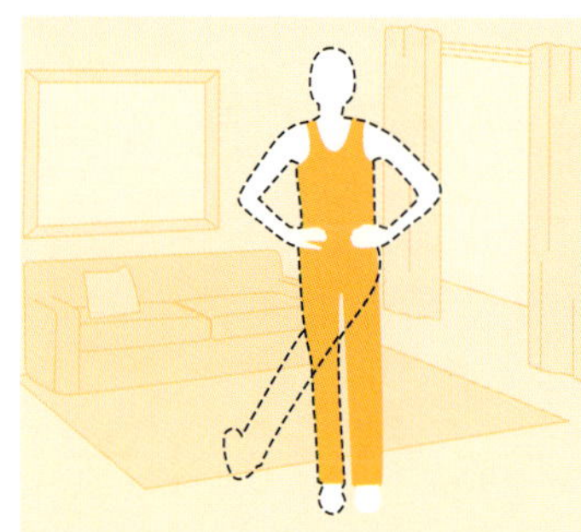
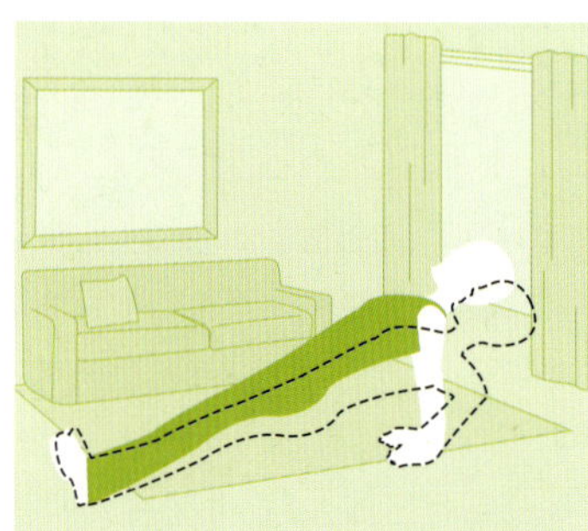
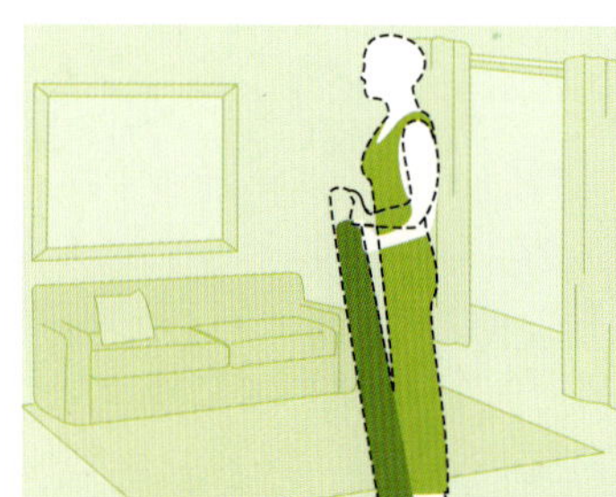
Envolva seu pé numa toalha e puxe.

355 alongar antes de malhar

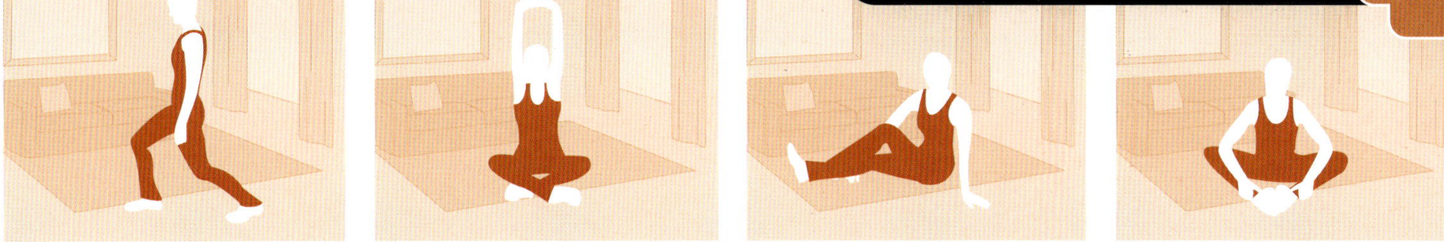

356 fortalecer e tonificar o abdômen

357 firmar os membros inferiores

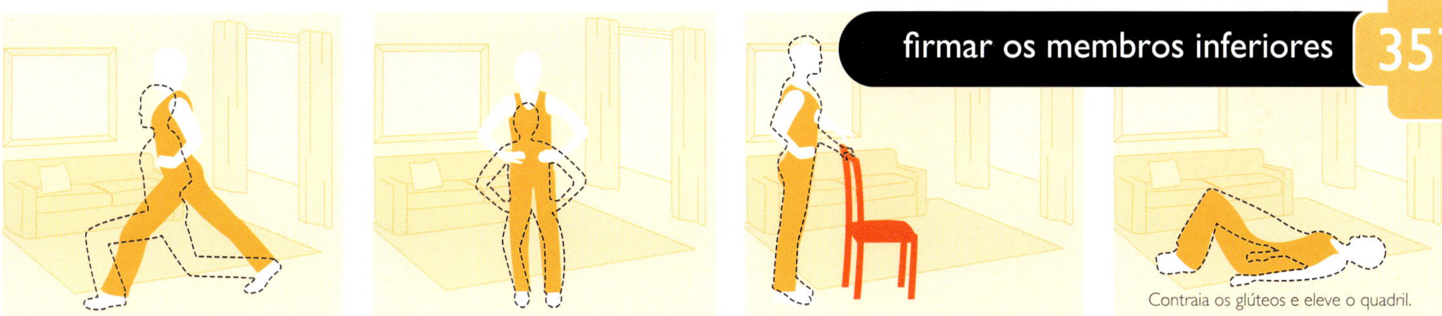

358 exercitar os membros superiores

359 nadar crawl

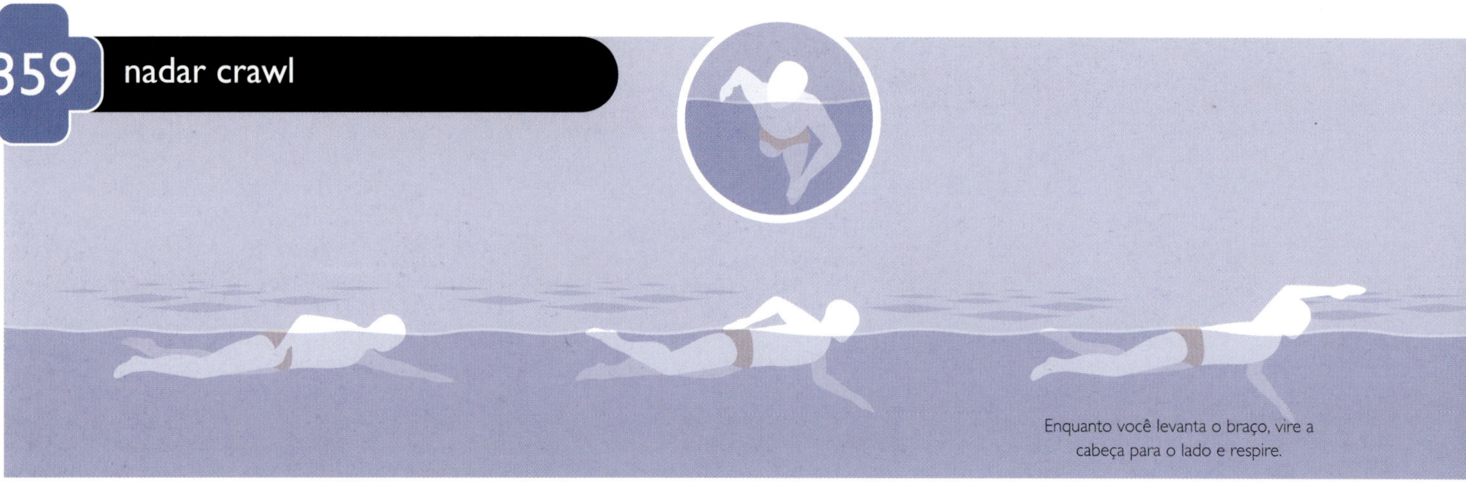

360 nadar costas

361 nadar peito

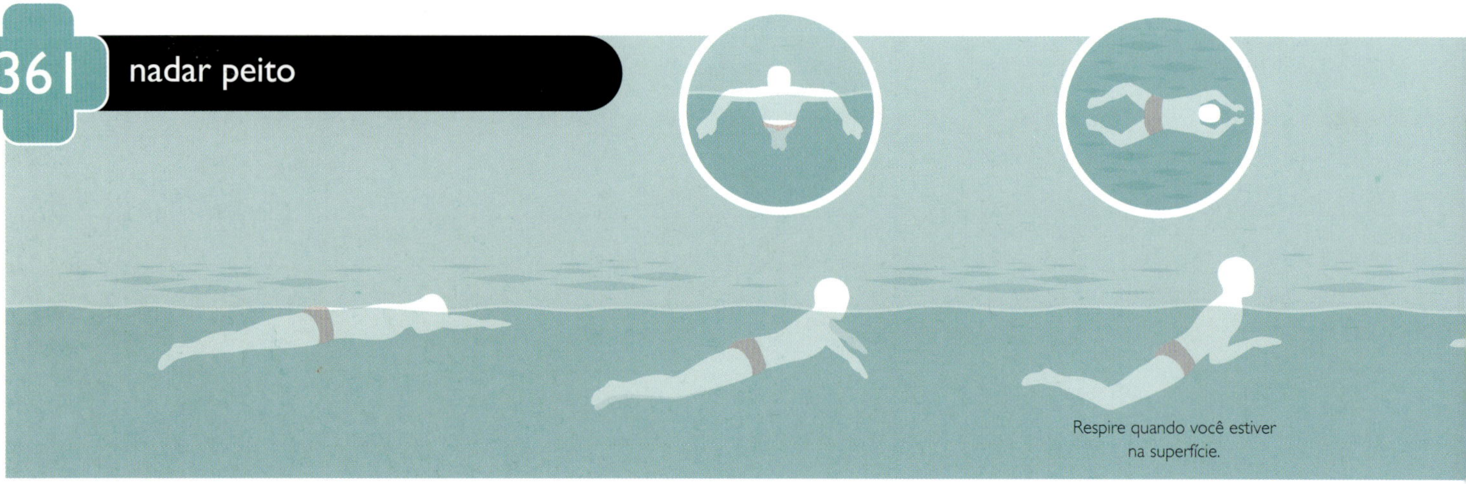

dar salto ornamental olímpico 362

mergulhar de um penhasco 389

363 levantar de uma queda de esqui

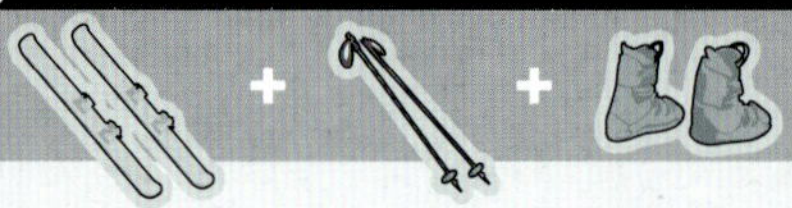

Recomponha-se.

Solte os bastões; deixe-os de lado.

Apóie-se no joelho de trás.

Traga a outra perna por cima.

Mantenha suas pernas paralelas.

Pegue os bastões.

Empurre os bastões para se levantar.

Volte a esquiar.

364 descer uma pista de esqui

folha caindo

1 Para começar a escorregar, pressione seu pé para frente. Para parar, puxe o mesmo pé para trás, como um pedal.

voltas seguidas

1 Coloque o peso do seu corpo para frente e desça a montanha.

2 Gire seus esquis para cima para completar a volta.

travessia

Visualizou um chalé aconchegante no outro lado da montanha? Atravesse posicionando seus esquis de forma que eles passem a ser guiados pelas laterais superiores. Mude o peso do corpo para a direção desejada.

snowplow

Iniciantes podem evitar ficar com os pés e as mãos muito separados dobrando de leve os joelhos e girando os pés para dentro.

praticar snowboard 365

descida lateral
Pista muito escorregadia? Diminua a velocidade abaixando para aproximar o corpo da neve. Para ir mais rápido, incline-se sobre a parte da frente do pé.

2 Para mudar a direção, pressione para baixo a parte da frente do outro pé.

Escorregões acontecem! Incline-se para cair e não coloque seu peso sobre os punhos.

guirlanda
1 Para diminuir a velocidade, coloque o peso atrás.

2 Aos poucos, angule a lateral da prancha.

3 Gire sua prancha para cima para parar.

Longboards são para praticantes avançados e alpinistas.

As de tamanho médio são ótimas para terrenos variados.

Iniciantes preferem snowboards pequenas. São fáceis de manusear e fazem manobras radicais.

pegar ondas no surfe 396

carregar seus esquis 366

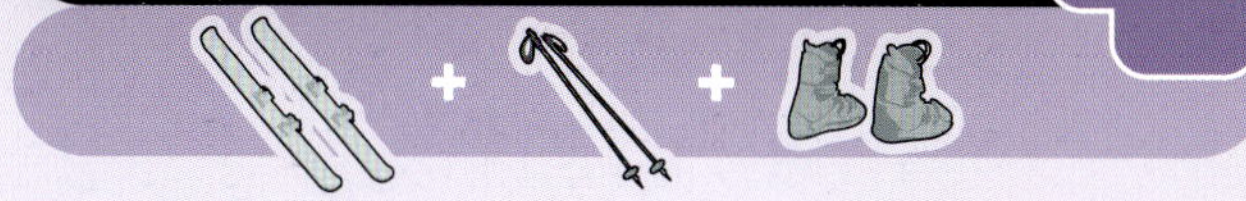

Amarre as botas pelos cordões.

Pendure-as nos ombros.

Segure os esquis e os bastões. Fique em pé.

Carregue o esqui sobre o ombro.

subir uma pista com equipamento 367

espinha de peixe

escada

andando

viajar

368 escolher o destino perfeito

369 saber as horas em qualquer lugar

São Petersburgo, Rússia
expresso transiberiano, Rússia
Istambul, Turquia
Matsumoto, Japão
Grande Muralha, China
linha internacional de data
Cairo, Egito
Dubai, Emirados Árabes
Kosrae, Micronésia
Ankor, Camboja
ilha do Sol, Ilhas Maldivas
Grande Barreira de Corais, Austrália
monte Kilimanjaro, Tanzânia
Masoala, Madagáscar
Tabanan, Bali
Queenstown, Nova Zelândia
Helsinque, Finlândia
+2
Nairóbi, Quênia
+3
Dubai, Emirados Árabes
+4
Tashkent, Uzbequistão
+5
Almaty, Cazaquistão
+6
Bangcoc, Tailândia
+7
Hong Kong, China
+8
Tóquio, Japão
+9
Sydney, Austrália
+10
Magadan, Rússia
+11
Queenstown, Nova Zelândia
+12
Petropavlovsk, Rússia
–12

370 dobrar as roupas dela para viajar

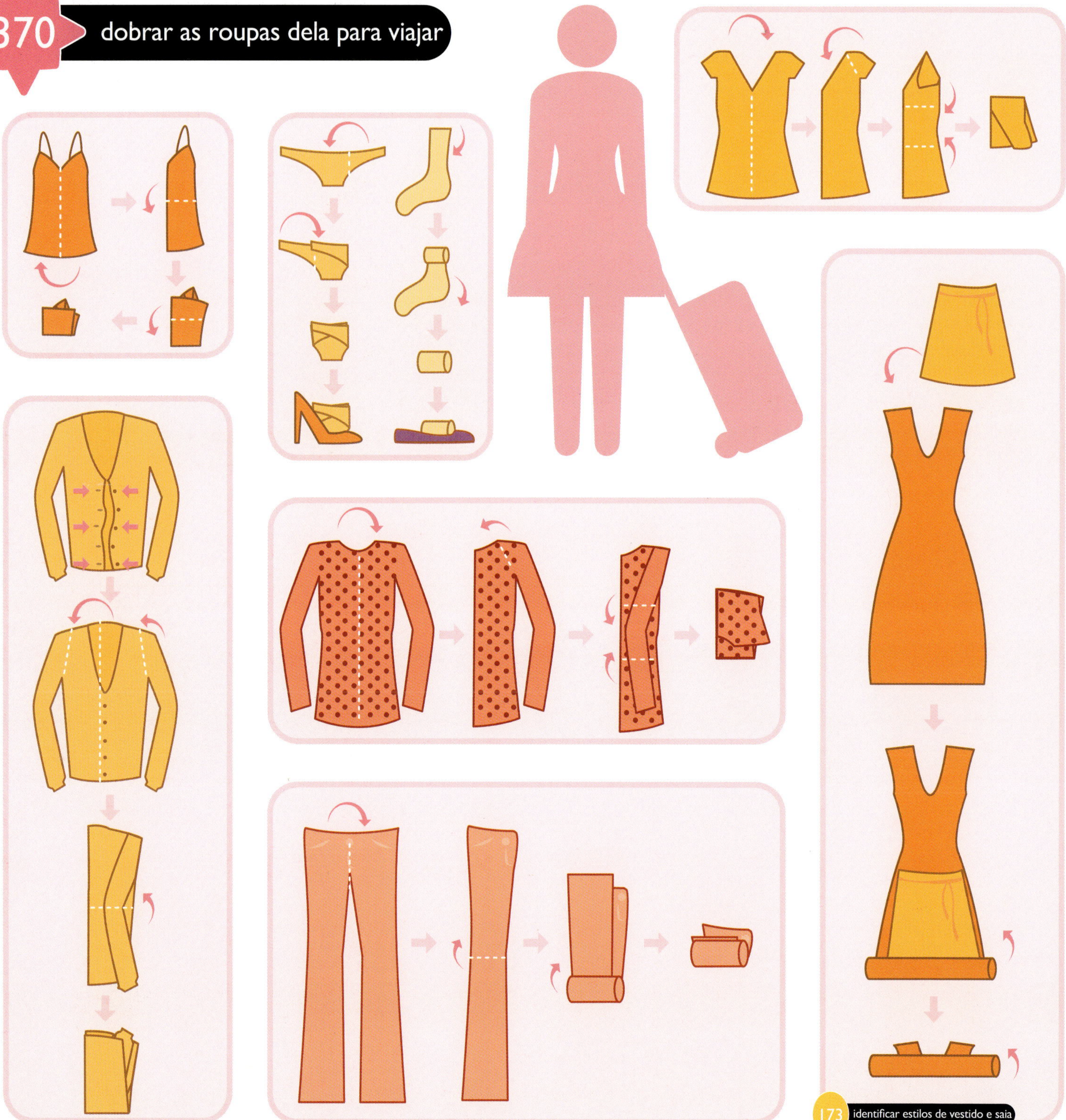

173 identificar estilos de vestido e saia

372 escolher o melhor lugar no avião

Você tem uma bagagem que gostaria de acomodar? Escolha um assento no fundo do avião, onde os espaços para a bagagem costumam ficar mais vazios.

Ávido por um pouco mais de espaço para as pernas? Opte pelo primeiro assento após a divisão de classes, onde não há poltronas à sua frente.

Bebê a bordo! Geralmente, o espaço entre as divisões de classe atraem pais querendo mais espaço.

A distância entre os assentos vai aumentando na direção do fundo do avião.

305 massagear um bebê com cólica

Cinéfilo? Assentos no meio não oferecem boa visão das telas de exibição de filmes.

Cuidado com os cotovelos! Poltronas no corredor deixam você vulnerável a trombadas do carrinho de bebida.

- muito perto do banheiro
- barulhento
- maior chance de sobreviver a um acidente
- divisórias de classes
- cozinha
- ruim para dormir
- bom para dormir
- vista ruim
- frio
- banheiros

373 manter-se alongado no avião

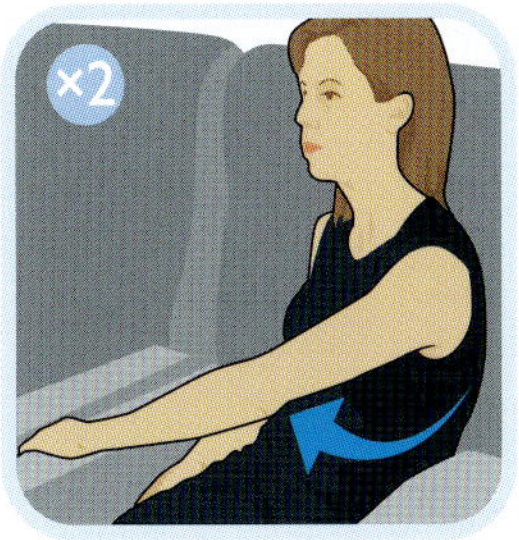

Alongue-se dos lados.

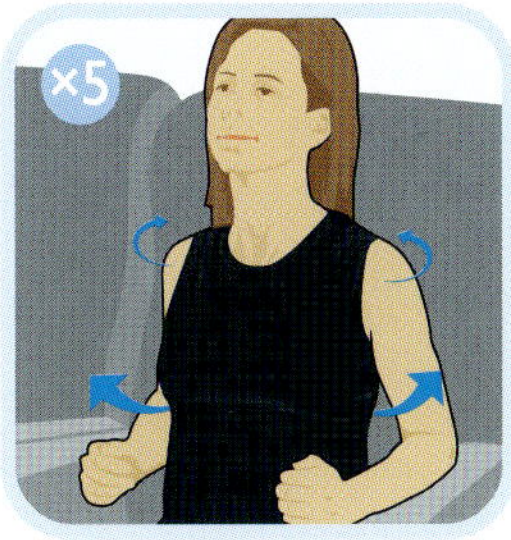

Arqueie as costas.

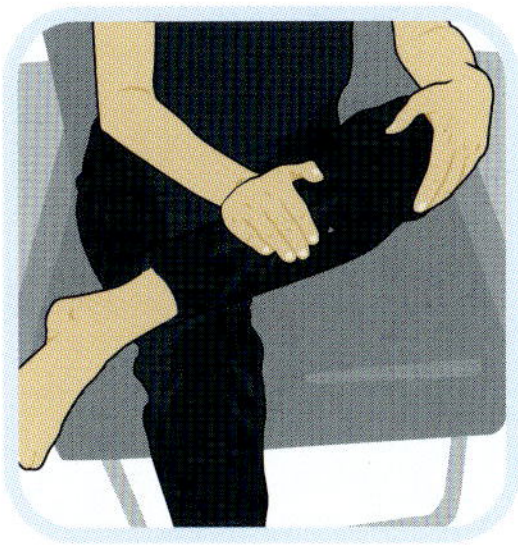

Faça pressão nas pernas.

fazer as posições básicas da ioga 353

Desenhe o alfabeto.

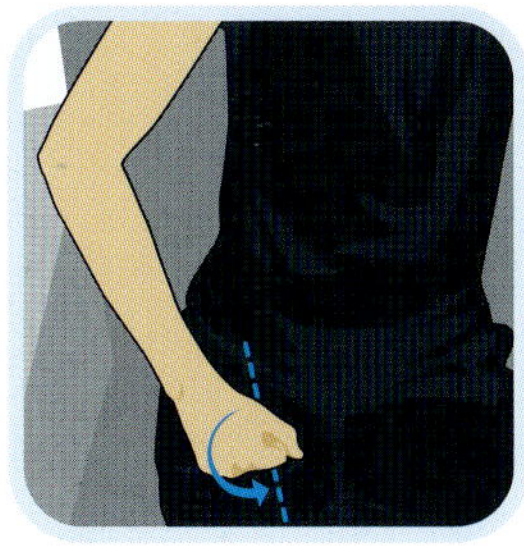

Massageie a coxa com o punho.

374 combater o jet lag

Acerte o relógio na hora do seu destino.

Mantenha-se hidratado.

Estique-se para manter seu sangue fluindo.

Durma, se for um vôo noturno.

Quando chegar, fique acordado durante o dia.

Coma nos horários locais.

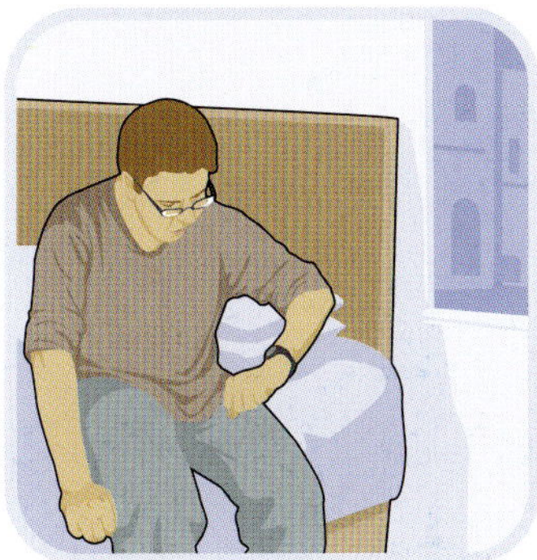

Durma no horário local.

Vá com calma com comprimidos para dormir.

375 identificar vasos pelo mundo

376 achar o banheiro feminino

377 achar o banheiro masculino

378 usar uma latrina turca

1. Coloque um pouco de água no buraco.
2.
3. Para limpar, pegue a água com a mão esquerda.
4. Não se esqueça, em nenhuma hipótese, de lavar as mãos.

379 refrescar-se num bidê

1. Tire as calças e a roupa de baixo.
2. Ajuste a temperatura e a força do jato.
3. Sente-se, com as mãos controlando as tomeiras.
4. Enxágüe o bidê com um jato fraco.

380 brincar de jogo das pedrinhas

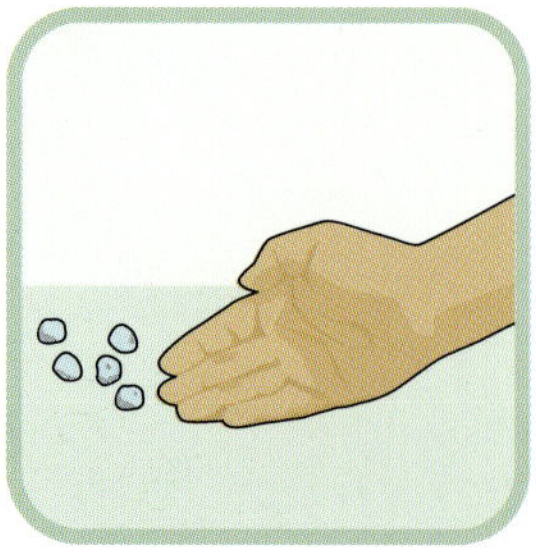
Atire todas as pedras no chão.

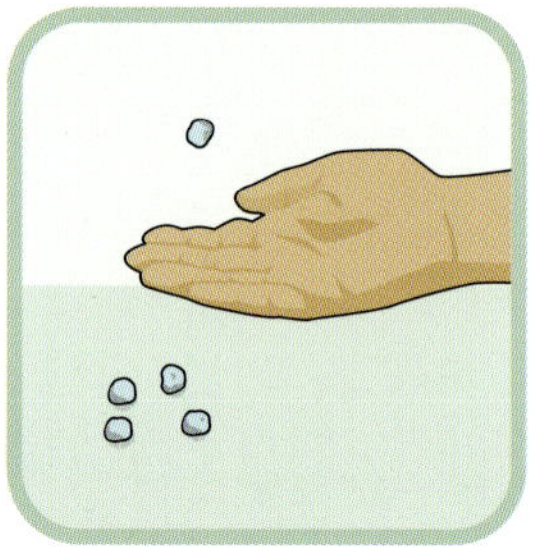
Jogue uma para o alto.

Pegue outra com a mesma mão.

Pegue a que você jogou ainda no ar.

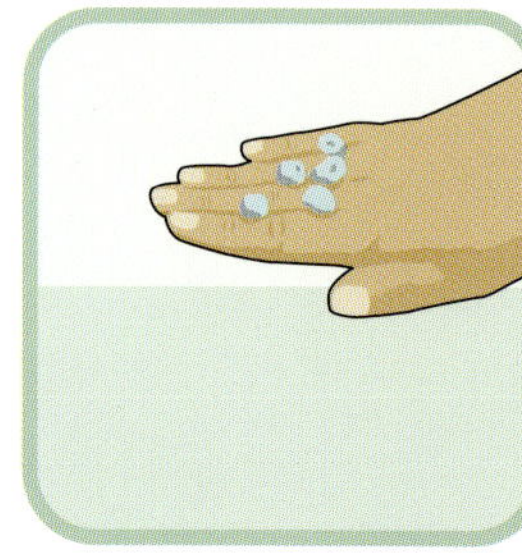
Jogue e pegue todas.

* O jogo pode ser feito com três, cinco ou mais pedras. Vá jogando e pegando as pedrinhas uma por uma até recolher todas. As que já estiverem na sua mão serão arremessadas para o alto enquanto você pega a pedra seguinte. Para finalizar, jogue as cinco e pegue-as com as costas da sua mão. Você marca pontos conforme for pegando. No Brasil, a brincadeira recebeu vários nomes, como três marias, arriós e cinco marias.

381 fumar um narguilé

Encha com água gelada.

Cole a base no corpo do narguilé.

Coloque a bandeja.

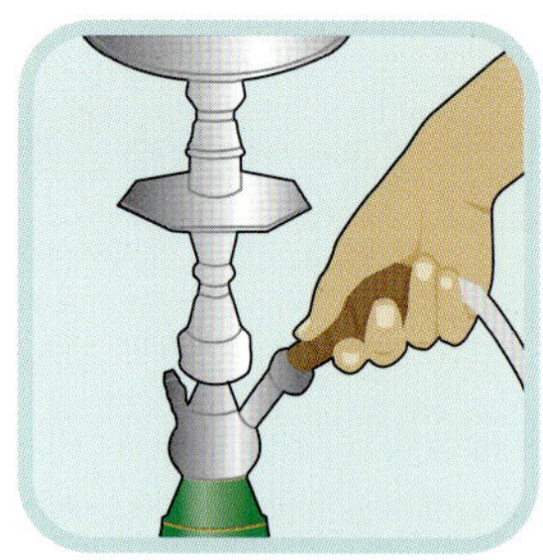
Prenda a mangueira.

Encha o fornilho com fumo.

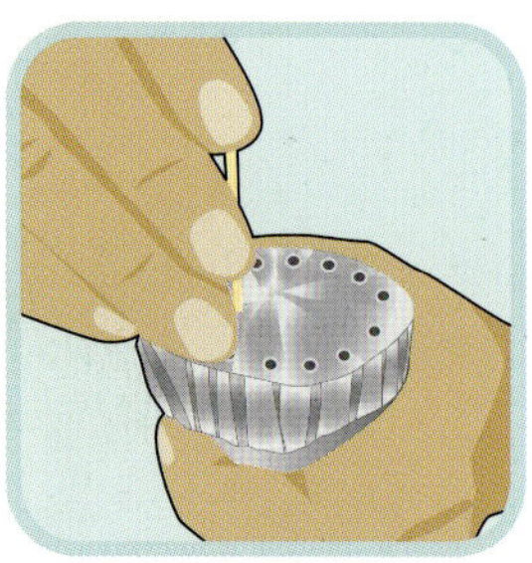
Cubra com papel-alumínio; fure.

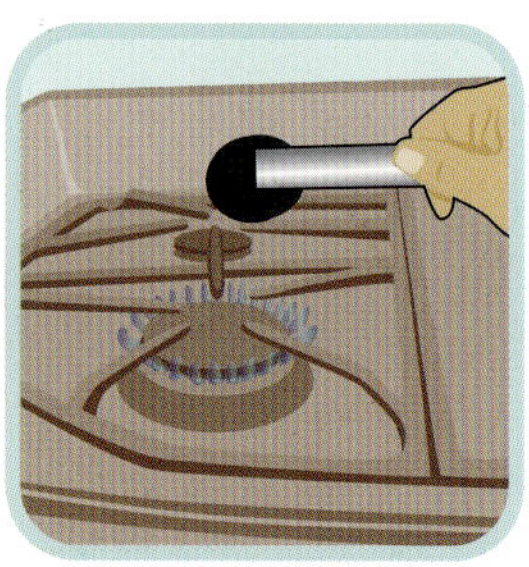
Esquente o carvão.

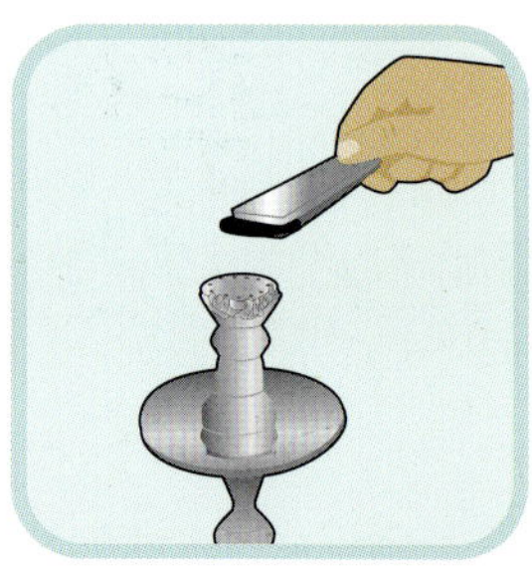
Coloque em cima do fornilho.

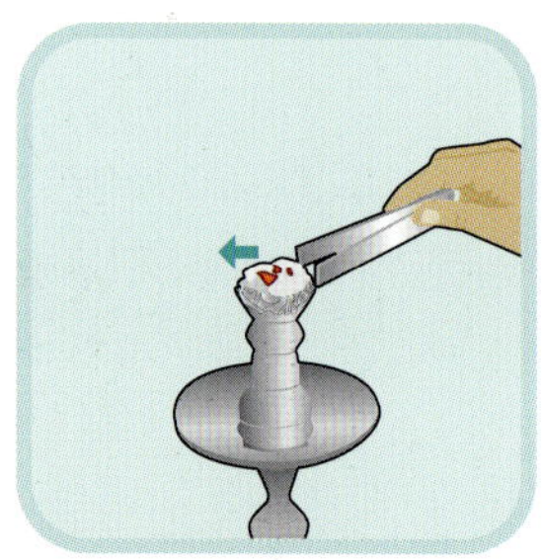
Tire as cinzas que forem acumulando.

382 balançar numa rede

Abra a trama da rede.

Durma na diagonal.

383 compartilhar a autêntica erva-mate

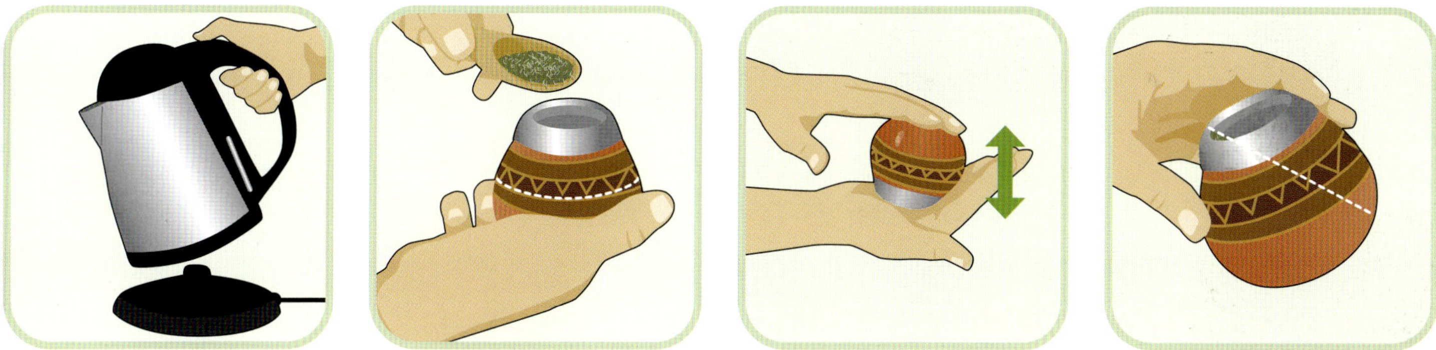

Esquente a água.

Encha 3/4 da cuia.

Cubra com a mão; sacuda bem.

Incline para acomodar as folhas de um lado.

servir um chá gelado tailândes 125

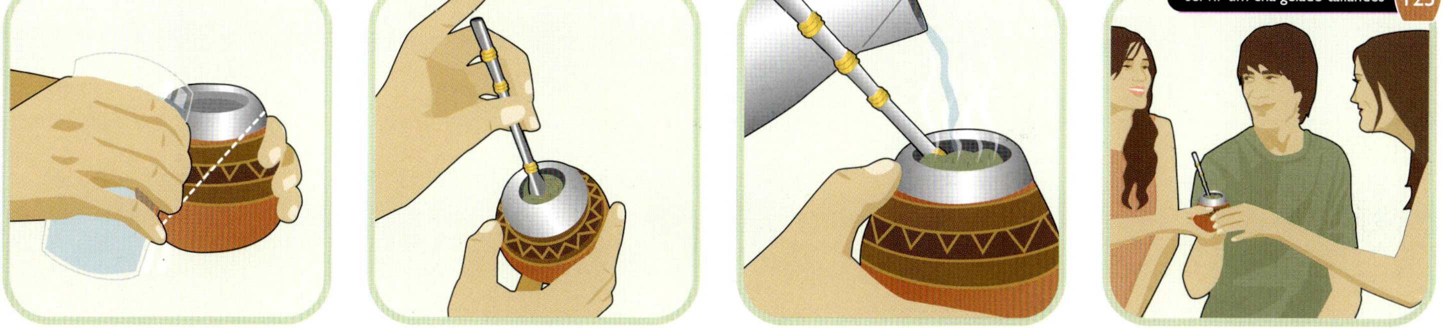

Coloque água fria no lado mais vazio.

Insira a bomba.

Encha com água fervente.

Beba sugando pela bomba; compartilhe.

384 remendar um pneu de bicicleta

Remova o objeto.

Tire um pouco de ar.

Desloque o pneu usando alavancas.

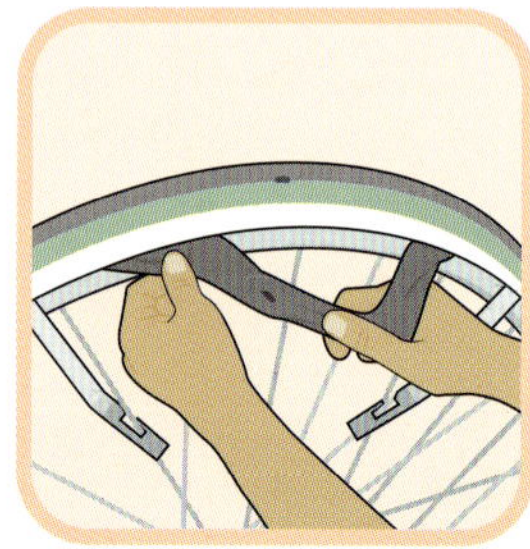

Puxe a câmara danificada para fora.

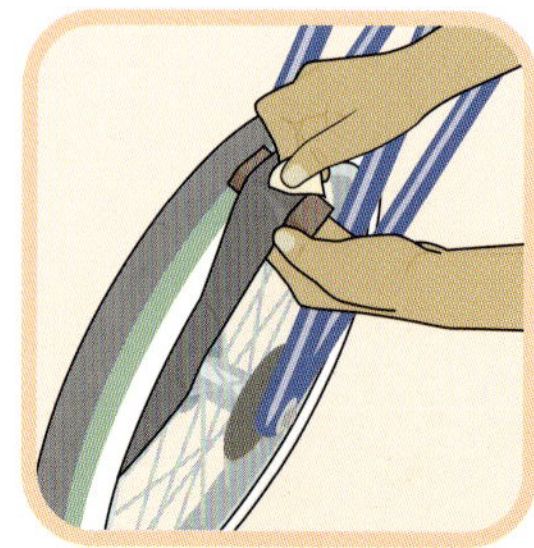

Lixe a área.

Aplique a cola.

Coloque o remendo; pressione.

Coloque a câmara de volta no lugar.

Remova as alavancas.

Encha o pneu novamente.

385 consertar um pneu com dinheiro

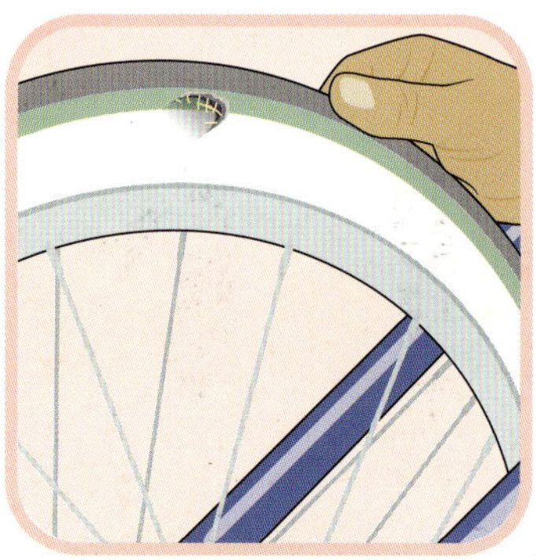

Encontre o buraco e tire o pneu do aro.

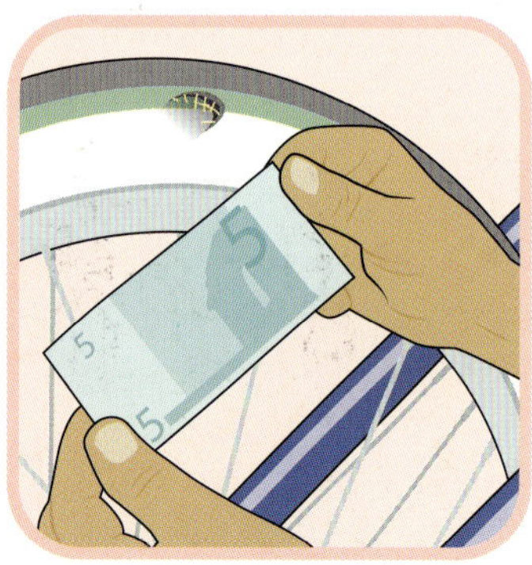

Estique sua nota.

237 fazer cadeira de câmara-de-ar

Coloque-a entre o furo e o aro.

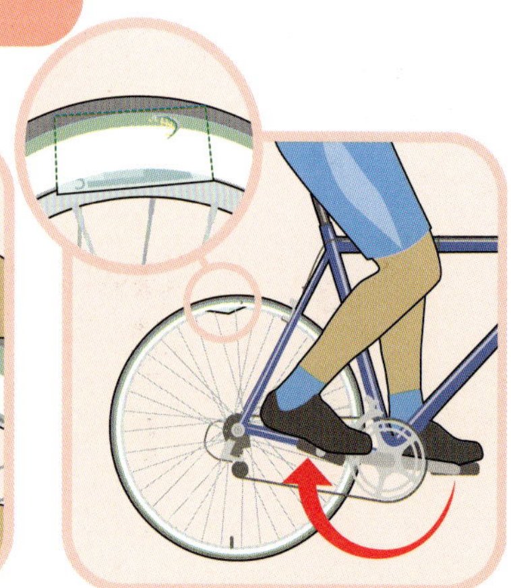

Pedale rápido para casa e remende.

386 usar sinalizações do ciclismo

387 subir uma fenda na montanha

Coloque giz nas mãos!

Suba até a fenda.

Coloque o pé para cima; firme-se.

Procure reentrâncias na pedra.

Dobre a perna esquerda sob o corpo.

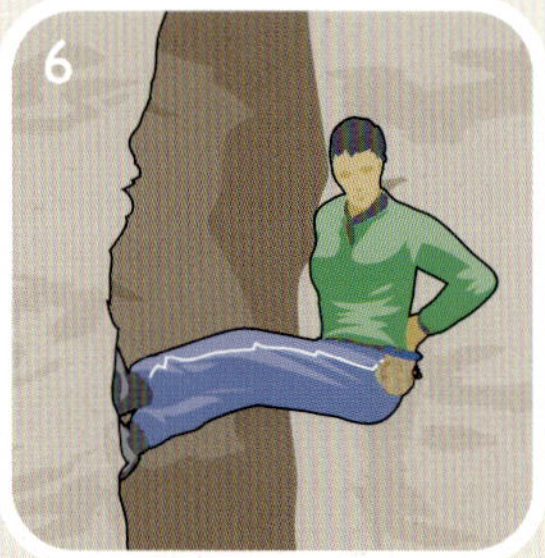

Coloque-a acima da direita.

Dobre a perna direita abaixo do corpo.

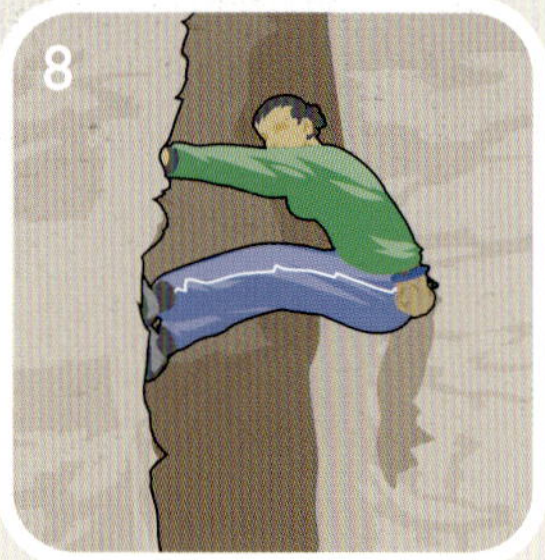

Continue. Segure-se nas reentrâncias.

388 descer uma parede de rapel

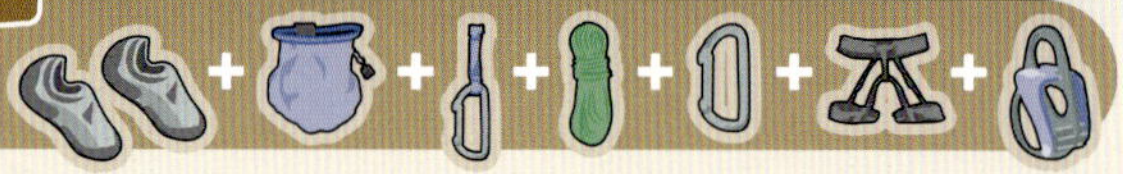

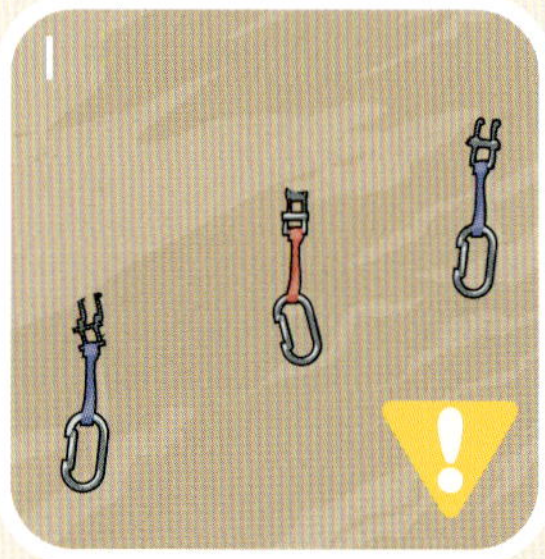

Use argolas para distribuir o peso.

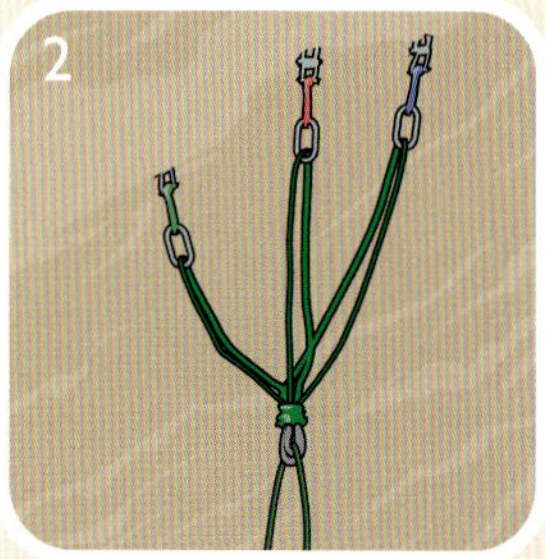

Prenda a corda nas argolas.

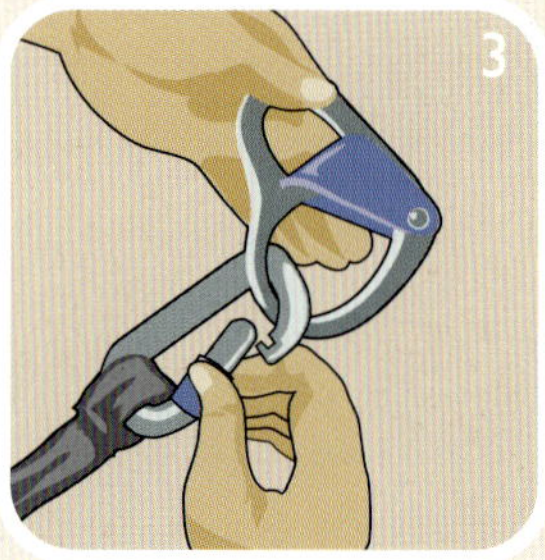

Enganche no freio de rapel.

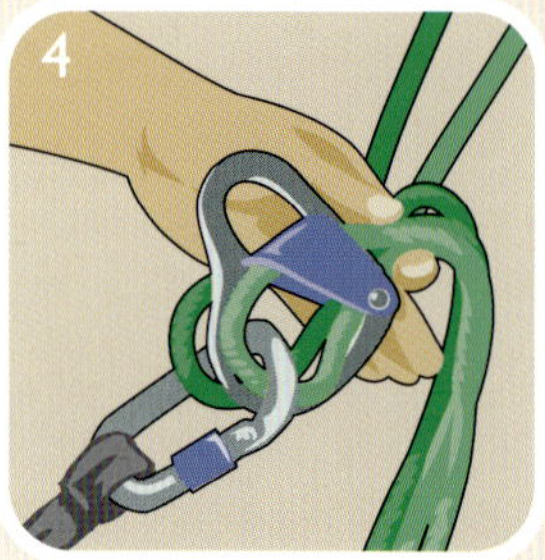

Enfie duas voltas da corda; feche.

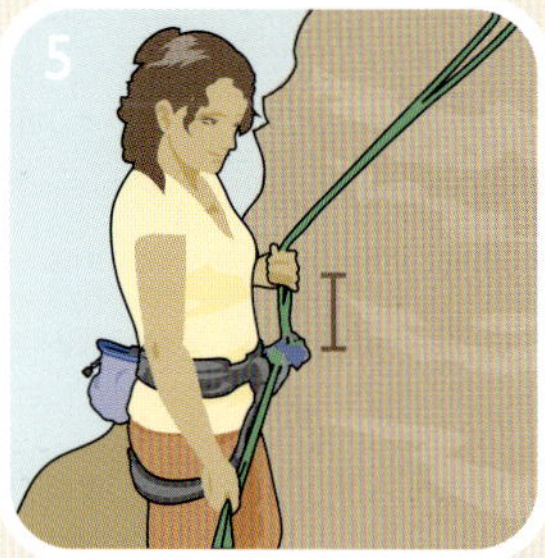

Agarre-se na parte de cima da corda.

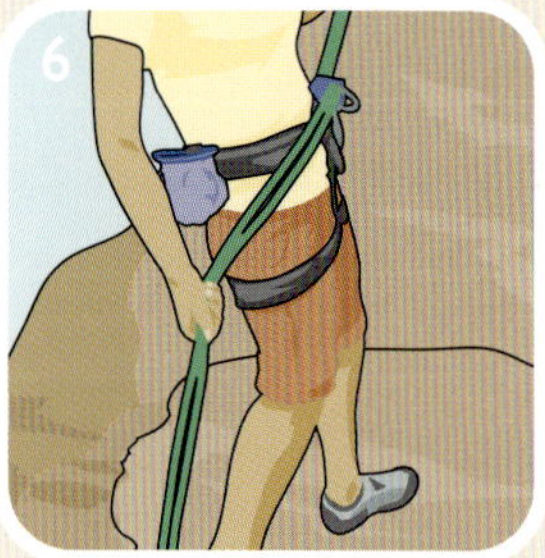

Segure o excesso da parte de baixo.

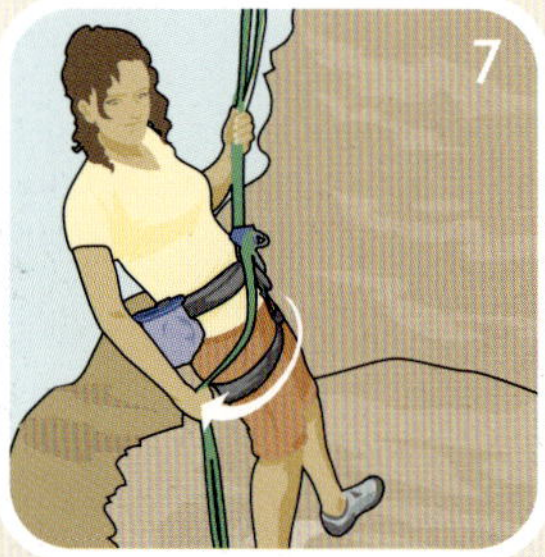

Enrole um pedaço na cintura.

Ande de costas e para baixo na parede.

389 mergulhar de um penhasco

Procure um local seguro para pular. | Verifique se há pedras. | Certifique-se de que não há obstáculos. | Fique em pé, reto como um lápis.

390 desvirar um caiaque

Incline-se por cima da proa. | Aponte o remo para fora. | Empurre o remo na direção proa-popa. | Mova o quadril para cima enquanto gira. | Endireite-se; recupere-se.

391 tirar água da máscara de mergulho

Fique alerta para a água entrando. | Pressione para tirar o vácuo. | Incline a cabeça para trás. | Expire devagar pelo nariz. | Recoloque a máscara.

a (alfa)
mantenha-se afastado

b (bravo)
carga perigosa

c (charlie)
sim

392 entender as partes de um barco

393 decifrar bandeiras náuticas

Precisa se comunicar com outro navio, mas não pode usar o rádio? Use as bandeiras náuticas. Hasteie uma mensagem simples ou soletre sua própria saudação.

d (delta)
mantenha-se afastado

k (kilo)
preciso me comunicar

l (lima)
pare imediatamente

o (oscar)
homem ao mar

q (quebec)
barco ileso

w (whiskey)
preciso de atendimento médico

x (x-ray)
pare suas manobras

z (zulu)
solicito rebocador

y (yankee) estou arrastando âncora

v (victor) preciso de assistência

u (uniform) você está indo em direção ao perigo

t (tango) matenha-se afastado

s (sierra) movendo-se para trás

r (romeo)
(sem significado isoladamente)

p (papa)
prestes a zarpar

n (november)
não

m (mike)
parado

j (juliet)
fogo, mantenha-se afastado

394 superar o enjôo no mar

Tome remédio contra enjôo.

Fique ao ar livre.

451 sobreviver a um naufrágio

Olhe para a frente.

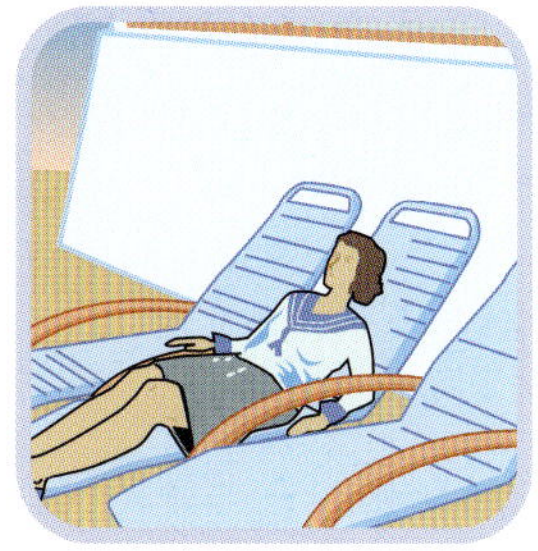

Encha seu estomago.

395 dar nós básicos de marinheiro

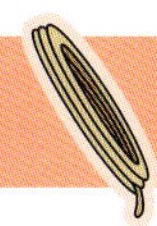

oito: prende a ponta da corda

laçada dupla: prende o barco ao píer

lais de guia: faz uma volta fixa na ponta da corda

punho de macaco: coloca peso numa corda a ser jogada

escota: prende a corda ao gancho do píer

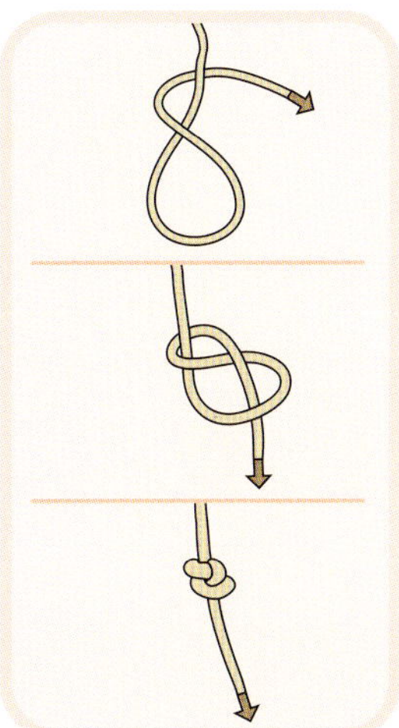

oito

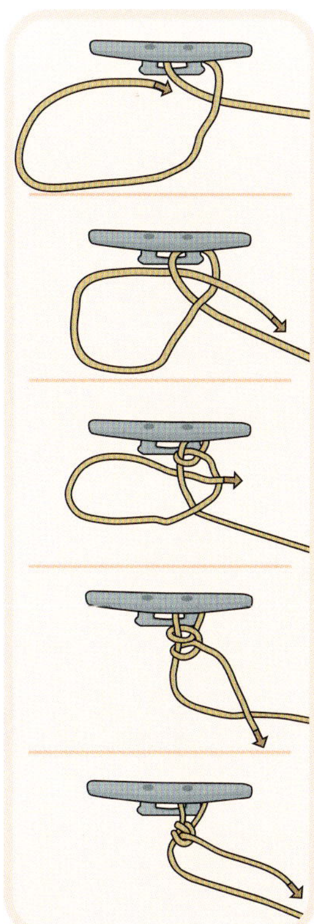

laçada dupla

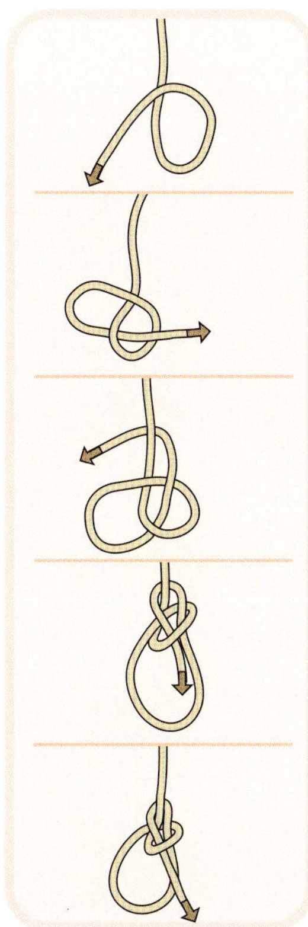

lais de guia

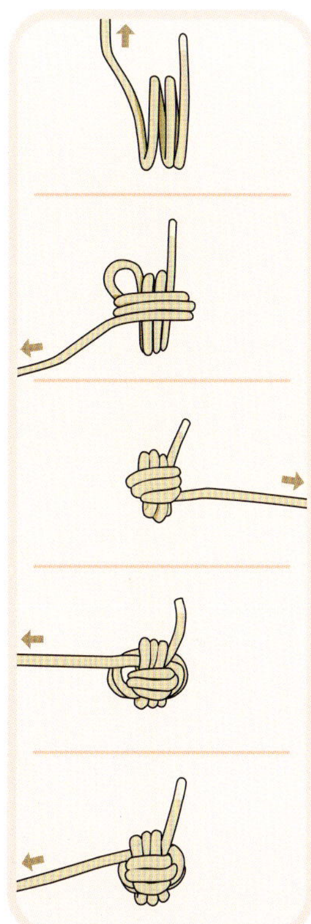

punho de macaco

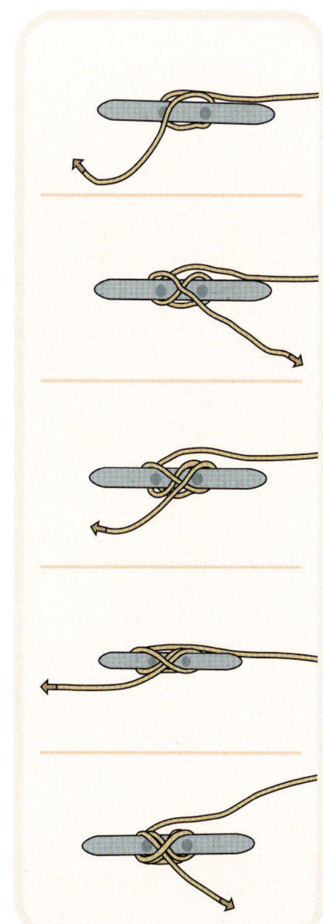

escota

396 pegar ondas no surfe

1 Passe parafina na parte de cima e nos lados.

2 Reme.

3 Fique próximo à linha da arrebentação e espere a onda perfeita. (Não entre numa onda que alguém já estiver surfando!)

4 Escolha uma das boas. Reme rápido para frente e verifique se a onda está se formando atrás de você.

5 Depois que a onda levantar a prancha, segure nas laterais.

6 Levante o tronco apoiando-se pelos dedões dos pés – não pelos joelhos.

497 fazer um *ollie* profissional

A maioria das pessoas surfa com o pé esquerdo na frente. Se você usa o direito na frente, é um *goofy-footed*.

397 furar ondas com a prancha

Agarre a prancha. Empurre a frente para baixo.

Incline-se e empurre com o joelho.

Passe debaixo da onda.

Incline a prancha para cima.

7 Fique de pé com os joelhos dobrados. Posicione o pé da frente no meio da prancha e o outro pé mais atrás; vire-se com cuidado.

8 Surfe na parede da onda. Mantenha seu centro de gravidade baixo.

9 Angule a prancha na direção em que a onda está quebrando. Não agüenta mais? Abaixe o corpo na prancha e reme para fora da onda para pegar outra.

fazer manobras radicais no surfe 398

399 fazer uma chupeta na bateria

Desligue as duas ignições.

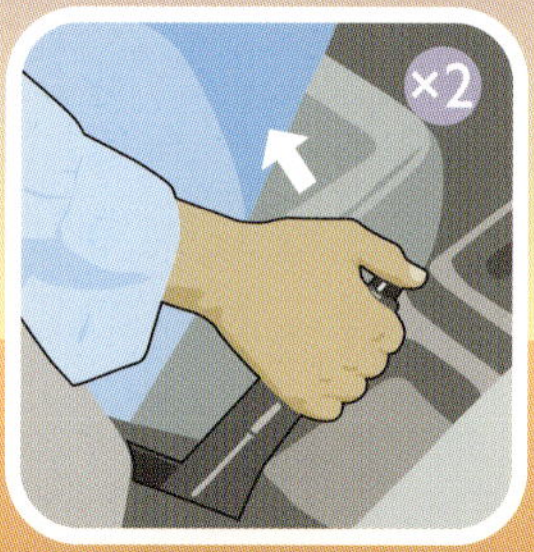

Puxe os freios dos dois carros.

Plugue a bateria descarregada.

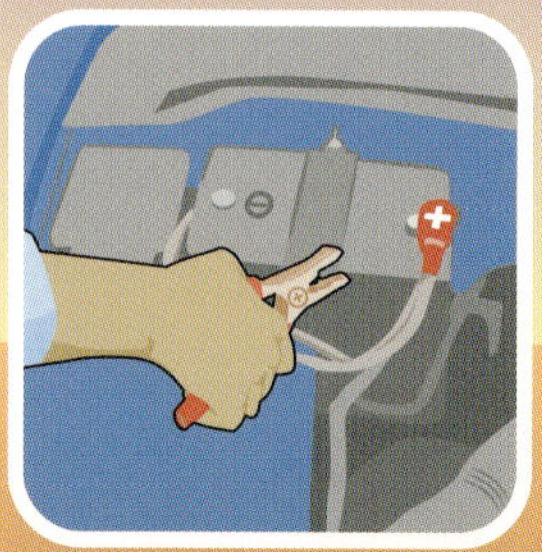

Conecte ao positivo da bateria boa.

179 enrolar lenço com estilo

400 trocar o pneu

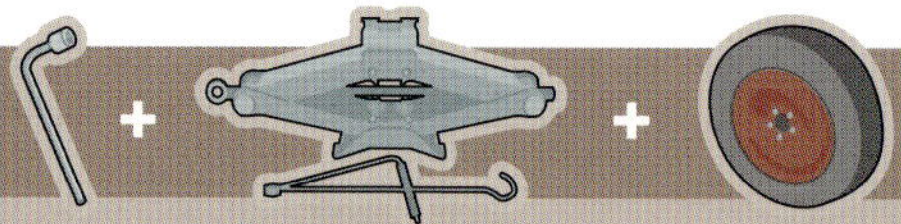

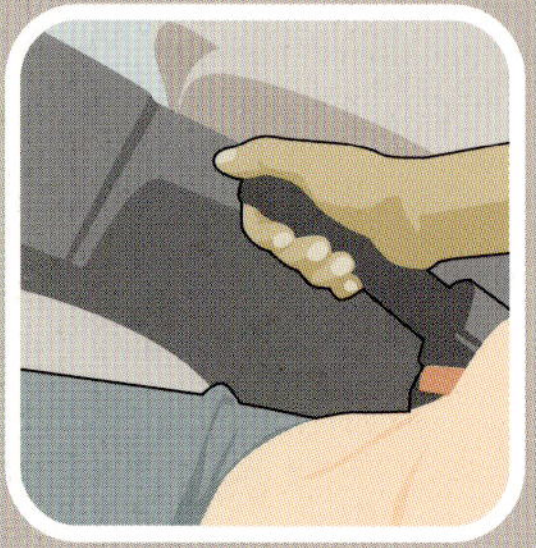

Puxe o freio de mão.

Remova a calota da roda.

Afrouxe os parafusos.

Levante o carro do chão.

Remova os parafusos e o pneu.

5 min
5 min
Plugue o negativo da bateria boa.
Conecte à outra bateria.
Ligue o carro com bateria boa.
Dê partida no carro sem bateria.
Desconecte na ordem inversa.

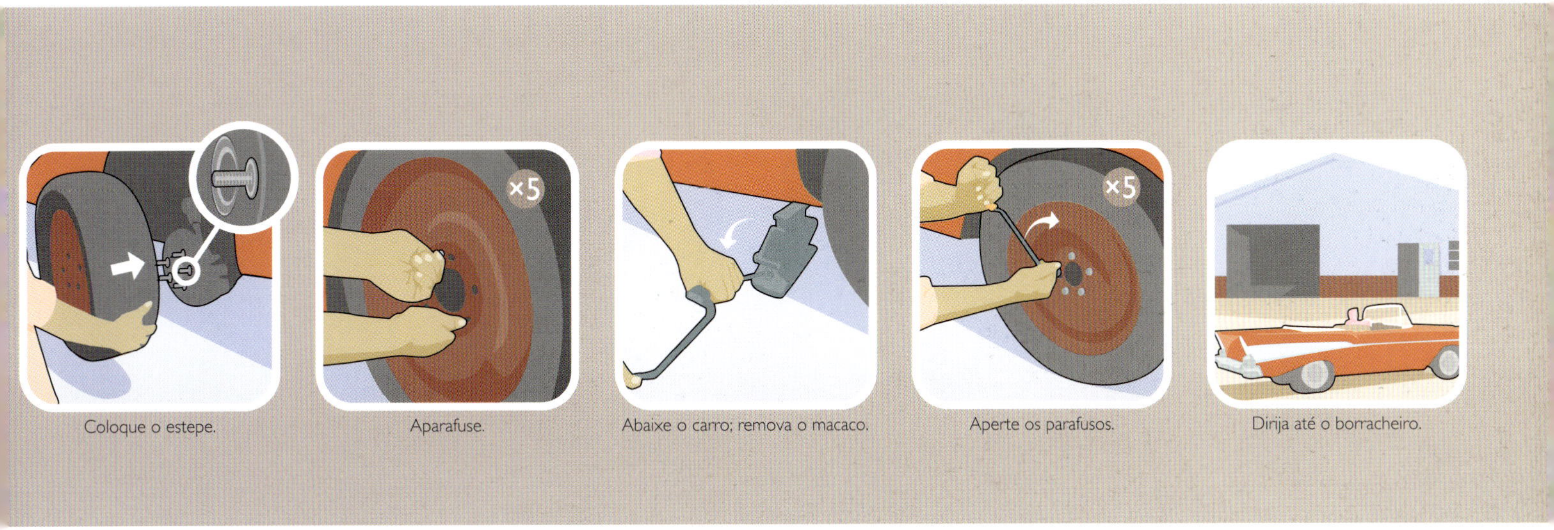
×5
×5
Coloque o estepe.
Aparafuse.
Abaixe o carro; remova o macaco.
Aperte os parafusos.
Dirija até o borracheiro.

401 preparar e pescar com anzol

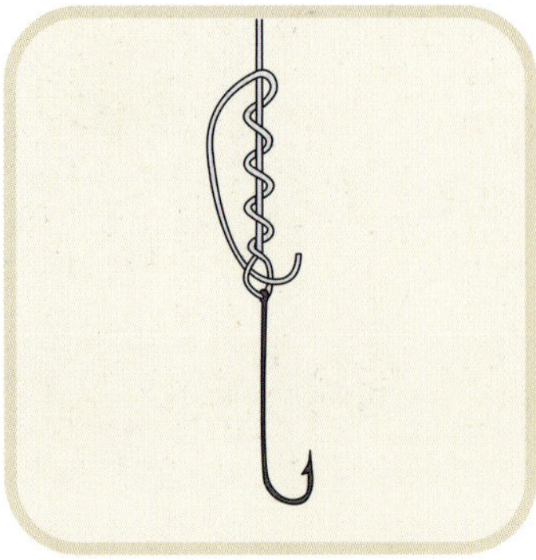

Crie uma espiral frouxa.

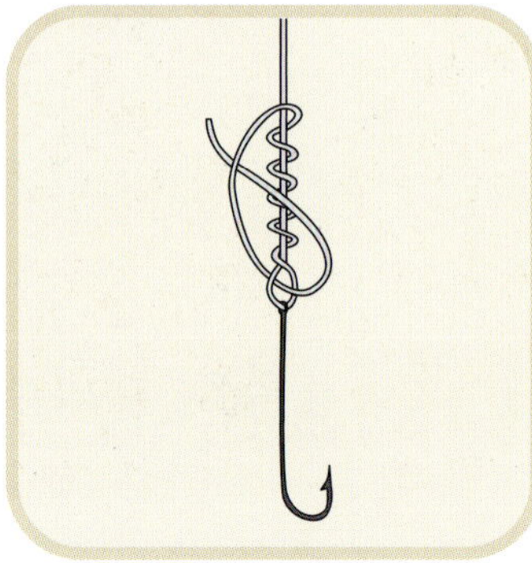

Enfie pela volta.

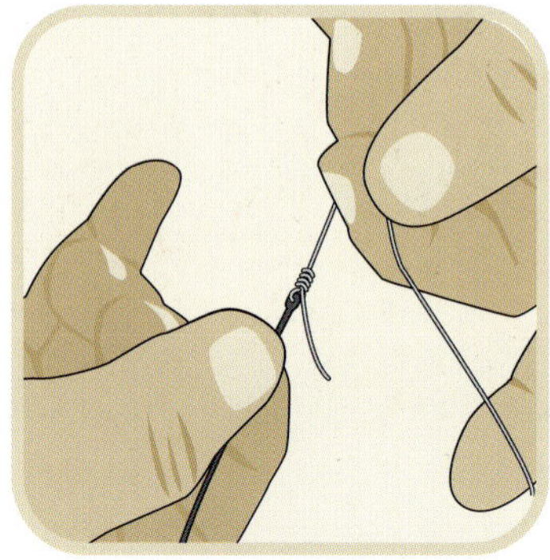

Puxe para apertar o nó.

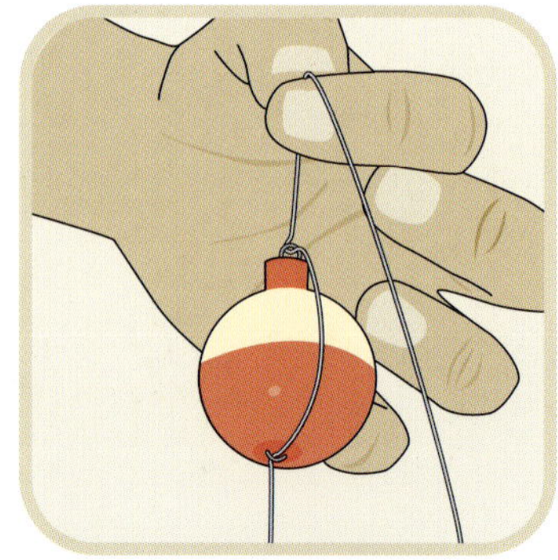

Prenda a bóia.

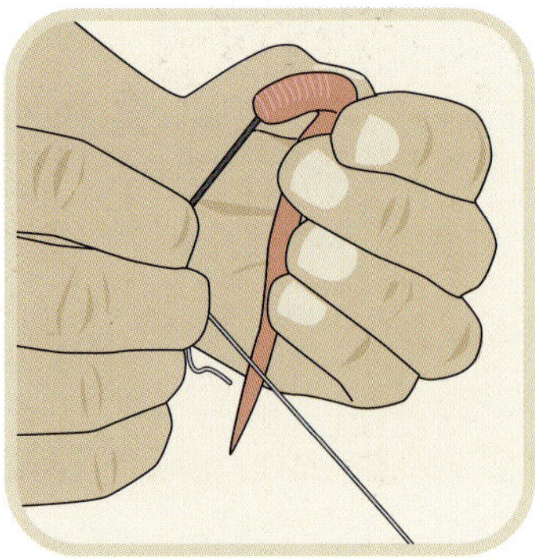

Coloque a isca no anzol.

Jogue a linha; espere por uma mordida.

Puxe para cima para tirar o peixe.

427 pescar com garrafas pet

Puxe e rode o molinete.

402 fazer uma fogueira

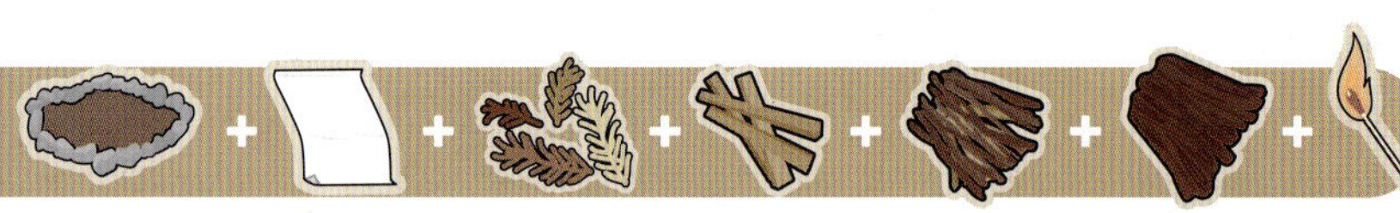

Coloque a bucha num buraco.

Arrume os gravetos em pé.

Cerque com pedaços de madeira.

Circule tudo com toras.

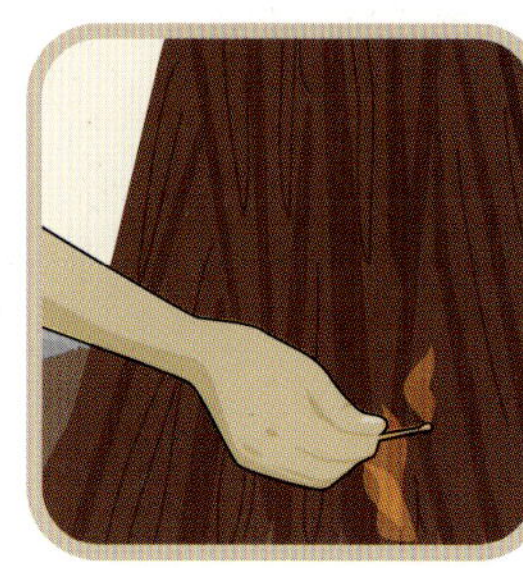

Acenda a bucha que está no interior.

403 grelhar um sanduíche no fogo

Tire a casca do galho.

Passe manteiga no pão.

Acrescente o queijo; segure no fogo.

Remova do fogo; gire.

Grelhe o outro lado.

404 fazer um sanduíche doce

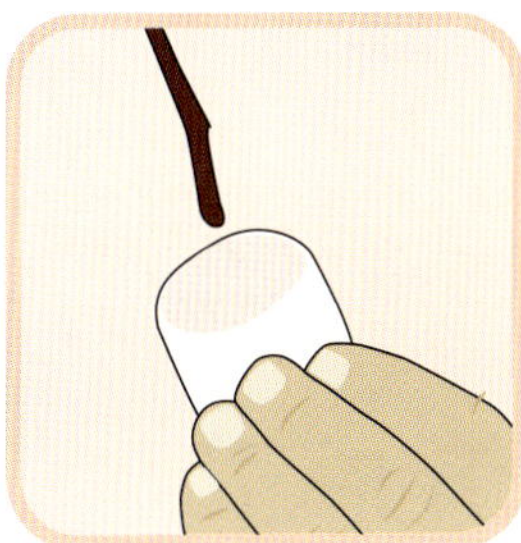

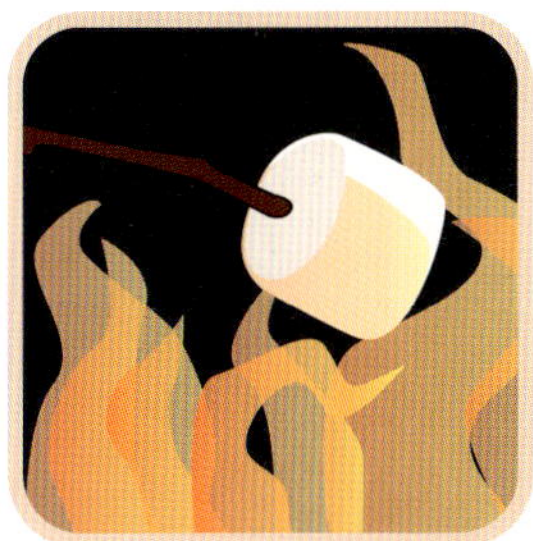

Aqueça até estar tostado.

405 abrir um vinho sem saca-rolha

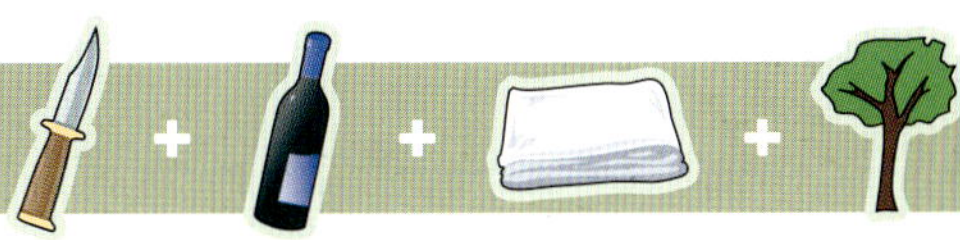

Remova o alumínio.

Enrole num lençol.

Bata no fundo várias vezes.

Quando a rolha começar a sair, puxe-a.

406 montar um elefante

Acaricie a orelha para ele abaixar a tromba.

407 montar um camelo

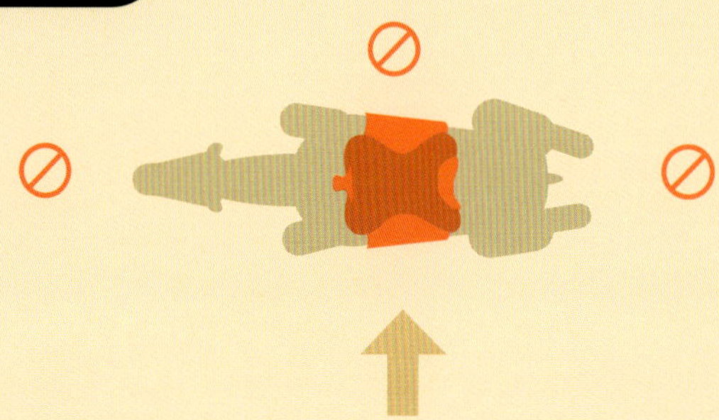

Aproxime-se do camelo com cuidado.

408 montar um cavalo

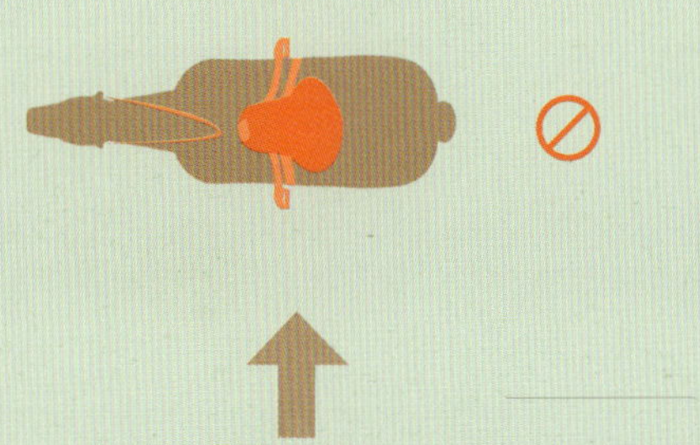

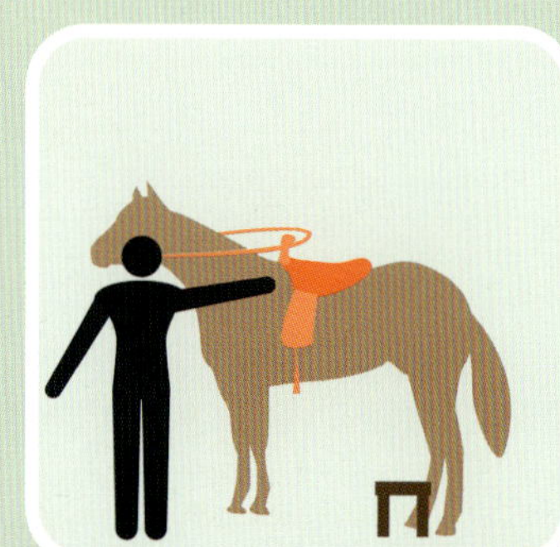

Ganhe confiança falando suavemente com ele.

Bpai!

Rut, Rut!

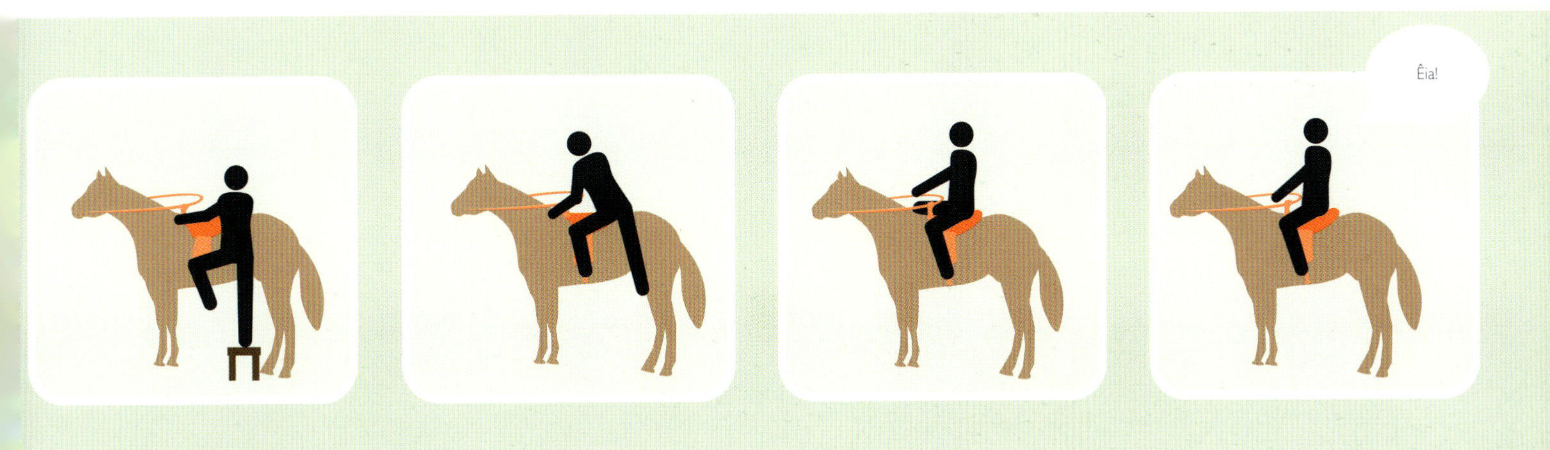
Êia!

409 tirar uma foto fantástica

Para obter melhor luminosidade, posicione-se de costas para o sol e levemente de lado.

Escolha elementos-chave que capturam a essência do local.

O olho é atraído por áreas claras – procure contrastes entre claro e escuro.

Encontre linhas que guiem seus olhos até o objeto de interesse.

Fique de olho em repetições de cor, forma ou textura interessantes.

410 tirar uma foto sem tremer

Segure a máquina dos dois lados.

Pressione contra seu rosto.

Apóie os cotovelos no tronco.

Encoste-se para manter-se firme.

Clique enquanto expira.

Use a regra dos terços para enquadrar sua foto: trace duas linhas verticais e duas horizontais e posicione seus objetos de interesse no cruzamento dessas linhas.

Composição horizontal ou vertical? Deixe a forma natural do seu tema decidir.

Fotografe na altura dos olhos. (Sempre com respeito – e segurança!)

As melhores fotos são as que mostram pessoas interagindo com o ambiente, e não apenas posando em frente a ele.

Cheque o fundo para evitar elementos destoantes, como um galho saindo da orelha de alguém!

Para congelar a ação, mude a velocidade da sua máquina para 1/500 de segundo.

Para mostrar movimento vibrante, mude a velocidade para 1/15 de segundo.

Ajuste o diafragma em f2,8 para tirar um retrato com fundo desfocado.

Para ganhar profundidade em fotos de paisagem, use f11.

Para capturar as cores verdadeiras de um pôr-do-sol, coloque a máquina no tripé e deixe-a em exposição por quanto tempo você quiser.

412 desfilar no carnaval do Rio

Em fevereiro, acontece no Rio de Janeiro um incrível desfile de Carnaval. Não assista apenas – participe!

413 participar do festival de Holi

A Índia celebra o festival de Holi no fim de fevereiro ou no início de março. A festa fica mais colorida no segundo dia, chamado Dhulhendi.

414 fugir dos touros em Pamplona

Em julho, os viciados em adrenalina visitam a cidade de Pamplona, na Espanha, para correr no "el encierro". A festa de São Firmino é uma homenagem ao padroeiro da cidade.

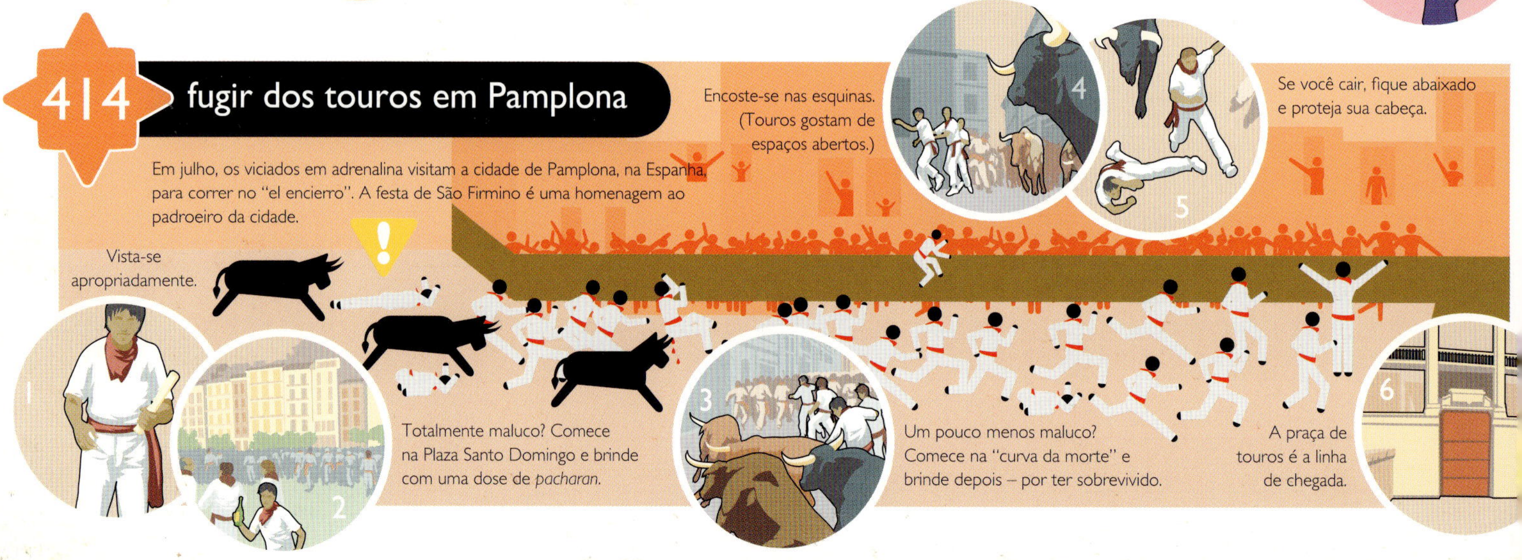

festejar o dia dos mortos 415

No início de novembro, os mexicanos celebram O Dia dos Mortos, em que espíritos retornam para serem homenageados por seus entes queridos – e também para se divertir!

Um arco de bambu funciona como um portal para que os espíritos retornem. Ele é sempre decorado com cravos-de-defunto e guirlandas de frutas.

Caveiras de açúcar e esqueletos decorativos são brindes divertidos para os mortos e para os vivos.

Prepare um banquete com os pratos favoritos do falecido. Não se esqueça do mescal nem do chamado "pan de muerto".

cultivar plantas suculentas 274

Copal – uma resina especial usada como incenso – chama os espíritos para o arco do altar.

Velas são acesas em memória dos mortos.

sobreviver

416 orientar-se pela estrela do Norte

Achar a estrela do Norte, a Polar, é fácil. Primeiro, localize a formação de estrelas Grande Caçarola (também conhecida como carro ou arado), na constelação Ursa Maior. Depois, trace uma linha imaginária conectando as duas estrelas do "fim da panela". Aumente cinco vezes a distância até chegar à Polar, que é a estrela mais brilhante da constelação Ursa Menor.

417 fazer uma bússola de sol

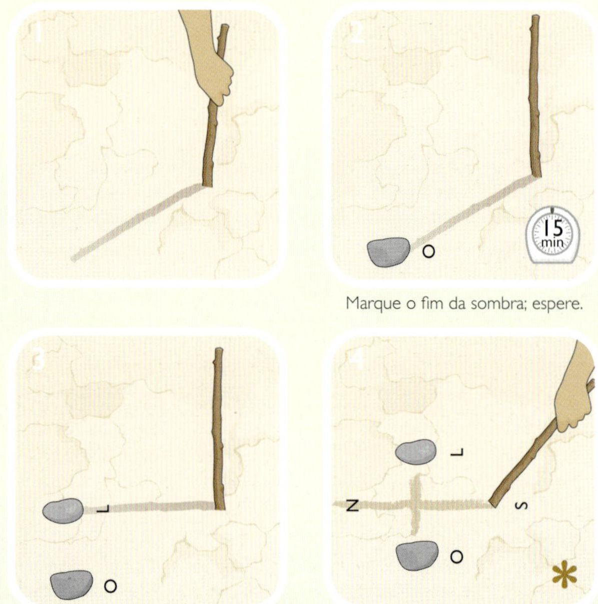

Marque o fim da sombra; espere.

Marque o fim da sombra novamente.

* Só uma dica: quanto mais perto do equador e da época do equinócio, mais a precisão desse truque aumenta.

418 ver pontos cardeais com o relógio

Para achar o sul, trace mentalmente uma linha diagonal entre a hora real e a posição das 12h.

hemisfério norte - zonas temperadas

improvisar uma bússola magnética 419

Faça uma poça num lugar sem vento.

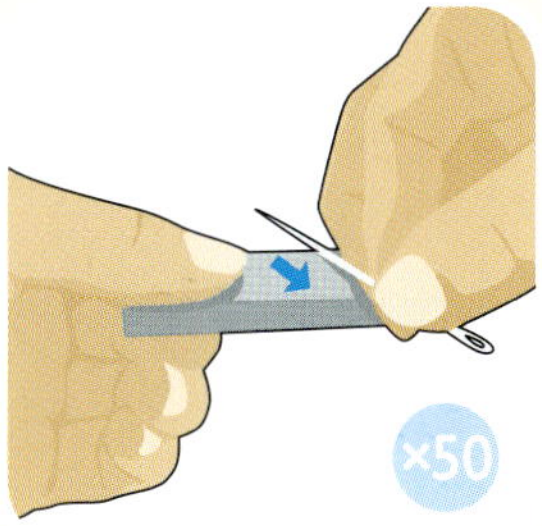

Magnetize uma agulha.

Coloque uma folha na poça.

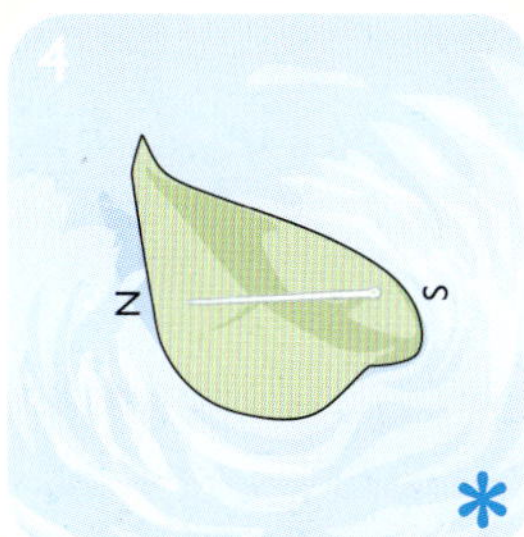

Deixe a folha se alinhar sozinha.

* A agulha sempre se alinha no eixo norte-sul. Use outros sinais – como a posição do sol no céu – para definir leste e oeste, depois norte.

Para achar o norte, imagine uma linha diagonal entre a posição das 12h e a hora real.

hemisfério sul - zonas temperadas

orientar-se pelo Cruzeiro do Sul 420

Procurando o pólo Sul? Primeiro encontre a constelação Cruzeiro do Sul e estenda uma linha imaginária com quatro vezes e meia o comprimento do seu eixo. Depois, localize as estrelas Alpha Centauri e Beta Centauri, à esquerda do Cruzeiro do Sul. Encontre um ponto médio entre elas e trace uma linha saindo desse ponto até a linha desenhada a partir do Cruzeiro do Sul. Nessa junção está o pólo Sul.

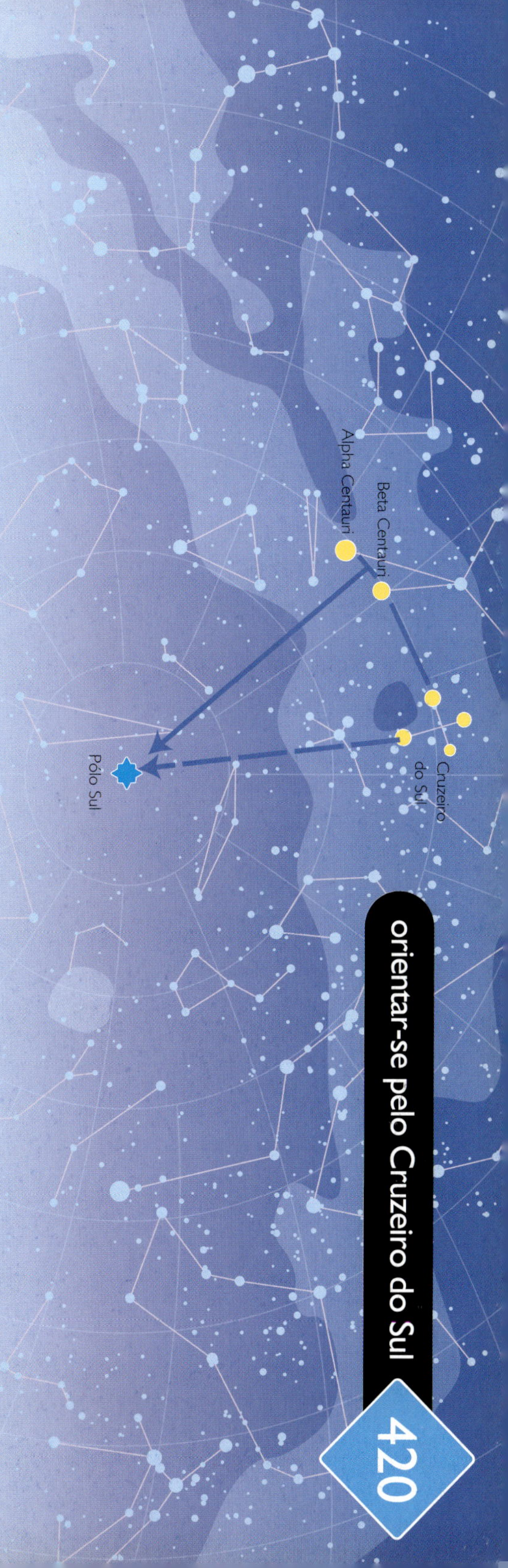

421 estimar o tempo de luz restante

Está na hora de parar e procurar abrigo ou é melhor continuar a caminhada? Use esse truque para medir quanto tempo de luz do dia você ainda tem. Lembre-se de reservar pelo menos duas horas para montar o acampamento antes que o sol se ponha.

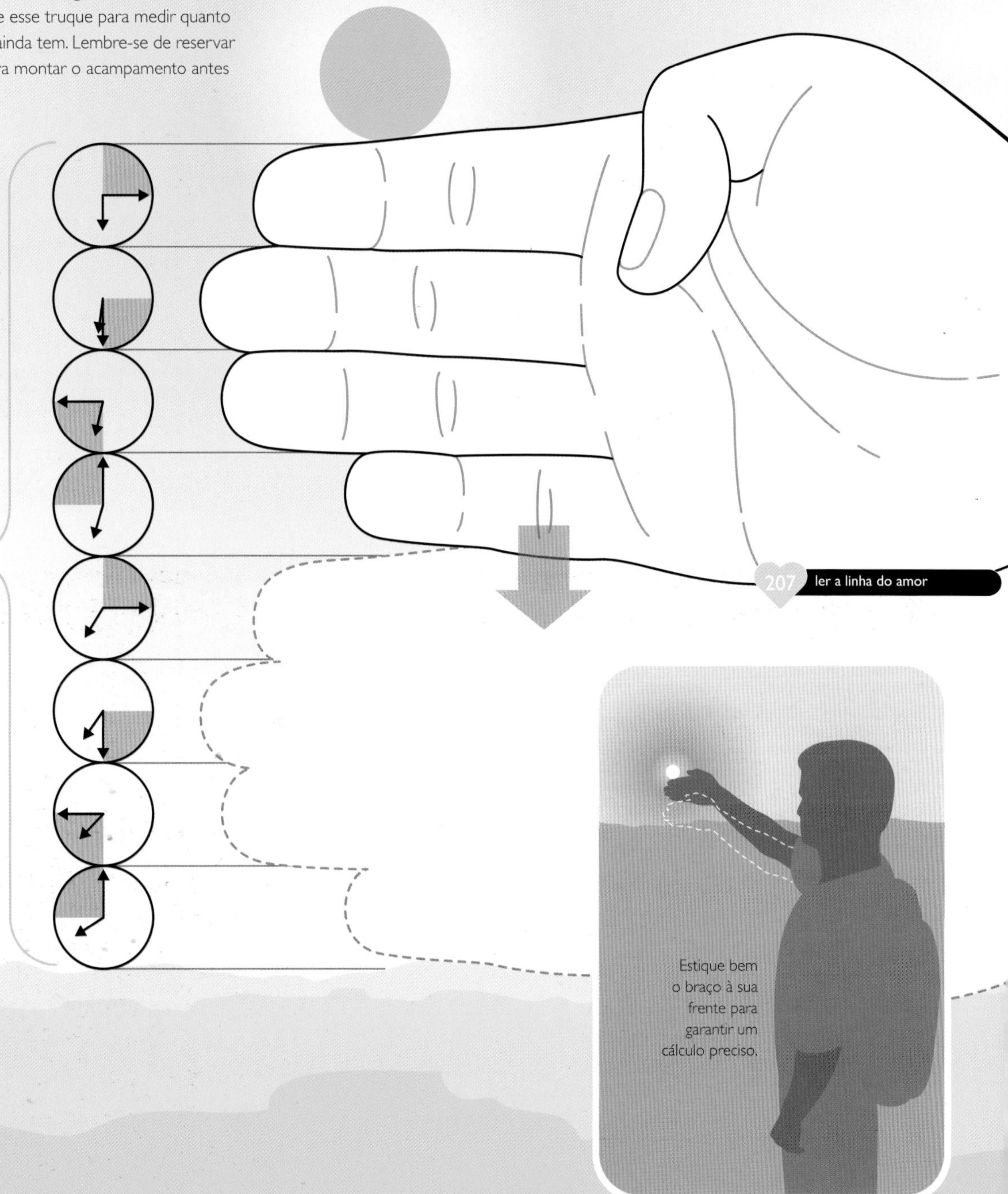

Conte quantos dedos cabem entre o sol e a linha do horizonte. Cada dedo equivale a quinze minutos e a mão vale uma hora. Quando o sol está tão baixo que só duas mãos se encaixam nesse intervalo, está na hora de procurar um local para acampar e montar a barraca. (um aviso: se você estiver perto dos pólos, o sol vai ficar acima do horizonte por um período maior, induzindo a uma leitura errada.)

207 ler a linha do amor

Estique bem o braço à sua frente para garantir um cálculo preciso.

422 fazer uma cabana com galhos

423 fazer um abrigo com sombra

424 montar uma cama no pântano

425 preparar uma caverna na neve

426 pegar um peixe com a mão

Deite seu braço na água.

Mexa seus dedos.

Arremesse para a margem.

427 pescar com garrafas pet

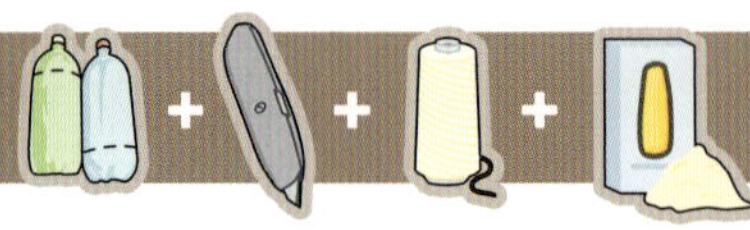

Corte duas garrafas.

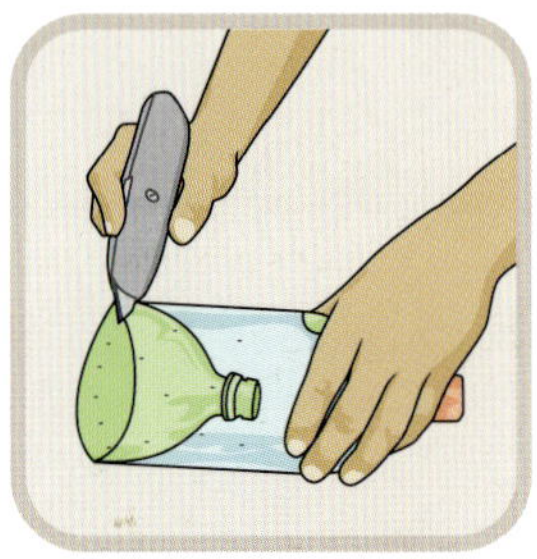

Faça buracos nas garrafas.

Costure uma na outra.

Coloque isca; ancore e faça submergir.

428 assar uma tarântula

Vire a aranha; pressione.

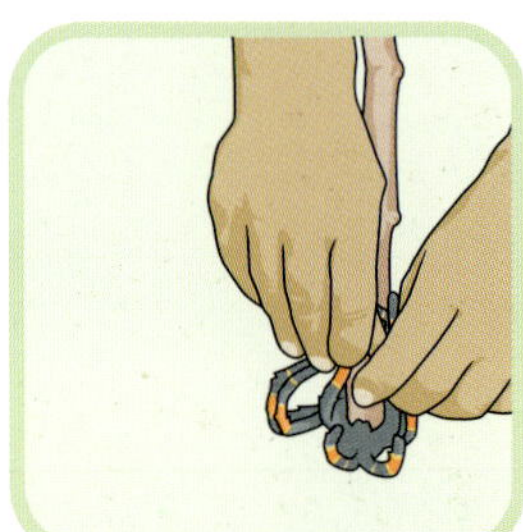

Junte as pernas.

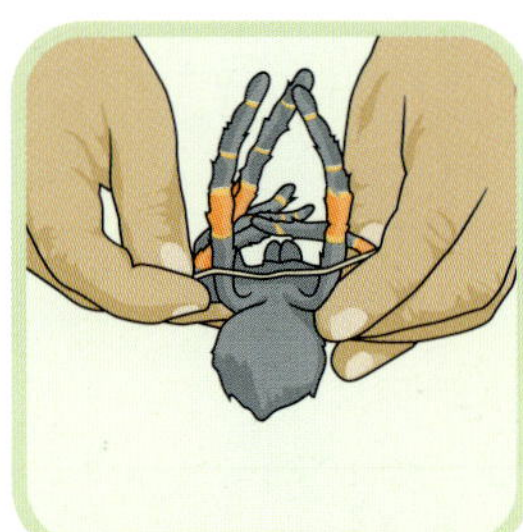

Prenda as pernas.

Enrole na folha de bananeira.

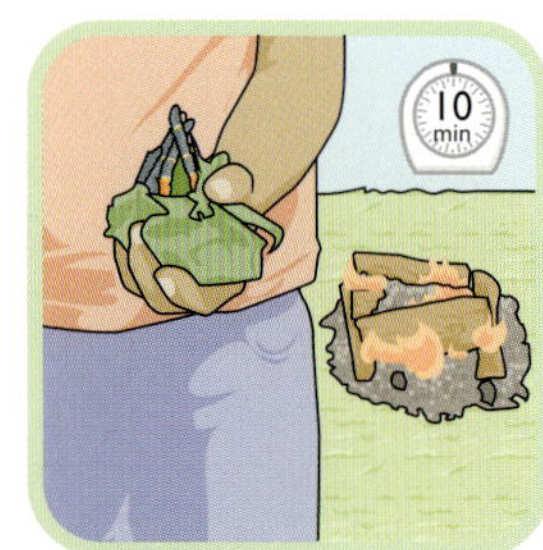

Coloque no carvão em brasa.

capturar uma lebre 429

Encontre um rastro de lebre.

afiar e polir uma faca 75

Corte dois gravetos do mesmo comprimento; afie.

Coloque-os em lados opostos do caminho.

Prenda o fio num galho firme.

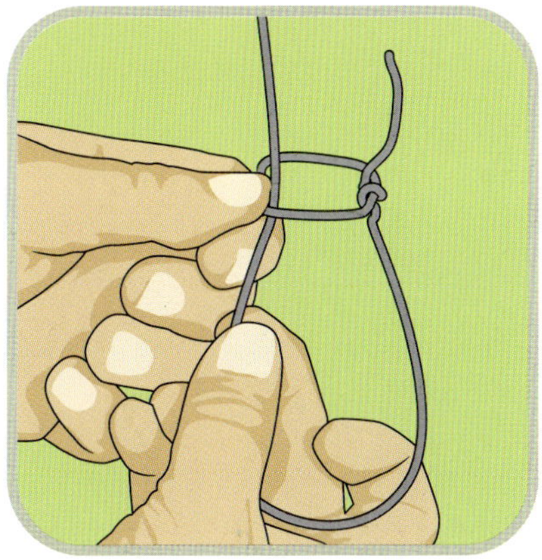
Faça uma forca com a outra ponta do fio.

Posicione a forca nos gravetos.

preparar carne de cobra 430

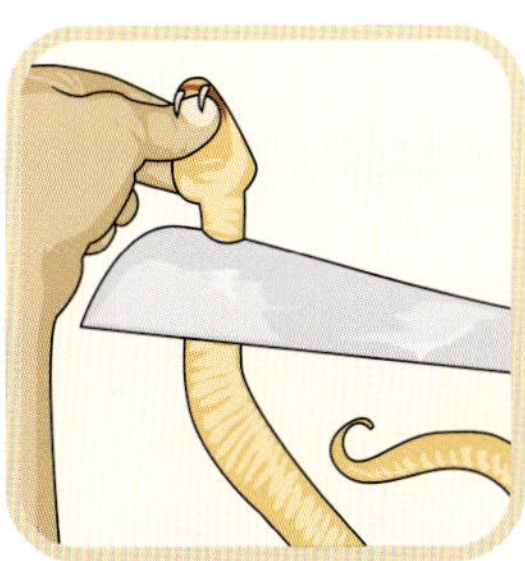
Corte a cabeça da cobra.

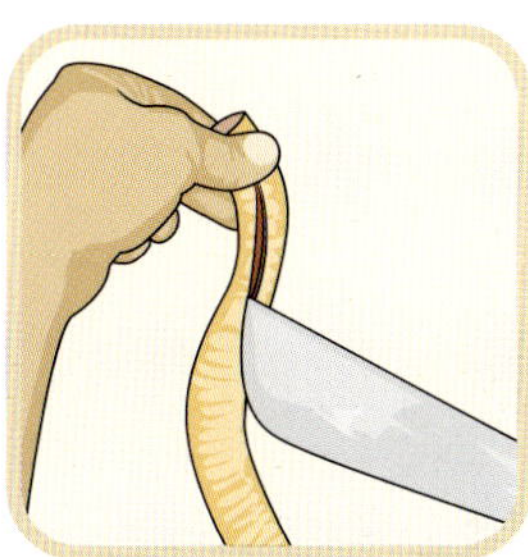
Corte na extensão da barriga.

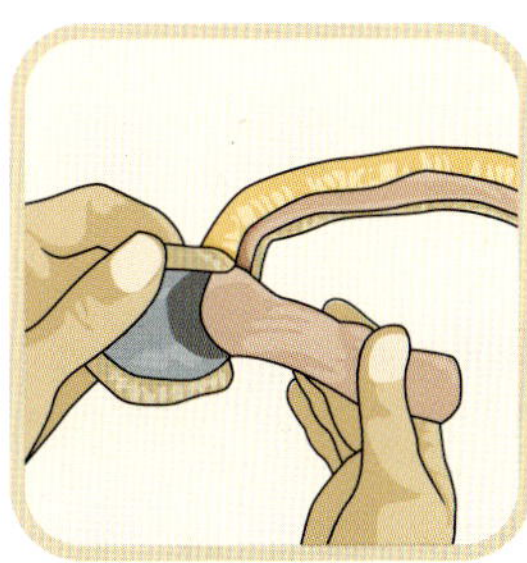
Tire a pele.

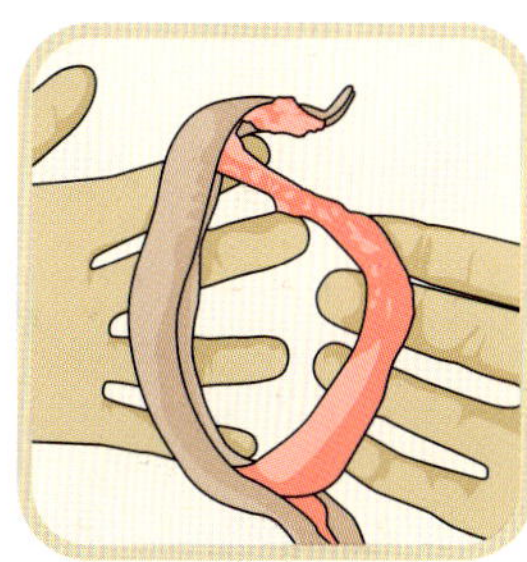
Remova as vísceras.

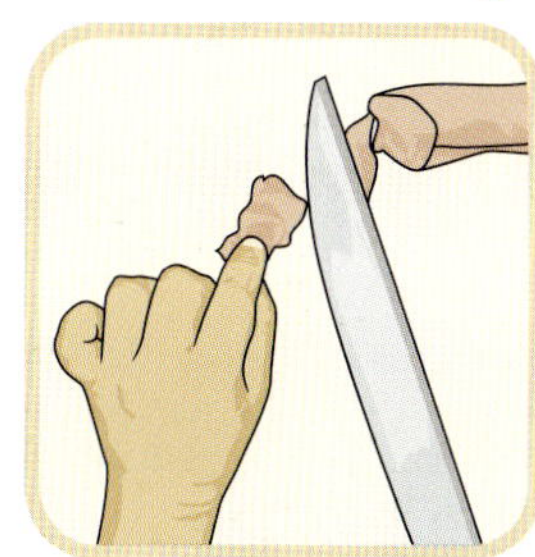
Pique a carne.

431 tratar uma picada de cobra

Remova objetos que estejam apertando.

285 dar banho num papagaio

Lave o local com sabão anti-séptico e água.

Não sugue o veneno! Nem corte ou aplique gelo na picada.

Mantenha a picada abaixo do coração. Imobilize.

Faça um curativo folgado.

* É muito importante identificar a cobra para tratar a picada corretamente. Capture-a, mate-a ou fotografe-a.

432 manter os mosquitos afastados

Cores claras repelem os mosquitos.

Cubra-se! Desenrole as mangas...

...e coloque a camisa para dentro da calça.

Use um pouco de seiva da canforeira – isso manterá os mosquitos longe de você.

andar na mata 433

evitar o ataque de uma onça 434

435 andar em ruas perigosas

192 abraçar uma pretendente

Incorpore a malandragem das ruas. Confiança desestimula mal-intencionados. Faça contato visual e ande a passos firmes. Também não é aconselhável usar a carteira no bolso de trás da calça ou exibir itens de valor em locais ermos. Se você estiver sendo seguido, dirija-se para uma área mais iluminada e movimentada.

dar um soco eficiente 436

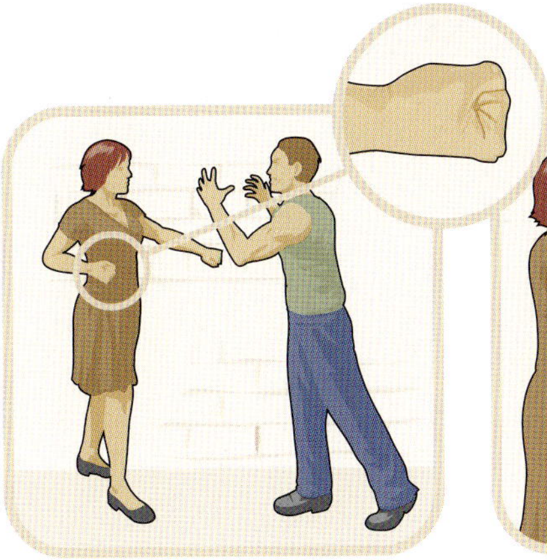

Feche o punho, deixando o dedão para fora.

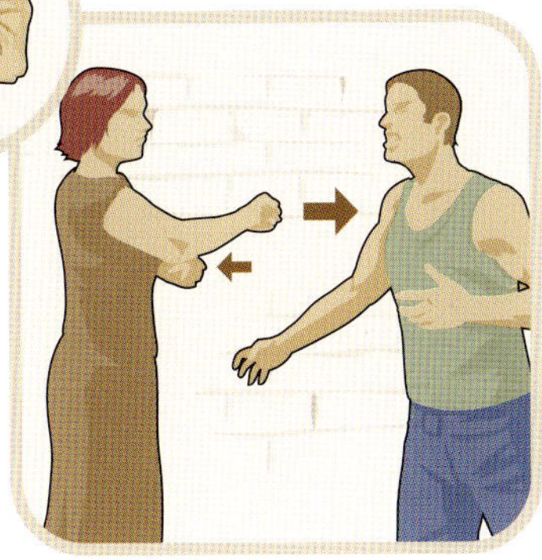

Soque, trazendo de volta o outro braço.

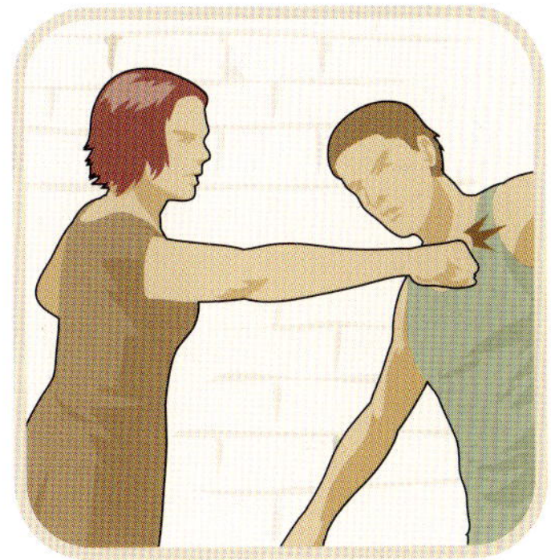

Golpeie com os nós dos dedos.

Puxe os braços para trás na posição defensiva.

escapar de um estrangulamento 437

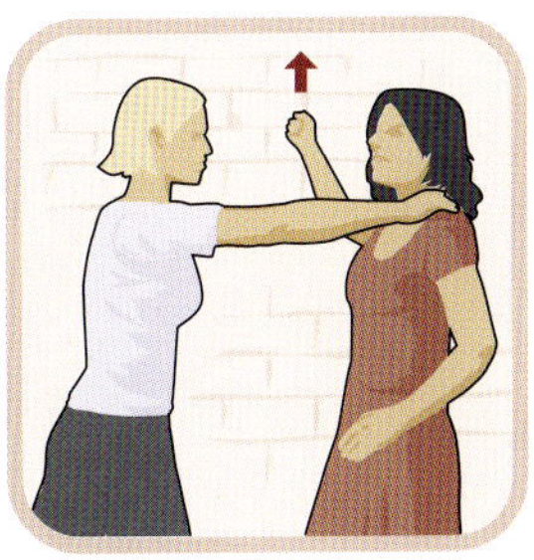

Levante o braço.

Vire-se; dobre o cotovelo.

amarrar uma tipóia 343

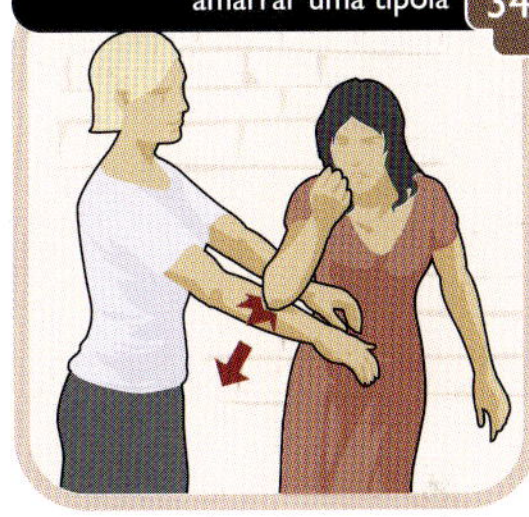

Quebre a posição de estrangulamento.

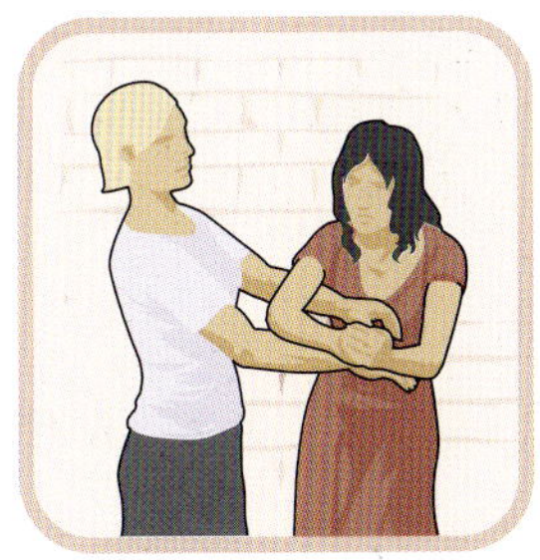

Junte as mãos.

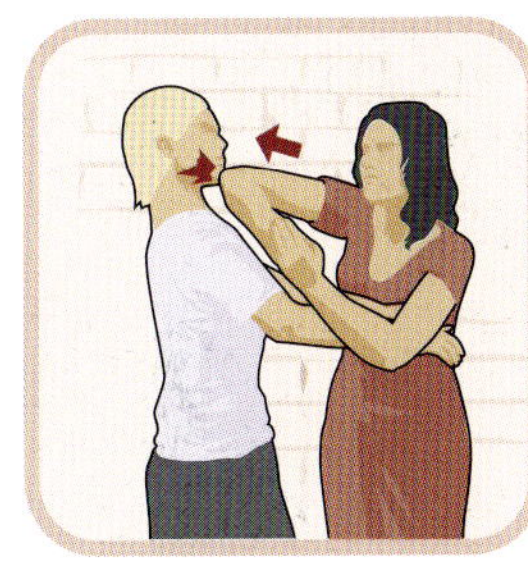

Empurre o cotovelo.

livrar-se de um abraço de urso 438

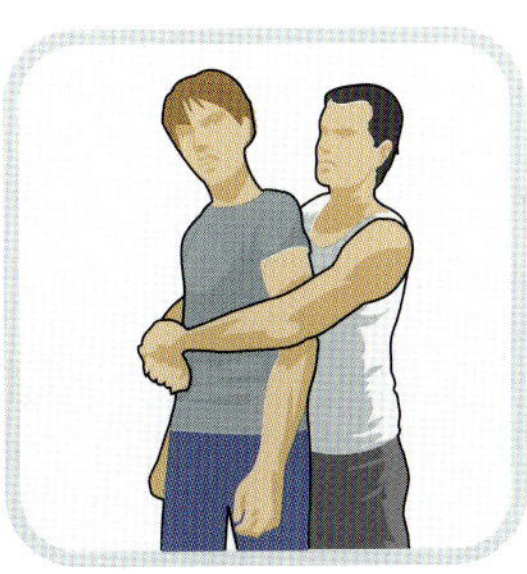

Mantenha a frieza.

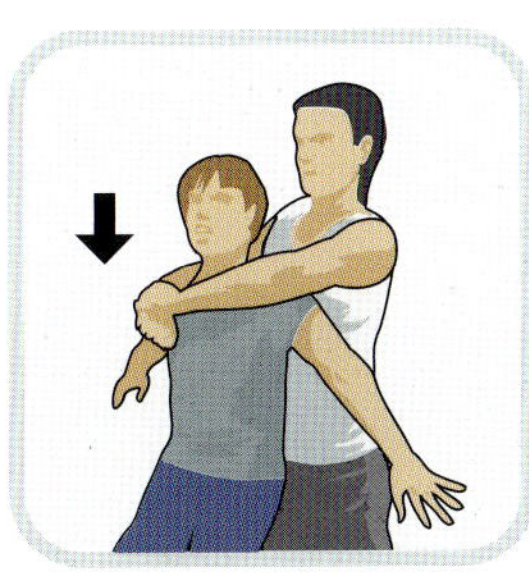

Flexione os joelhos.

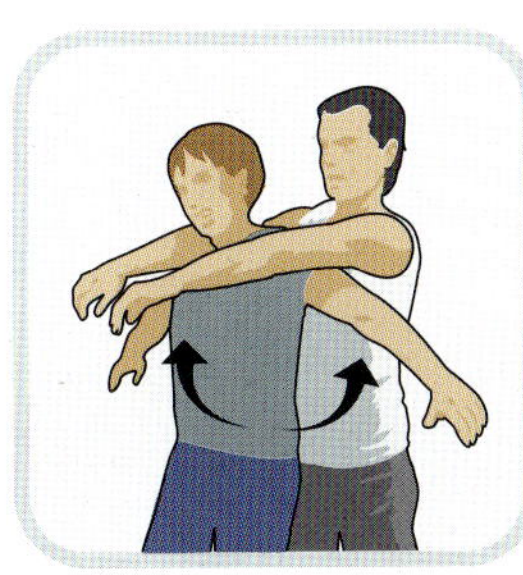

Levante os braços.

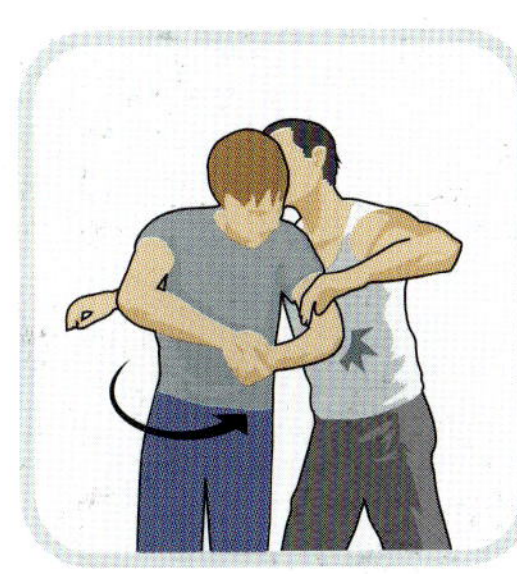

Gire; acerte o agressor.

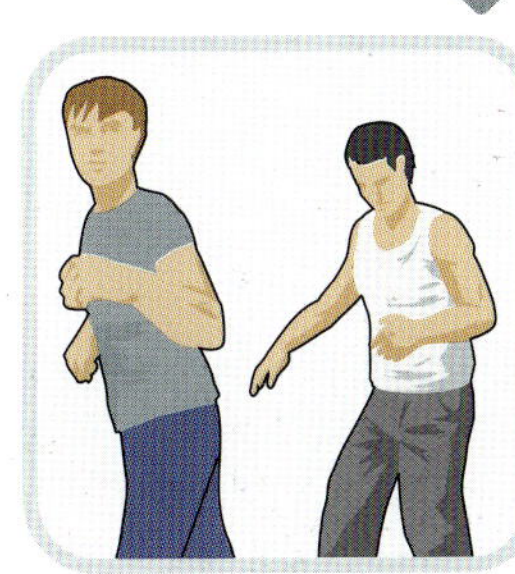

Fuja.

439 sair de um buraco no gelo

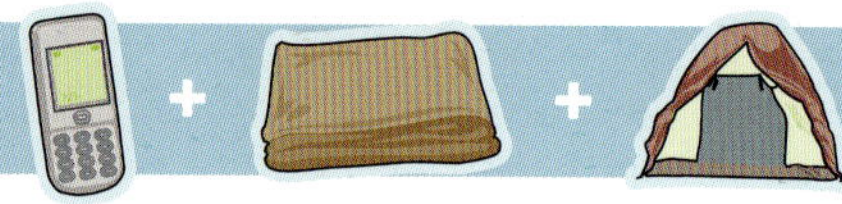

Fique calmo; concentre-se.

Livre-se de objetos pesados.

Vá para o lado mais forte do gelo.

Chute para ficar na horizontal.

Erga-se pelos cotovelos.

Chute novamente para sair.

Role para longe do buraco.

Rasteje para terra firme.

Mantenha-se quente e seco.

Como regra geral, o gelo é sempre mais forte perto da margem, onde a água é mais rasa e congela primeiro. Se você estiver cruzando o lago, pense que o gelo atrás de você será sempre mais forte do que o da frente, por isso saia pelo lado que você entrou.

440 pescar num lago congelado

Abra um buraco no gelo grosso.

401 preparar e pescar com anzol

Amarre a linha a um graveto.

Prenda a isca; coloque no buraco.

Use outro graveto para segurar.

Preencha para evitar que congele.

salvar uma vítima de hipotermia

441

Monitore a temperatura corporal.

Fique atento a tremedeiras severas.

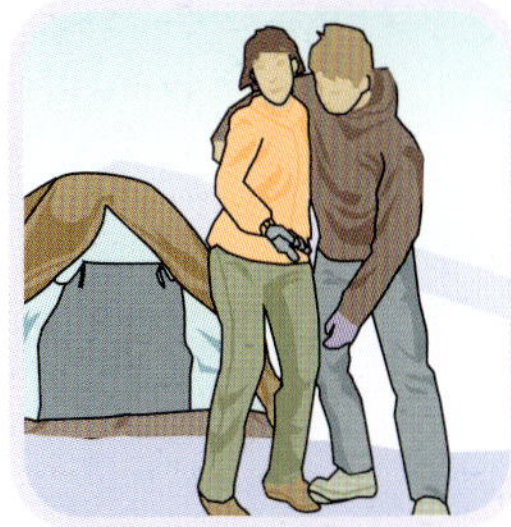

Tire a vítima do frio.

Conduza-a gentilmente.

Remova qualquer roupa molhada.

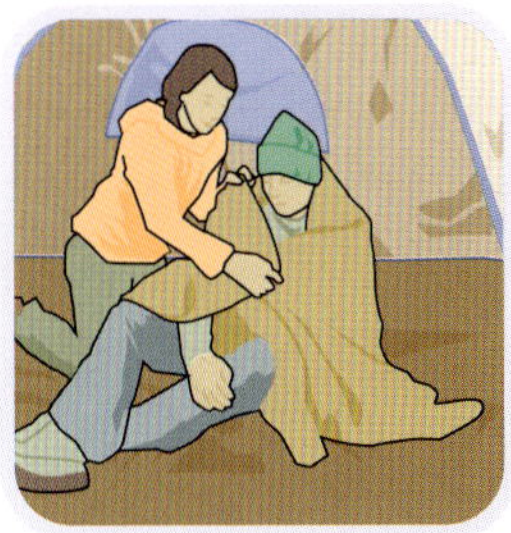

Cubra a vítima.

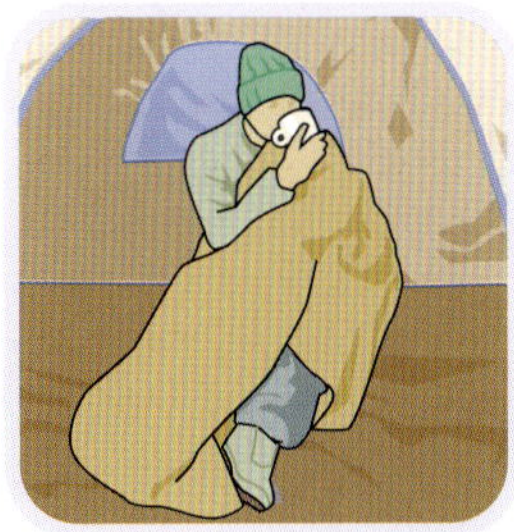

Sirva uma bebida quente.

Compartilhe calor intermitentemente.

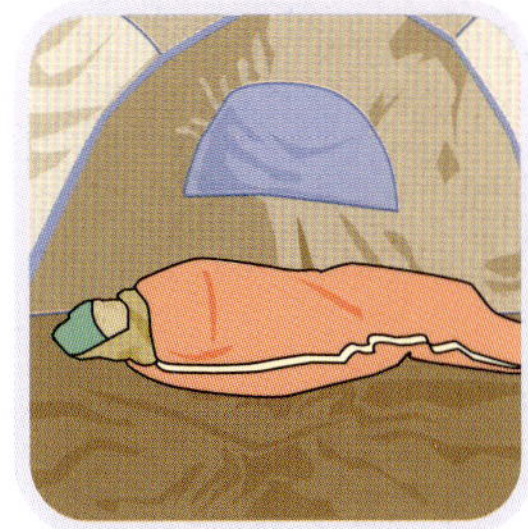

Mantenha-a deitada até chegar ajuda.

Esteja atento para outros sinais de hipotermia, como lentidão, desorientação e fadiga. Se a pessoa começar a tremer violentamente, pode ser um caso grave, e você deve encontrar ajuda o mais rápido possível.

tratar um caso de congelamento

442

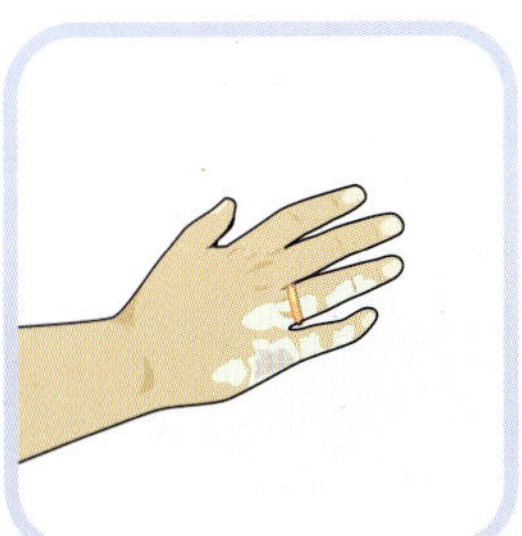

A pele está branca ou como cera?

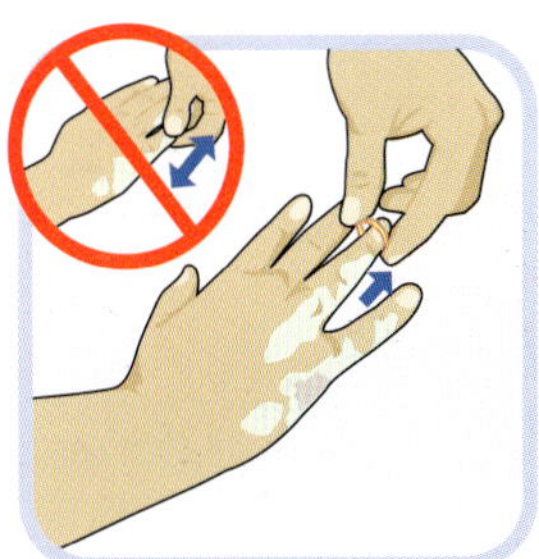

Remova itens que apertem.

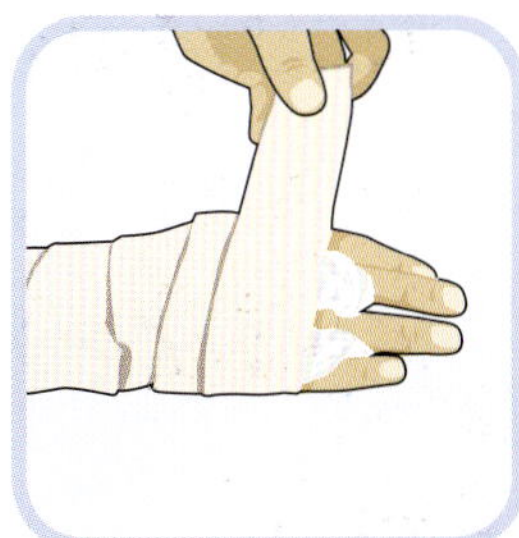

Separe os dedos; enrole.

443 testar se uma planta é comestível

Teste um tipo de cada vez.

Verifique se o odor é ruim.

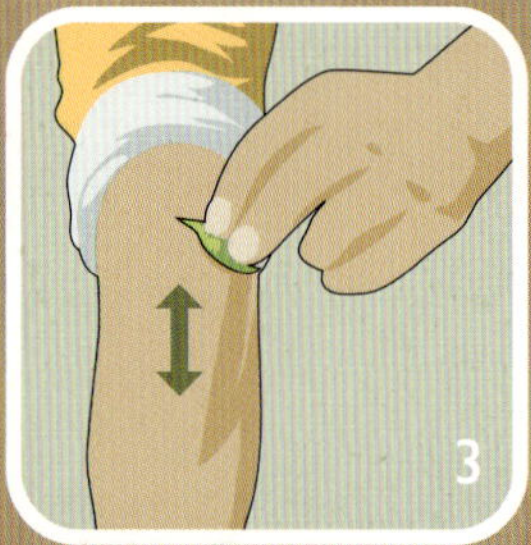

Esfregue na pele; espere a reação.

Esfregue nos lábios.

Toque com a língua.

Mastigue; mantenha na sua boca.

Engula. Espere e monitore.

Agora você pode comer à vontade.

444 andar seguro num pântano

445 fazer fogo com uma lata

Dê um polimento com o chocolate.

Faça a lata refletir a luz do sol para acender o fungo inflamável.

402 fazer uma fogueira

sair da areia movediça 446

lutar com um crocodilo 447

Corra em ziguezague.

Não pode fugir? Aperte o pescoço.

Cubra os olhos do animal.

Em caso de mordida, soque o focinho.

448 usar calças para flutuar

Tire as calças.

Amarre as duas pernas.

Encha a calça de ar.

Aperte o cinto para o ar não sair.

Abrace; espere por socorro.

449 sobreviver boiando

Homem ao mar? Assuma essa posição testada e comprovada de sobrevivência. Ela preserva sua energia e permite que você respire periodicamente até o resgate.

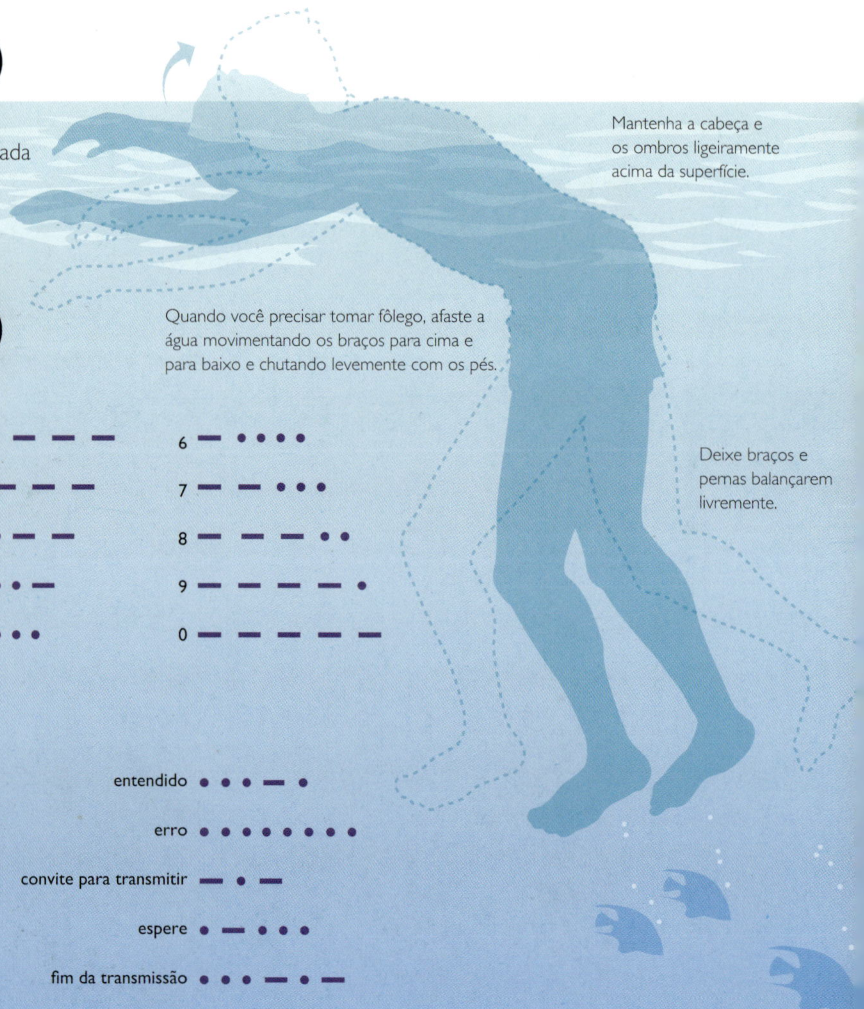

450 entender o código morse

a	• —	n	— •	1	• — — — —	6	— • • • •
b	— • • •	o	— — —	2	• • — — —	7	— — • • •
c	— • — •	p	• — — •	3	• • • — —	8	— — — • •
d	— • •	q	— — • —	4	• • • • —	9	— — — — •
e	•	r	• — •	5	• • • • •	0	— — — — —
f	• • — •	s	• • •				
g	— — •	t	—				
h	• • • •	u	• • —			entendido	• • • — •
i	• •	v	• • • —			erro	• • • • • • • •
j	• — — —	w	• — —			convite para transmitir	— • —
k	— • —	x	— • • —			espere	• — • • •
l	• — • •	y	— • — —			fim da transmissão	• • • — • —
m	— —	z	— — • •			início da transmissão	— • — • —

451 sobreviver a um naufrágio

Mantenha-se seco e aquecido.

Proteja-se do sol.

pregar um botão 182

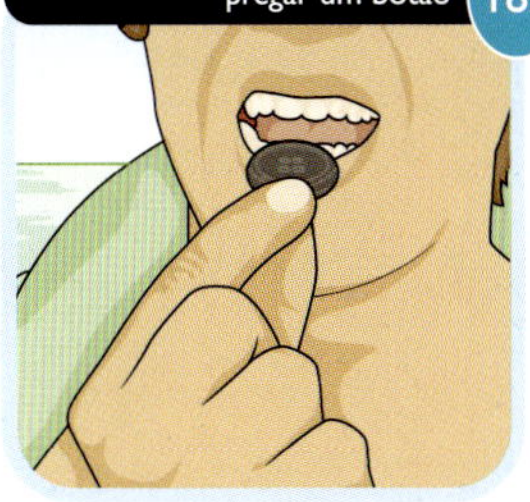
Chupe um botão para aliviar a sede.

Recolha água da chuva com uma lona.

Terra à vista? Nade até lá!

452 defender-se de um tubarão

Proteja suas costas do tubarão.

Golpeie pelo lado.

Acerte a ponta do nariz.

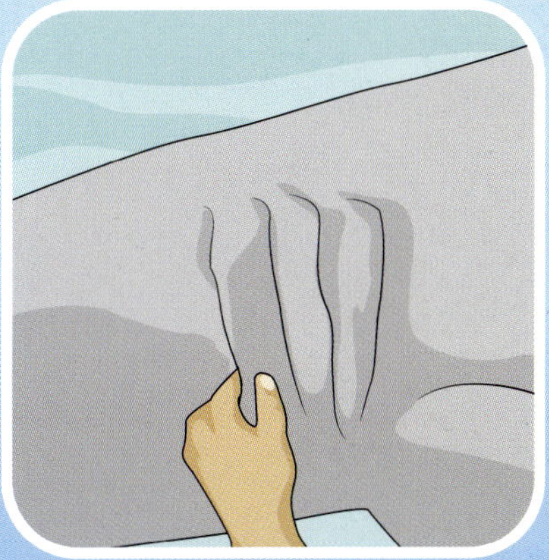
Enfie suas mãos nas guelras.

Fure o olho do tubarão.

Fuja; trate as feridas imediatamente.

453 conseguir água no deserto

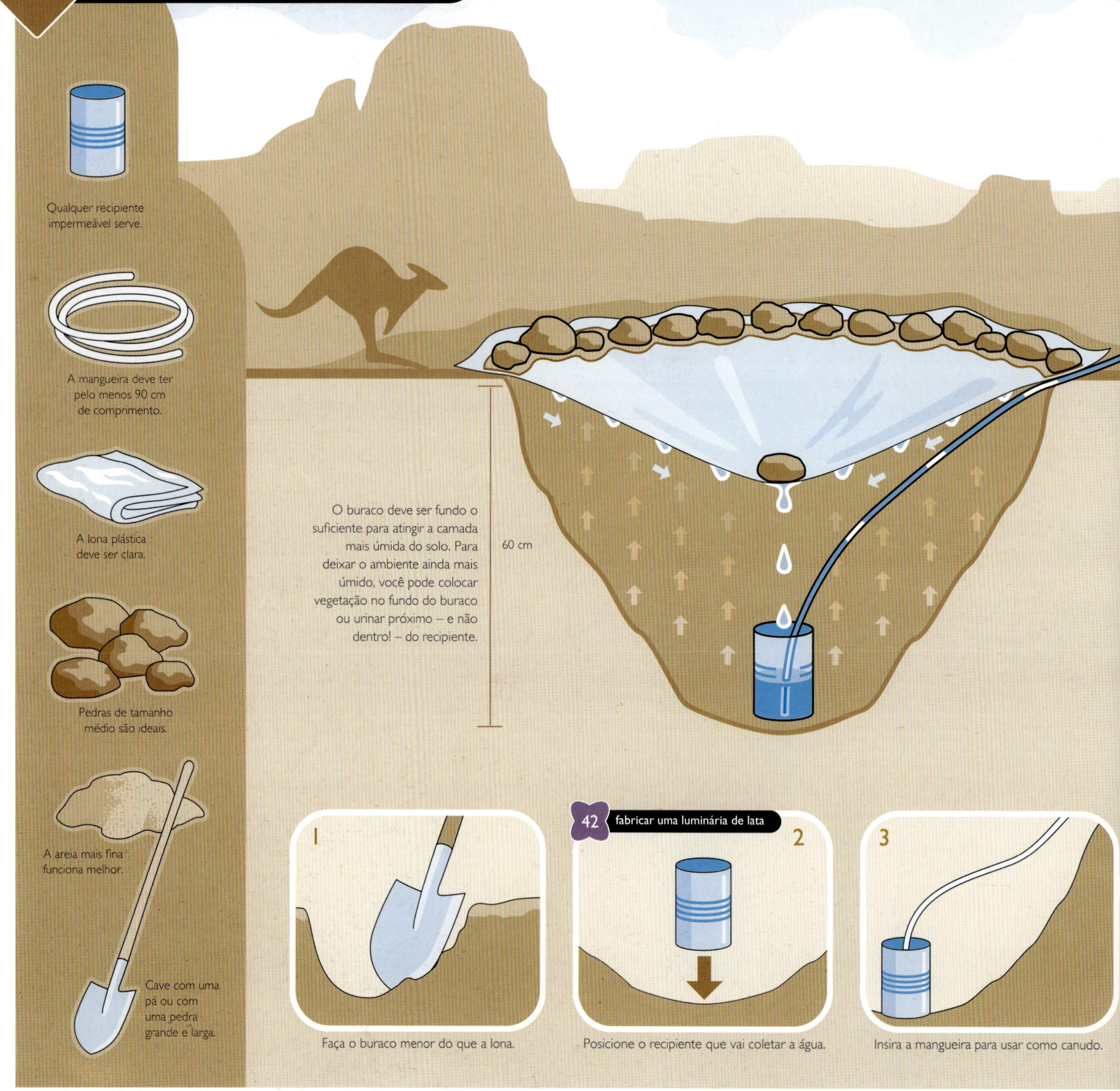

O buraco deve ser fundo o suficiente para atingir a camada mais úmida do solo. Para deixar o ambiente ainda mais úmido, você pode colocar vegetação no fundo do buraco ou urinar próximo – e não dentro! – do recipiente.

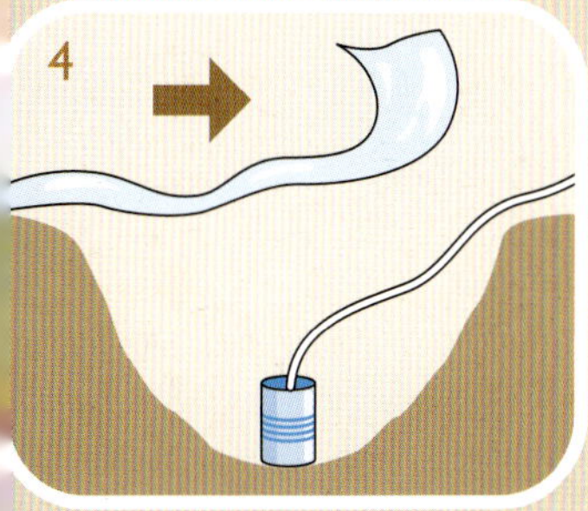

Cubra o buraco com a lona.

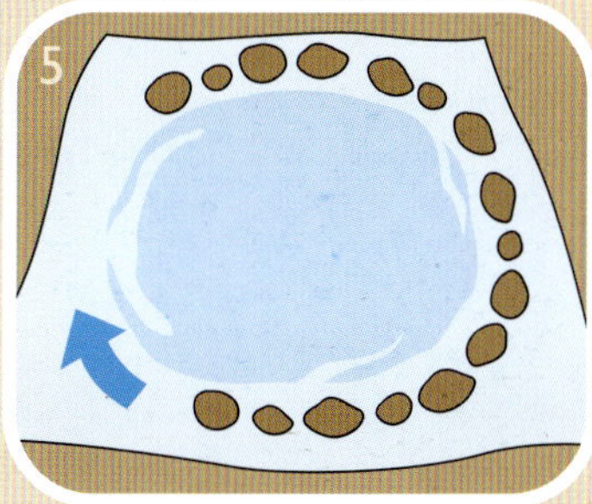

Coloque as pedras para fixar a lona.

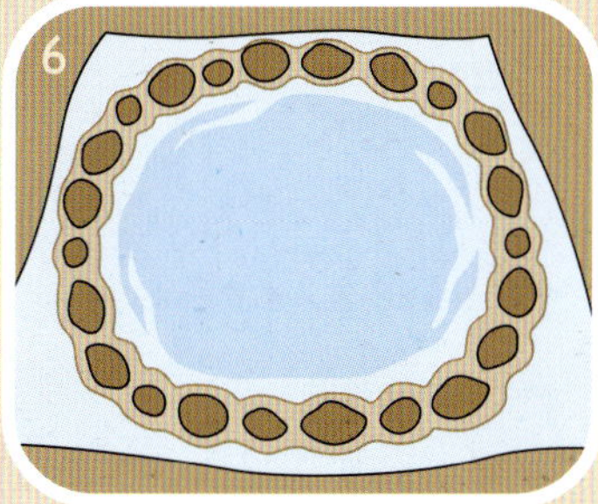

Coloque areia entre as pedras.

Coloque uma pedra para conduzir as gotas.

Espere pela condensação da água.

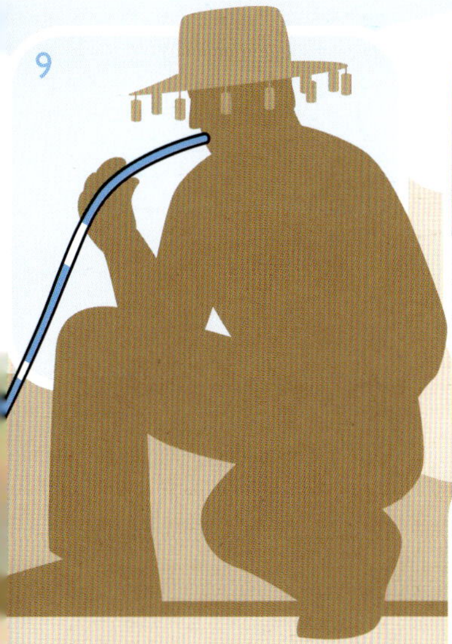

* Durante o dia, o vapor d'água vai naturalmente se condensar embaixo da lona e pingar a partir do ponto mais baixo. Leva 24h para obter de 0,5 a 1 litro de água, dependendo da temperatura do ar e da umidade do solo. Três buracos são recomendados para conseguir a quantidade diária necessária.

Faça sinais grandes o bastante para serem vistos de cima.

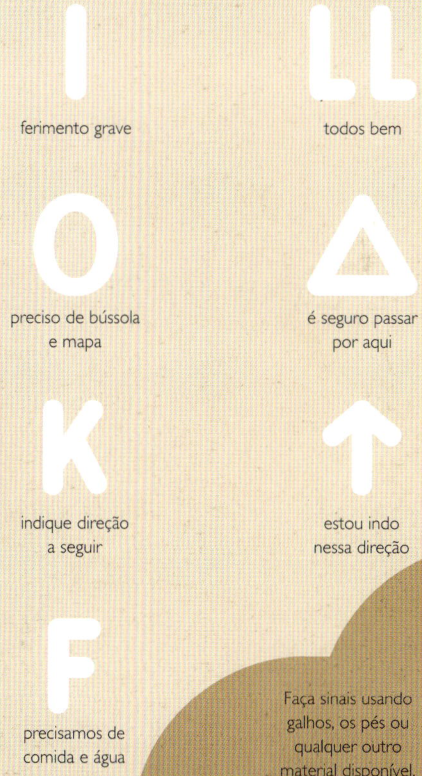

uau!

455 fazer uma laçada com nó honda

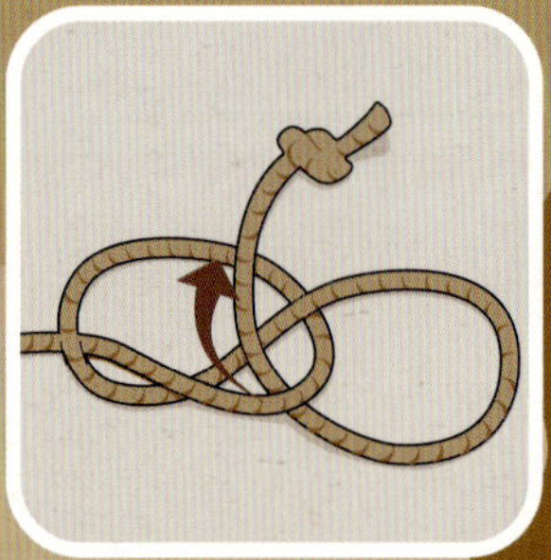

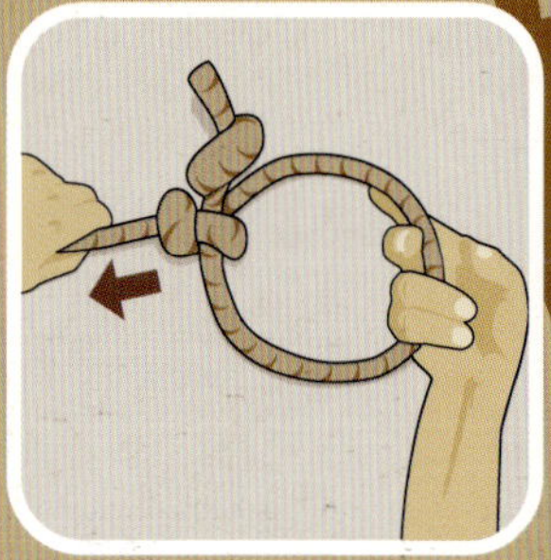

Aperte a volta da esquerda.

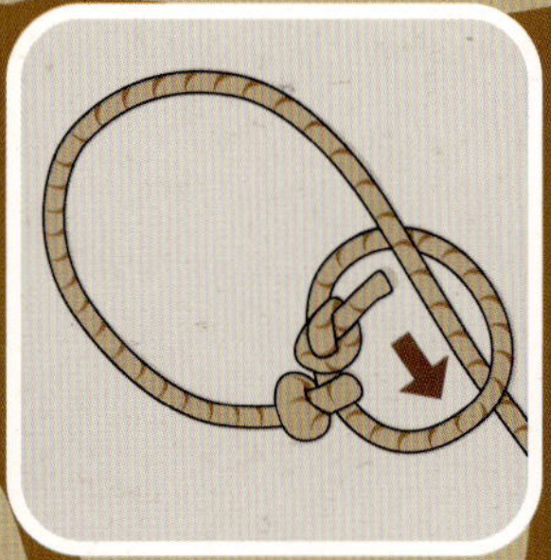

Faça o laço.

84 identificar cortes de boi

456 laçar um bezerro

Segure abaixo do nó; enrole o excesso.

Rode o laço no sentido horário.

Levante-o sobre sua cabeça.

O laço deve girar horizontalmente e se expandir.

Dê um passo à frente e lance.

Puxe para fechar.

457 fazer acrobacia ao estilo texano

* Não consegue fazer o laço largo o suficiente para saltar por ele? Compre um nó honda de metal e prenda na sua corda. Ele coloca mais peso na corda, empurrando-a para baixo e expandindo o laço.

Cruze os braços na frente do peito quando o nó alcançar a posição das 12 horas.

458 rasgar uma lista telefônica ao meio

14 fazer um livro oco

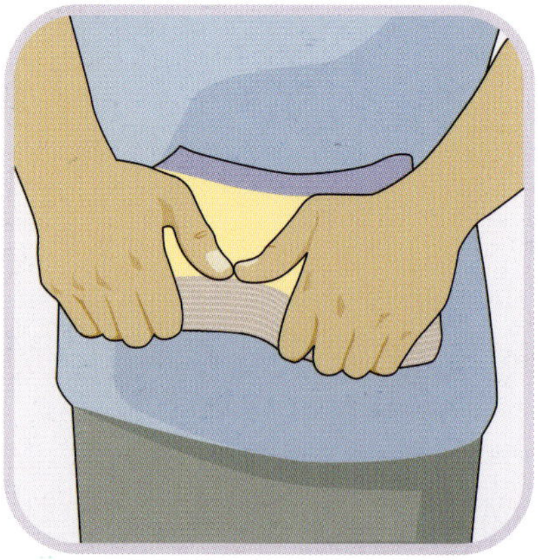

Segure no comprimento; pressione contra seu corpo.

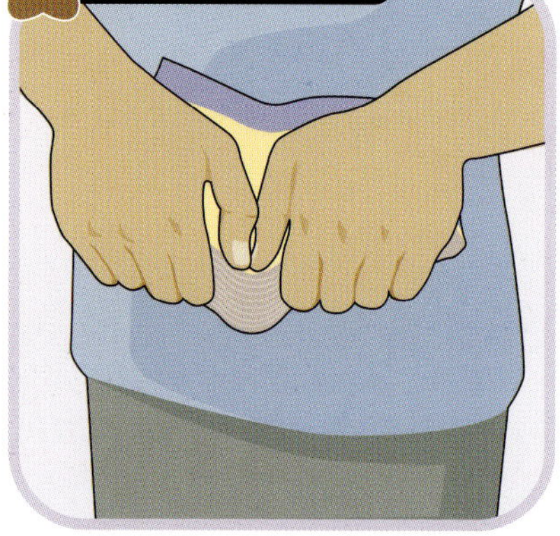

Pince o meio; dobre.

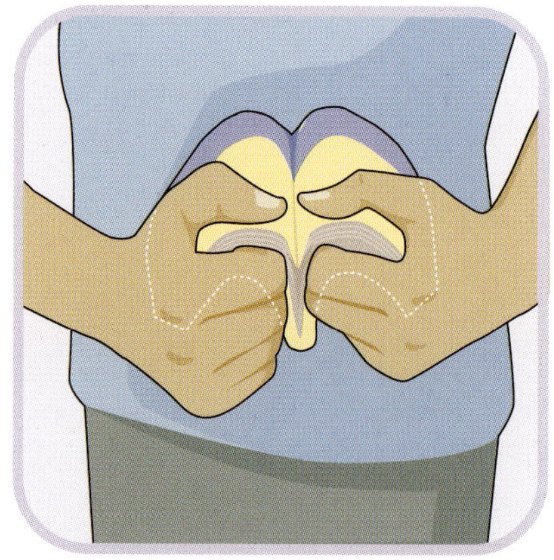

Mantenha pinçado; puxe pelos lados.

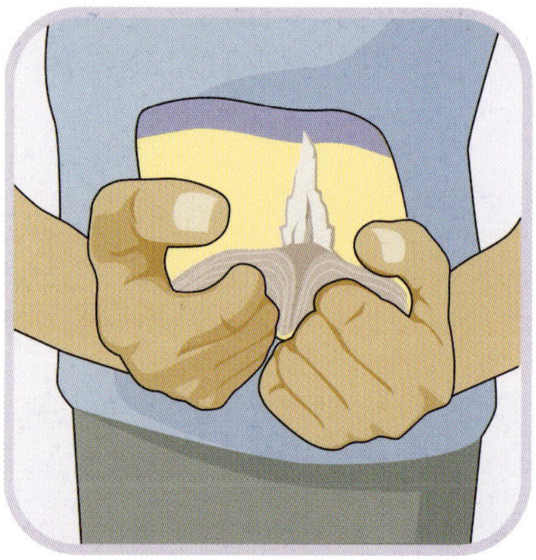

Comece a rasgar.

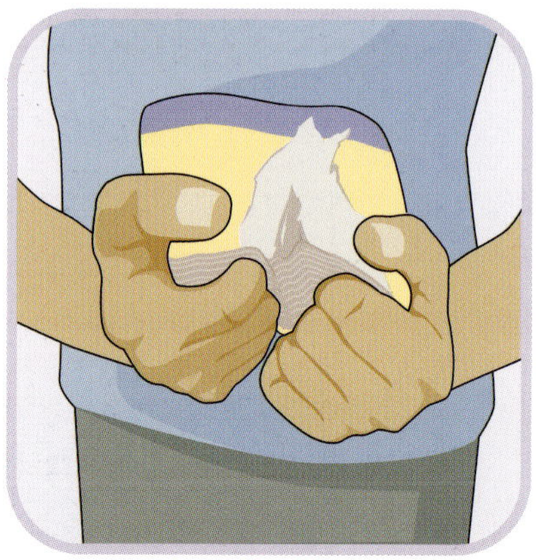

Rasgue mais!

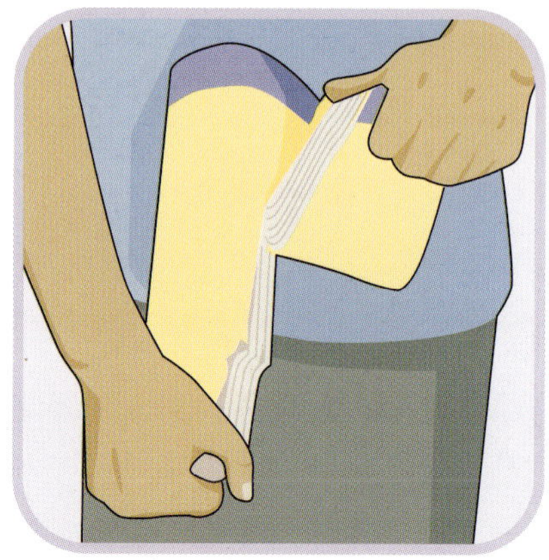

Puxe pelo meio com força.

459 atirar uma bola de papel

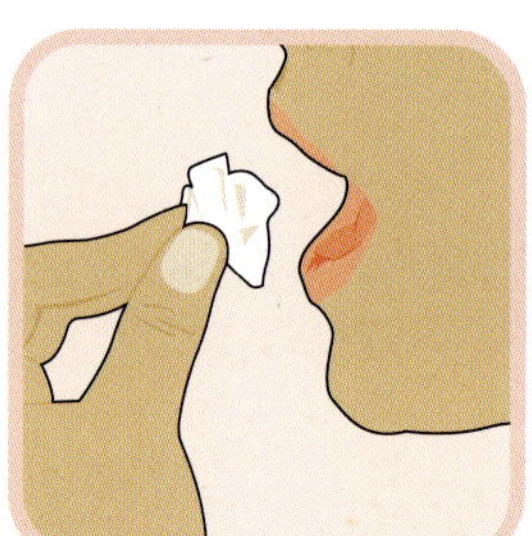

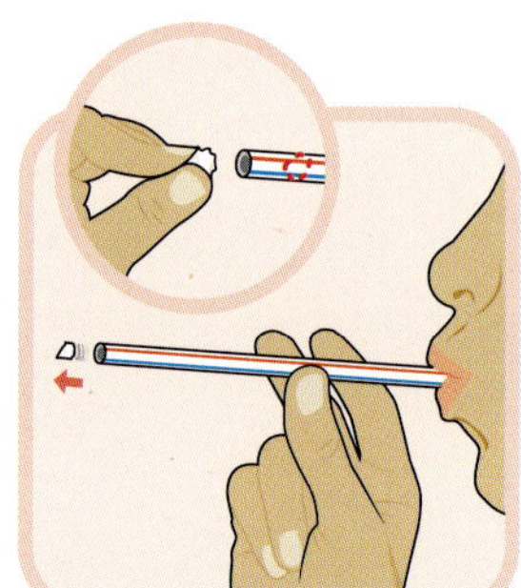

Enfie no canudo; assopre.

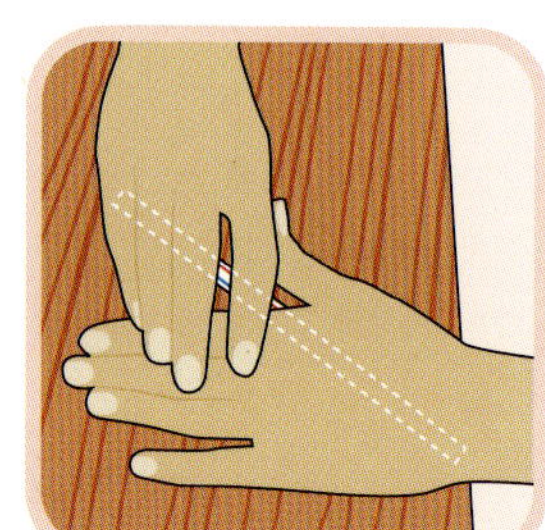

Disfarce sua arma.

girar uma bola de basquete 460

Equilibre na ponta dos dedos.

Gire em um dedo.

Troque de mão. Dê impulso com a outra.

quicar uma pedra na água 461

Escolha uma pedra chata e lisa.

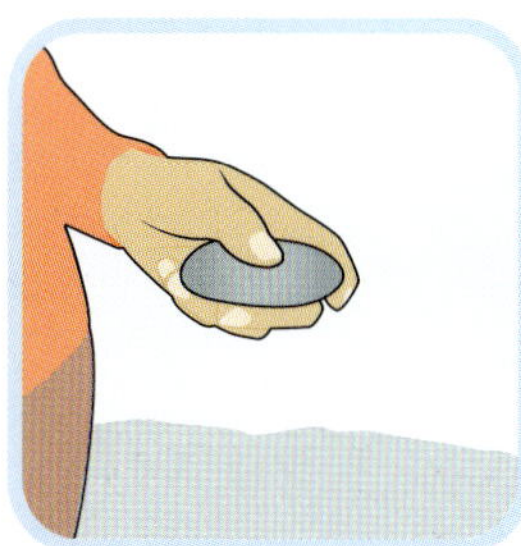

Posicione seu dedo em volta dela.

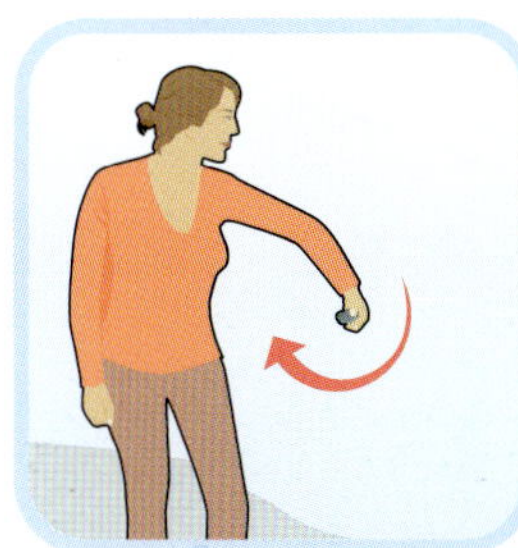

Dobre o cotovelo para dentro.

Solte movendo o punho.

fazer "cachorrinho passeando" 462

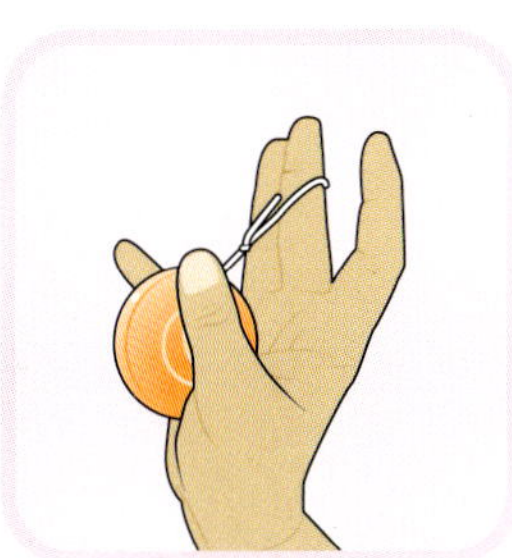

Passe o dedo pela volta do cordão.

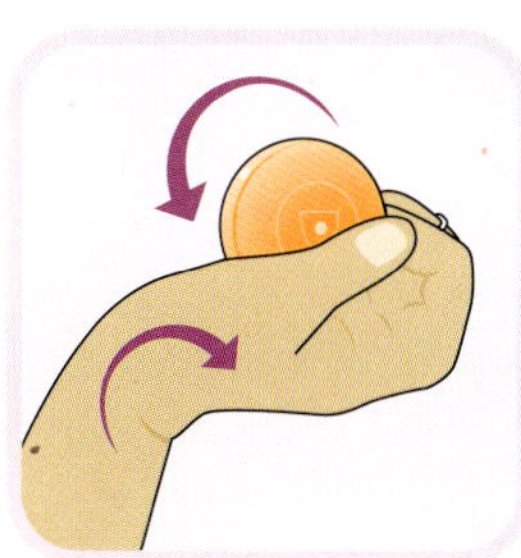

Cerre o punho.

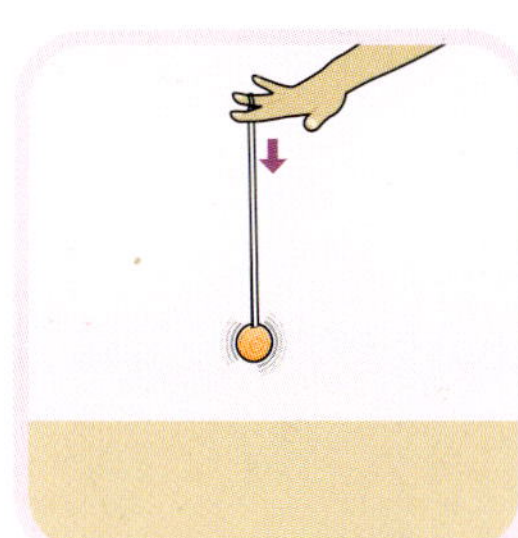

Devagar, solte até tocar o chão.

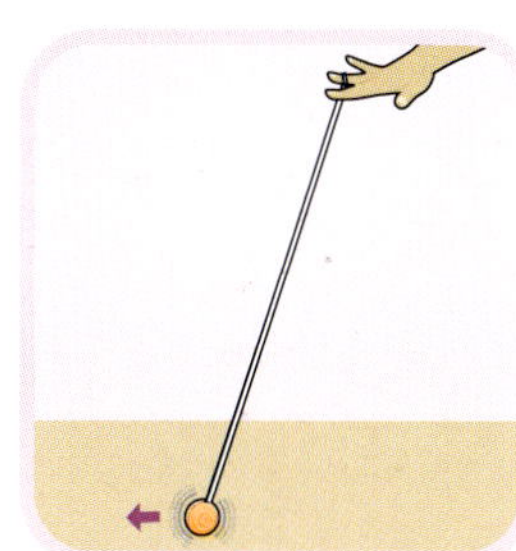

Deixe o ioiô "passear".

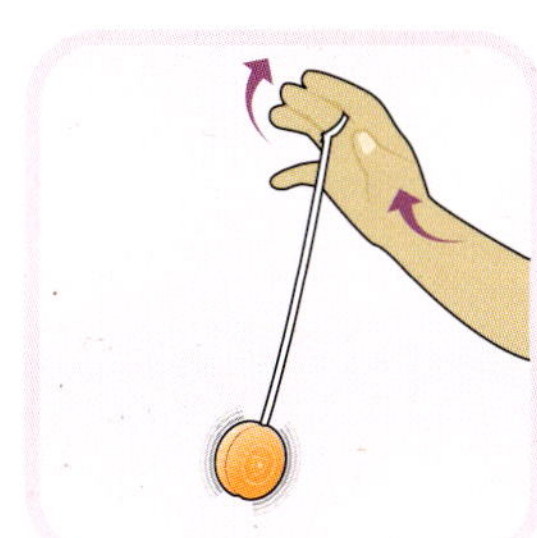

Puxe-o novamente para sua mão.

463 ser um *b-boy* fazendo o *worm*

Pense que seu corpo é uma gangorra. Sempre que seus pés saírem do chão, seu peito deve mergulhar para baixo.

464 fazer o passo *moonwalk*

Prepare-se para conquistar a pista de dança com esse movimento clássico do break. Faça movimentos fluidos para dar a ilusão de que você está andando na lua.

465 dançar como um robô

Qual o truque para dançar como um robô? Fazer movimentos rígidos e, entre uma pose e outra, manter-se parado por alguns instantes, virando-se levemente a cada pose.

Aterrisse com os dedos; empurre o tronco para cima.

Gire e mostre suas habilidades para o outro lado.

466 tocar "O bife"

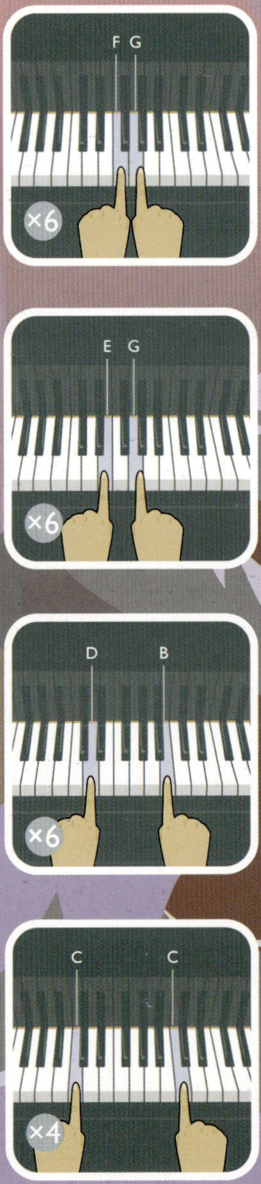

467 arrasar no blues

Quer tocar blues? Então, vamos lá! Para cada barra de progressão I – IV – V, toque o acorde indicado por quatro tempos, só então deslize sua mão pelo braço do violão e faça o acorde seguinte (no caso, o E) em outro tom.

468 ler música

469 tirar um som com um serrote

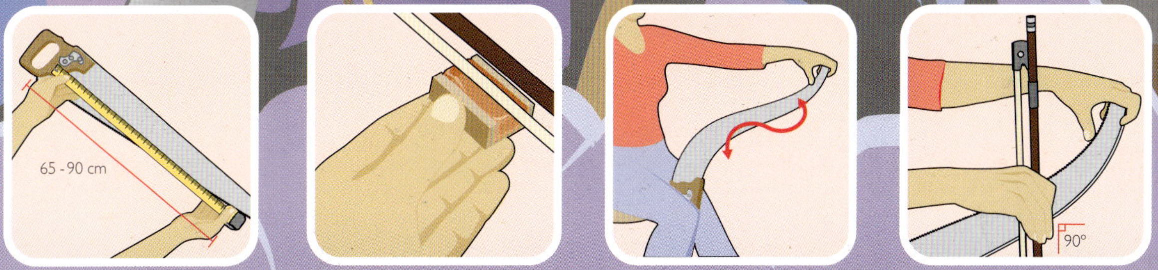

Passe resina no arco.

Envergue o serrote em forma de S.

Toque na parte lisa.

470 dar um nó num cigarro

Remova o plástico.

Abra e alise.

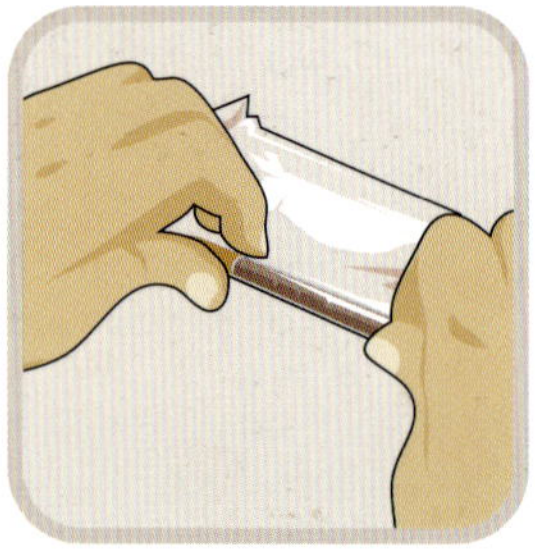
Enrole o cigarro.

Dê um nó com o cigarro dentro.

Desfaça; retire o cigarro.

471 beber cerveja num capacete

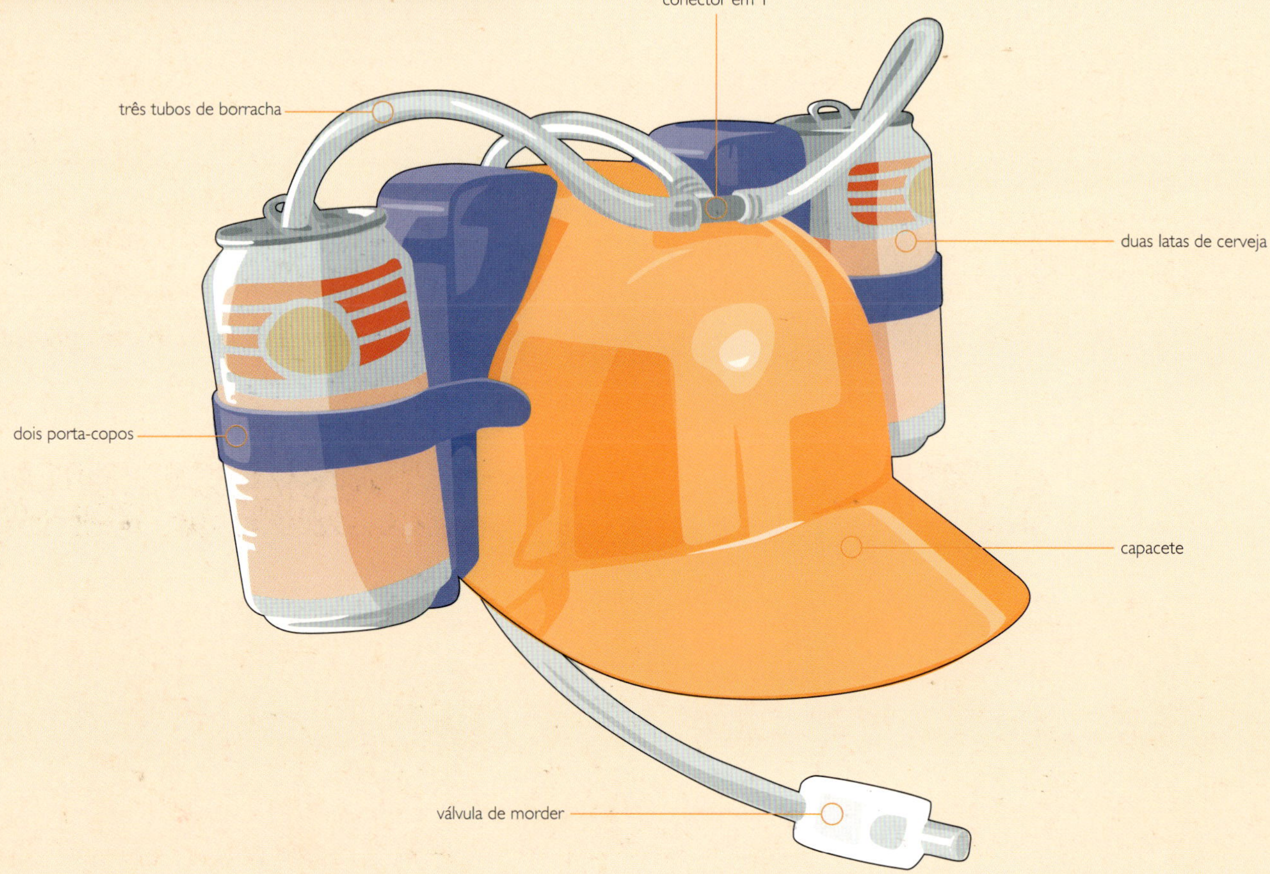

ganhar no jogo “derrube a moeda” 472

Faça sua aposta.

Assopre o copo.

Pegue seu dinheiro.

beber cerveja direto do barril 473

Agarre o barril na borda.

Levante uma das pernas.

Dê um impulso para levantar a outra.

Beba direto da mangueira.

Agite as pernas quando estiver cheio.

parar uma crise de soluços 474

Tampe os ouvidos.

Aperte as narinas.

Beba um copo d’água.

Mastigue e engula açúcar.

Tome mais um gole d’água.

475 dissipar nuvens escuras

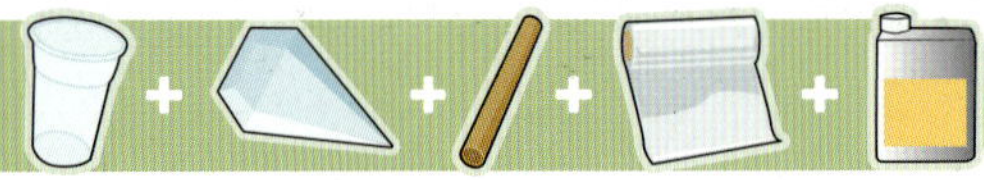

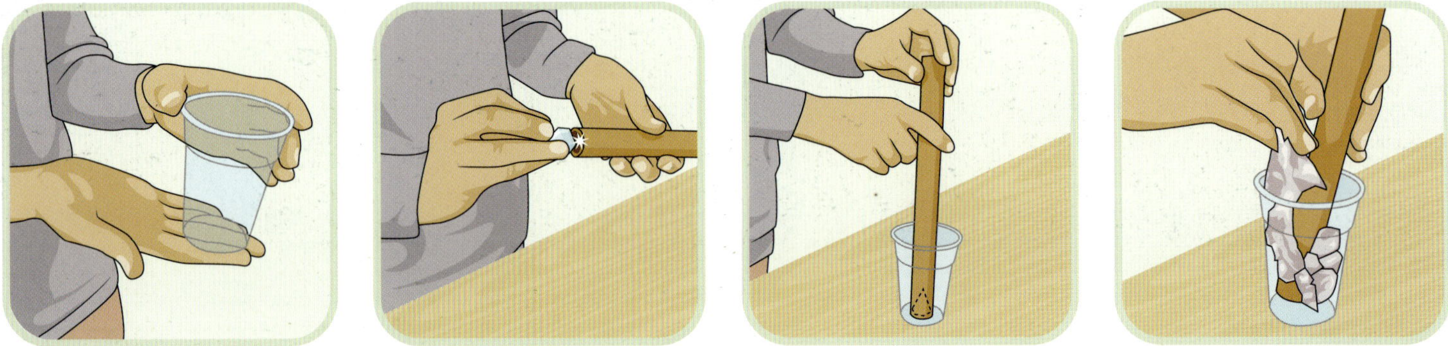

Insira o cristal dentro de um cano de cobre.

Use papel-alumínio para fixá-lo.

Encha o copo com resina.

Deixe endurecer.

Mostre seus poderes.

* Esse é um dos experimentos preferidos dos entusiastas da pseudociência. Ele equilibra climas instáveis alterando a energia atmosférica. Mesmo sendo normalmente um utensílio grande, você pode construir um pequeno para clarear céus nublados – ou fazer a chuva cair de vez!

476 enganar radar com falso óvni

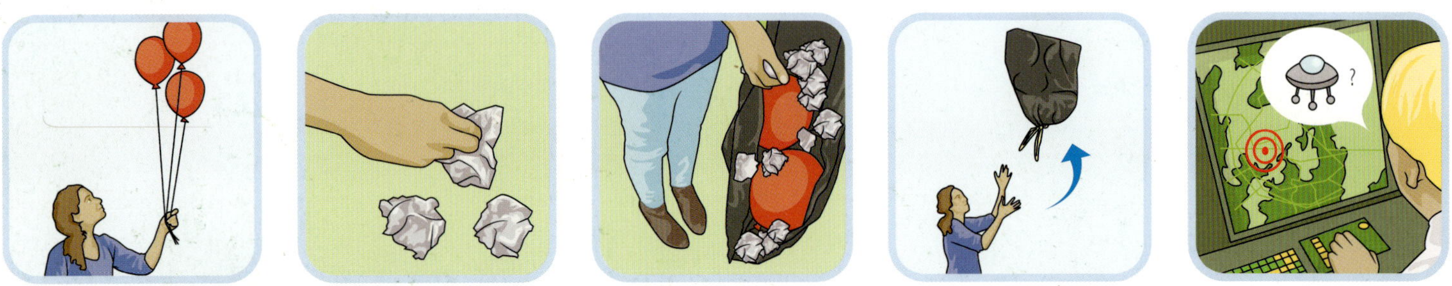

Encha balões de gás hélio.

Amasse papel de alumínio.

Coloque num saco de lixo.

Feche; solte no ar.

477 fazer círculos numa plantação

478 ler o futuro nas folhas de chá

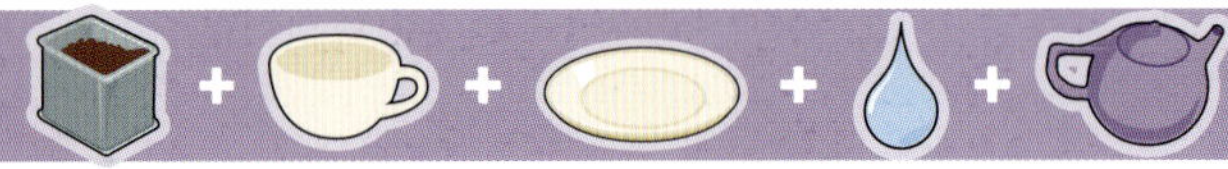

Inale; concentre-se numa pergunta.

479 estimar quando algo acontecerá

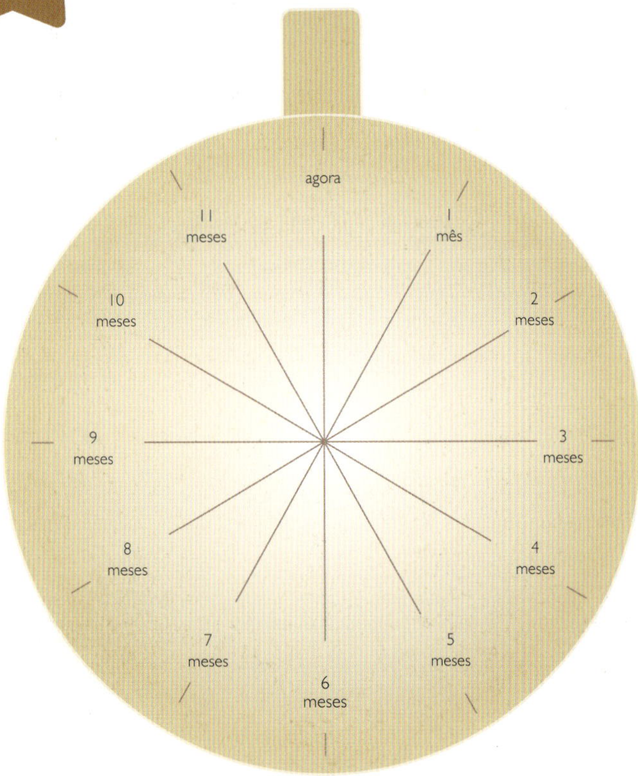

A xícara de chá é dividida em espaços de tempo que juntos equivalem a um ano. Sempre que um símbolo aparecer, considere sua posição na xícara para calcular quantos meses faltam para a previsão acontecer.

480 achar símbolos nas folhas de chá

Reconhecer imagens em folhas de chá é uma arte, assim como vê-las em nuvens. Por isso, concentre-se numa pergunta e observe as formas que surgirão na xícara.

Gire a xícara no sentido horário.

Escorra o excesso de chá; mantenha as folhas.

Procure por formas.

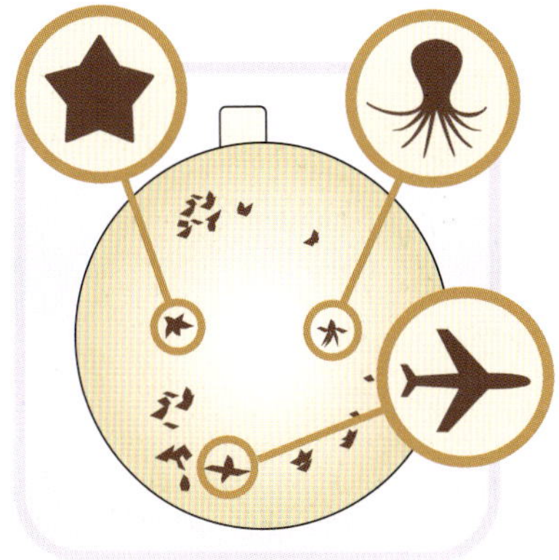

481 criar formas com sombras

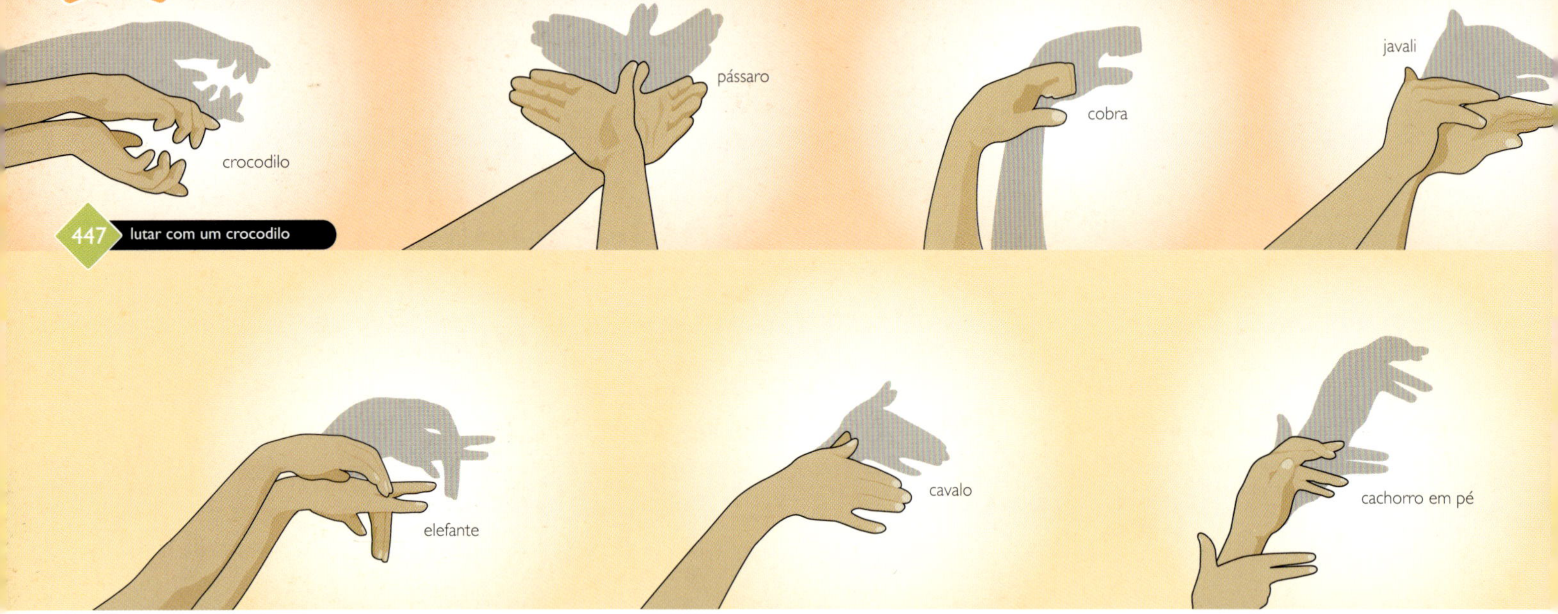

447 lutar com um crocodilo

482 fazer efeitos sonoros

57 quebrar um coco

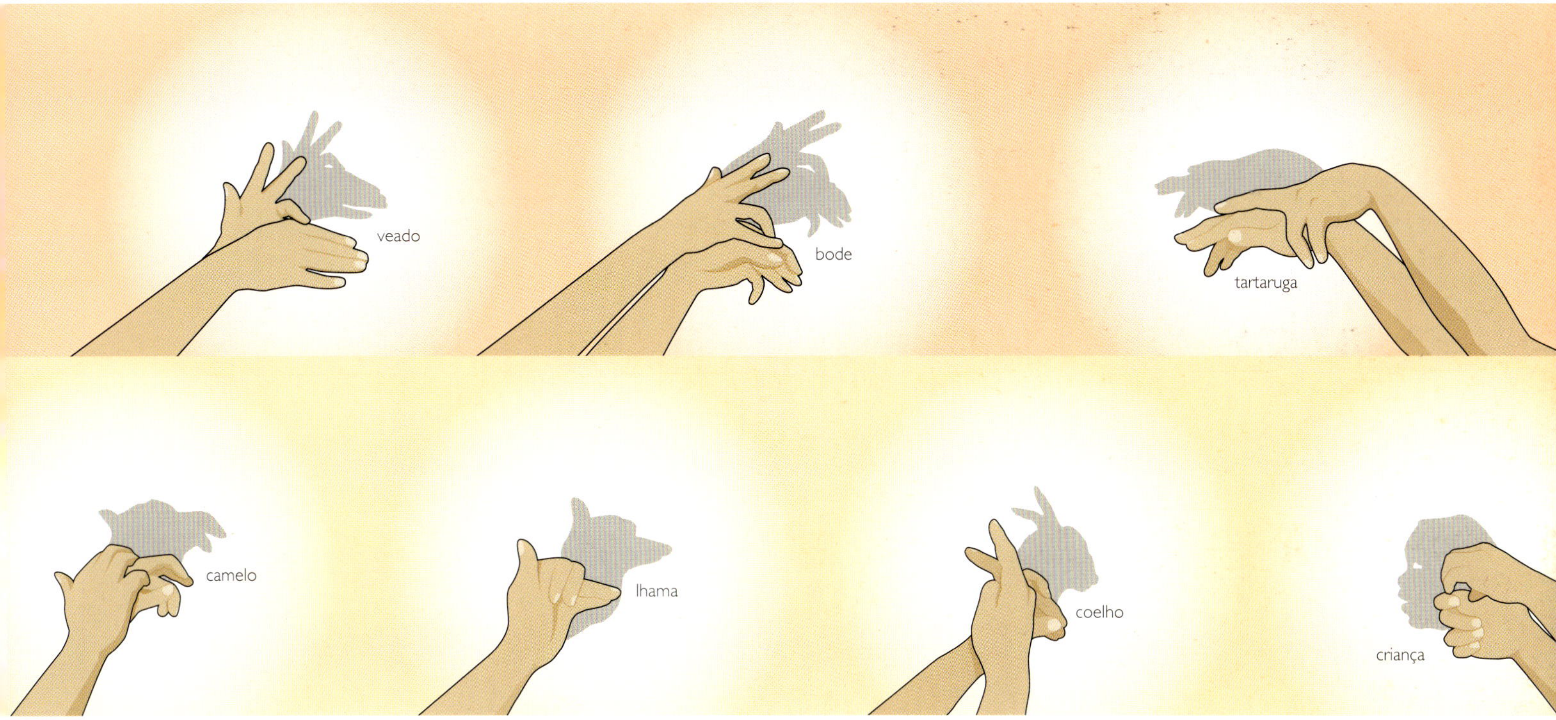
veado
bode
tartaruga
camelo
lhama
coelho
criança

pássaro voando
fogueira estalando
sino tocando
facada
passos na neve
bata luvas vazias
amasse papel celofane
bata em tampas de panela
esfaqueie uma melancia
pise na areia para gato

483 fazer o truque da moeda

Apresente a moeda teatralmente. | Deslize o dedão sobre ela. | Coloque a outra mão por cima. | Passe para a mão direita.

Coloque entre os dedos. | Abaixe a mão direita. | Olhe para a mão esquerda.

484 iludir com o truque da levitação

Use calças de boca larga. | Reúna uma pequena platéia. | Distraia a platéia. | Apóie-se no dedão do pé direito.

485 escapar de uma camisa-de-força

Cruze o braço mais forte; inspire.

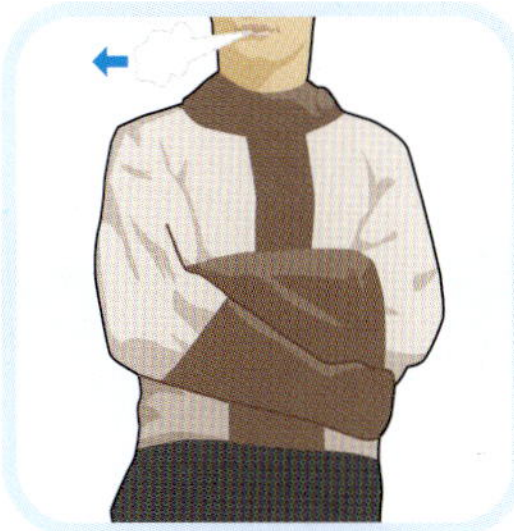
Inspire, criando espaço para se mover.

Pendure-se de cabeça para baixo.

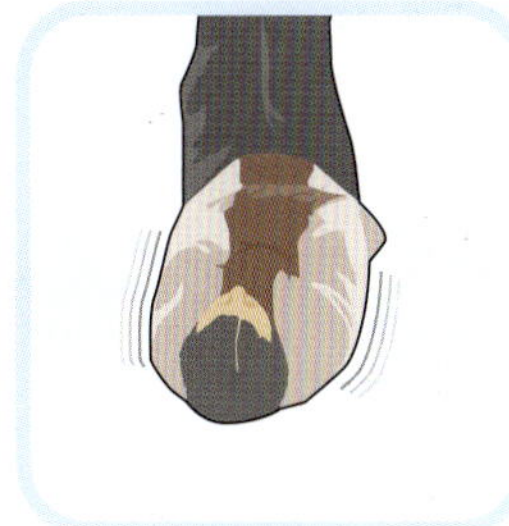
Agite os cotovelos.

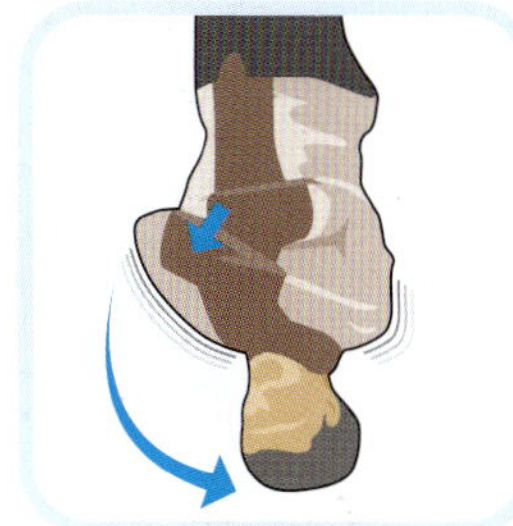
Empurre o cotovelo para cima.

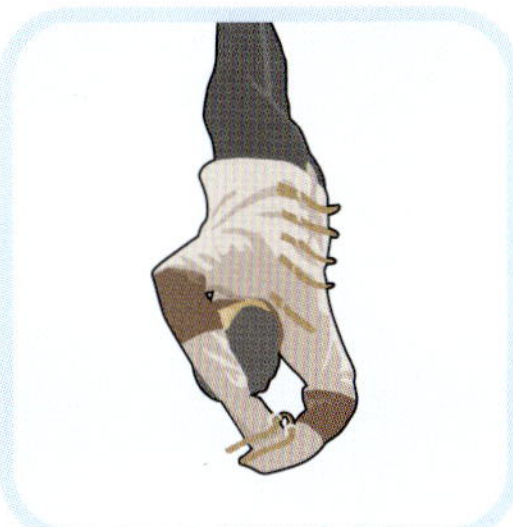
Descruze e levante os braços.

Morda o cinto da manga.

Desamarre todos os cintos.

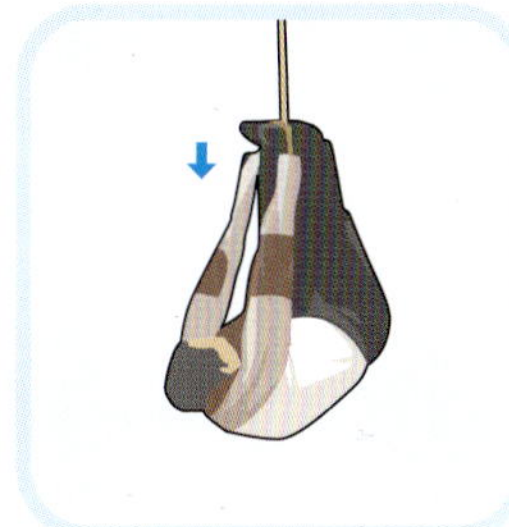
Enganche o cinto da manga; puxe.

Atire a camisa-de-força com estilo.

* Quer se tornar um Houdini? Enquanto a camisa-de-força estiver sendo vestida, coloque seu braço mais forte debaixo do cotovelo oposto e inspire profundamente, expandindo o peito. Isso fará com que a camisa fique frouxa. Depois, use sua força para passar o cotovelo sobre a cabeça. Uma vez que os braços estiverem descruzados, desfaça as amarrações – e encante a platéia.

486 puxar a toalha sem derrubar nada

Coloque a toalha.

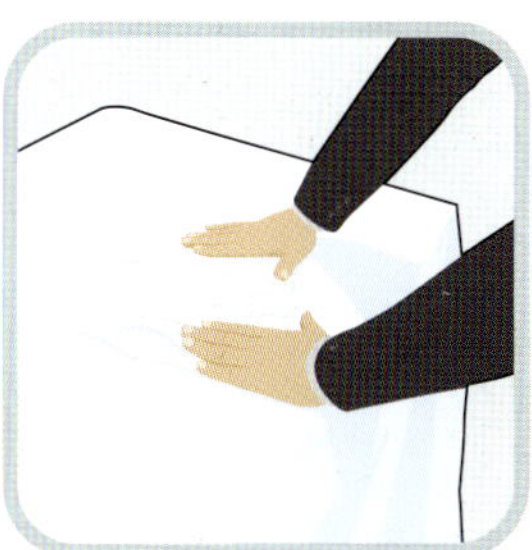
Alise para tiras as rugas.

Coloque objetos pesados.

Agarre no meio.

Puxe para baixo rapidamente.

487 criar uma impressão digital falsa

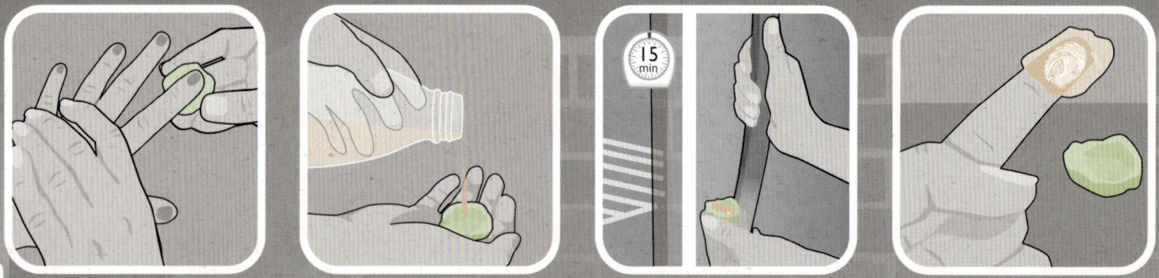

Modele a impressão de outra pessoa.

Encha com gelatina líquida.

Coloque na geladeira..

Pressione em seu dedo.

488 abrir uma fechadura

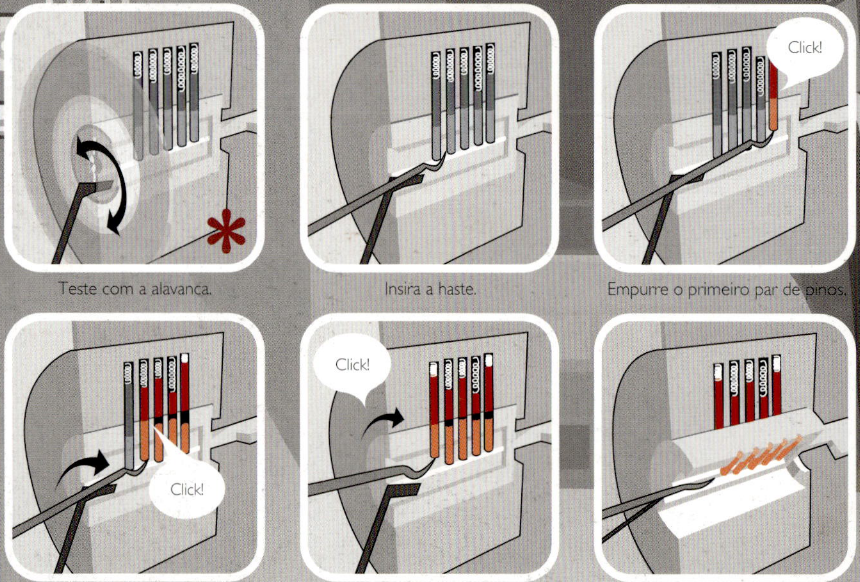

Teste com a alavanca.

Insira a haste.

Empurre o primeiro par de pinos.

Gire; levante o par de pinos seguinte.

Levante o último par de pinos.

Gire; abra a porta.

138 ficar impecável num terno

* Teste a fechadura com a alavanca tensionadora para saber para onde ela gira. Depois, dê um leve toque nessa direção e empurre o primeiro par de pinos para cima. Dessa forma, os pinos ficarão fora do cilindro.

Há algo suspeito naquela maleta trancada – e você precisa de respostas esclarecedoras. Mas como saber se ela está dizendo a verdade? Procure por pistas que pegam qualquer mentiroso no ato!

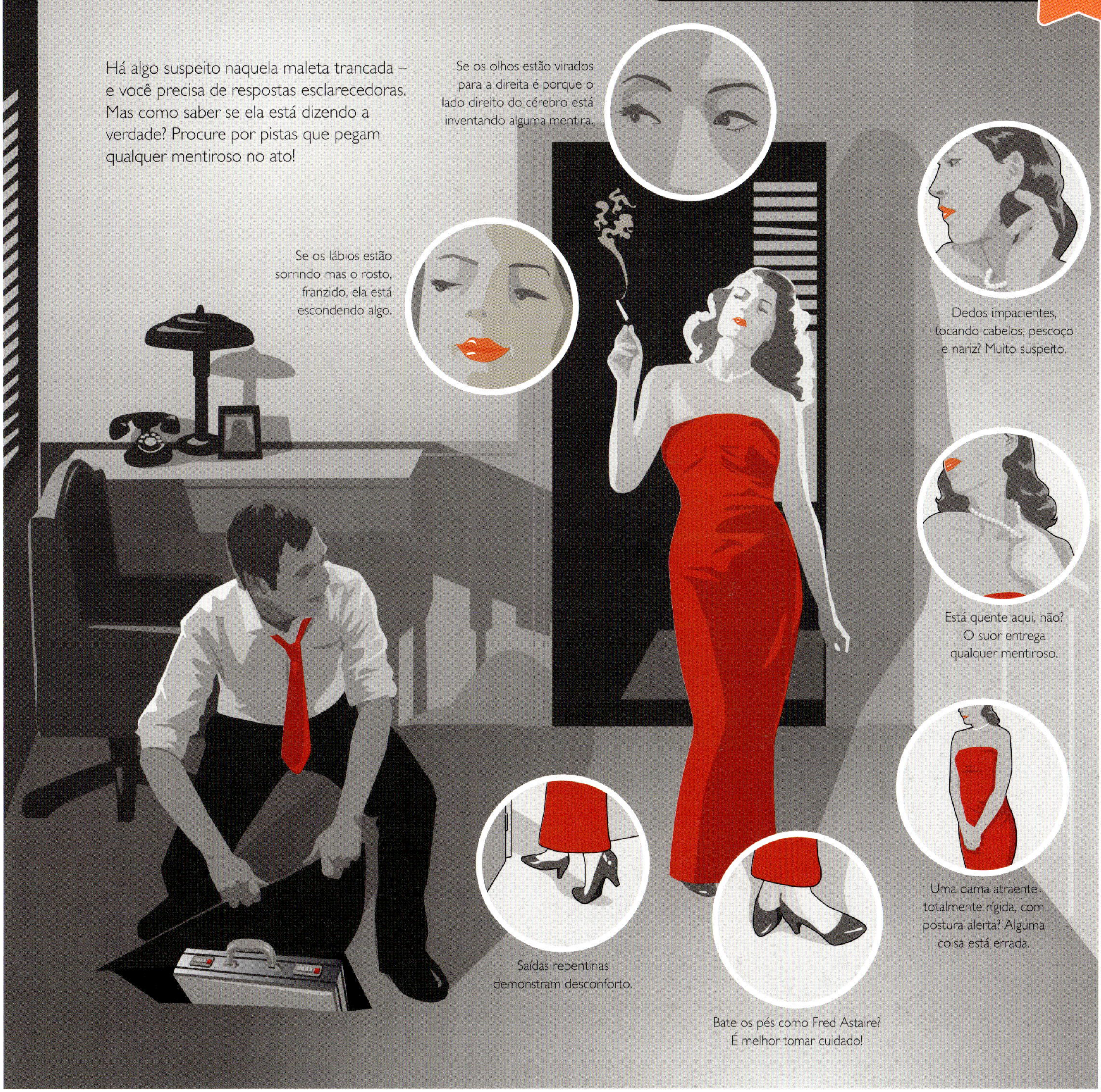

490 reverter a direção de um carro

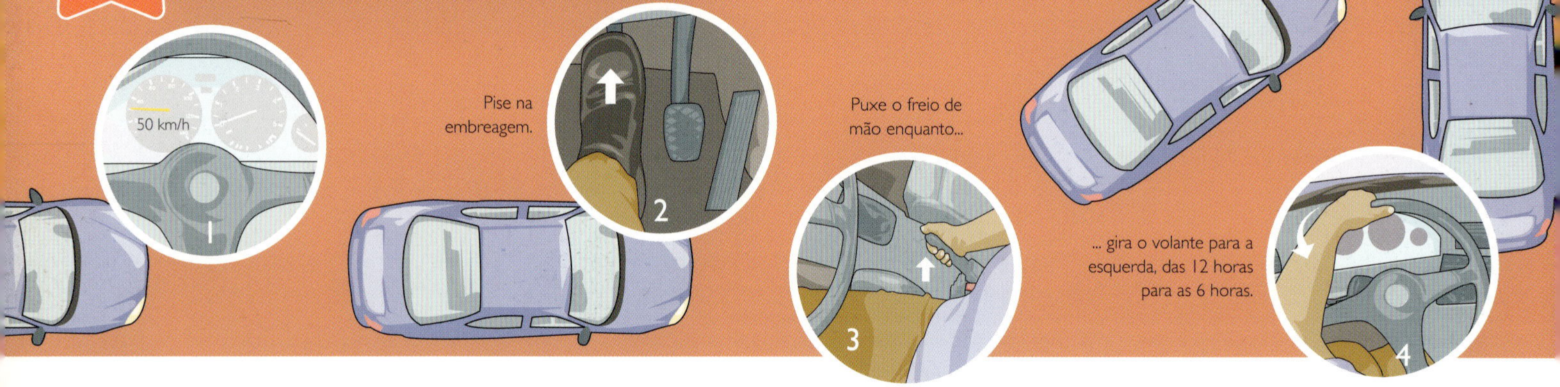

491 empinar uma moto

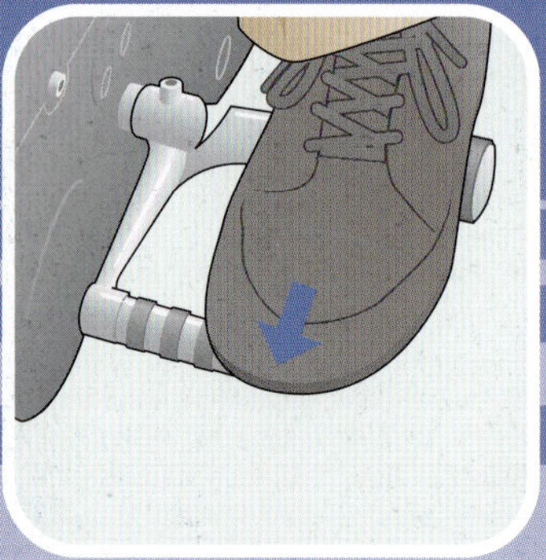
Coloque em primeira.

Acelere até 2/3 da capacidade de rotação.

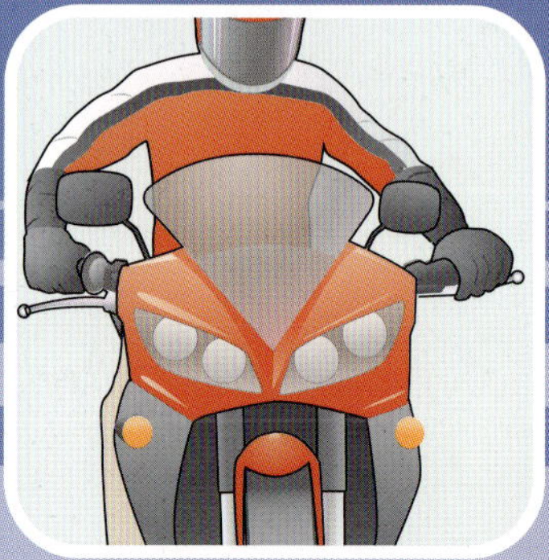
Aperte a embreagem; rotação no máximo.

Mova-se para a parte de trás do assento.

Acelere e solte a embreagem.

Pise no pedal do freio, por precaução.

Levante-se. Mantenha a frente da moto reta.

Diminua a aceleração; desça.

492 dar um cavalo-de-pau

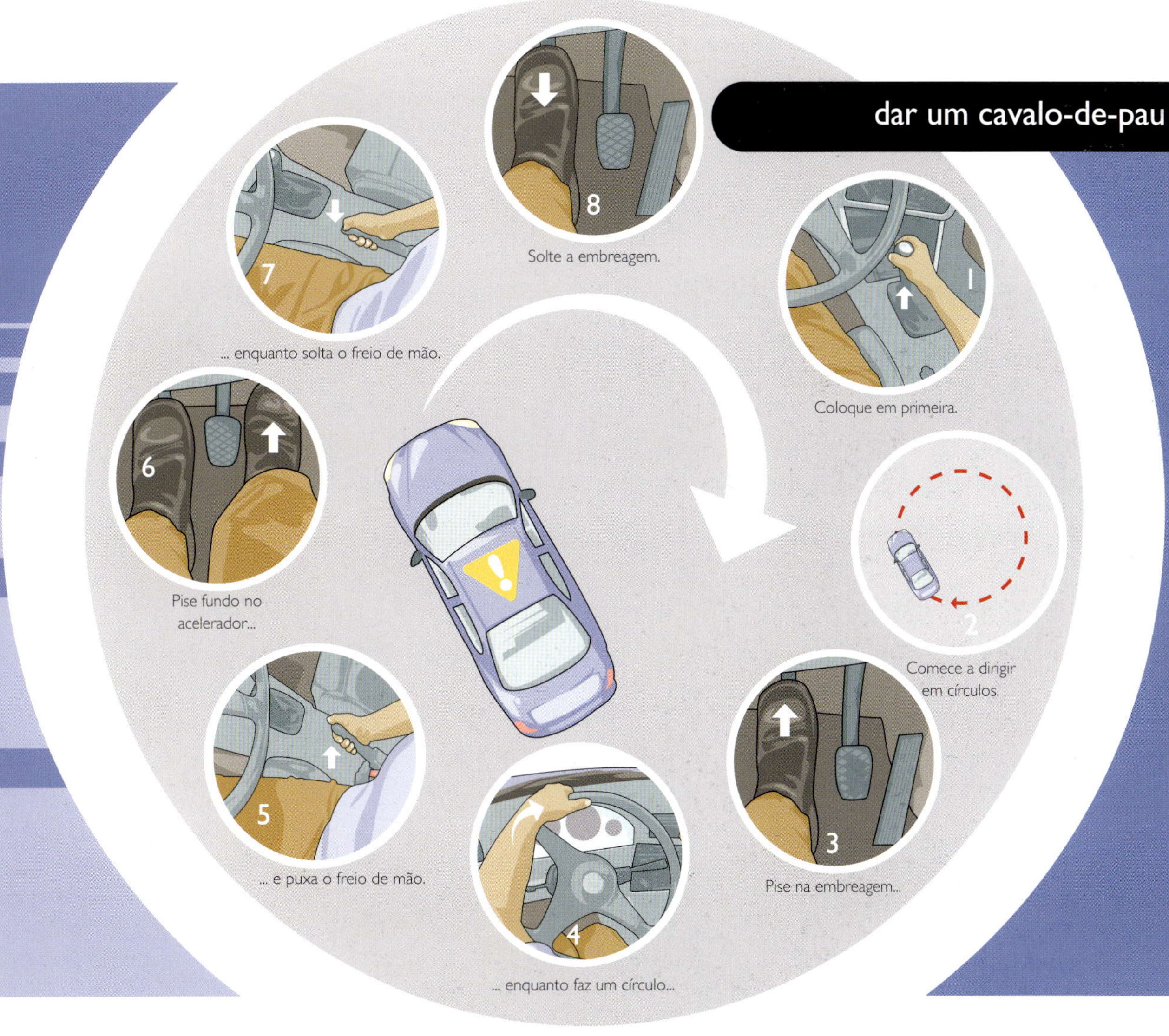

493 cuspir fogo

Tenha sempre um amigo por perto.

Pratique cuspindo água.

Cheque a direção do vento.

Leite neutraliza o querosene.

Mantenha na boca.

Assopre uma nuvem de querosene.

Ponha a tocha para baixo.

Enxugue com um pano úmido.

Pão absorve o combustível.

494 não pedalar num monociclo

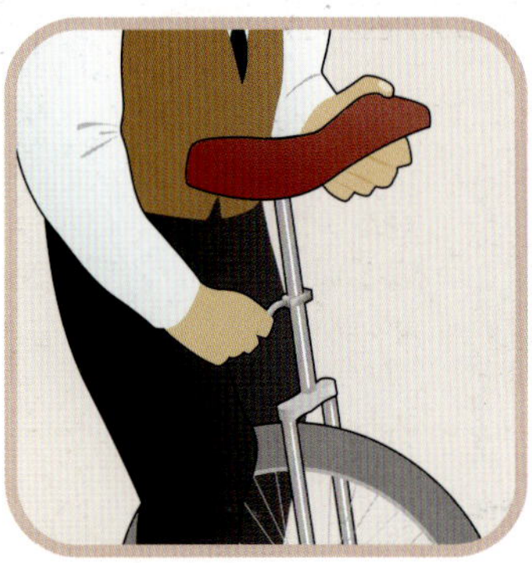

Abaixe o banco.

Coloque seu pé mais forte no topo.

Recline-se para frente; coloque o outro pé.

Troque os pés conforme a roda for girando.

495 fazer malabarismo

acertar um serviço no tênis 317

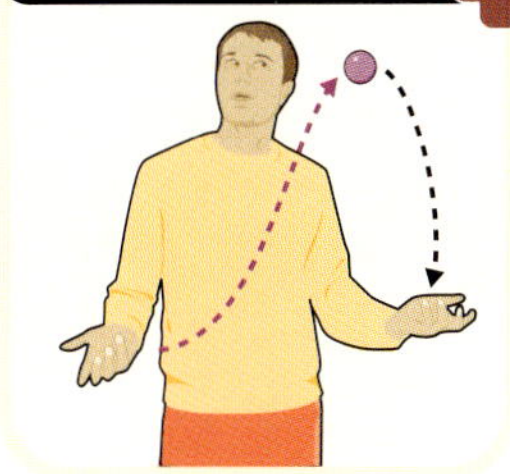

Pratique com uma bola.

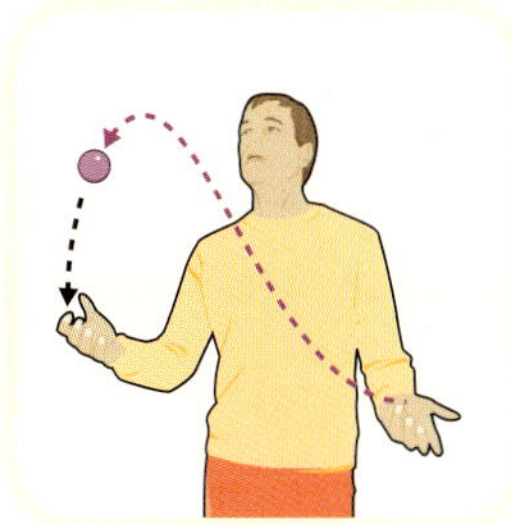

Fique de olho na bola.

Adicione uma segunda bola.

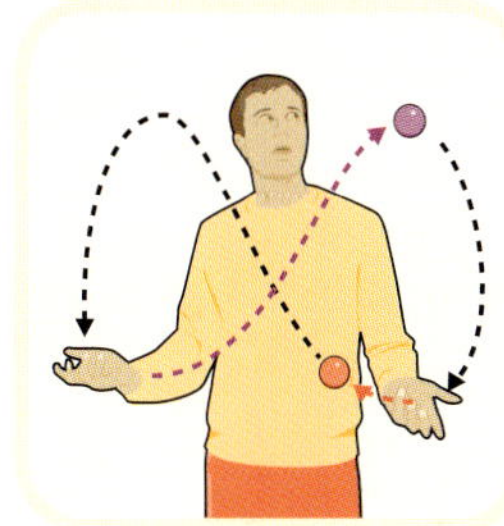

Lance quando a outra estiver no alto.

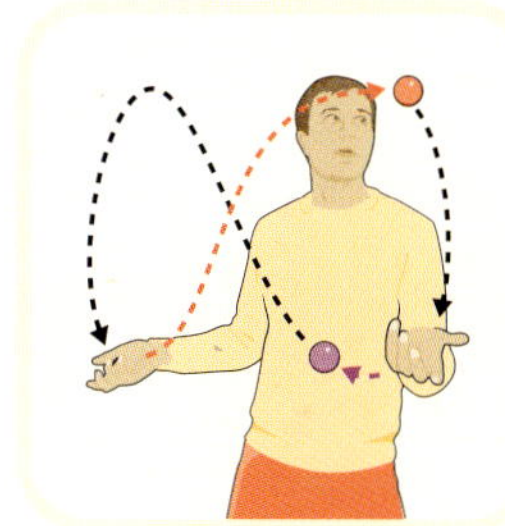

Repita – e muito!

Adicione uma terceira bola.

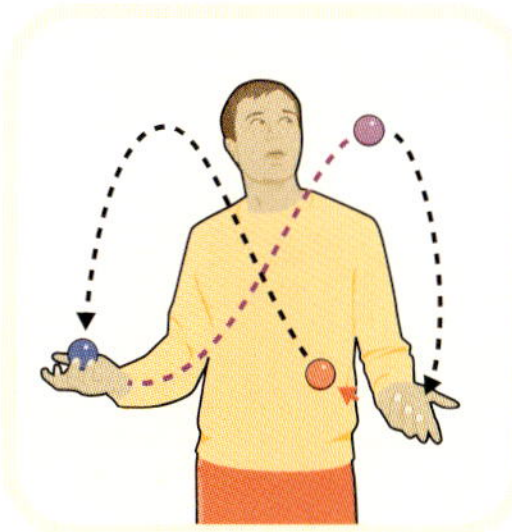

Lance no ponto mais alto da primeira.

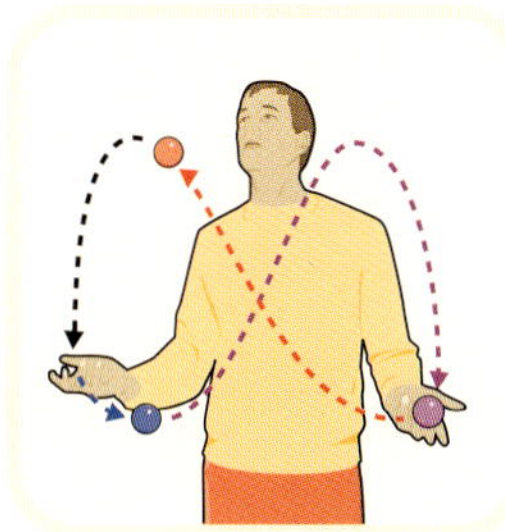

Lance no ponto mais alto da segunda.

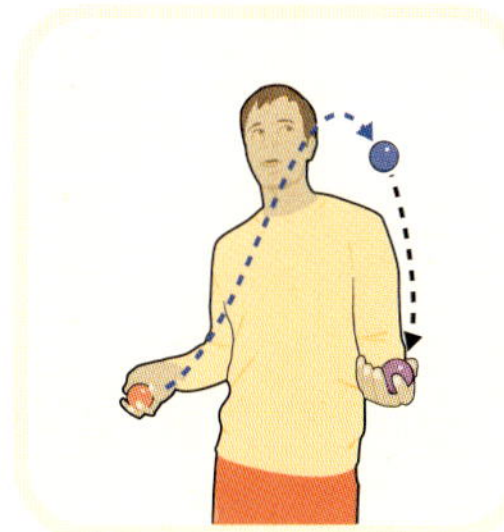

* Como manter todas essas bolas no ar? Primeiro, pratique arremessando duas bolas, de uma mão para a outra, fazendo o desenho de um oito. Ajuda também se você numerar cada bola e, ao jogar, dizer alto: "um", "dois", "três" e assim por diante.

496 ser uma bala de canhão humana

Escale até a boca do canhão.

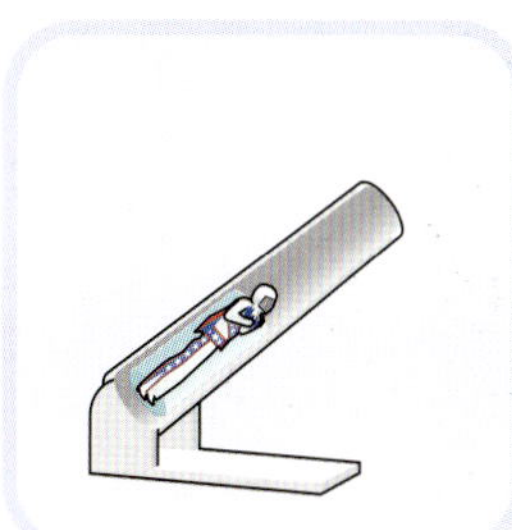

Deite dentro do cano.

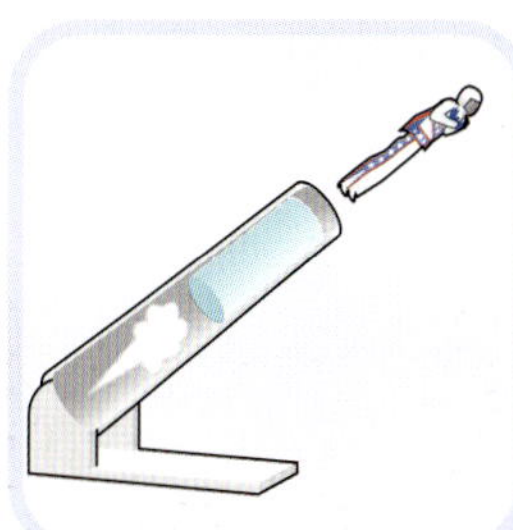

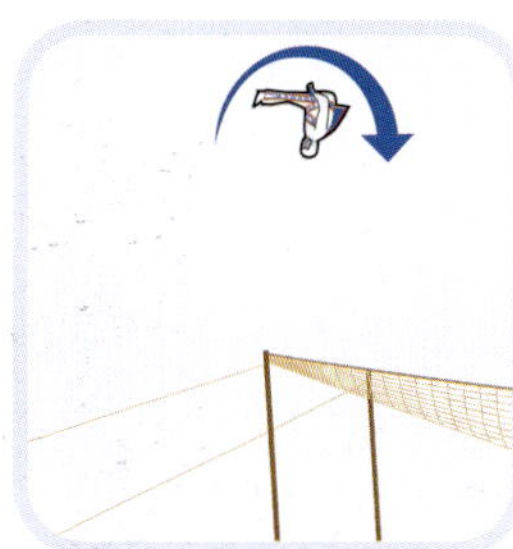

497 fazer um *ollie* profissional

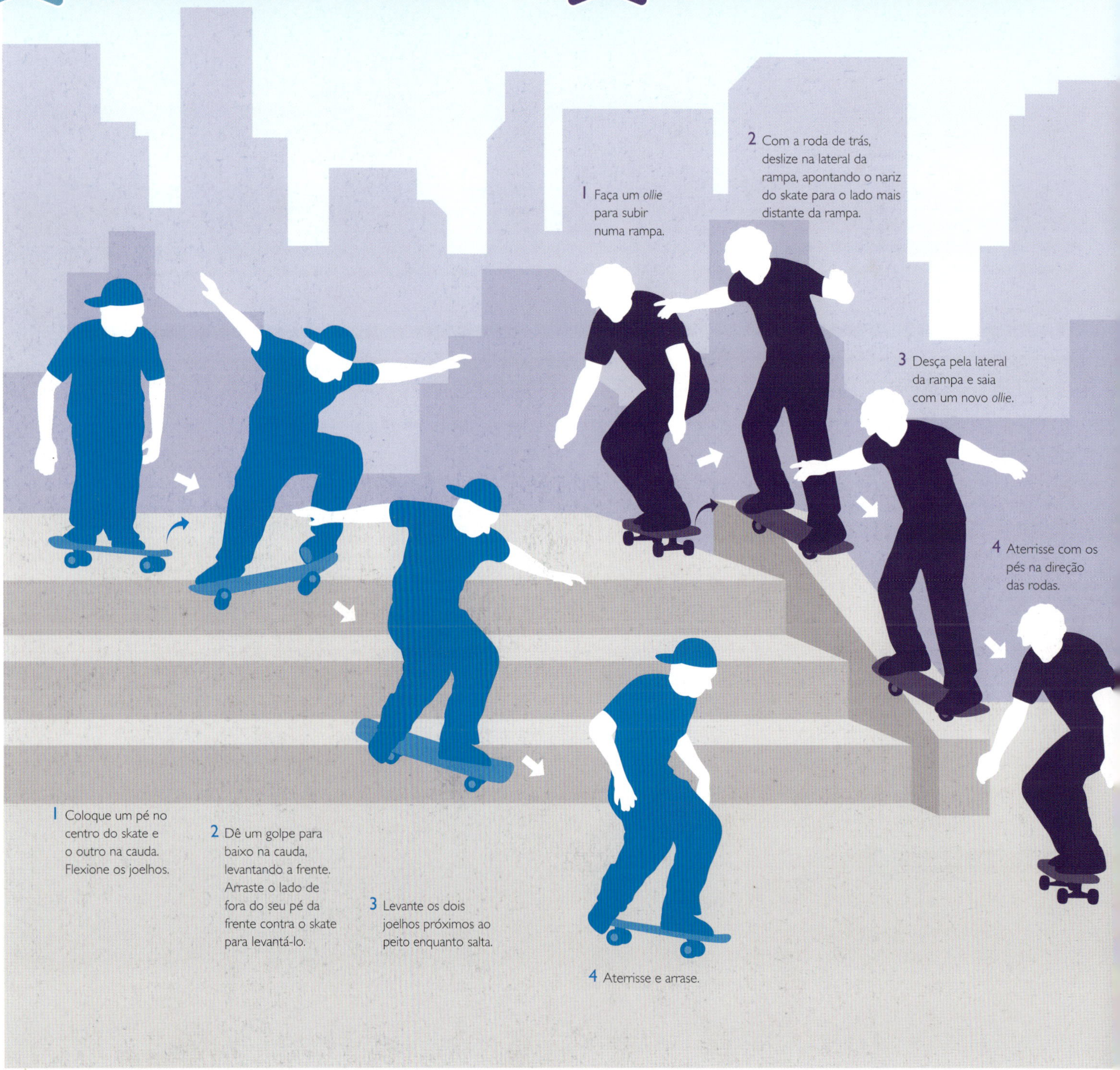

1 Coloque um pé no centro do skate e o outro na cauda. Flexione os joelhos.

2 Dê um golpe para baixo na cauda, levantando a frente. Arraste o lado de fora do seu pé da frente contra o skate para levantá-lo.

3 Levante os dois joelhos próximos ao peito enquanto salta.

4 Aterrisse e arrase.

498 descer uma escada com um *grind*

1 Faça um *ollie* para subir numa rampa.

2 Com a roda de trás, deslize na lateral da rampa, apontando o nariz do skate para o lado mais distante da rampa.

3 Desça pela lateral da rampa e saia com um novo *ollie*.

4 Aterrisse com os pés na direção das rodas.

fazer um clássico *kickflip* de 180° 499

1 Agache-se para pegar impulso.

2 Vire o skate, usando o pé de trás para chutar e iniciar o giro.

3 Traga os dois pés para cima do skate enquanto ele gira. Fique de olho no skate.

4 Faça a aterrissagem com o pé da frente em cima da roda e o pé de trás na cauda.

arrasar com um *fingerflip* 500

1 Mergulhe, plantando bananeira, enquanto segura o skate pelo lado de fora das rodas.

2 Dobre os joelhos e dê um impulso com as pernas para baixo. Puxe o skate para cima para que ele gire.

3 Solte o skate enquanto ele gira; puxe suas pernas em direção ao peito.

4 Aterrisse com os pés sobre a direção das rodas.

pichar sorrateiramente 12

ferramentas

mudas	livro	folha	ramos de sempre-viva	ervas	fita de florista	*datejime*	licor de menta	toalha	caldo de galinha	*koshi himo*
plantas de aquário	giz de cera	defumador de sálvia	árvore	narguilé	arame de florista	tônico para pele	fita	fita-crepe	pote	água com gelo
grilo	lata de refrigerante	folha de bananeira	crocodilo	detergente	abacate	kit remendo	creme dental para cachorro	vermute	estilete	carro
azeitona	raiz-forte	alcachofra	vagens	cola para pneu de bicicleta	henna	gorro	tela	mistura para bolhas de sabão	fio	snowboard
azeite de oliva	árvores	tinta de parede	planta	folhagem decorativa	alga nori	fumo	cédula de dinheiro	água	tesoura para curativos	esponja
removedor de esmalte	coentro	hormônio de crescimento para plantas	bambu	folhagem	vinho tinto	caneta para tecido	hidratante	farinha de milho	balde	aveia
absinto	hortelã	plantas	sofá	roseira	arame de florista	pastilha	pincel de barbear	espreguiçadeira	fita isolante	escova de dentes
limão	bola de tênis	cachecol	borrifador	traje de tirolês	emulsão fotográfica	ginger ale	regador	lâmina de barbear	soluções químicas para aquário	parafuso
querosene	alface	pente	gim	tecido	pepino	fita de florista	laquê	saco de tela	peixe	gesso
pimenta mexicana	massa de modelar	ramo de bétula	garrafas pet	maquiagem	concha de abalone	plugues jacarés	óleo de massagem	lona	rolo de pintura	bolas de malabarismo

clipes de jardinagem
rede
maçãs
rolo para papel de parede
balões de gás
brilho labial
álbum de turma
atum
sacolas plásticas
peru
suéter
gancho de alpinismo
pincel grosso
molho
chave de grifo
tesoura
batom
xícara de café
bife
balão
mistura para marinar
botão
botas para snowboard
pedras de aquário
esmalte de unha
lagosta
toalha de mesa
delineador labial
descanso de copo
flores
joelheiras
bala
miçangas de plástico
freio de rappel
pincel culinário
anilina
caranguejo
hidratante labial
descosturador
brandy
rosa
desentupidor
pistola de grampear
escada
pés-de-pato
papel de parede
cerejas
ferramenta para arranhar papel de parede
calção de banho
espátula
maço de cigarros
frutas vermelhas
esfregão
arco de serra
fita
cama
tinta
pipoca
comprimido
granadina
alicate
carne picada
obi
látex líquido
caiaque
alicate
água com gás
cola para cílios
tomate
espátula
isca artificial
prancha de surfe
spray para untar
corselete
convite de casamento
lençol
alicate de jardinagem
calça com boca larga
tábua de passar
extintor de incêndio
conectores de fio
lenço
camisa de botão
rabanete
bilhete
lixa de unha
saco de dormir
alfinetes de fralda
fita adesiva decorativa
alfinetes de costura
pimentão
balão fino
cordão para corselete
sangue cenográfico
cabos de chupeta
lã
blush
barro
chave de fenda
bolsa de gelo
linha
cereja
bóia de pesca
sapatos sensuais
barraca
romã
separador de dedos
creme para cutícula
colchonete
isqueiro
soro fisiológico
papel crepom
rolo de fita adesiva
prato de comida
aplicador de cera
vinagre branco
ferro de cascos
quimono
frango
remo
rodinhas de bicicleta

cenouras
nó honda de metal
seladora
passas
musgo seco
batata
dinossauro de brinquedo
gengibre
varal
biscoito para cachorro
esteira de bambu
suco de laranja
graveto
cravos
luva de beisebol
socador
coco
rede de proteção
cartão de crédito
manteiga de amendoim
taco de beisebol
terra
ovas de salmão
tocha
especiarias
ancinho
pincel para sombra
folha de madeira
violão
manta
pilares para cerca
cobra
espada
laranja
cuia de chimarrão
camisa-de-força
martelo
grampos de cabelo
bolsa de golfe
lenha
lixa
brossa
rolo de pintar e extensão
aplicador de seladora
ioiô
fio de cobre
bolim
arco de violino
colher de pau
cola plástica
estaca
caixa de papelão
escova
janela
espetinho de madeira
carpas
resina
bezerro
árvore de raiz simples
folhas secas
sacola de mercado
galho bifurcado
vaso
lençol
pinha
gelatina líquida
queijo
arca do tesouro
bastão
tijolo de chá
tábua de cozinha
cartão desenhado
galho
tijolos de adobe
kit para abajur
tábuas
dobrador de osso
miçangas de vidro
fungo inflamável
feijão
barra de chocolate
balde de água
malho
biscoito salgado
corante de tecido
chaleira
saco de papel
tubo de papel higiênico
flor
pilão para chá
mesa
chapéu
pinças de madeira
serra de malhetar
recheio de tortellini
plataforma de ordenha
corda
giz para alpinismo
marreta de madeira
bola de basquete
escova de cabelo
cigarro
cerveja
pincel fino
cordão
parafina
peixe para isca
calcador de café
madeira
pedaços de pano
fósforo
óleo para cascos
cinto
hashis
porta-retratos
plugue elétrico
cera para sapatos
samovar
biscoito para gato
molde de cartolina
caneca

rodo de silk screen	pregador	bicarbonato de sódio	limão siciliano	xampu infantil	lâmpada	tampinha de garrafa	máquina de costura	chumaço de algodão	cano de PVC	banheira de bebê
massa para torta	bola de beisebol	localizador de vigas	lista telefônica	abelha	meias	rolo para pintura	pomada antibiótica	arroz	papel	bolas de golfe
elástico de escritório	espuma	resina de poliéster	manteiga	vinho branco	cera de abelha	partitura	chaleira	cal	serragem	guardanapo
graveto	tortilhas de milho	palha	manga	champanhe	palha seca	vela	xícara	fralda de pano	sabonete	minissaia
tortilhas de trigo	pão	termômetro de aquário	brinquedo de banho	biscoitinhos	lápis	*oki makura*	hidratante	cerveja em lata	papel toalha	cola branca
forma para tijolos	comida de bebê	óleo de milho	suco de limão	elásticos de cabelo	borboleta de papel	papel sem ácido	cotonete	papel higiênico	creme de barbear	chaleira elétrica
farinha	massa de pão	abacaxi	manteiga de iaque	xarope de milho	trena	vela	atadura	travesseiro	esparadrapo	cola de tecido
rolo de massa	massa doce	remédio contra enjôo	banana	sino	tela de silk screen	gaze	marshmallow	sal	cesta de basquete	canudos
copo bota	chá	erva-mate	estilete	corantes alimentícios	palito de dente	larvas para grilo	cebola	pimenta moída	ovos	sabonete para bebê
meias de náilon	lençol com elástico	areia	luva	linha de bordado	creme de leite	esponja de maquiagem	pau de laranjeira	cubo de açúcar	sapatos de golfe	fosfato trissódico
scone	fita métrica	táxi	escova de sapatos	vaselina	curativo adesivo	camiseta	luz noturna	comprimido para dormir	leite	sal grosso

placas de acrílico
sabão líquido
separador de gordura
jarra medidora
taça de vinho
chuveirinho
coqueteleira
régua
facão
garfo para frutos do mar
esponja para gesso

ferro de passar
touca para peruca
álcool
vasilha plástica
copo de absinto
câmera fotográfica
papel-alumínio
cortador de pizza
talhadeira
pinça
raquete de tênis

medidor
fita veda-rosca
fita adesiva
taça de martíni
jarro
açúcar
espátula
colher
mosquetão
colher para coquetel
batedor

baralho
filtro de café
vidro
transparência
polvilhador
enfeites
CD
alça metálica
faca de mergulho
alfinetes de segurança
garfo trinchante

sulfato de magnésio
creme azedo
gelo
base para unhas
mamadeira
alavancas para pneu
esquis
serrote
formão
abridor de latas
descascador de legumes

pedrinhas
tabuleiro
lona plástica
óleo secante
tripas para lingüiça
alfinetes de florista
quebrador de crustáceos
colher de absinto
graminho
parafusos de união
fio

bacia
barbante
cristal de quartzo
jarra
tampa plástica
relógio
panela
parafusos
adesivo plástico
peixe
pregos

marcador permanente
jornal
garrafa de água
rum claro
copo de pint
canhão
faca de manteiga
pinos de golfe
cantoneira em L
caneta esferográfica
fita adesiva prateada

dimmer
bola de isopor
filme plástico
prensa francesa
fita para enxertia
jarra de alumínio
faca de chef
ganchos fechados
agulha
cantoneira
gancho

sebo
colchão
saco de confeitar
copo para pousse café
linha de pesca
copo stakannik (para chá russo)
faca de legumes
sabre
broca para vidro
garfo
monociclo

massa corrida
boxe para colchão
esteira para ioga
flute de champanhe
máscara de mergulho
ferramenta para alisar papel de parede
tinta
faca de caçador
cano
pedras para amolar
barril

telefone celular
palha de aço
fita para junta
chave de roda
botas de esqui
haste de ponta curva
baby liss
computador
fio
cílios postiços
piano
tesoura de poda
coador de chá
escova de cabelo
tijolos de cimento
escumadeira
nível
grampos de cabelos
chaleira
bicicleta
vara de pesca
sapato social
bastões de esqui
luminária
bomba de chimarrão
cortador de unha
buraco para fogueira
impermeabilizante para madeira
pá de jardinagem
pincel para maquiagem
tarântula
barbeador elétrico
carvão
martelo de gelo
taco de golfe
sapatos de escalada
calça
poltrona de avião
alavanca tensionadora
almofaça
cinto para alpinismo
roupa de mergulho
cabo USB
câmera profissional
moeda
caldo de carne
bochas
assadeira
parafuso
ímã
dosador de bebida
relógio de pulso
tanque de oxigênio
furadeira
peruca de gueixa
pá
macaco de carro
termômetro de cozimento
cortador de unhas de cães e gatos
fone de cristal
agulhas de tricô
armação de cadeira
garrafa elétrica
colete salva-vidas
pistola de cola quente
disco de vinil
pedra-pomes
colher de medida
ostra
pá para gelo
espátula
cabide de arame
argolas de metal
capacete
pneu de carro
adaptador de wireless
itens mágicos
alicate de bico
coador
pegador
frigideira
tubo de espuma
tachinha
máquina de café *espresso*
sombra para os olhos
fios
desentupidor tufão
pedra
camarão
saca-rolha
chá
laptop
lata de alumínio
chave de fenda
secador de cabelo
limusine
chaves
anel
chuveiro
esquadro combinado
câmaras-de-ar
balde de gelo
barbeador
canivete para enxertia
laquê
pedras quentes
rímel
grãos de café
cantil
tinta em spray
máquina de moer carne
moedor de café
anzol
argolas de cortina
sacos de lixo grandes
lápis de olho
pilha
tubo de borracha

índice remissivo

276

120

278

16

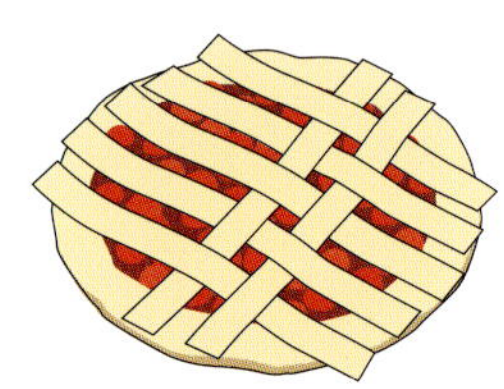
101

130

326

61

477

140

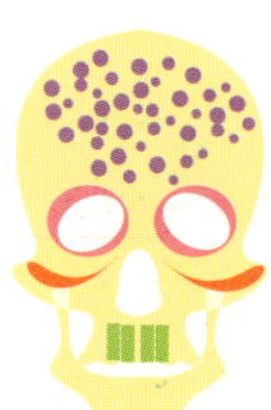

415

76

326

114

284

f

g

433

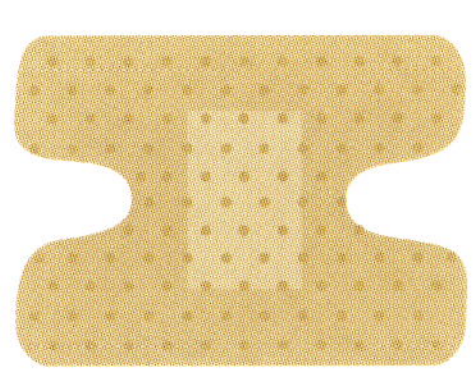

336

267

4

371

173

236

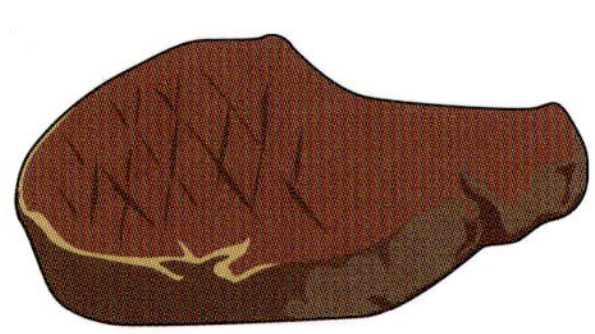
88

250

218

102

275

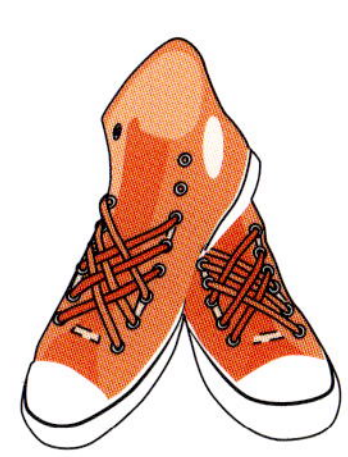

178

35

261

q

r

s

46

218

169

126

7

287

118

268

471

94

veja quem fez

John Owen
Presidente executivo de Altos Vôos

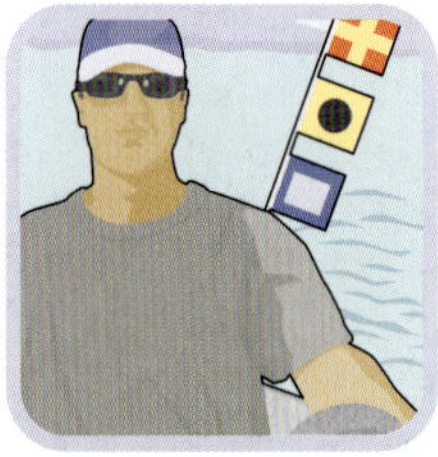
Terry Newell
Presidente Navegador e CEO

Dawn Low
Especialista em Pontaria, Vendas

Amy Kaneko
Consultora Cosmopolita, Vendas

Stuart Laurence
Sr. Surfista, Vendas

Kristine Ravn
Gerente de Vendas Amante dos Animais

Roger Shaw
Barman e Editor

Mariah Bear
Editora Executiva de Socos Mortais

Lucie Parker
Editora de Projeto sem Fronteiras

Paula Rogers
Editora de Storyboard Cuspidora de Fogo

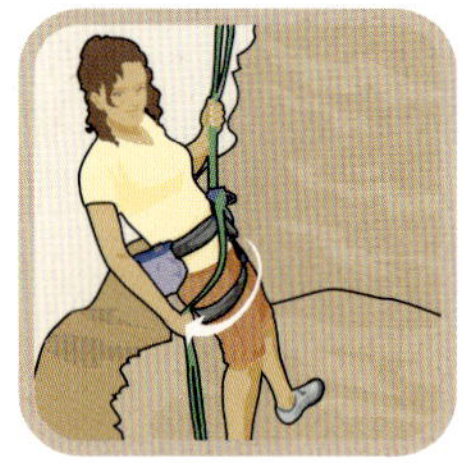
Sarah Gurman
Editora Assistente de Escalada

Mark Perrigo
Diretor de Finanças Superesperto

Gaye Allen
Diretora Enóloga Criativa

Kelly Booth
Diretora de Arte Sambista

Britt Staebler
Ilustradora e Designer Chique

Esy Casey
Designer Cósmica

William Mack
Designer Cheio de Truques

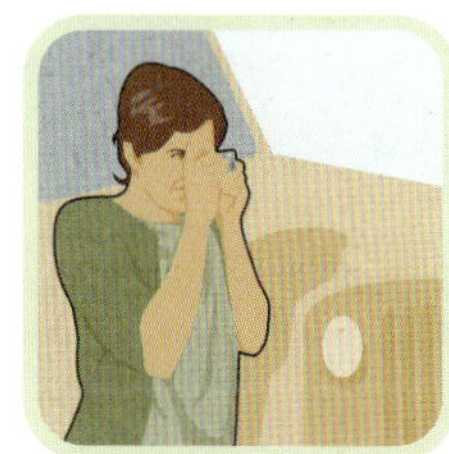
Delbarr Navai
Designer Paparazzo

Lauren Smith
Porta-voz Habilidosa

Derek Fagerstrom
Porta-voz Tocador de Serrote

Título original: *Show Me How*
Copyright © 2008 por Weldon Owen Inc.
www.weldonowen.com
Copyright da tradução © 2009 por GMT Editores Ltda.
Todos os direitos reservados. Nenhuma parte deste livro pode ser reproduzida sob quaisquer meios existentes sem a autorização por escrito dos editores.
Publicado originalmente por Collins Design, um selo da HarperCollins Publishers.

Impresso na Singapura.

Tradução: Angélica Lopes
Assistente editorial: Alice Dias
Revisão: Ana Lucia Machado e Sheila Til
Diagramação: Valéria Teixeira

CIP-BRASIL. CATALOGAÇÃO-NA-FONTE
SINDICATO NACIONAL DOS EDITORES DE LIVROS, RJ

F138v Fagerstrom, Derek
Veja como se faz / Derek Fagerstrom, Lauren Smith & The Show Me Team [tradução de Angélica Lopes]. – Rio de Janeiro: Sextante, 2009.

Tradução de: Show me how
ISBN 978-85-7542-484-1

1. Trabalhos em papel. 2. Papel de parede. 3. Artesanato. I. Smith, Lauren. II. The Show Me Team. III. Título.

CDD 745.54
09-1829 CDU 745.54

Todos os direitos reservados, no Brasil, por Editora Sextante Ltda.
Rua Voluntários da Pátria, 45/1.407 – Botafogo
22270-000 – Rio de Janeiro – RJ
Tel.: (21) 2286-9944 – Fax: (21) 2286-9244
E-mail: atendimento@esextante.com.br
www.sextante.com.br

Chris Hemesath
Diretor de Produção e Craque

Michelle Duggan
Gerente de Produção e Esquiadora

Teri Bell
Gerente de Cores Talentosa

Charles Mathews
Coordenador de Produção Atraente

Hayden Foell
Especialista em Ilustração
Levantador de Cerveja

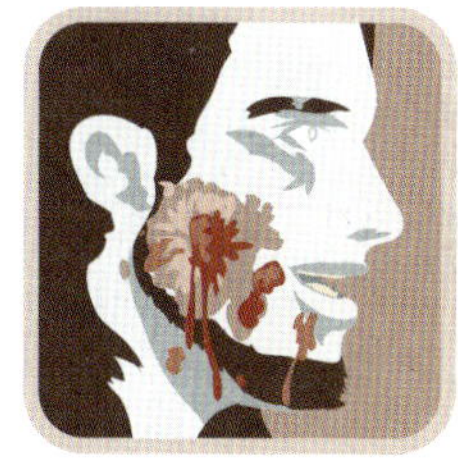

Ross Sublett
Especialista em Ilustração Zumbi

Matthew Borgatti
Especialista em Ilustração Fashion

Michael Alexander Eros
Assistente de Produção Intrépido

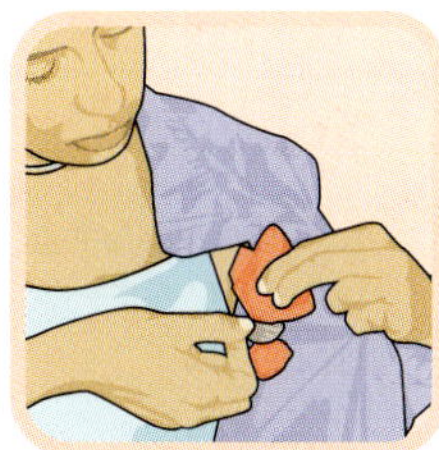

Brandi Valenza
Pesquisadora de Arte Sortuda

Juan Calle
Ilustrador Ressuscitado

Joshua Kemble
Ilustrador da Madrugada

Vic Kulihin
Ilustrador Malabarista

Vincent Perea
Ilustrador Adestrador de Cães

Bryon Thompson
Ilustrador Aventureiro

Otis Thomson
Ilustrador Paizão

Gabhor Utomo
Ilustrador Misterioso

Tina Cash-Walsh
Ilustradora de Mountain Bike

Mary Zins
Ilustradora Sempre em Frente

CRÉDITOS DAS ILUSTRAÇÕES As ilustrações que compõem este livro foram feitas em um verdadeiro esforço coletivo. Estamos muito felizes em poder agradecer aos nossos ilustradores.

Capa: Britt Staebler: dançarinos, blusa, martínis, elefante **Kelly Booth:** emoticons **Gabhor Utomo:** plantas **Bryon Thompson:** skateboarders

Quarta capa: Gabhor Utomo: cão de balão **Tina Cash-Walsh:** sabre, moicano, bebê **Juan Calle:** crocodilo

fd=fundo; bd=borda; qd=quadros, ex=arte extra

Juan Calle: 16–18, 27, 28, 44, 81, 86, 150–156, 176, 187–188, 193–194, 258–259 qd, 277, 313–314, 317–318, 334, 347, 363–367, 387–391, 396–398, 412–414 qd, 435–438, 443–447, 460, 463–465, 470, 472 **Esy Casey:** 19 ex, 43, 126–127 fd, 241 fd, 256 fd, 258 fd, 354, 449 **Hayden Foell:** 210, 278 qd, 279 **Joshua Kemble:** 11qd, 122–125, 191, 236–238 qd, 256–257 qd, 269–270, 315–316, 331–333, 335, 337–339, 340–343, 426–430, 451–452, 475–476, 490, 492 **Vic Kulihin:** 25–26, 29, 82, 98–101, 231, 241 qd, 252, 260–261fd, 384–385, 448, 461–462, 459, 491, 494–496 **William Mack:** abertura de capítulos **Vincent Perea:** 9 qd, 162–163, 180–182, 186, 280–281 qd, 283–284, 286, 289–290, 294, 296, 392, 394–395, 431–434, 439–42 **Britt Staebler:** 4, 9–11 fd, 10, 32, 35–38 fd, 39, 50, 55–56, 67, 68–69 fd, 76, 77, 77–79 fd, 84–85, 114, 116, 118–119, 120–121, 126–127, 133, 136–138, 171–174, 177, 184, 189–190, 197–200, 212–213, 218, 219–220, 233, 246–249, 250, 262, 268, 271–276, 278 fd, 303, 326–328, 336, 348, 353, 355–358, 370–371, 372, 375, 378–379, 386 qd, 406–408, 412–414 fd, 415, 455–457, 477, 478–480, 482 **Bryon Thompson:** 5–8, 59–62, 102–107, 140, 329–330, 359–362, 421–425, 453–454, 497–500 **Otis Thomson:** 113, 164, 226–228 **Wil Tirion:** 416, 420 **Gabhor Utomo:** 13, 15, 19, 20, 22, 24, 30–31, 33, 35–38 qd, 45–46, 51–53, 58, 73, 75, 87–89, 90, 92–93, 130, 142–143, 149, 185, 195, 224–225, 230, 234–235, 242, 244, 251, 263–264, 265–266, 280–282 fd. 282, 292, 295, 297, 307–311, 312, 319–325, 344–346, 351–352, 368, 373–374, 386 fd, 399–400, 409–411, 419, 458, 466–469 fd, 466, 471, 474, 483–486, 487–489 **Brandy Valenza:** 368–369 fd **Tina Cash-Walsh:** 2, 3, 12, 14, 21, 23, 34, 40–42, 47–49, 57, 63–66 qd, 68–72 qd, 74, 78–79 qd, 80, 83, 91, 94, 95–97, 108–112, 115, 117 qd, 128–129, 131–132, 134–135, 139, 141, 146–147, 157–161, 165–170, 175, 178–179, 183, 192, 203–206, 211, 216–217, 221–223, 236–238 ex, 239–240, 243, 253–255, 285, 287–288, 291, 298, 299–300, 302, 304–306, 349–350, 380–383, 401–405, 418 **Mary Zins:** 144–145, 148, 196, 214–215, 229, 232, 236 ex, 245, 260 qd, 265–267 ex, 267, 301, 393, 393 bd, 417, 467–469 qd, 473, 481, 493

veja como fizemos

As ilustrações deste livro foram criadas e editadas no programa Adobe Illustrator. A fonte usada foi a Gill Sans, desenhada por Eric Gill em 1927. Esse tipo de letra versátil e de boa leitura foi inspirada na fonte Edward Johnston, na qual Gill chegou a trabalhar como aprendiz, ao lado do próprio Johnston, na Londres Underground.

A pesquisa e a checagem de informações foram feitas por uma equipe de especialistas e praticantes apaixonados. Somos especialmente gratos a Jennifer Newens e Hannah Rahill por sua experiência em culinária, a Lou Bustamante por seu aconselhamento em misturas e proporções, a Elizabeth Dougherty por sua ajuda nos temas sobre maternidade, a Jay Wiseman por sua orientação em primeiros socorros, a Roda Slota por suas aulas de ioga, a Renée Myers pelas demonstrações de tricô, a Kahn "Samurai" Hasegawa, do Cabe Abir, pela sabedoria na arte do café, a Jan Egan por seus conhecimentos obstétricos, a Richard Trory pelas habilidades com construção e a Karen Perez por suas dicas náuticas. Além desses, muitos outros especialistas em diversos assuntos – de motocicletas a minissaias – contribuíram com conselhos e informações úteis para o aperfeiçoamento deste livro.

A maioria dos integrantes da nossa equipe está retratada nas ilustrações das páginas anteriores. Outras pessoas que nos ajudaram na produção deste livro são: Cristopher Davis, Stephanie Tang, Shelly Firth, Malin Westman e Scott Erwett. Susan Jonaitis colaborou com sua experiência em revisão e edição de texto e Mike Bass manteve nossos computadores funcionando. Muito obrigado a todos.

mostre-nos como você faz

Você acha que conhece um jeito melhor de fazer algo que está neste livro? Nós queremos saber! Envie um e-mail para info@showmenow.com e suas idéias poderão ser aproveitadas numa próxima edição. Mande fotos e/ou vídeos para que possamos desenhá-lo mostrando como se faz.

entre para a equipe

Pensou em alguma coisa que deveria estar neste livro e não está? Algo que você e seus amigos sabem como fazer e querem mostrar? Nossa equipe está em busca de novos membros que tenham vontade de compartilhar seu conhecimento com o mundo. Envie-nos suas melhores idéias* e, se elas forem usadas, seu nome entrará nos créditos como membro oficial deste incrível grupo de experts e entusiastas.

* E talvez suas segundas melhores idéias também.